高级知识产权专业职称考试辅导用书

主　编／吴汉东　陈　燕
副主编／吕志华　谢小勇

知识产权出版社
全国百佳图书出版单位
—北京—

图书在版编目（CIP）数据

高级知识产权专业职称考试辅导用书/吴汉东，陈燕主编．—北京：知识产权出版社，2020.7（2020.7重印）

ISBN 978-7-5130-6994-6

Ⅰ.①高… Ⅱ.①吴… ②陈… Ⅲ.①知识产权法—中国—资格考试—自学参考资料 Ⅳ.①D923.4

中国版本图书馆CIP数据核字（2020）第098892号

内容提要

本书是高级知识产权师职称考试的辅导用书，根据知识产权师考试大纲（高级）进行编写。本书对知识产权的相关知识进行了系统的描述，主要内容包括知识产权基础知识，专利申请，专利保护，专利运用，商标基础知识，商标使用的管理，注册商标专用权的保护，著作权，地理标志，商业秘密，集成电路布图设计、植物新品种及遗传资源等。本书不仅适用于参加高级知识产权师职称考试的学生，对于知识产权行业及相关行业的工作人员、科研人员等也有一定的参考作用。

责任编辑：张利萍　程足芬	责任校对：谷　洋
封面设计：博华创意·张冀	责任印制：刘译文

高级知识产权专业职称考试辅导用书

主　编　吴汉东　陈　燕
副主编　吕志华　谢小勇

出版发行：知识产权出版社有限责任公司	网　　址：http://www.ipph.cn
社　　址：北京市海淀区气象路50号院	邮　　编：100081
责编电话：010-82000860转8387	责编邮箱：65109211@qq.com
发行电话：010-82000860转8101/8102	发行传真：010-82000893/82005070/82000270
印　　刷：三河市国英印务有限公司	经　　销：各大网上书店、新华书店及相关专业书店
开　　本：787mm×1092mm　1/16	印　　张：23.25
版　　次：2020年7月第1版	印　　次：2020年7月第2次印刷
字　　数：480千字	定　　价：96.00元

ISBN 978-7-5130-6994-6

出版权专有　侵权必究
如有印装质量问题，本社负责调换。

编写组

主　编　吴汉东　陈　燕

副主编　吕志华　谢小勇

主要撰稿人
第一章：肖志远（第一节、第二节、第五节）、冯吉（第三节）、陈伟（第三节）、孙玮（第四节）、孙琨（第四节）
第二章：李永红
第三章：谢小勇（第一节、第三节）、寿晶晶（第二节）
第四章：寿晶晶（第二节）、孙玮（第一节、第三节）、孙全亮（第三节）
第五章：孙张岩、段晓梅、付勇军、杨国名
第六章：王春晔、周正
第七章：吕志华、李鸿程
第八章：易继明
第九章：谢小勇
第十章：马一德
第十一章：苏平（第一节、第二节）、冯晓青（第三节）

统稿人　张健佳　孙　玮

审稿人　陈　燕　李芬莲

前 言
INTRODUCTION

2019年6月,人力资源和社会保障部印发《关于深化经济专业人员职称制度改革的指导意见》,明确提出在经济师系列中增设知识产权专业职称。知识产权从业人员第一次有了属于自己的职称名称——知识产权师。这是知识产权领域职称工作的一项重大改革,对于发挥好人才评价的"指挥棒"作用,加强知识产权专业人才队伍建设,促进知识产权治理体系和治理能力现代化,推进创新型国家建设和经济社会高质量发展具有深远而重要的意义。

2019年11月以来,在国家知识产权局人事司的带领下,中国知识产权研究会组织有关专家,开展了经济专业技术资格考试知识产权专业科目考试大纲制定以及初级、中级考试用书的编写等相关工作。2020年3月,《经济专业技术资格考试知识产权专业知识与实务》初级、中级和高级大纲正式发布,引发知识产权从业人员高度关注。为帮助广大应试人员掌握了解知识产权专业技术资格考试的基础知识、把握考试重点、攻克考试难点,提高复习效率,中国知识产权研究会联合相关专家完成了《高级知识产权专业职称考试辅导用书》等书目的编写工作。

本书紧紧围绕《经济专业技术资格考试高级经济实务(知识产权)考试大纲》,对专利、商标、地理标志、著作权、商业秘密等不同类型知识产权的创造、运用、保护、管理和服务等知识内容进行了系统总结梳理,为广大考生理解和把握知识点提供了解析和系统指引。全书理论与案例相结合,内容丰富、图文并茂,是考生夯实基础知识、系统把握知识产权专业技术资格考试知识点的必备书籍。本书可以作为广大考生报考高级知识产权师的辅导用书,也可供企业界、情报界、咨询界、学界以及知识产权从业者学习使用。

为帮助读者更为快速理解、掌握和贯通考试的知识点,我们还配套出版了与本辅导教材对应的《知识产权专业职称考试用书·知识导引》。

本书的编写得到了国家知识产权局廖涛副局长、周晖国副局长、人事司王岚涛司长、丰兆龙副巡视员的大力支持和热情指导，在此表示衷心的感谢。本书的编写还得到了国家知识产权局条法司、战略规划司、知识产权保护司、运用促进司、公共服务司等部门领导和专家的大力支持和帮助，在此深表谢意。此外，国家知识产权局人事司综合业务处郭新志处长、王亚琴副处长、陈君竹副调研员等同志对本书的编写提出了许多有益的意见和建议，在此深表感谢。中国知识产权研究会综合部孟睿、董美娜，学术部孙琨副部长、王丽丽，编辑部李芬莲部长、崔倩、彭家新，咨询部黄俊杰等同志也在本书编写过程中提供了许多帮助和支持，在此一并表示感谢。

由于时间仓促，水平有限，本书撰写过程中出现疏漏在所难免，希望广大读者批评指正并提供宝贵意见。后续我们将会根据真题和考情的具体状况适时完善和修订本书的内容。

编写组
2020 年 6 月

目录 CONTENTS

- **第一章　知识产权基础知识** ……………………………………………………… 001
  - 第一节　知识产权制度概述 / 001
    - 一、知识产权的概念 / 001
    - 二、知识产权的范围 / 001
    - 三、知识产权的特征 / 002
    - 四、知识产权制度体系 / 004
  - 第二节　知识产权的取得与保护 / 005
    - 一、知识产权的取得机制 / 005
    - 二、知识产权的保护机制 / 007
  - 第三节　知识产权管理与运用 / 010
    - 一、企业知识产权管理 / 010
    - 二、科研组织知识产权管理 / 015
    - 三、高等学校知识产权管理 / 020
    - 四、知识产权金融 / 025
    - 五、知识产权资产评估与管理 / 027
    - 六、知识产权运营 / 028
  - 第四节　知识产权公共服务 / 029
    - 一、知识产权公共服务能力 / 029
    - 二、知识产权公共服务体系建设 / 029
    - 三、知识产权公共服务重大工程 / 031
  - 第五节　知识产权的国际保护 / 034
    - 一、知识产权国际保护原则 / 034

二、知识产权国际保护制度体系 / 036

■ 第二章　专利申请 ……………………………………………… 041

第一节　专利申请文件 / 041

　　一、权利要求书 / 041

　　二、说明书 / 048

　　三、外观设计专利申请文件 / 050

第二节　专利授权确权中的疑难法律问题 / 051

　　一、专利保护客体 / 052

　　二、新颖性 / 056

　　三、创造性 / 060

第三节　复审程序与无效宣告请求审查程序 / 062

　　一、复审程序 / 062

　　二、无效宣告请求审查程序 / 064

第四节　国际专利申请 / 066

　　一、国际申请的受理 / 067

　　二、国际申请的检索 / 068

　　三、国际申请的初步审查 / 069

　　四、进入国家阶段的实质审查 / 070

■ 第三章　专利保护 ……………………………………………… 072

第一节　专利保护范围及侵权行为的认定 / 072

　　一、发明和实用新型专利权的保护范围 / 072

　　二、外观设计专利的保护范围 / 077

　　三、侵犯专利权行为的认定 / 079

　　四、不视为侵犯专利权的行为 / 086

第二节　侵犯专利权纠纷的处理 / 094

　　一、侵犯专利权的民事责任 / 094

　　二、侵犯专利权的举证责任 / 098

　　三、现有技术和现有设计抗辩 / 100

　　四、侵犯专利权的诉讼时效及损害赔偿 / 102

　　五、侵犯专利权的诉前临时措施和诉前证据保全 / 104

第三节　假冒专利的法律责任 / 106

一、假冒专利行为以及法律责任 / 106

二、假冒专利行为的查处 / 109

■ 第四章　专利运用 ……………………………………………………… 111

第一节　专利分析预警 / 111

一、专利分析预警的含义 / 111

二、专利分析预警的主要内容 / 111

三、专利分析预警的流程及操作实务 / 119

第二节　专利联盟 / 124

一、专利联盟概述 / 124

二、专利联盟的管理模式和构建 / 126

三、专利联盟的运行机制 / 128

四、专利联盟与技术标准 / 133

第三节　专利导航 / 136

一、专利导航的含义 / 136

二、专利导航的主要类型 / 139

三、专利导航的基本流程及要点 / 140

四、主要类型专利导航的操作实务 / 143

■ 第五章　商标基础知识 ………………………………………………… 151

第一节　商标与商标法概述 / 151

一、商标的概念 / 151

二、商标的特征 / 154

三、商标的类型 / 155

四、我国商标法律制度的基本特点 / 156

第二节　注册商标专用权的取得 / 159

一、取得注册商标专用权的原则和途径 / 159

二、商标注册的申请 / 161

三、商标注册申请的实质审查 / 162

四、商标异议 / 166

五、商标评审 / 172

第三节　注册商标的续展、变更和转让 / 180

　　一、注册商标的续展 / 180

　　二、注册商标的变更 / 181

　　三、注册商标的转让 / 182

第四节　商标注册的终止 / 185

　　一、注册商标的注销 / 185

　　二、因使用导致注册商标的撤销 / 186

　　三、注册商标的无效宣告 / 188

第五节　商标的国际注册 / 190

　　一、马德里体系概况 / 190

　　二、马德里商标国际注册在中国的适用 / 191

　　三、我国马德里商标国际注册 / 192

第六章　商标使用的管理 …………………………………………………… 194

第一节　商标的使用 / 194

　　一、商标使用与商标专用权的关系 / 194

　　二、商标的使用 / 195

　　三、注册商标的使用许可 / 197

　　四、注册商标的质押 / 199

　　五、商标印制行为及其行政管理 / 201

　　六、注册商标的不当使用 / 205

第二节　商标品牌策略运用 / 209

　　一、商标品牌定位策略 / 209

　　二、商标品牌传播策略 / 210

第三节　商标代理 / 211

　　一、商标代理制度的历史沿革及代理行业的管理 / 211

　　二、关于商标代理的法律规定 / 212

　　三、违法从事商标代理业务应承担的法律责任 / 214

第七章　注册商标专用权的保护 …………………………………………… 217

第一节　注册商标专用权 / 217

　　一、注册商标专用权的概念 / 217

二、注册商标专用权保护的意义 / 217

　　三、注册商标专用权的权利限制 / 218

　　四、注册商标专用权与其他在先权利的关系 / 220

第二节　侵犯注册商标专用权行为判定 / 222

　　一、侵犯注册商标专用权行为的判定原则 / 222

　　二、侵犯注册商标专用权行为的判定因素 / 222

　　三、侵犯注册商标专用权行为类型 / 225

　　四、侵犯注册商标专用权行为的法律责任 / 227

　　五、侵犯注册商标专用权行为的处理 / 230

　　六、商标违法行为与商标侵权行为的关系 / 233

第三节　驰名商标的保护 / 234

　　一、驰名商标的概念和保护的意义 / 234

　　二、国际上保护驰名商标的规定 / 235

　　三、判定驰名商标的标准 / 236

　　四、驰名商标的保护程序 / 237

　　五、驰名商标的保护方式 / 238

　　六、驰名商标的保护与一般商标专用权保护的异同 / 240

第四节　企业海外商标风险预警及应急机制 / 241

　　一、中国对外联络机构 / 241

　　二、企业海外商标风险预警机制 / 241

　　三、应对海外商标风险的应急机制 / 243

第八章　著作权 …………………………………………………… 244

第一节　著作权制度概述 / 244

　　一、著作权概念辨析 / 244

　　二、著作权制度的起源与发展 / 245

　　三、著作权保护的理论基础 / 248

第二节　著作权的保护范围 / 249

　　一、著作权的客体 / 249

　　二、著作权的主体 / 252

　　三、著作权的内容 / 254

　　四、邻接权 / 255

五、技术措施与权利管理信息 / 257

六、著作权保护期与权利限制 / 260

第三节 著作权交易与集体管理 / 262

一、著作权转让 / 262

二、著作权许可 / 262

三、著作权质押 / 263

四、著作权资本市场与证券化 / 264

五、著作权集体管理 / 265

第四节 著作权侵权与救济 / 267

一、著作权侵权概述 / 267

二、著作权侵权的判定标准 / 268

三、著作权法上的直接侵权与间接侵权 / 269

四、著作权侵权的救济 / 271

第五节 我国著作权行政管理 / 276

一、著作权行政管理概述 / 276

二、我国著作权行政管理机构及其沿革 / 277

三、国家著作权发展战略 / 278

四、企业著作权发展战略 / 279

第六节 著作权国际保护 / 281

一、著作权国际保护及其新发展 / 281

二、著作权国际保护的基本原则 / 285

三、著作权国际保护与我国著作权制度的适应性 / 286

四、中美知识产权纠纷中的著作权问题 / 287

■ 第九章 地理标志 …………………………………………………… 288

第一节 地理标志专用权的取得 / 288

一、地理标志专用权的申请主体 / 288

二、地理标志申请程序 / 289

三、地理标志产品保护与运用的实质性要求 / 291

四、作为证明商标或者集体商标注册的地理标志权利的取得、使用与管理 / 293

五、地理标志专用标志的合法使用 / 294

第二节 地理标志的保护 / 295

一、地理标志产品的保护 / 295

二、作为地理标志保护中的通用名称的判定 / 296

三、最高人民法院《关于审理商标授权确权行政案件若干问题的规定》中对地理标志保护的规定 / 296

四、地理标志保护存在的主要问题 / 297

五、地理标志保护发展趋势 / 298

第三节 地理标志海外保护实务 / 299

一、世界知识产权组织地理标志保护机制 / 299

二、世界贸易组织地理标志保护机制 / 301

三、世界主要国家和地区的地理标志保护制度 / 301

四、中国地理标志海外保护的实践 / 303

第十章 商业秘密 …………………………………………………………… 304

第一节 商业秘密概述 / 304

一、商业秘密的定义、特点和构成要件 / 304

二、商业秘密管理制度的制定 / 307

三、商业秘密相关合同的起草 / 309

第二节 侵犯商业秘密行为 / 313

一、侵犯商业秘密行为概述 / 313

二、侵犯商业秘密行为的构成要件 / 313

三、侵犯商业秘密行为的表现形式 / 315

第三节 侵犯商业秘密行为的法律责任 / 316

一、侵犯商业秘密行为的救济方式 / 316

二、侵犯商业秘密行为的法律责任类型及后果 / 317

三、侵犯商业秘密的抗辩事由 / 320

第十一章 集成电路布图设计、植物新品种及遗传资源等 ………………… 322

第一节 集成电路布图设计专有权 / 322

一、集成电路布图设计的创新 / 322

二、集成电路布图设计专有权的保护 / 323

三、集成电路布图设计专有权的管理与运用 / 324

第二节　植物新品种权 / 326
　　一、植物品种的创新 / 326
　　二、植物新品种权的保护 / 328
　　三、植物新品种权的管理与运用 / 331
第三节　遗传资源、传统知识和民间文艺及其他 / 335
　　一、遗传资源 / 335
　　二、传统知识 / 341
　　三、民间文艺 / 346
　　四、商号与商号权 / 351

■ **参考文献** ··· 354

第一章 知识产权基础知识

CHAPTER 1

"知识产权"这一概念是对著作权、专利权、商标权等权利的概括称谓，知识产权法是舶来品，与知识产权有关的国际条约反映了当今国际社会关于知识产权的制度共识。在国际经贸活动日益频繁、全球供应链体系深度融合的今天，各国知识产权制度的趋同性加强，保护知识产权成为绝大多数国家的共同法律立场。

第一节 知识产权制度概述

一、知识产权的概念

理论界一般认为，知识产权是人们对于自己的智力活动创造的成果和经营管理活动中的标记、信誉依法享有的权利。从法律规定来看，鲜有对这一权利概念的直接界定，更多的法律采取描述权利范围的方式。1986年《民法通则》颁布后，开始正式通行"知识产权"的称谓。我国台湾地区则把知识产权称为"智慧财产权"。

二、知识产权的范围

从范围来看，知识产权有广义和狭义之分。

广义的知识产权包括著作权、邻接权、商标权、商号权、商业秘密权、地理标志权、专利权、集成电路布图设计权等各种权利。从国际法的角度来看，广义的知识产权范围目前已为两个主要的知识产权国际公约所认可：1967年签订的《成立世界知识产权组织公约》和1994年关贸总协定缔约方签订的《与贸易有关的知识产权协定》（以下简称《TRIPs协定》）。从国内法的角度来看，以我国为例，1986年通过的《民法通则》第五章"民事权利"，分列"所有权""债权""知识产权""人身权"四节，其中第三节"知识产权"第94~97条明文规定了著作权、专利权、商标权、发现权、发明权以及其他科技成果权。2017年通过的《中华人民共和国民法总则》（以下简称《民法总则》）第五章"民事权利"中第123条规定的知识产权客体包括：作品；发明、实用新型、外观设计；商标；地理标志；商业秘密；集成电路布图设计；植物新品种以及法律规定的其他客体。广义的知识产权范围实质上是以列举法明确了知识产权的类型。

狭义的知识产权，即传统意义上的知识产权，包括著作权（含邻接权）、专利权、商标权三个主要组成部分。

狭义的知识产权分为文学产权和工业产权，这也是知识产权传统的基本分类。其中文学产权是关于文学、艺术、科学作品的创作者和传播者所享有的权利，它将具有原创性的作品及传播这种作品的媒介纳入其保护范围，从而在创造者"思想表达形式"的领域内构造了知识产权保护的独特领域。文学产权包括著作权及与著作权有关的邻接权。工业产权则是工业、商业、农业、林业和其他产业中具有实用经济意义的一种无形财产权。工业产权主要包括专利权和商标权。

三、知识产权的特征

知识产权是一种无形财产权，其作为一种新型民事权利和法定权利，有着自身的特性：较之于财产所有权，知识产权的对象不具有物质形态，有别于财产所有权；较之于约定权利，其类型和内容均由法律设定。

理论界倾向于将知识产权的特征概括为"专有性""地域性"和"时间性"。需要指出的是，这些特征主要是和其他财产权特别是所有权相对而言的，且并非为知识产权所独有。

1. 知识产权的专有性

知识产权是一种专有性的民事权利。专有性即排他性和绝对性，虽是知识产权与所有权的共同特征，但其效力内容及表现形式是各不相同的。由于知识产品是精神领域的成果，知识产权的专有性有着其独特的法律表现：第一，知识产权为权利人所独占，权利人垄断这种专有权利并受到严格保护，没有法律规定或未经权利人许可，任何人不得使用权利人的知识产品；第二，对同一项知识产品，不允许有两个或两个以上同一属性的知识产权并存。例如，两个相同的发明物，根据法律程序只能将专利权授予其中的一个，而以后的发明与已有的技术相比，如无突出的实质性特点和显著的进步，就不能取得相应的权利。知识产权与所有权在专有性效力方面也是有区别的。首先，所有权的排他性表现为所有人排斥非所有人对其所有物进行不法侵占、妨害或毁损，而知识产权的排他性则主要是排斥非专有人对知识产品进行不法仿制、假冒或剽窃。其次，所有权的独占性是绝对的，即所有人行使对物的权利，既不允许他人干涉，也不需要他人积极协助，在所有物为所有人控制的情况下，且无地域和时间的限制。而知识产权的独占性则是相对的，这种垄断性往往要受到权能方面的限制（如著作权中的合理使用、专利权中的临时过境使用、商标权中的先用权人使用等），同时，该项权利的独占性只在一定空间地域和有效期限内发生效力。

2. 知识产权的地域性

知识产权作为一种专有权在空间上的效力并不是无限的，而要受到地域的限制，即具有严格的领土性，其效力只限于本国境内。知识产权的这一特点有别于有形财产权。一般来说，对所有权的保护原则上没有地域性的限制，无论是公民从一国移居另一国的财产，还是法人因投资、贸易从一国转入另一国的财产，都照样归权利人所有，不会发生财产所有权失去法律效力的问题。而知识产权则不同，按照一国法律获得承认和保护的知识产权，只能在该国发生法律效力。除签有双边互惠协定或共同加入知识产权国际公约之外，依据一国法律受到保护的知识产权并不具有域外效力，其他国家对这种权利没有保护义务，任何人均可在自己的国家内自由使用该知识产品，无须取得权利人的同意，也不必向权利人支付报酬。

早在知识产权法律制度的雏形时期，地域性的特点就同知识产权紧密地联系在一起。在欧洲封建国家末期，著作权与专利权都是君主恩赐并作为特许权出现的，只能在君主管辖地域内行使。随着近代资产阶级法律的发展，知识产权才最终脱离了封建特许权形式，成为法定的财产权利。但是，资本主义国家依照其主权原则，只对依本国法取得的知识产权加以保护，因此地域性作为知识产权的特点继续保留下来。在一国获得知识产权的权利人，如果要在他国受到法律保护，就必须按照该国法律登记注册或审查批准。

从19世纪末起，随着科学技术的发展以及国际贸易的扩大，知识产权交易的国际市场也开始形成和发展，在知识产品的国际性需求与知识产权的地域性限制之间出现了巨大的矛盾。为了解决这一矛盾，各国先后签订了一系列保护知识产权的国际公约，成立了一系列全球性或区域性的国际组织，在世界范围内形成了一套国际知识产权保护制度。在国际知识产权保护中，国民待遇原则的规定是对知识产权地域性特点的重要补充。国民待遇原则，使得一国承认或授予的知识产权，根据国际公约在缔约方发生域外效力成为可能。但是，知识产权的地域性并没有动摇，是否授予权利、如何保护权利，仍须由各缔约方按照其国内法来决定。至20世纪下半叶，由于地区经济一体化与现代科学技术的发展，知识产权立法呈现出现代化、一体化的趋势，涉外知识产权纠纷的非专属管辖与知识产权法律适用的多元化，对这一权利的地域性特点带来重大影响。

3. 知识产权的时间性

知识产权不是没有时间限制的永恒权利，其时间性的特点表明：知识产权仅在法律规定的期限内受到保护，一旦超过法律规定的有效期限，这一权利就自行消灭，相关知识产品即成为整个社会的共同财富，为全人类所共同使用。这一特点是知识产权与有形财产权的主要区别之一。

知识产权在时间上的有限性，是世界各国为了促进科学文化发展、鼓励智力成果公开所普遍采用的原则。建立知识产权的目的在于采取特别的法律手段调整因知识产品创造或使用而产生的社会关系，这一制度既要促进文化知识的广泛传播，又要注重保护知识产品创造者的合法利益，协调知识产权专有性与知识产品社会性之间的矛盾。知识产权时间限制的规定，反映了建立知识产权法律制度的社会需要。根据各类知识产权的性质、特征及本国实际情况，各国法律对著作权、专利权、商标权都规定了长短不一的保护期。在知识产权的时间性特点中，商标权与著作权、专利权有所不同，它在有效期届满后可以续展，通过不断的续展，商标权可以延长实际有效期。法律之所以这样规定，就在于文学艺术作品和发明创造对于社会科学文化事业的发展有着更重要的意义，因此必须规定一定的期限，使智力成果从个人的专有财产适时地变为人类公有的精神财富。

知识产权的上述特征，是与其他民事权利特别是所有权相比较而言的，是具有相对意义的概括和描述。这并不意味着各类知识产权都具备以上全部特征，例如，商业秘密权不受时间性限制，地理标志权不具有严格的独占性意义。从本质上说，只有客体的非物质性才是知识产权所属权利的共同法律特征。

四、知识产权制度体系

一般认为，知识产权法在立法框架上应包括以下基本制度：

（1）知识产权的主体制度。知识产权的主体，是知识形态商品生产者和交换者在法律上的资格反映。什么人可以参加知识产权法律关系，享有何种权利或承担何种义务，是由国家法律直接规定的。

（2）知识产权的客体制度。知识产权的保护对象即知识产品是一种有别于动产、不动产的精神财富或无形财产，什么样的知识产品能够成为权利客体而受到保护，通常需要有法律上直接而具体的规定。

（3）知识产权的权项制度。知识产权是知识财产法律化、权利化的表观。由于知识产品的类型不同，其权利的内容范围也有所区别。除少数知识产权类型具有人身与财产的双重权能内容外，大多数知识产权即是知识财产权。

（4）知识产权的利用制度。知识形态商品关系的横向联系，即知识产品的交换和流通在法律上表现为知识产权的转让及使用许可等。法律承认著作权许可、品牌加盟、技术转让等各种流转形式，保护知识产品的创造者、受让者、使用者等各方的合法权益。

（5）知识产权的保护制度。知识产权的侵权与救济是知识产权保护制度的核心内容。知识产权法明文规定权利的效力范围，制裁各类直接侵权行为和间接侵权行为，并提供民事、行政及刑事的多种法律救济手段。

（6）知识产权的管理制度。知识产权的取得、转让及消灭，必须遵照法律的规定，并接受主管机关的管理。法律一般规定有相关管理机关的职责，并赋予其对有关知识产权问题进行行政调解、管理和处罚的权力。

我国现行知识产权立法包括以下制度：

（1）著作权法律制度。以保护文学、艺术、科学作品的创作者和传播者的专有权利为宗旨，其客体范围除一般意义上的作品外，还应包括民间文学艺术和计算机软件。

（2）专利权法律制度。以工业技术领域的发明创造成果为保护对象，其专有权利包括发明专利权、实用新型专利权、外观设计专利权。

（3）工业版权法律制度。兼有著作权、专利权双重因素的新型知识产权，表现为集成电路布图设计专有权等。一般采取独立于著作权法和专利法之外的单行法规形式。

（4）商标权法律制度。一种主要的工业产权法律制度，其保护对象包括商品商标和服务商标。

（5）商号权法律制度。对工商企业名称或字号的专用权进行保护的法律制度，其立法形式可采取单行法规形式，也可采取与商标权合并立法形式。

（6）地理标志权法律制度。以地理标志权为保护对象，禁止使用虚假地理标志的法律制度，其立法形式一般规定在反不正当竞争法中，也可制定单行法规。

（7）商业秘密权法律制度。以未公开的信息包括经营秘密和技术秘密为保护对象的法律制度，可以制定单行法规，亦可列入反不正当竞争法中。

（8）反不正当竞争法律制度。制止生产经营活动中不正当损害他人知识产权行为的专门法规，适用于各项知识产权制度无特别规定或不完备时需要给予法律制裁的侵害事实。

第二节　知识产权的取得与保护

回顾知识产权制度的发展历史，知识产权经历了一个从封建行政特许到民事权利的转变过程，是商品经济的产物。知识产权从市场中来，也要回到市场中去，知识产权的取得与保护是各国知识产权立法的重要内容。

一、知识产权的取得机制

知识产权的取得是指民事主体依法取得知识产权。以权利的取得是否以权利人的意思为转移，知识产权的取得方式可以分为原始取得和继受取得，前者一般是指基于法律的直接规定，后者一般是指基于所有人和受领人之间的双方合意。

（一）知识产权的原始取得

原始取得，是指财产权的第一次产生或者不依靠原所有人的权利而取得财产权。一般财产所有权的原始取得，有生产、孳息、先占等方式，其原始取得概无主体的特定身份要求，除不动产及个别动产外，亦无须国家机关的特别授权。

知识产权的原始取得则不同，其权利产生的法律事实包括两个方面，即创造者的创造性行为和国家机关的授权性行为。在知识产品的生产、开发活动中，创作行为或发明创造行为在本质上属于事实行为，任何人都可以通过自己的智力劳动取得知识产品创造者的身份。知识产权主体制度的身份原则具有两个特点：第一，创造者的身份一般属于从事创造性智力劳动的自然人，但在有的情况下也可能归属于组织、主持创造活动并体现其意志或承担相应责任的法人；第二，创造者的身份既是智力创造性活动这一事实行为的结果，又是行为人取得知识产权的前提。在有关权益纠纷中，创造者身份的确认对判定权源、划分权属有着重要的意义。

此外，在知识产权的原始取得中，国家机关的授权行为是权利主体资格最终得以确认的必经程序。授权行为从性质上而言是一项行政法律行为。它与创造性行为一样，对权利的原始取得具有重要意义。借用美国学者的说法：创造性活动是权利产生的"源泉"（source），而法律（国家机关授权活动）是权利产生的"根据"（origin）。知识产权需要由主管机关依法授予或确认而产生，这是由其客体的非物质性所决定的。由于知识产品不同于传统的客体物，不可能对其进行有形的控制或占有，容易逸出创造者的手中而为他人利用，换言之，只要知识产品公布于世，其他人便易于通过非法处分途径而获取利益。因而，知识产品的所有人不可能仅凭创造性活动的事实行为而当然、有效、充分地取得、享有或行使其权益，他必须依靠国家法律的特别保护，即通过主管机关审查批准后授予专有权或专用权。

（二）知识产权的继受取得

在知识产权领域，基于继受取得的原因，同一知识产品之上拥有若干权利主体的情形却普遍存在，可以大致分为三类。第一，某类权利主体对其知识产品既享有财产权利又享有人身权利时，发生继受取得的权利只能是其中的财产权，即继受主体不能取得专属于创造者的人身权利。这样，就同一知识产品所产生的人身权和财产权就会为不同的主体所分享。第二，某类知识产权仅是不完全转让的，继受主体只能在约定的财产权项上享有利益。如所有权与其权能分离一样，在原始主体依然存在的情况下，还会产生一个或数个拥有部分权利的不完全主体，即财产权的诸项权能为不同主体所分享。当然，这种权利与权能的分离，对知识产权与所有权来说有着完全不同的内容和意义。知识产权的标的是非物质形态的精神产物，在一定时空条件下可能被多数主体利用，包括原始主体自己使用与授权继受主体共同使用。第三，某类知识产权的转让同时在不同地域范围进行。例如，著作权人分别在数国转让其版权，专利权人在不同国家出卖其专利，就会出现两个或两个以上独立的权利主体。但是，若干受让人只能在各自的有效区域内行使权利，即主体地位独立，权利互不相涉。在这种情况下，虽原知识产权所有人丧失了主体资格，但在不同的地域可能产生若干相同的新的知识产权所有人，即各个继受主体彼此独立地对同一知识产品享有同一性质的权利。

在商品经济日益发达与财产权逐渐社会化的今天，所有权的行使和实现，往往要通过非所有权途径（如他物权的设定和债权的发生）而进行。正如有的学者所言，社会经济生活的财产关系由静态的所有权中心转化为动态的债权中心，所有权发生各种权利转换而丧失了原有的地位。知识产权更是如此，其权利价值的实现，并非创造者对知识产品的直接支配，而表现为一个"创造—传播—使用"的过程。在现代信息化社会，社会分工细密，一件作品或发明由创造者本人进行各种形式的使用几乎是不可能的，因此，知识产品所有人往往要借助他人的意思和行为来实现自己的利益。这正是知识产权继受取得区别于所有权相关制度的社会意义所在。

二、知识产权的保护机制

知识产权的对象具有非物质性的特征，其保护机制有别于物权之处主要在于保护范围、侵权行为以及侵权责任等方面。

(一) 知识产权的保护范围

对于一般财产所有权来说，其客体为有形的动产或不动产，该类客体本身即构成权利的保护范围，法律保护所有权人对其有形财产进行占有、使用、收益和处分的权能，无须作出特殊规定。一般而言，有形动产之大小、形状，有形不动产之位置、外观，即可表明此物与彼物的区别，展示本权与他权的界限。不问客体物的内容、性能、用途、价值、表现形式如何，所有权人对各个客体物所拥有的基本权能是一样的，所有权制度一般没有所谓限定保护范围的特别条款。

作为知识产权客体的精神产品则是一种无形财产，它的保护范围无法依其本身来确定，而要求法律给予特别的规定。在限定的保护范围内，权利人对自己的知识产品可以行使各种专有权利，超出这个范围，权利人的权利就会失去效力，即不得排斥第二人对知识产品的合法使用。例如，专利法规定，专利权人的专有实施权的范围以专利申请中权利要求的内容为准，即是根据专利权所覆盖的发明创造的技术特征和技术幅度来确定；商标法规定，商标权人的使用权范围，以核准注册的商标和核定使用的商品为限，但商标权人对他人未经许可在同一种商品或类似商品上使用与其注册商标相同或近似的商标，均享有禁止权。这说明，知识产权专有性只在法定范围内有效。关于知识产权保护范围的规定，其特点不仅表现为一种权项范围的"界定"，而且表现为效力范围的"限制"。

为了防止创作者、创造者的专有权成为公众获取知识和整个社会发展科学文化事业的障碍，知识产权法还允许权利人以外的其他人在一定条件下自由使用受保护的知识产品，例如，著作权法中的"合理使用原则""法定许可使用原则"，专利法中的"专利权用尽原则""临时过境使用原则""先用权人使用原则"等，都是在知识产品的使用中对专有权利行使的限制，即是法律对知识产权保护范围的限定。

(二) 知识产权的保护模式

我国知识产权保护模式呈现为"双轨制"，即知识产权侵权纠纷发生后，权利人既可请求有关行政主管机关处理，也可直接向有管辖权的人民法院起诉。在民事诉讼中，对权利人的救济更多强调"损害填补",即权利人所受损害应得到及时、有效和全面的赔偿。在法律保护体系中,司法保护的主导作用在于这种保护方式应是主要的、基本的和最终的,其法律基础是一国司法的权威性和社会公信力。知识产权行政执法的实践证明,知识产权行政保护有及时性、灵活性等特点,是打击侵权的必要环节,这是我国知识产权法律保护模式的鲜明特色之一。

(三) 侵犯知识产权行为的归责原则

归责原则是责令侵权人承担责任的依据,侧重指损害赔偿之归责原则。关于侵害知识产权的归责原则,我国法律未作明确规定,法学界对此主张不一。有的学者认为,侵犯知识产权乃是一般侵权行为,主张适用过错责任原则。此即一元归责原则。多数学者主张在采用过错责任原则的基础上补充适用其他归责原则。此即二元归责原则。其中有代表性的观点主要有两种。一是以无过错责任原则为补充原则。有的学者主张在侵犯知识产权的领域引进无过错责任原则,即未经许可复制或作为直接传播的第一步如表演等利用作品的行为以及未经许可制作、使用发明创造专利的行为,适用无过错原则;对于其他侵犯知识产权的行为则采取过错责任原则。有文章在论证这一观点时将其概括为:直接侵权行为适用无过错责任原则,间接侵权行为适用过错责任原则。二是以过错推定责任为补充原则。有些学者主张在适用过错责任原则的基础上补充适用过错推定责任原则,即在认定过错上,采取依证据推定的方法,由侵权人承担举证责任。不能举证或举证不能成立的,始承担赔偿责任。

《民法通则》对侵权行为采取二元归责原则体系:一般侵权行为适用过错责任原则,法律有特别规定的情形方适用无过错责任原则。一般认为,侵害知识产权不属于法律规定的特别情形,因此,应适用过错责任原则。《TRIPs 协定》第 45 条第 1 款规定:"司法机构应有权命令侵权者向权利所有人支付足够的损害赔偿,来补偿侵权者侵犯其知识产权所造成的损失,且侵权者知道或有充足理由知道他正在从事侵权活动。"上述规定表明,知识产权的损害赔偿,其适用条件是侵权人知道或应该知道他从事了侵权活动。换言之,过错责任原则是侵犯知识产权的一般归责原则。但是,全面适用过错责任原则也有值得检讨之处,其原因就在于举证责任的分配问题。过错责任原则采取"谁主张,谁举证",对原告即权利人多有不便。知识产权所有人在一定期间内享有专有权利,但须将其知识产品公开。这样,权利人既难以控制他人对知识产品的利用,也难以对他人使用中的过错状况进行举证。一些学者对此持批评态度,认为全面适用过错责任原则,是为未经许可的使用人着想过多,而为权利人着想过少。因此,学术界主张对过错责任原则进行修正和补充,从而产生了二元归责原则。

过错推定责任是介于过错责任与无过错责任之间的责任归责方式。就其以过错作为确定责任的最终依据而言,过错推定责任保持了传统过错责任所具有的价值和功能;就其虽无过错但可能也要承担责任而言,又具有无过错责任的若干特征。可以说,过错推定责任原则的这种平衡、协调作用，能够纠正过错责任原则对权利人举证要求过苛，而对知识财产侵权人失之过宽，以及无过错责任原则对权利人保护比较充分，而对知识产品使用人失之过严这两者的偏差。

(四) 侵犯知识产权行为的法律责任

法律对于知识产权的保护是多层次、多角度的，我国相关法律为权利人提供了如下侵权救济途径。

1. 民事救济措施

民事救济措施具有维护权利状态或对权利人所受损害给予补偿之作用。一般来说，民法对所有权的保护是通过赋予权利人以请求确认所有权、排除妨害、恢复原状、返还原物、赔偿损失等请求权的方法来实现的。这就是物权之诉和债权之诉的保护方法。而知识产权的民事救济，主要采取请求停止侵害和请求赔偿损失的方法。由于客体的非物质性特征，在物权之诉中，知识产权主体并不能援用请求恢复原状、返还原物之传统民事救济方法。在知识产权的民事救济措施中，请求停止侵害是一种物权之诉，既包括请求除去已经发生之侵害，也包括除去可能出现之侵害。由于知识产品的特性所致，停止侵害是排除对权利人行使专有权利之"妨碍"，而不可能是制止对权利客体即知识产品之"侵害"。请求赔偿损失则是一种债权之诉，其填补损害的方式即是金钱赔偿。侵犯知识产权的损害赔偿额，主要有两种计算方法：一是按侵权人在侵权期间因侵权行为所得之利润计算；二是按权利人在被侵权期间因被侵权所受到的损失计算。在这两种计算方式中，权利人为制止侵权行为而支付的合理开支也可包含在内。如果权利人的实际损失和侵权人的非法所得不能确定，则可以适用法定赔偿的有关规定，即由法官根据侵权行为的社会影响、侵权手段和情节、侵权时间和范围以及侵权人的主观过错程度，判决给予一定数额金钱的赔偿。

2. 刑事救济措施

关于侵犯知识产权罪的类型，《TRIPs协定》对各缔约方做了最低要求的规定，即至少应制裁假冒商标或剽窃版权作品的犯罪，但其适用条件有二：一是侵权使用达到一定的商业规模，二是非法使用人主观上出于故意。实际上，各国立法关于侵犯知识产权罪名的规定，一般都超出了《TRIPs协定》的最低要求。我国《刑法》在"侵犯知识产权罪"与"扰乱市场秩序罪"的章节中，规定了侵犯商标权罪、侵犯专利权罪、侵犯商业秘密罪等各种犯罪行为，其罪名涉及侵犯知识产权的主要领域。同时，对上述各罪，规定了有期徒刑、拘役、管制、罚金等各种刑事处罚。

3. 行政救济措施

关于行政救济措施，《TRIPs协定》要求各缔约方加强司法机关的权力，以建立一种对侵权行为的有效威慑。其内容包括：在不给任何补偿的情况下，有权命令对侵权的商品进行处理，禁止其进入商业渠道，或者将上述侵权商品予以销毁；此外，还有权命令，将主要用于制作商品的材料和工具进行处理，禁止其进入商业渠道，以尽可能地减少进一步侵权的危险。此外，《TRIPs协定》还规定了海关中止放行制度：当受害人发现有侵权复制品经由海关进口或出口，则可向有关行政或司法机关提供书面申请和担保，由海关扣押侵权复制品，中止该类商品的放行。如果海关查实被扣商品系侵权复制品，则予以没收；如果扣押错误，则申请人应赔偿被申请人的合理损失。我国相关立法所采取的行政救济措施与《TRIPs协定》相当，具体来说，有训诫（警告）、责令停止制作和发行侵权复制品、没收非法所得、没收侵权复制品和侵权设备以及罚款等措施。

我国在加入世界贸易组织前后已经全面按照国际公约的要求，修改和完善知识产权相关法律。在法律制度建设方面，近年来适时对《专利法》《著作权法》《商标法》《反不正当竞争法》等进行修订，构建了符合世界贸易组织规则和中国国情的知识产权法律体系，为知识产权保护提供了有力的法律保障。这一系列重大改革举措说明我国知识产权保护不断加强，营商环境明显改善，知识产权大保护、严保护、快保护、同保护的格局已基本形成。

第三节 知识产权管理与运用

一、企业知识产权管理

（一）概述

企业知识产权管理是企业围绕知识产权的创造、运用、保护、管理、人才培养等活动实施的一系列的决策和活动。企业应建立知识产权管理体系并形成制度文件，实施、运行并持续改进，保持其有效性。《企业知识产权管理规范》（GB/T 29490—2013）是结合企业知识产权管理实践编制而成的推荐性国家标准，提供了基于过程方法的企业知识产权管理模型，指导企业策划、实施、检查、改进知识产权管理体系。以下有关企业知识产权管理的要求，均来自该标准。

（二）文件要求

知识产权管理体系文件应由企业最高决策层制定或认可，并在企业内部正式颁布、实施和执行。知识产权管理体系文件包括：知识产权方针和目标，知识产权手册，形成文件的程序和记录。企业应根据自身需要，建立知识产权申请、维护、管理、奖励以及保密等各方面的内部控制程序，并在发布或更新发布前得到审核和批准。企业应根据控制程序进行管理，并对执行情况进行定期跟踪、评价，确保制度控制的有效性。

企业应根据行业特点、企业特点、企业知识产权管理所处阶段等因素编写知识产权手册。编制和保持知识产权手册，包括：知识产权机构设置、职责和权限的相关文件；知识产权管理体系的程序文件或对程序文件的引用；知识产权管理体系过程之间相互关系的表述。

企业应对行政决定、司法函件、律师函等外来文件实行有效管理，确保来源和时间的可识别。记录填写应做到详细、准确、及时、字迹清晰、内容完整，易于识别和检索。对于外来文件与记录文件，企业应采取措施保证其完整性，并明确保管方式和保管期限。

(三) 管理职责

1. 管理承诺

最高管理者是企业知识产权管理的第一责任人，应通过以下活动实现知识产权管理体系的有效性：制定知识产权方针、目标的公开文件，确保为实施知识产权管理体系提供适宜的组织机构并配备必要的资源，建立健全各级知识产权管理责任，就知识产权管理有关事宜予以授权，并对知识产权管理体系运行的有效性开展组织评审。

2. 知识产权方针

最高管理者应批准、发布企业知识产权方针，并确保其符合相关法律法规和政策的要求，与企业的经营发展情况相适应，在企业内部得到有效运行，在持续适宜性方面得到评审，形成文件并予实施和保持，以及得到全体员工的理解。

3. 策划与目标

知识产权策划是对知识产权方针的细化和具体化。最高管理者应通过对知识产权管理体系进行策划，实现知识产权创造、运用、保护的管理活动得到有效运行和控制，知识产权管理体系得到持续改进。知识产权目标是落实知识产权方针和知识产权策划的重要手段。最高管理者应针对企业内部有关职能和层次，建立并保持知识产权目标，包括有关知识产权的数量目标、质量目标、进度目标、贡献目标等。

4. 职责与权限

最高管理者应在企业最高管理层中指定专人作为管理者代表，授权其承担以下职责：确保知识产权管理体系的建立、实施和保持，向最高管理者报告知识产权管理绩效和改进需求，确保全体员工对知识产权方针和目标的理解，落实知识产权管理体系运行和改进需要的各项资源，确保知识产权外部沟通的有效性。

企业应建立知识产权管理机构并配备专业的专职或兼职工作人员，或委托专业的服务机构代为管理，承担以下职责：制定企业知识产权发展规划，建立知识产权管理绩效评价体系，参与监督和考核其他相关管理机构，负责企业知识产权的日常管理工作。其他管理机构负责落实与本机构相关的知识产权工作。

5. 管理评审

管理评审是最高管理者为评价管理体系的适宜性、充分性和有效性所进行的活动，应定期开展。评审内容应包括：知识产权方针、目标，企业经营目标、策略及新产品、新业务规划，企业知识产权基本情况及风险评估信息，技术、标准发展趋势，前期审核结果。管理评审结果应包括知识产权方针、目标修改建议，知识产权管理程序改进建议，以及资源需求。

（四）资源管理

1. 人力资源

企业应明确员工知识产权创造、保护和运用的奖励和报酬，明确员工造成知识产权损失的责任。应通过劳动合同、劳务合同等方式对员工进行管理，约定知识产权权属、保密条款，明确发明创造人员享有的权利和负有的义务，必要时应约定竞业限制和补偿条款。对新入职员工进行适当的知识产权背景调查，以避免侵犯他人知识产权；对于研究开发等与知识产权关系密切的岗位，应要求新入职员工签署知识产权声明文件。对离职员工进行相应的知识产权事项提醒；涉及核心知识产权的员工离职时，应签署离职知识产权协议或执行竞业限制协议。

2. 其他资源

企业应设立知识产权经常性预算科目，保障知识产权工作的正常进行，包括用于知识产权申请、注册、登记、维持、检索、分析、评估、诉讼和培训等的费用，用于知识产权管理机构的运行费用，用于知识产权激励的费用。有条件的企业可设立知识产权风险准备金。企业应建立信息收集渠道，及时获取所属领域、竞争对手的知识产权信息，对信息进行分类筛选、分析加工，以及有效利用，在对外信息发布之前进行相应审批。有条件的企业可建立知识产权信息数据库，并有效维护和及时更新。

（五）基础管理

1. 获取及维护

企业应根据自身特点建立整套知识产权获取机制和流程。根据知识产权目标，制定知识产权获取的工作计划，明确获取的方式和途径，在获取知识产权前进行必要的检索和分析，保持知识产权获取记录，保障职务发明创造研究开发人员的署名权。企业应建立知识产权分类管理档案并进行日常维护，适时开展知识产权评估，明确知识产权权属变更程序和放弃程序。有条件的企业可对知识产权进行分级管理。

2. 运用

企业应促进和监控知识产权的实施，有条件的企业可以评估知识产权对产品销售的贡献。知识产权实施、许可或转让前，应分别制定调查方案并进行评估。投融资活动前，应对相关知识产权开展尽职调查，进行风险和价值评估。在境外投资前，应针对目的地的知识产权法律、政策及其执行情况，进行风险分析。企业合并或并购前，应开展知识产权尽职调查，根据合并或并购的目的设定对目标企业知识产权状况的调查内容；有条件的企业可进行知识产权评估。企业出售或剥离资产前，应对相关知识产权开展调查和评估，分析出售或剥离的知识产权对本企业未来竞争力的影响。参与标准组织前，应了解标准组织的知识产权政策，在将包含专利和专利申请的技术方案向标准组织提案时，应按照知识产权政策要求披露并做出许可承诺。牵头制定标准时，应组织形成标准工作组的知识产权政策和工作程序。参与知识产权联盟或其他组织前，应了解其知识产权政策，评估参与利弊。组建知识产权联盟时，可围绕核心技术建立专利池，开展专利合作，但应遵守公平、合理且无歧视的原则。

3. 保护

企业应加强知识产权风险的识别、评测和防范。采取措施避免或降低办公、生产等设备及软件侵犯他人知识产权的风险，定期监控产品可能涉及的他人知识产权的状况，分析可能发生的纠纷及其对企业的损害程度，并提出防范预案。有条件的企业可将知识产权纳入企业风险管理体系，对知识产权风险进行识别和评测，并采取相应风险控制措施。企业应根据实际情况采取不同措施做好争议处理。及时发现和监控知识产权被侵犯的情况，适时运用行政和司法途径保护知识产权。处理知识产权纠纷时，应评估司法诉讼、行政调处、仲裁、和解等不同处理方式对企业的影响，选取适宜的争议解决方式。开展涉外贸易时，应在向境外销售产品之前，调查目的地的知识产权法律、政策及其执行情况，了解行业相关诉讼，分析可能涉及的知识产权风险，并适时在目的地进行知识产权申请、注册和登记。对向境外销售的涉及知识产权的产品可采取相应的边境保护措施。

4. 合同管理

企业要加强合同中的知识产权管理，应对合同中有关知识产权的条款进行审查。对检索与分析、预警、申请、诉讼、侵权调查与鉴定、管理咨询等知识产权对外委托业务应签订书面合同，并约定知识产权权属、保密等内容。在进行委托开发或合作开发时，应签订书面合同，约定知识产权权属、许可及利益分配、后续改进的权属和使用等。承担涉及国家重大专项等政府类科技项目时，应了解项目相关的知识产权管理规定，并按照要求进行项目中的知识产权管理。

5. 保密

企业应采取保密措施确保企业知识产权的机密性、完整性与可用性。明确涉密人员，设定保密等级和接触权限。明确可能造成知识产权流失的设备，规定使用目的、人员和方式。明确涉密信息，规定保密等级、期限和传递、保存及销毁的要求。明确涉密区域，规定客户及参访人员活动范围等。

(六) 实施和运行

1. 立项

立项阶段的知识产权管理包括：分析该项目所涉及的知识产权信息，包括各关键技术的专利数量、地域分布和专利权人信息等；通过知识产权分析及市场调研相结合，明确该产品潜在的合作伙伴和竞争对手；进行知识产权风险评估，并将评估结果、防范预案作为项目立项与整体预算的依据。

2. 研究开发

研究开发阶段的知识产权管理包括：对该领域的知识产权信息、相关文献及其他公开信息进行检索，对项目的技术发展状况、知识产权状况和竞争对手状况等进行分析；在检索分析的基础上，制定知识产权规划；跟踪与监控研究开发活动中的知识产权，适时调整研究开发策略和内容，避免或降低知识产权侵权风险；督促研究人员及时报告研究开发成果；及时对研究开发成果进行评估和确认，明确保护方式和权益归属，适时形成知识产权；保留研究开发活动中形成的记录，并实施有效的管理。

3. 采购

采购阶段的知识产权管理包括：在采购涉及知识产权的产品过程中，收集相关知识产权信息，必要时应要求供方提供权属证明；做好供方信息、进货渠道、进价策略等信息资料的管理和保密工作；在采购合同中应明确知识产权权属、许可使用范围、侵权责任承担等。

4. 生产

生产阶段的知识产权管理包括：及时评估、确认生产过程中涉及产品与工艺方法的技术改进与创新，明确保护方式，适时形成知识产权；在委托加工、来料加工、贴牌生产等对外协作的过程中，应在生产合同中明确知识产权权属、许可使用范围、侵权责任承担等，必要时应要求供方提供知识产权许可证明；保留生产活动中形成的记录，并实施有效的管理。

5. 销售和售后

销售和售后阶段的知识产权管理包括：产品销售前，对产品所涉及的知识产权状况进行全面审查和分析，制定知识产权保护和风险规避方案；在产品宣传、销售、会展等商业活动前制定知识产权保护或风险规避方案；建立产品销售市场监控程序，采取保护措施，及时跟踪和调查相关知识产权被侵权情况，建立和保持相关记录；产品升级或市场环境发生变化时，及时进行跟踪调查，调整知识产权保护和风险规避方案，适时形成新的知识产权。

（七）审核和改进

企业应针对自身知识产权管理体系的建立情况，制定与其规模匹配的知识产权管理体系审核制度与流程，并定期开展内部审核。通过对检查过程中收集的资料和信息进行分析，验证并判断企业知识产权管理体系的制定和运行实施的实际效果是否符合企业知识产权管理体系设定目标的要求，并明确问题、不足及产生的原因。根据知识产权方针、目标以及检查、分析的结果，对存在的问题制定和落实改进措施。

审核和改进，要确保业务过程中产品、软硬件设施设备符合知识产权有关要求。要确保知识产权管理体系的符合性，即知识产权管理体系与生产经营体系相匹配，能够满足企业发展对知识产权管理体系所提出的要求。要持续改进知识产权管理体系的有效性，即知识产权管理体系能够长期保持其生命力，通过持续的审核和改进，使其呈螺旋上升式的不断完善。

二、科研组织知识产权管理

（一）概述

科研组织是国家创新体系的重要组成部分，知识产权管理是科研组织创新管理的基础性工作，也是科研组织科技成果转化的关键环节。科研组织知识产权管理是科研组织管理的有机组成部分，是科研组织建设的重要内容。科研组织知识产权的规范化管理可以通过建立和实施知识产权管理体系来实现。

《科研组织知识产权管理规范》（GB/T 33250—2016）为科研组织提供了建立和运行知识产权管理体系的参考规范。科研组织应根据本单位业务特点、流程特点，结合《科研组织知识产权管理规范》要求建立知识产权管理体系，提升知识产权质量，促进知识产权转化运用。以下有关科研组织知识产权管理要求，均来自该标准。

（二）文件要求

科研组织应实现知识产权管理体系的文件化和持续性。知识产权管理体系文件应满足以下要求：文件内容完整、表述明确，文件发布前需经过审核、批准，文件更新后再发布前，要重新进行审核、批准；建立、保持和维护知识产权记录文件，以证实知识产权管理体系符合本标准要求；按文件类别、秘密级别进行管理，易于识别、取用和阅读，保管方式和保管期限明确；对行政决定、司法判决、律师函件等外来文件进行有效管理；因特定目的需要保留的失效文件，应予以标记。

知识产权管理体系文件包括知识产权方针目标、知识产权手册、文件化的程序和记录。知识产权方针和目标是科研组织知识产权管理的原则和方向。科研组织应制定知识产权方针和目标,由最高管理者发布。方针目标应符合法律法规和政策的要求,与科研组织的使命定位和发展战略相适应,得到员工、学生的理解和有效执行,并在持续适宜性方面得到评审。知识产权目标可考核并与知识产权方针保持一致。知识产权手册是科研组织的人员处理知识产权事务的指南。科研组织应编制知识产权手册,具体内容包括:知识产权组织管理的相关文件,人力资源、科研设施、合同、信息管理和资源保障的知识产权相关文件,知识产权获取、运用、保护的相关文件,知识产权外来文件和知识产权记录文件,以及知识产权管理体系文件之间相互关系的表述。

(三) 组织管理

1. 最高管理者及管理者代表

最高管理者是科研组织知识产权管理第一责任人,负责制定、批准发布知识产权方针,策划并批准知识产权中长期和近期目标,决定重大知识产权事项,定期评审并改进知识产权管理体系,以及保障资源配备。最高管理者可在最高管理层中指定专人作为管理者代表,总体负责知识产权管理事务,统筹规划知识产权工作,审议并指导监督执行知识产权规划,审核知识产权资产处置方案,批准发布对外公开或提交重要的知识产权文件,协调涉及知识产权管理部门之间的关系,确保知识产权管理体系的建立、实施、保持和改进。

2. 知识产权管理机构

科研组织应建立知识产权管理机构,并配备专职工作人员,承担以下职责:拟定知识产权规划并组织实施;拟定知识产权政策文件并组织实施,包括知识产权质量控制,知识产权运用的策划与管理等;建立、实施和运行知识产权管理体系,向最高管理者或管理者代表提出知识产权管理体系的改进需求建议;组织开展与知识产权相关的产学研合作和技术转移活动;建立专利导航工作机制,参与重大科研项目的知识产权布局;建立知识产权资产清单,建立知识产权资产评价及统计分析体系,提出知识产权重大资产处置方案;审查合同中的知识产权条款,防范知识产权风险;培养、指导和评价知识产权专员;负责知识产权日常管理工作,包括知识产权培训,知识产权信息备案,知识产权外部服务机构的遴选、协调、评价工作等。

3. 知识产权服务支撑机构

科研组织应建立知识产权服务支撑机构,可设在科研组织中负责信息文献的部门,或聘请外部服务机构,承担以下职责:受知识产权管理机构委托,为建立、实施与运行知识产权管理体系提供服务支撑;为知识产权管理机构提供服务支撑;为科研项目提供专利导航服务;负责知识产权信息及其他数据文献资源收集、整理、分析工作。

4. 研究中心

研究中心是指科研组织直接管理的实验室、研究室等机构。研究中心应配备知识产权管理人员，协助研究中心负责人，承担本机构知识产权管理工作，具体包括以下职责：拟定知识产权计划并组织实施；统筹承担科研项目的知识产权工作；知识产权日常管理，包括统计知识产权信息并报送知识产权管理机构备案等；确保与知识产权管理机构的有效沟通，定期向其报告知识产权工作情况。

5. 项目组

项目组是科研组织的最基本单元。项目组长负责所承担科研项目的知识产权管理，包括：根据科研项目要求，确定知识产权管理目标并组织实施；确保科研项目验收时达到知识产权考核的要求；设立项目组知识产权专员。知识产权专员协助项目组长进行科研项目知识产权管理，贯彻项目负责人的管理意志，是知识产权管理的具体执行人。知识产权专员负责：专利导航工作；知识产权信息管理，并定期向研究中心报告科研项目的知识产权情况；组织项目组人员参加知识产权培训；项目组知识产权事务沟通。

（四）基础管理

1. 人力资源管理

科研组织应通过人事合同明确员工的知识产权权利与义务，包括：与员工约定知识产权权属、奖励报酬、保密义务等；建立职务发明奖励报酬制度，依法对发明人给予奖励和报酬，对为知识产权运用做出重要贡献的人员给予奖励；明确员工造成知识产权损失的责任。应加强入职、离职人员的知识产权管理，包括：对新入职员工进行适当的知识产权背景调查，形成记录；对于与知识产权关系密切岗位，应要求新入职员工签署知识产权声明文件；对离职、退休的员工进行知识产权事项提醒，明确有关职务发明的权利和义务；涉及核心知识产权的员工离职时，应签署知识产权协议或竞业限制协议。

科研组织应加强科研项目组人员的知识产权管理，包括：针对重大科研项目进行项目组人员知识产权背景调查；必要时签署保密协议；在论文发表、学位答辩、学术交流等学术事务前，应进行信息披露审查；在项目组人员退出科研项目时，进行知识产权提醒。关于在科研组织中学习并从事科学理论或实验研究的学生，科研组织应对其加强知识产权管理，包括：组织学生进行知识产权培训，提升知识产权意识；学生进入项目组，应进行知识产权提醒；在学生发表论文、进行学位答辩、学术交流等学术事务前，应进行信息披露审查；学生因毕业等原因离开科研组织时，可签署知识产权协议或保密协议。

2. 科研设施管理

科研组织应加强科研设施的知识产权管理，包括：采购实验用品、软件、耗材时进行知识产权审查；处理实验用过物品时应进行相应的知识产权检查；在仪器设备管理办法中明确知识产权要求，对外租借仪器设备时，应在租借合同中约定知识产权事务；国家重大科研基础设施和大型科研仪器向社会开放时，应保护用户身份信息以及在使用过程中形成的知识产权和科学数据，要求用户在发表著作、论文等成果时标注利用科研设施仪器情况。

3. 合同管理

科研组织应加强合同中的知识产权管理，包括：对合同中的知识产权条款进行审查，并形成记录；检索与分析、预警、申请、诉讼、侵权调查与鉴定、管理咨询等知识产权对外委托业务应签订书面合同，并约定知识产权权属、保密等内容；在进行委托开发或合作开发时，应签订书面合同，明确约定知识产权权属、许可及利益分配、后续改进的权属和使用、发明人的奖励和报酬、保密义务等；承担涉及国家重大专项等政府项目时，应理解该项目的知识产权管理规定，并按照要求进行管理。

4. 信息管理

科研组织应加强知识产权信息管理，包括：建立信息收集渠道，及时获取所属领域、产业发展、有关主体的知识产权信息；建立专利信息分析利用机制，对信息进行分类筛选和分析加工，形成产业发展、技术领域、专利布局等有关情报分析报告，并加以有效利用；建立信息披露的知识产权审查机制。

(五) 科研项目管理

立项阶段的知识产权管理包括：确认科研项目委托方的知识产权要求，制定知识产权工作方案，并确保相关人员知悉；分析该科研项目所属领域的发展现状和趋势、知识产权保护状况和竞争态势，进行知识产权风险评估；根据分析结果，优化科研项目研发方向，确定知识产权策略。

执行阶段的知识产权管理包括：搜集和分析与科研项目相关的产业市场情报及知识产权信息等资料，跟踪与监控研发活动中的知识产权动态，适时调整研发策略和知识产权策略，持续优化科研项目研发方向；定期做好研发记录，及时总结和报告研发成果；及时对研发成果进行评估和确认，明确保护方式和权益归属，适时形成知识产权；对研发成果适时进行专利挖掘，形成有效的专利布局；研发成果对外发布前，进行知识产权审查，确保发布的内容、形式和时间符合要求；根据知识产权市场化前景初步确立知识产权运营模式。

结题验收阶段的知识产权管理包括：分析总结知识产权完成情况，确认科研项目符合委托方要求；提交科研项目成果的知识产权清单，成果包括但不限于专利、文字作品、图形作品和模型作品、植物新品种、计算机软件、商业秘密、集成电路布图设计等；整理科研项目知识产权成果并归档；开展科研项目产出知识产权的分析，提出知识产权维护、开发、运营的方案建议。

(六) 知识产权运用

科研组织知识产权运用主要包括评估与分级管理、实施和运营、许可和转让,以及作价投资等内容。

评估与分级管理中应满足以下要求:构建知识产权价值评估体系和分级管理机制,建立知识产权权属放弃程序;建立国家科研项目知识产权处置流程,使其符合国家相关法律法规的要求;组成评估专家组,定期从法律、技术、市场维度对知识产权进行价值评估和分级;对于有产业化前景的知识产权,建立转化策略,适时启动转化程序,需要二次开发的,应保护二次开发的技术成果,适时形成知识产权;评估知识产权转移转化过程中的风险,综合考虑投资主体、共同权利人的利益;建立知识产权转化后发明人、知识产权管理和转化人员的激励方案;科研组织在对科研项目知识产权进行后续管理时,可邀请项目组选派代表参与。

实施和运营过程中应满足以下要求:制定知识产权实施和运营策略与规划;建立知识产权实施和运营控制流程;明确权利人、发明人和运营主体间的收益关系。

许可和转让过程中应满足以下要求:许可和转让前进行知识产权尽职调查,确保相关知识产权的有效性;知识产权许可和转让应签订书面合同,明确双方的权利和义务,其中许可合同应当明确规定许可方式、范围、期限等;监控许可和转让流程,预防与控制许可和转让风险,包括合同的签署、备案、执行、变更、中止与终止,以及知识产权权属的变更等。

作价投资过程中应满足以下要求:调查技术需求方以及合作方的经济实力、管理水平、所处行业、生产能力、技术能力、营销能力等;根据需要选择有资质的第三方进行知识产权价值评估;签订书面合同,明确受益方式和比例。

(七) 知识产权保护

科研组织应做好知识产权保护工作,防止被侵权和知识产权流失。重点做好以下方面:规范科研组织的名称、标志、徽章、域名及服务标记的使用,需要商标保护的及时申请注册。规范著作权的使用和管理,建立在核心期刊上发表学术论文的统计工作机制,明确员工和学生在发表论文时标注主要参考文献、利用国家重大科研基础设施和大型科研仪器情况的要求。加强未披露的信息专有权的保密管理,规定涉密信息的保密等级、期限和传递、保存及销毁的要求,明确涉密人员、设备、区域。明确职务发明创造、委托开发、合作开发以及参与知识产权联盟、协同创新组织等情况下的知识产权归属、许可及利益分配、后续改进的权属等事项。建立知识产权纠纷应对机制,制定有效的风险规避方案;及时发现和监控知识产权风险,避免侵犯他人知识产权;及时跟踪和调查相关知识产权被侵权的情况,适时通过行政和司法途径主动维权,有效保护自身知识产权。

(八) 资源保障

科研组织应设定知识产权经常性预算费用和科研项目管理的知识产权费用，以满足知识产权日常事务、机构运行等的经费保障。主要用于：知识产权申请、注册、登记、维持；知识产权检索、分析、评估、运营、诉讼；知识产权管理机构、服务支撑机构运行；知识产权管理信息化；知识产权信息资源；知识产权激励；知识产权培训；其他知识产权工作。

(九) 检查和改进

科研组织应定期开展检查监督，根据监督检查的结果，对照知识产权方针、目标，制定和落实改进措施，确保知识产权管理体系的适宜性和有效性。最高管理者应定期评审知识产权管理体系的适宜性和有效性，制定和落实改进措施，确保与科研组织的战略方向一致。

三、高等学校知识产权管理

(一) 概述

高等学校是科技创新的重要主体，知识产权管理是高等学校创新管理的基础性工作，也是高等学校科技成果转化的关键环节。《高等学校知识产权管理规范》（GB/T 33251—2016）是为高校知识产权管理提供一套与知识产权制度相适应的、适合高校自身特点的知识产权管理体系的参考规范。高等学校可根据其要求，对知识产权的文件管理、组织管理、资源管理、获取、运用、保护、检查和改进等进行工作规范。以下有关高等学校知识产权管理要求，均来自该标准。

(二) 文件管理

知识产权文件是描述高校知识产权管理体系的一整套文件，是高校建立并保持开展知识产权管理的重要基础。主要包括知识产权组织管理相关文件，人力资源、财务资源、基础设施、信息资源管理过程中的知识产权文件，知识产权获取、运用、保护等文件，知识产权相关的记录文件、外来文件。知识产权目标是高校开展知识产权管理要达到的目的，是高校知识产权管理的绩效考核依据。知识产权管理文件是对高校知识产权管理的制度和流程的固化，是进行知识产权日常管理的依据。记录文件是知识产权活动的日常记录，是有效追溯知识产权管理过程的证明和工具。外来文件一般指来自高校外部的公文、司法函件、律师函等对学校可能产生影响的文件。

知识产权文件是高等学校实施知识产权管理的依据，应确保发布前经过审核和批准；文件内容表述明确、完整；保管方式和保管期限明确；按文件类别、秘密级别进行管理，易于识别、取用和阅读；对因特定目的需要保留的失效文件予以标记。

(三) 组织管理

1. 校长

校长（或院长）是高等学校知识产权工作的第一责任人，承担以下职责：批准和发布高等学校知识产权目标；批准和发布知识产权政策、规划；审核或在其职责范围内决定知识产权重大事务；明确知识产权管理职责和权限，确保有效沟通；确保知识产权管理的保障条件和资源配备。

2. 管理委员会

高等学校应成立有最高管理层参与的知识产权管理委员会，全面负责知识产权管理事务，承担以下职责：拟定与高等学校科学研究、社会服务、人才培养、文化传承创新相适应的知识产权长期、中期和短期目标；审核知识产权政策、规划，并监督执行情况；建立知识产权绩效评价体系，将知识产权作为高等学校绩效考评的评价指标之一；提出知识产权重大事务决策议案；审核知识产权重大资产处置方案；统筹协调知识产权管理事务。

3. 管理机构

高等学校应建立知识产权管理机构，配备专职工作人员，并承担以下职责：拟定知识产权工作规划并组织实施；拟定知识产权政策文件并组织实施，包括知识产权质量控制，知识产权运用的策划与管理等；提出知识产权绩效评价体系的方案；建立专利导航工作机制，参与重大科研项目的知识产权布局；建立知识产权资产清单和知识产权资产评价及统计分析体系，提出知识产权重大资产处置方案；审查合同中的知识产权条款，防范知识产权风险；培养、指导和评价知识产权专员；负责知识产权日常管理，包括知识产权培训，知识产权信息备案，知识产权外部服务机构遴选、协调、评价工作等。

4. 服务支撑机构

高等学校应建立知识产权服务支撑机构，可设在图书馆等高等学校负责信息服务的部门，或聘请外部服务机构，承担以下职责：受知识产权管理机构委托，提供知识产权管理工作的服务支撑；为知识产权重大事务、重大决策提供服务支撑；开展重大科研项目专利导航工作，依需为科研项目提供知识产权服务支持；受知识产权管理机构委托，建设、维护知识产权信息管理平台，承担知识产权信息利用培训和推广工作；承担知识产权信息及其他数据文献情报收集、整理、分析工作。

5. 学院（系）

学院（系）、直属机构是高校开展教学科研工作的基层组织。各校属学院（系）、直属机构应配备知识产权管理人员，协助院系、科研机构负责人承担本部门以下职责：知识产权计划拟订和组织实施；知识产权日常管理，包括统计知识产权信息并报送知识产权管理机构备案等。

6. 项目组

高校知识产权管理要贯穿到科研项目的选题、立项、实施、结题的全过程。由项目组长负责所承担科研项目的知识产权管理，包括：根据科研项目要求，确定知识产权管理目标并组织实施；管理科研项目知识产权信息；定期报告科研项目的知识产权工作情况；组织项目组人员参加知识产权培训。重大科研项目应配备知识产权专员，负责科研项目专利导航工作，协助项目组长开展知识产权管理工作。

(四) 资源管理

1. 人力资源

高等学校应通过人事合同明确知识产权相关内容，包括：在劳动合同、聘用合同、劳务合同等各类合同中约定知识产权权属、奖励报酬、保密义务等；明确发明创造人员享有的权利和承担的义务，保障发明创造人员的署名权；明确教职员工造成知识产权损失的责任；对新入职教职员工进行适当的知识产权背景调查，形成记录；对于与知识产权关系密切的岗位，应要求新入职教职员工签署知识产权声明文件；对离职、退休的教职员工进行知识产权事项提醒，明确有关职务发明的权利和义务；涉及核心知识产权的教职员工离职、退休时，应签署知识产权协议，进一步明确约定知识产权归属和保密责任。

高等学校应建立激励与评价机制，包括：建立符合知识产权工作特点的职称评定、岗位管理、考核评价制度，将知识产权工作状况作为对相关院系、科研机构及教职员工进行评价、科研资金支持的重要内容和依据之一；建立职务发明奖励报酬制度，依法对发明人给予奖励和报酬，对为知识产权运用做出重要贡献的人员给予奖励。

高等学校应加强学生的知识产权管理。组织对学生进行知识产权培训，提升知识产权意识。学生进入项目组，应对其进行知识产权提醒。学生因毕业等原因离开高等学校时，可签署知识产权协议或保密协议。根据需要面向学生开设知识产权课程。

2. 基础设施

高等学校应加强基础设施的知识产权管理，包括：采购实验设备、软件、用品、耗材时明确知识产权条款，处理实验用过物品时进行相应的知识产权检查，避免侵犯知识产权；国家重大科研基础设施和大型科研仪器向社会开放时，应保护用户身份信息以及在使用过程中形成的知识产权和科学数据，要求用户在发表著作、论文等成果时标注利用科研设施仪器的情况；明确可能造成泄密的设备，规定使用目的、人员和方式；明确涉密区域，规定参访人员的活动范围等。

3. 信息资源

高等学校应加强信息资源的知识产权管理，包括：建立信息收集渠道，及时获取知识产权信息；对知识产权信息进行分类筛选和分析加工，并加以有效利用；明确涉密信息，规定保密等级、期限和传递、保存、销毁的要求；建立信息披露的知识产权审查机制，避免出现侵犯知识产权情况或造成知识产权流失。

4. 资源保障

高等学校应加强知识产权管理的资源保障，应设立经常性预算费用，用于知识产权申请、注册、登记、维持；知识产权检索、分析、评估、运营、诉讼；知识产权管理机构运行；知识产权管理信息化；知识产权信息资源；知识产权激励；知识产权培训；其他知识产权工作。

(五) 知识产权获取

1. 自然科学类科研项目

选题阶段的知识产权管理包括：建立信息收集渠道，获取拟研究选题的知识产权信息；对信息进行分类筛选和分析加工，把握技术发展趋势，确定研究方向和重点。

立项阶段的知识产权管理包括：进行专利信息、文献情报分析，确定研究技术路线，提高科研项目立项起点；识别科研项目知识产权需求，进行知识产权风险评估，确定知识产权目标；在签订科研项目合同时，明确知识产权归属、使用、处置、收益分配等条款；对项目组人员进行培训，必要时可与项目组人员签订知识产权协议，明确保密条款；重大科研项目应明确专人负责专利信息、文献情报分析工作。

实施阶段的知识产权管理包括：跟踪科研项目研究领域的专利信息、文献情报，适时调整研究方向和技术路线；及时建立、保持和维护科研过程中的知识产权记录文件；项目组成员在发布与本科研项目有关的信息之前，应经项目组负责人审查；使用其他单位管理的国家重大科研基础设施和大型科研仪器时，应约定保护身份信息以及在使用过程中形成的知识产权和科学数据等内容；及时评估研究成果，确定保护方式，适时形成知识产权；对于有重大市场前景的科研项目，应以运用为导向，做好专利布局、商业秘密保护等。

结题阶段的知识产权管理包括：提交科研项目成果的知识产权清单，包括但不限于专利、文字作品、图形作品和模型作品、植物新品种、计算机软件、商业秘密、集成电路布图设计等；依据科研项目知识产权需求和目标，形成科研项目知识产权评价报告；提出知识产权运用建议。

2. 人文社会科学类科研项目

人文社会科学类科研项目中的知识产权管理，要着重加强创作过程中产生的职务作品的著作权管理：在签订科研项目合同时，应签订著作权归属协议或在合同中专设著作权部分，明确约定作品著作权的归属、署名、著作权的行使，对作品的使用与处置、收益分配，涉及著作权侵权时的诉讼、仲裁解决途径等；对项目组人员进行培训，并与项目组人员签订职务作品著作权协议，约定作品的权利归属；必要时应采取保密措施，避免擅自先期发表、许可、转让等；创作完成时提交科研项目成果，包括但不限于论文、著作、教材、课件、剧本、视听作品、计算机程序等。

3. 其他方面

高等学校还应加强其他方面的知识产权管理，包括：规范校名、校标、校徽、域名及服务标记的使用，需要商标保护的应及时申请注册；建立非职务发明专利申请前登记工作机制；规范著作权的使用和管理，加强学位论文和毕业设计的查重检测工作，明确教职员工和学生在发表论文时标注主要参考文献、利用国家重大科研基础设施和大型科研仪器情况的要求。

(六) 知识产权运用

1. 分级管理

高等学校应加强知识产权分级管理：基于知识产权价值分析，建立分级管理机制；结合项目组建议，从法律、技术、市场维度对知识产权进行价值分析，形成知识产权分级清单；根据分级清单，确定不同级别知识产权的处置方式与状态控制措施。

2. 策划推广

高等学校应加强知识产权策划推广：基于分级清单，对于有转化前景的知识产权，评估其应用前景，包括潜在用户、市场价值、投资规模等；评估转化过程中的风险，包括权利稳定性、市场风险等；根据应用前景和风险的评估结果，综合考虑投资主体、权利人的利益，制定转化策略；通过展示、推介、谈判等建立与潜在用户的合作关系；结合市场需求，进行知识产权组合并推广；鼓励利用知识产权创业。

3. 许可和转让

高等学校在知识产权许可或转让时，应遵循下列要求：许可或转让前确认知识产权的法律状态及权利归属，确保相关知识产权的有效性；调查被许可方或受让方的实施意愿，防止恶意申请许可与购买行为；许可或转让应签订书面合同，明确双方的权利和义务；监控许可或转让过程，包括合同的签署、备案、变更、执行、中止与终止，以及知识产权权属的变更等，预防与控制交易风险。

4. 作价投资

高等学校在利用知识产权作价投资时，应遵循下列要求：调查合作方的经济实力、管理水平、生产能力、技术能力、营销能力等实施能力；对知识产权进行价值评估；明确受益方式和分配比例。

(七) 知识产权保护

1. 合同管理

高等学校应加强合同中的知识产权管理：对合同中有关知识产权的条款进行审查；检索与分析、申请、诉讼、管理咨询等知识产权对外委托业务应签订书面合同，并约定知识产权权属、保密等内容；明确参与知识产权联盟、协同创新组织等情况下的知识产权归属、许可转让及利益分配、后续改进的权益归属等事项。

2. 风险管理

高校应主动维护自身权益，规避知识产权风险。主要包括三个方面：一是避免侵权，高校应监控知识产权风险以做到及时发现，应制定有效的风险规避方案，避免侵犯他人知识产权；二是主动维权，高校及时跟踪和调查相关知识产权被侵权的情况，建立知识产权纠纷应对机制；三是知识产权纠纷处理，高校在应对知识产权纠纷时，评估通过行政处理、司法诉讼、仲裁、调解等不同处理方式对高等学校的影响，选取适宜的争议解决方式，适时通过行政和司法途径主动维权。

(八) 检查和改进

为持续保持管理体系的有效性，应对知识产权管理的执行情况和管理体系的适宜性、有效性进行定期总结和绩效评价，从而不断发现问题，总结提高，实现高校知识产权管理的良性循环，不断优化知识产权对高校创新能力的支撑。绩效评价与改进应包括三个环节：一是检查监督，即高校定期开展检查监督，确保知识产权管理活动的有效性；二是绩效评价，即高校根据知识产权绩效评价体系要求，定期对校属部门、学院（系）、直属机构等进行绩效评价；三是改进提高，即高校根据检查、监督和绩效评价的结果，对照知识产权目标，制定和落实改进措施。

四、知识产权金融

(一) 概述

知识产权金融是基于知识产权，促进创新成果产业化和知识产权价值实现的一系列金融工具与服务的系统性、创新性产物。核心是发挥知识产权的价值，引导金融资源向创新型企业集聚，实现知识产权的商业化和资本化。

知识产权金融参与主体包括知识产权金融需求方、供给方、政府部门及相关中介机构。政府部门出台知识产权金融政策和监管措施，知识产权金融供给方在相关政策的引导下，为知识产权金融需求方提供金融支持；中介机构包括担保机构、资产评估机构、信用评级机构以及会计师事务所等，主要作用是搭建知识产权金融的需求方与供给方的桥梁，减少双方间的信息不对称，加强互信，提高整个体系的运行效率。

我国知识产权金融形式主要有五类，包括知识产权质押融资、知识产权证券化、知识产权保险、知识产权信托和知识产权投资基金。

(二) 分类

1. 知识产权质押融资

知识产权质押是指为担保债权人的债权，债务人或第三人以商标专用权、专利权、著作权中的财产权等知识产权为标的所设定的质押形式。如果相关债务人未能及时依照约定履行债务，那么债权人依法有权根据相关的法律规定将质押人质押的知识产权出售或者拍卖，并且将所得款项作为债权的优先受偿金额。为债权提供知识产权担保的债务人或者第三人为出质人，债权人为质权人，出质设定担保的知识产权为质押标的物。

知识产权质押融资，实质上是借贷合同关系与质押担保合同关系的结合。其中，借贷关系是主合同关系，而质押合同关系是从合同关系。借贷合同关系中的借款人（债务人），通常是质押合同关系中的出质人；而借贷合同关系中的贷款人（债权人），通常是质押合同中的质权人。

2. 知识产权证券化

知识产权证券化是指发起人将其具有可预期收入现金流的知识产权（称为基础资产），通过一定的结构安排对基础资产中风险与收益要素进行分离与重组，转移给一个特设载体，由后者发行一种基于该基础资产所产生现金流的可以出售和流通的权利凭证，据以融资的过程。

3. 知识产权保险

知识产权保险是以知识产权和知识产权侵权赔偿责任为标的的保险，主要解决由于知识产权的侵权行为而造成的民事责任赔偿和财产损失。按照知识产权保险性质的不同，可将其分为知识产权执行责任保险与知识产权侵权责任保险，前者是保险人向知识产权权利主体进行理赔，后者则是保险人向知识产权潜在的侵权人进行理赔。知识产权保险作为风险分散的金融手段，在推进知识产权保护、完善知识产权风险分担体系方面发挥了重要作用。

4. 知识产权信托

知识产权信托是指知识产权所有者将其所拥有的知识产权委托给受托人，由其按照信托目的，为委托人自己或他人的利益而进行管理或处分，以实现知识产权价值的一种信托业务。信托财产是委托人所委托的知识产权中的财产权，包括：对知识产权的许可使用权；获取知识产权收益的受益权；实施对知识产权管理的权利；对知识产权的处分权。这四种权利是可以分离的，分别行使或者分别加以组合行使。

5. 知识产权投资基金

知识产权投资基金是知识产权融资的一种创新形式，是为实现知识产权价值的整个过程提供资金支持，以保证每个环节有效进行，特别是针对提升专利价值的各个过程（包括专利申请、专利实施、专利转化、专利组合授权、专利诉讼等过程）设立的基金。

五、知识产权资产评估与管理

（一）概述

知识产权的价值资产评估是指资产评估机构及其资产评估专业人员遵守法律、行政法规和资产评估准则，根据委托对评估基准日特定目的下的知识产权资产价值进行评定和估算，并出具资产评估报告的专业服务行为。根据评估目的的不同，知识产权资产评估分为：以转让或许可为主要目的；以出资为目的；以质押为目的；以诉讼为目的；以财务报告为目的的知识产权资产评估。根据评估客体的不同，知识产权资产评估分为：专利资产评估、商标资产评估、著作权资产评估。

（二）知识产权资产评估基本方法

1. 重置成本法

重置成本法是指在评估知识产权时，按照被评估知识产权的现实重置成本扣减知识产权的各种可能贬值因素来衡量知识产权价值的方法。可能的贬值包括功能性、经济性和实体性贬值。其中功能性贬值指由于技术的不断进步、技术产品更新换代导致知识产权功能落后而损失的知识产权价值。经济性贬值指由于社会经济环境的变化致使知识产权的获利能力下降而损失的知识产权价值。实体性贬值是根据法律文件及合同协议规定的知识产权失效年限确定其时效性的陈旧贬值。

2. 现行市价法

现行市价法又叫市场法或价格比较法，是指通过比较被评估知识产权与可比类似知识产权的异同，并对类似知识产权的市场价格进行调整，从而确定被评估知识产权价值的一种资产评估方法。运用现行市价法要求充分利用类似知识产权的成交价格信息，并以此为基础判断和估测被评估知识产权的价值。

3. 收益现值法

收益现值法是指基于预期原则及效用原则，首先估算被评估知识产权在其经济寿命周期内每年或每期可产生的预期收益，并将这些收益折算成现值，进而确定被评估知识产权的价值的一种方法。从行业实践来看，收益现值法体现了将知识产权的获利能力量化为预期收益，体现了知识产权商业化和产业化能力，该方法较重置成本法和现行市价法适用性更强,也更被需求方所接受,是目前市场上采用的主流方法。

六、知识产权运营

(一) 知识产权运营的内涵

知识产权运营就是运用知识产权制度、经营知识产权权利,涵盖知识产权布局培育、转移转化、价值评估、投融资及作为竞争工具等各个方面,通过有效运营,实现知识产权价值最大化。知识产权运营是知识产权运用的高级阶段,更加强调发挥知识产权制度功能、实现知识产权制度价值,更加强调知识产权的专业化运作和全链条运营,更加强调将知识产权作为核心资产,嵌入创新全过程,进行全生命周期的经营,实现从知识产权布局、格局到结局的运营过程。

知识产权运营要牢牢把握知识产权制度的核心,即一方面保护创新成果,通过保护权利人的合法权益鼓励创新,实现创新竞争的控制工具功能;另一方面公开创新成果,通过推动创新信息共享,提高创新效能,实现创新发展的决策工具功能。通过两个工具功能的平衡,构建经济竞争力的激励机制,解决创新发展中的市场失灵问题。

知识产权运营的前提是有效运用知识产权制度,需要构建完善知识产权制度运行的规则体系、支撑体系和市场体系,提升知识产权制度运用能力,特别是将国际知识产权制度的精髓中国化、本土化,形成中国特色知识产权制度体系和实践模式。知识产权运营的关键是经营知识产权权利,即将知识产权作为一种现代产权加以全生命周期的经营,实现知识产权价值的最大化,以及经济、科技与社会等综合效益的最大化。

(二) 知识产权运营的方式

知识产权运营的方式可归纳总结为四类:一是产业化。对知识产权直接进行转化实施或使用,提升生产效率、产品质量和品牌价值等,从而形成新产品新服务,孕育新业态新产业。二是商品化。将知识产权本身作为商品,开展知识产权交易、许可,实现知识产权资源的有效流转和优化配置。三是资本化。将知识产权与资本、金融服务相结合,包括知识产权质押、保险、投资基金、证券化等。一方面,以资本的力量识别、挖掘和提升知识产权价值;另一方面,以金融的手段,用知识产权资产进行融资,支持企业发展,分散经营风险。四是战略化。一方面,包括创新主体利用知识产权的创新决策工具作用,建立创新研发的专利导航工作机制,开展知识产权前瞻性布局和培育,也包括政府运用知识产权信息研究指导产业布局,发挥专利导航产业发展作用;另一方面,包括利用知识产权的战略价值,将其作为竞争工具控制市场,遏制或防御竞争对手。这里面，知识产权也许没有进行直接的实施转化或投融资等运营，但发挥了重要的战略威慑或防御作用。

（三）知识产权运营服务体系的构建

2014年以来，国家知识产权局会同有关部门推动构建知识产权运营服务体系，主要经历了两个发展阶段。第一个三年，2014—2016年，主要是打基础、搞试点，先后在有关省市开展了平台建设、机构培育、运营基金和风险补偿基金等一系列知识产权运营服务试点，提出了"平台+机构+资本+产业"四位一体的体系架构。第二个三年，2017—2019年，主要是搞集成，建生态。分三批支持26个重点城市，向节点集中，将链条延伸，系统推进知识产权运营服务体系建设，打造知识产权运营高地。

在知识产权运营服务体系中，平台是核心载体，集中供给知识产权运营公共服务，集聚项目和服务资源，集中交易行为，促进价格发现；机构是基础力量，面向不同产业和技术领域，在运营链条的不同环节提供专业化服务，培育运营项目，搞活运营市场；资本是重要媒介，可以促进知识产权融资，带动知识产权转化投资，分散知识产权运营风险；产业是立足根本，要厚植知识产权运营的产业基础，激发企业创新内生动力，培育高价值知识产权集群，提升产业竞争力。

第四节　知识产权公共服务

一、知识产权公共服务能力

2018年新一轮机构改革后，重新组建的国家知识产权局，强化知识产权公共服务体系建设，统筹推进全国知识产权公共服务，推动实现知识产权信息服务便利化、集约化和高效化，知识产权公共服务在推进国家治理体系和治理能力现代化中扮演着更加重要的角色。

二、知识产权公共服务体系建设

（一）知识产权公共服务体系的构成

知识产权公共服务体系是指以政府为主导、以提供基本而有保障的知识产权公共产品为主要任务、以全体社会成员分享知识产权创造、保护、运用成果为基本目标的一系列制度安排，这些制度安排主要表现为政府主导、社会参与与体制创新。完善的知识产权公共服务体系有助于我国知识产权强国和创新型国家建设的推进。

从形式和手段看，知识产权公共服务体系主要包括提供知识产权公共基础设施，创造就业岗位，完善知识产权保护运用监管体系和社会创新福利体系等。从构成要素看,主要包括知识产权公共服务制度框架、知识产权公共服务清单、知识产权公共服务实施机制等。

(二) 知识产权信息公共服务体系构成和目标

知识产权信息是知识产权创造的源泉,是重要的战略性知识产权资源,是知识产权公共服务开展的重要支撑,健全的知识产权信息公共服务体系是知识产权公共服务的核心与保障。我国的知识产权信息公共服务体系经过多年的探索发展,已经具备了一定基础,从专利信息公共服务体系建设、服务系统和平台开发、数据开放、注册申请便利化等方面,为我国企业技术创新和知识产权战略的实施提供了必要的服务支撑。但是,在我国经济与世界经济日益融合发展、创新型国家建设的步伐不断加快,以及社会公众尤其是创新创业主体知识产权意识和服务需求不断提高的新形势下,我国的知识产权信息公共服务还存在一定的差距和不足:一是我国地方知识产权信息公共服务机构数量不够充足;二是知识产权信息公共服务规范和标准有待进一步建立完善,服务水准和质量有待进一步提高;三是知识产权信息公共服务布局不均衡,网点较为分散,尚未形成有机的服务体系;四是高校科研院所、图书情报机构等知识产权信息服务能力未能得到充分有效的发挥和释放;五是知识产权事业区域间发展不够平衡;六是知识产权信息人才建设体系需进一步培育完善。

为尽快弥补现实中的差距和不足,解决上述主要矛盾,全面提升知识产权信息公共服务水平,2019年9月,国家知识产权局印发了《关于新形势下加快建设知识产权信息公共服务体系的若干意见》,明确提出了知识产权信息服务工作的近期规划,提出到2022年,基本建成主干清晰、门类多样、内容丰富的知识产权信息公共服务体系。知识产权信息公共服务网点布局日趋合理、服务渠道逐步拓宽、服务内容更加丰富、服务工具渐趋多样、服务能力显著增强,有力支撑创新驱动发展和经济高质量发展。到2025年,全面建成覆盖广泛、层级合理、门类齐全、功能强大、服务规范的知识产权信息公共服务体系。知识产权信息采集、加工实现标准化、规范化,专题数据库建设实现差异化、共享化,各级公共服务平台一体化,各类专题数据库网络化,全面支撑创新驱动发展和经济高质量发展。

由上述目标可知,知识产权信息公共服务体系是以国家知识产权大数据中心和知识产权公共服务平台为支撑,由国家或区域专业性信息公共服务节点的主干网络和社会化信息服务机构的网点构成,通过不断提升知识产权信息传播利用效能,努力夯实知识产权公共服务基础。

知识产权信息公共服务体系的主干网络,由全国知识产权系统内从事知识产权信息公共服务的骨干服务机构组成,负责提供基础性、系统性、权威性和所在区域知识产权信息服务,辐射支撑服务网点。主干网络是体系建设的重点。各级知识产权管理部门所属知识产权信息公共服务机构,构成了知识产权信息公共服务的主干网络,在知识产权信息公共服务中发挥主渠道作用。

知识产权信息公共服务网点由知识产权系统之外的高校、科研院所、图情机构、行业组织等相关知识产权信息服务机构以及从事知识产权公益服务的市场化服务机构组成，承担提供特定领域或特定行业知识产权信息公共服务的工作，是面向社会传递基础性知识产权信息公共服务和部分特定高端服务的服务节点。服务网点是体系建设的服务终端，连接依托和补充主干网络，有助于强化知识产权信息公共服务供给。

知识产权信息公共服务体系的服务对象囊括了政府部门、企业、高校、科研机构、行业协会、知识产权相关机构以及社会公众等多种创新主体。其中，企业是市场最重要的主体，也是最主要的创新主体，是与知识产权接触最多、联系最紧密的主体，是知识产权信息公共服务的最大需求者。另外，高校、科研院所等事业单位，在科研成果的保护、确权、管理、转化运用等方面也普遍有着旺盛的信息和服务需求，根据自身的知识产权信息利用和服务能力，既有可能成为知识产权信息公共服务网点，同时也是知识产权信息公共服务的重要对象。

三、知识产权公共服务重大工程

（一）知识产权公共服务平台建设工程

优化服务，搭建便企利民、互联互通的全国知识产权信息公共服务平台，是有效推进知识产权公共服务工作的重要抓手。

未来，要加快建设国家知识产权公共服务平台，强化国家知识产权公共服务平台功能设计，为知识产权公共服务体系提供强大功能支持，实现线上线下服务有机结合。坚持以系统化、模块化、智能化为原则，以国家知识产权公共服务平台为核心，整合优化升级现有各级知识产权公共服务平台功能，积极推动各级知识产权公共服务平台网络化，努力实现知识产权业务服务、政务服务和信息服务平台建设一体化。国家知识产权公共服务的业务服务平台实现商标、专利、地理标志、集成电路布图设计等业务网上办理；政务服务平台对接国家统一政务服务平台和国家"互联网+监管"系统，实现政务服务智能化；信息服务平台以商标、专利登记簿为核心，与各部委数据实现互联共享，与各地信息公共服务平台互联共享，提供数据开放、查询检索、研究分析等各类基础服务。鼓励知识产权信息公共服务机构开发上传各类符合安全标准的免费应用工具。鼓励支持高校、科研院所、图书情报机构等网点单位自有的专业文献、专业数据库等接入国家知识产权公共服务平台，实现资源共享。鼓励支持市场化知识产权信息服务机构依托知识产权信息公共服务平台，向社会免费或者低成本开放共享有关服务产品。

完善区域和行业知识产权信息服务平台建设，建设区域或行业知识产权信息公共服务平台，提供满足区域创新与经济发展需求的、更加专业化的信息公共服务，提升区域知识产权信息利用能力。要支持各类知识产权运营公共服务平台、行业或产业知识产权信息服务平台、科技信息服务平台等，与国家知识产权公共服务平台（见图1-1）互联共享，作为知识产权信息公共服务的重要节点，围绕知识产权的创造、运用、保护、管理、服务，增强知识产权信息服务功能，面向企业、高校、科研院所、服务机构等不同对象开展多层次的信息公共服务。要加强各地知识产权数据中心和公共服务平台建设的统筹协调，建立立项通报机制，积极推进各地建设差异化、特色化的知识产权数据中心、公共服务平台和专题数据库，推动各地横向互联共享，实现财政资金投入产出效益最大化。

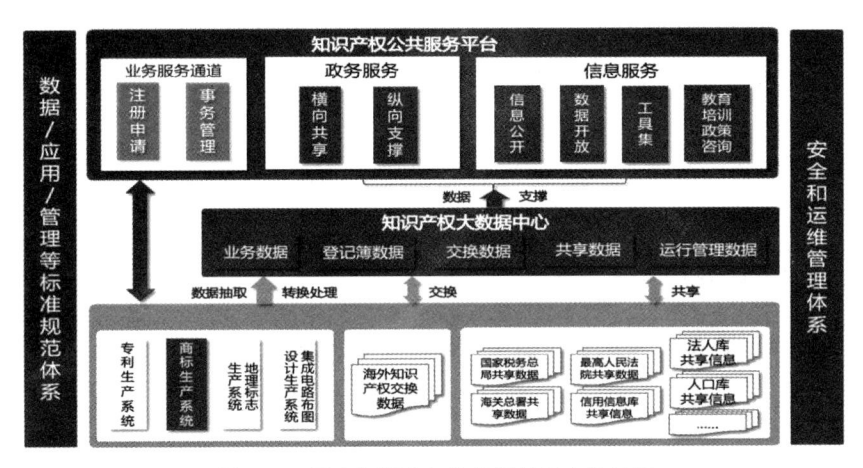

图1-1 国家知识产权公共服务平台设计[1]

（二）知识产权大数据中心建设工程

国家知识产权大数据中心作为知识产权信息的汇集中枢和传输枢纽，既是国家知识产权信息公共服务平台和各地知识产权公共服务平台的数据支撑，也是知识产权信息公共服务体系的网络支撑。国家知识产权大数据中心将汇聚商标、专利、地理标志、集成电路布图设计等知识产权基础数据、国际交换数据和部委共享数据，与经济、科技、法律、文化等信息相互关联，实现数据资源的统一性、基础性、权威性、安全性和共享性（见图1-2）。

---

[1] 信息来源：中国知识产权公共服务发展报告（2019）。

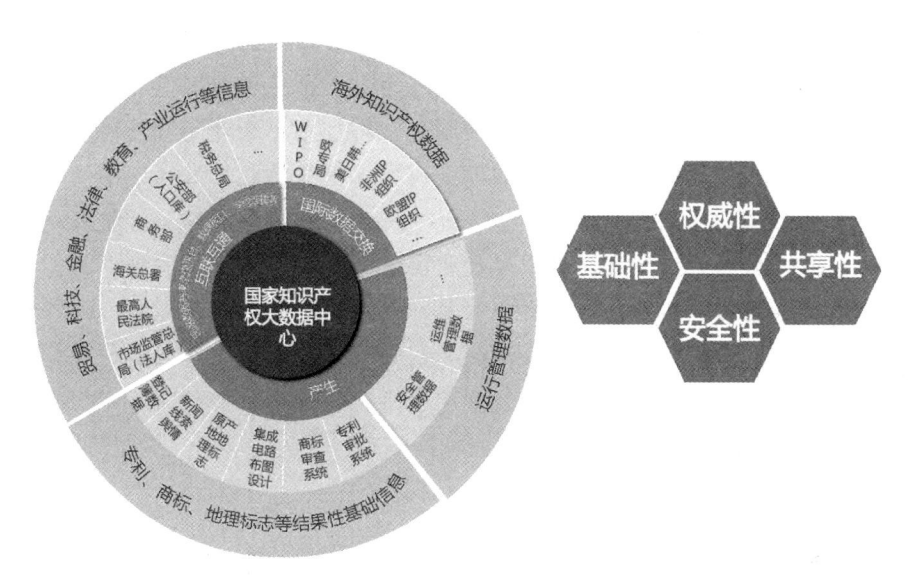

图 1-2　国家知识产权大数据中心设计❶

(三) 公共服务人才培养工程❷

培养数量大、质量优良的知识产权公共服务人才，事关知识产权公共服务的成败。未来，应加大知识产权公共服务人才的培养力度，建立一支覆盖经济、科技、文化等领域的专业化、高层次知识产权公共服务人才队伍。要将知识产权公共服务人才培养纳入国家人才培养规划，建立知识产权公共服务人才培养的长远规划，积极推动知识产权信息公共服务人才纳入知识产权专业人员职称评定体系。要加大政策力度，不断扩大高校、科研院所、图书情报机构、行业组织等网点单位的知识产权信息公共服务人才队伍。

要加强知识产权公共服务能力培训，在全国范围内分级、分类培养人才，形成多层次、多渠道、宽覆盖的培训网络。支持高校图书情报学科点培养知识产权信息分析专门人才。鼓励支持高端知识产权信息服务机构开展知识产权信息服务专业化培训。明确人才培养目标和培训机制，丰富培养方式，强化人才培养的针对性，不断提升知识产权信息公共服务专业能力。

(四) 中小企业知识产权信息公共服务❸

支持各省市建立部门间合作机制，针对中小企业开展知识产权信息咨询、信息利

---

❶ 信息来源：中国知识产权公共服务发展报告（2019）。
❷ 信息来源：《关于新形势下加快建设知识产权信息公共服务体系的若干意见》（国知发服字〔2019〕46号）。
❸ 信息来源：《关于新形势下加快建设知识产权信息公共服务体系的若干意见》（国知发服字〔2019〕46号）。

用培训等基础性公共服务；积极发挥中小企业公共服务平台网络"窗口"平台贴近企业的优势，鼓励中小企业公共服务示范平台等为中小企业免费提供知识产权信息公共服务。加大知识产权保护宣传与基础救济服务，增加中小企业专项支持。支持各地建立中小企业知识产权预警机制，加强知识产权预警信息的收集发布，帮助中小企业提升知识产权维权能力。积极引导高校、科研院所、图书情报机构、行业组织等服务网点单位，优化服务模式，开发适合中小企业需求的知识产权信息服务产品，免费或者低成本向中小企业提供专业化、个性化服务，助力中小企业技术创新。完善知识产权救济与宣传体系，协助相关企业开展知识产权教育、维权、战略运营等工作。鼓励支持中小企业进行知识产权能力建设、知识产权维权、知识产权防御等，为中小企业知识产权救济过程提供专业咨询、人才培训等具体支持。

第五节 知识产权的国际保护

国际经济一体化是各国经济交往和国际贸易发展到一定阶段的必然状态，也是各国不断凝练共识构建贸易规则的重要基础。知识产权的国际保护起源于国际贸易，是国家间经济、技术和文化交流的重要制度保障。

一、知识产权国际保护原则

一般认为，知识产权国际保护制度的基本原则应包括国民待遇原则、最低保护标准原则和公共利益原则。

(一) 国民待遇原则

国民待遇原则是众多知识产权公约所确认的首要原则。其基本含义是指在知识产权保护方面，各缔约方（成员）之间相互给予平等待遇，使缔约国民与本国国民享受同等待遇。所谓国民待遇包含两方面的内容：①各缔约方依本国法已经或今后可能给予其本国国民的待遇；②非缔约方的国民如果在缔约方领土内有住所或真实、有效的工商业营业所的，也享有与缔约方国民同等的待遇。例如，《保护工业产权巴黎公约》（简称《巴黎公约》）规定，在工业产权的保护上，即使对于非缔约方的国民，只要他在任何一个缔约方内有法律认可的住所或有实际从事工商业活动的营业所，也应给予其相同于本国国民的待遇。《保护文学和艺术作品伯尔尼公约》（简称《伯尔尼公约》）也规定，公约缔约方应给予以下三种作者的作品以相当于本国国民享受的著作权保护：其他缔约方的国民；在任何缔约方有长期住所的人；在任何缔约方首次发表其作品的人（即使他在任何缔约方均无国籍或长期住所）。国民待遇原则是不同社会经济制度和不同发展水平的国家都能接受的一项原则。这一原则既不要求各国法律的一致性（不涉及知识产权保护水平问题），也不要求适用外国法的规定（不涉及国家主权的地域限制问题），只是要求每个国家在自己的领土范围内独立适用本国法律，不分外国人还是本国人而给予平等保护。

在知识产权国际保护领域，与国民待遇原则相关的还有一个最惠国待遇原则。这是《TRIPs协定》独有而其他相关国际公约未予涉及的一项原则。其基本含义是：任何一个国家（不限于缔约方成员）的国民在一个成员方管辖范围内所受到的而其他国家享受不到的待遇（包括任何利益、优惠、特权或豁免），都应当立即和无条件地给予其他成员的国民。质言之，不应优待某一特定国家的国民而歧视其他国家的国民。最惠国待遇原则是世界贸易组织的根本原则之一，是为保证贸易的公平竞争所必要，因此《TRIPs协定》自然对此加以确认。此外，奉行这一原则，盖与20世纪下半叶知识产权国际保护的一些实际做法有关。当时的双边条约保护，常常出现一方给予对方某些优惠的情形。例如，20世纪80年代中期，在美韩双边协议中韩承诺保护其本国法本来不予保护的美国药品和农业化学产品专利，而这一承诺构成了对欧共体国家相关专利的歧视。90年代初期，中美知识产权谅解备忘录中中国承诺对美国药品和农业化学物质产品专利给予行政保护，也引起欧共体国家及日本的同样要求。《TRIPs协定》关于最惠国待遇的规定，旨在防止此类问题的发生。

国民待遇原则与最惠国待遇原则都是针对外国人知识产权保护所设定的规则，但两者有所不同。前者意在给予外国人与本国人以同等待遇，解决的是"内外有别"的不平等待遇问题；后者意在给予其他外国人与特定外国人以同等待遇，解决的是"外外有别"的歧视性待遇问题。

（二）最低保护标准原则

最低保护标准原则，是指各缔约方依据本国法对某条约缔约方国民的知识产权保护不能低于该条约规定的最低标准，这些标准包括权利保护对象、权利取得方式、权利内容及限制、权利保护期间等。该项原则在《伯尔尼公约》第5条、第19条，《TRIPs协定》第1条等条款中均有体现。

最低保护标准原则是对国民待遇原则的重要补充。国民待遇原则基于各国经济、科技、文化发展不平衡的现状，承认各国知识产权制度的差异，从而保证了知识产权制度国际协调的广泛性和普遍性。但是这种国际协调不仅要求有普遍性，而且要求做到有效性。如果将国民待遇原则推向极端，将导致各国在知识产权保护水平方面差异过大，造成缔约方之间权利义务的不平等，进而使国际条约的有效施行成为不可能。因此，在知识产权制度的国际协调体系中，仅有国民待遇原则是不够的，为了避免因制度差异而给国际协调带来的不利影响，国际公约遂规定了最低保护标准原则。

最低保护标准原则旨在促使缔约方在知识产权保护水平方面统一标准。缔约方以立法形式将知识产权国际公约（国际法）的相关规定转化为该国知识产权制度（本国法）的具体规范，遵循的即是最低保护标准原则。正是这一原则的适用，才导致各国知识产权制度出现统一保护标准的可能，学者们将上述状况称为知识产权立法的"一体化"或"国际化"。

(三) 公共利益原则

公共利益原则，是指知识产权的保护和权利行使，不得违反社会公共利益，应保持公共利益和权利人利益之间的平衡。公共利益原则既是一国知识产权制度的价值目标，也是知识产权国际保护制度的基本准则。在传统的知识产权国际公约中，公共利益原则多是通过知识产权限制的有关制度来体现的。例如，《巴黎公约》第 5 条规定的强制许可制度，《伯尔尼公约》第 10 条规定的著作权合理使用制度等。而最新的知识产权国际公约，则在保留具体规定的同时，还对公共利益原则作了明确的宣示。例如，1996 年《世界知识产权组织版权条约》（WCT）、《世界知识产权组织表演和录音制品条约》（WPPT）（概称为《互联网公约》）均在序言中明文规定，有必要保持作者的权利与广大公众的利益尤其是教育、研究和获得信息的利益之间的平衡。《TRIPs 协定》在序言中确认知识产权保护制度所奉行的公共利益目标：（1）保护公共健康和营养；（2）促进对其社会经济和技术发展至关重要的部门的公共利益。

上述知识产权国际保护原则是世界贸易组织知识产权保护制度的重要原则。

二、知识产权国际保护制度体系

从主体角度来看，知识产权国际保护制度体系可以分为世界知识产权组织管理的知识产权国际保护制度和世界贸易组织管理的知识产权国际保护制度。从制度性质角度来看，知识产权国际保护制度体系可以分为三类：一是提供实质性知识产权保护的条约，如《巴黎公约》《伯尔尼公约》《保护录音制品制作者防止未经许可复制其制品公约》（简称《日内瓦公约》）等；二是为了便于在多国获得知识产权保护的条约，如《专利合作条约》《商标国际注册马德里协定》（简称《马德里协定》）、《国际承认用于专利程序的微生物保存布达佩斯条约》（简称《布达佩斯条约》）等；三是建立相关国际分类的条约，如《商标注册用商品和服务国际分类尼斯协定》（简称《尼斯协定》）、《建立商标图形要素国际分类维也纳协定》（简称《维也纳协定》）等。下文就重要的知识产权国际条约予以简要介绍。

(一)《巴黎公约》

《巴黎公约》是知识产权领域第一个世界性的多边公约。《巴黎公约》规定，由缔约方组成保护工业产权联盟，称为"巴黎联盟"，该联盟组织由大会、执行委员会和国际局组成。联盟的每一成员方还应设立专门的工业产权机构和中央服务机构。《巴黎公约》规定了工业产权的保护范围，即发明、实用新型、外观设计、商标、服务标记、厂商名称、货源标记或原产地名称以及制止不正当竞争。

《巴黎公约》确立了以下基本原则：①国民待遇原则。即巴黎联盟内任何成员方的国民，在保护工业产权方面，可在联盟其他成员方国内享有该国法律现在或今后给予该国国民的各种利益。非成员方的国民如果在成员方领土内有住所或真实、有效的工商业营业所的，也享有与成员方国民同等的待遇。②优先权原则。即成员方的国民向一个缔约方首次提出申请后，可以在一定期限（发明和实用新型为12个月，外观设计及商标为6个月）内，向所有其他缔约方申请保护，并以第一次申请的日期作为在后提出申请的日期。③共同遵守的规定。在专利方面：主要有专利独立，发明人在专利证书中的署名权，不授予专利权的条件，在一定条件下授予强制许可，船只、飞机或车辆上使用专利发明而暂时进入另一国家不认为是侵犯专利权等规定；在商标方面：主要有商标权独立和例外，不得因商品性质而影响商标注册，对驰名商标的保护，禁止作为商标使用的标记等规定。

（二）专利国际条约

除《巴黎公约》外，专利国际条约主要还有《专利合作条约》《工业品外观设计国际保存海牙协定》（简称《海牙协定》）、《布达佩斯条约》《国际专利分类斯特拉斯堡协定》（简称《斯特拉斯堡协定》）。

《专利合作条约》只对《巴黎公约》的成员方开放，我国于1994年1月成为该条约的成员方，原中国专利局成为该公约的受理局、国际检索单位和国际初步审查单位。《专利合作条约》的宗旨是通过简化国际专利申请的手续和程序，加快技术信息的传递和利用，强化对发明创造的法律保护，促进各缔约方的科技进步和经济发展。该公约规定的手续和程序包括以下几个方面：①统一申请。国际专利申请是指在一个地方（即受理局），采用一种语言，使用一种格式，支付一种货币的费用，提交一份申请，即可以在其他的成员方国内取得相当于受理局国家专利申请的效力。②两个阶段。国际专利申请分为国际阶段和国内阶段。国际阶段处理专利申请的受理、公布、检索和初步审查，即由国际检索单位对申请进行检索后提出国际检索报告，并由世界知识产权组织国际局在一定期限内公布申请及报告，并将该申请连同报告送交指定国专利局。国内阶段则进入实质审查和授权，即由指定国专利局依照本国法律对该申请进行审批。申请人至此可委托指定国的代理人，缴纳该国的申请费用，提交申请译本。上述运行机制有助于避免查找资料的重复劳动，加强成员方就专利批准之前进行审查工作的合作。同时便于申请人通过一次申请就可以在几个甚至所有成员方取得专利权。

《海牙协定》的缔结旨在便于申请人在多国获得外观设计的保护。该协定的宗旨是，规定一件工业品外观设计在数个国家受到保护的必要手续，避免各国专利局保存和登记注册程序的重复，同时可以减轻申请人费用开支的负担。《海牙协定》规定，申请人如果要在成员方国内获得工业品外观设计的保护，只需在世界知识产权组织国际局进行一次保存即可。这就是说,申请人向国际局提交一份申请书和有关附件,必要时还要求提供样品;申请书须指明请求保护的国家,指定该外观设计需与何种工业品相结合加以保护。在上述情形下,该申请人所提出的国际保存即具有与在各个指定国分别保存的同等效力。

(三) 商标国际条约

除《巴黎公约》外,商标国际条约主要还有:《马德里协定》《商标法条约》《尼斯协定》《维也纳协定》。

《马德里协定》只对《巴黎公约》的成员方开放。我国于1989年10月正式成为该协定的成员方。《马德里协定》是对《巴黎公约》关于商标国际保护的补充,其主旨在于解决商标的国际注册问题。该协定规定,凡成员方的国民,须在本国注册商标后,才可以向设在日内瓦的世界知识产权组织国际局申请国际注册。注册经批准后,由国际局公布,并通知申请人要求保护的那些成员方,这些成员方可以在1年内声明对该商标不予保护,但需要说明理由;申请人就此可向该国主管机关或法院提出申诉,如果1年内该国未作出上述声明,则国际注册就在该国具有国内注册的效力,期限为20年。在国际注册后5年内,原先国内注册如被撤销即可导致国际注册的撤销。该协定还规定,申请人在其所属国办理了某一商标的注册手续后,只需要用一种语言向国际局提出一次申请并交纳一定费用,就可以要求在各成员方取得保护。

《商标法条约》的主要目标在于使各国商标注册制度更加简化和协调。该条约共有25条,主要规定了由3个阶段组成的商标注册程序:①注册申请阶段。条约规定,商标注册申请应包括以下所有或部分内容:注册请求;申请人以及代理人的姓名、地址;有关商标的各个因素;商品或服务分类等。各缔约方应允许属于尼斯国际分类的商品或服务的商标申请。各缔约方所规定的商标申请要求不得超出本条约明确规定的范围。②商标注册后的改变。条约对商标持有人的姓名或地址、注册所有权变动等都作了明确规定。同样,各缔约方的相关制度不能超出该条约的已有规定。③注册的有效期。条约规定每次续期为10年。到目前为止,中国尚未加入该条约。

《尼斯协定》主旨是解决商标注册用的商品和服务统一的分类问题。该协定按照商品或服务的用途、原料等,将商标注册用商品分为34个类别、服务项目分为8个类别。这一分类方法为各国提供了国际通用的分类标准,不仅便于商标的检索,也有利于商标使用管理及商标国际交流合作。该协定允许《马德里协定》成员方及非《尼斯协定》成员方采用上述国际分类。我国于1989年开始适用《尼斯协定》。

(四) 著作权国际条约

著作权国际条约主要包括:《伯尔尼公约》《世界版权公约》《保护表演者、录音制品制作者和广播组织罗马公约》(简称《罗马公约》)、《保护录音制品制作者防止未经许可复制其录音制品公约》(简称《录音制品公约》或《唱片公约》)、《发送卫星传输节目信号布鲁塞尔公约》(简称《卫星公约》)、《视听表演北京条约》(简称《北京条约》)。

《伯尔尼公约》是世界上第一个著作权国际公约,我国于 1992 年 10 月参加该公约。《伯尔尼公约》的主要内容包括:

(1) 基本原则。一是国民待遇原则,即所有成员方国民的作品,或在某一成员方首先发表的作品,在其他任何成员方内部享有该国法律给予本国国民的作品的同等保护;二是自动保护原则,即享受国民待遇的作者在成员方获得的保护不需要履行任何手续;三是独立保护原则,即成员方按照其本国著作权法保护其他成员方的作品,而不论该作品在其本国是否受保护。

(2) 最低限度的保护规定。各成员方立法给予著作权人的保护水平不得低于公约规定的标准。其具体规定有:①受保护作品。公约规定保护文学、科学和艺术领域的一切作品,而不论其表现形式或表现方法如何。②保护的权利内容。公约规定的财产权利包括翻译权、复制权、表演权、改编权、广播权、公开朗诵权、摄制电影权等;人身权利包括作者身份权、作品完整权。③保护期限。人身权利的保护在作者死亡后仍然有效,至少至其财产权利保护期届满为止。财产权利的保护期,一般作品为作者有生之年加死亡后 50 年,电影作品为作品放映或完成后 50 年,实用艺术作品和摄影作品不得少于创作完成后 25 年。

(3) 对发展中国家的特殊规定。为了使发展中国家在不过分增加经济负担的情况下获得对外国作品的合法使用,公约规定了对发展中国家的优惠条款,即翻译和复制的强制许可使用等。

《世界版权公约》是与《伯尔尼公约》相并列的著作权公约。我国于 1992 年 10 月加入该公约。《世界版权公约》的主要内容为《伯尔尼公约》所覆盖,且保护水平略低于后者。《世界版权公约》并未像《伯尔尼公约》那样详细列出受保护作品的种类,其客体范围的规定较为笼统,也未明确规定作者的人身权利,是否保护人身权利由各国立法决定;对财产权利也未详细列举,仅强调了复制权、表演权、广播权、翻译权等。该公约规定的保护期较短,一般作品为作者有生之年加死后 25 年,实用艺术作品和摄影作品的保护期不得少于 10 年。

《罗马公约》是世界上第一个保护邻接权的国际公约,也是最早对表演者权利进行保护的国际公约,只对《伯尔尼公约》和《世界版权公约》的成员方开放,目前我国尚未加入《罗马公约》。该公约是关于邻接权保护的国际公约,该公约给予的邻接权保护将不改变也不影响文学、艺术作品的著作权保护。凡依据著作权法使用作品而需要取得作者许可时,这种许可不因《罗马公约》而受影响。其规定的权项较为有限,即未经表演者同意,不得广播和向公众传播他们的表演(表演直播的权利);不得录制他们未曾录制过的表演(表演录制的权利);不得复制他们的表演的录音(表演者录音复制的权利)。对表演者权、录音制作者权、广播组织权的保护期不少于20年。

由于《罗马公约》和1996年通过的《表演和录音制品条约》《罗马公约》和1996年通过的WPPT保护的表演，主要包括表演者的现场表演以及被录制在录音制品中的表演，未涉及被录制在视听制品中的表演。2012年世界知识产权组织通过《北京条约》，针对互联网条件下表演者的经济权利和精神权利进行了规定，弥补了原有公约对表演者保护权项的不足，从而与《罗马公约》、WPPT一起构筑了表演者权利的国际保护体系。

(五)《TRIPs协定》

《TRIPs协定》是《巴黎公约》建立知识产权国际协调机制以来，覆盖面最广且最具约束力的综合性知识产权条约。第一，《TRIPs协定》涵盖了几乎所有知识产权的相关主题。其知识产权保护对象，不仅包括传统的专利、商标和版权，还涉及外观设计、地理标志、布图设计、商业秘密等。第二，《TRIPs协定》规范和扩展了缔约方的国际义务。其采取"应当遵守""不得减损"义务的规定，通过纳入手段，将《巴黎公约》《伯尔尼公约》《罗马公约》《保护集成电路知识产权的华盛顿公约》等许多实体义务纳入缔约方的义务范畴。第三，《TRIPs协定》强化了知识产权的执行机制与争端解决机制。由于该协定属于世界贸易组织"一揽子"协定的一部分，国际贸易体制与国际知识产权保护体制相联结，知识产权保护实体规范与秩序规范相结合，从而加强了协定的国际拘束力。

近年来，区域性的自由贸易协定频出，出现了更高水平的知识产权国际保护制度，反映出部分国家知识产权法律保护力度的增强，这是一个值得关注的国际知识产权保护新动向。

第二章 CHAPTER 2
专利申请

第一节 专利申请文件

具有一定经验的专利工作者,在全面了解专利申请文件撰写的基本要求、熟练掌握撰写的基本技巧的基础上,需要进一步提高全面建构权利体系的思维。特别是,对于一些特殊类型的发明创造合理地限定保护范围、选择保护类型并提供相应的支撑结构。

一、权利要求书

权利要求书是确定发明(或实用新型,本部分仅以发明为例)专利保护范围的依据。因此,权利要求是否合理地涵盖了发明的实质内容,是否清晰地界定了保护范围,是否能够确定地指向潜在的侵权主体,是衡量一件专利申请文件撰写质量的重要标准。对于资深的专利工作者,撰写高质量权利要求书的能力主要体现在两个方面:第一,准确把握发明要点,全面构建权利体系;第二,综合运用法律知识,处理特殊类型问题。

1. 准确把握发明要点

专利工作者在把握发明要点时,不仅要从技术角度分析发明的实质,还要从专利法的角度选择发明的要点及其相互之间的关联,这是构建合理的权利体系的先决条件。

(1)选择发明要点。选择发明要点的基准是现有技术。因此,发明要点选择的过程是不断检索现有技术、不断将发明与现有技术比较的过程。

例1:某食品加工企业发明了一种油炸马铃薯切片的制造方法,其用于减少高温油炸产生有害物质并减少油炸马铃薯切片的油脂含量。该方法包括如下特点:

第一,在真空条件下油炸;

第二,在油炸前进行焙烤;

第三,在油炸后进行离心处理,即脱油,该过程在真空条件下进行;

第四,在油炸的油脂中添加由防粘剂、消泡剂和风味保持剂组成的组成物。

对于上述方案,如何确定发明要点?

1)根据发明人所知背景技术确定。根据发明人所知,上述四个特点都与已有制造方法存在差异,因而都可能构成发明要点。

在此基础上分析各个特点能够解决的技术问题如下:

第一,真空条件下进行油炸,可以降低油的沸点,从而降低油炸温度,由此减少高温油炸产生的有害物质,提高了油炸产品的健康指数。

第二,油炸前烘焙,使得油炸食品表面形成鼓泡,提高其松脆口感。

第三,油炸后在真空条件下通过离心装置脱油,可以减少因旋转空气对油炸食品的破损作用。

第四,防粘剂用于防止油炸过程中油炸食品相互粘连;消泡剂防止出现油脂飞溅;风味剂则用于保持油炸食品的口感。

2)根据检索的对比文件确定发明要点。事实上,发明人所了解的现有技术,通常并不等同于客观存在的现有技术。因此,根据上述技术特点及解决的技术问题进行检索后发现如下对比文件:

对比文件1:其公开了在0.08~0.10MPa真空状态下油炸马铃薯片,油炸温度为105~130℃;油炸后马铃薯片被送入离心脱油装置中脱油。此外,对比文件1中公开了油炸装置与脱油装置一体的加工设备及其工作过程。

对比文件2:其公开了一种制备油炸马铃薯薄片的方法,包括在油炸前对马铃薯片进行焙烤;在165~195℃下进行油炸;对油炸后的马铃薯片进行热蒸;对热蒸后的马铃薯片进行脱水处理,以达到去除部分油脂的目的。其油炸食品的含油量为20%~60%,最佳可达13%~18%且表面有鼓泡。

将发明与上述对比文件相比,第一、第二特征均已涉及,未提及的特征为第三、第四特征。因此,确定的发明要点也发生了变化。

(2)关联发明要点。在部分特征分别公开于不同对比文件的前提下,特征的关联考虑十分重要。例如,对比文件1公开了真空油炸但没有公开油炸前焙烤,而对比文件2未公开真空油炸但公开了油炸前焙烤。如果将真空油炸与油炸前焙烤作为相互独立的发明要点构成各自的技术方案,二者可能都不具备新颖性,因而对该两个发明要点没有考虑的必要。但是,如果将二者关联考虑,特别是,将二者与第三、第四特征共同考虑,或许仍可能构成具有新颖性甚至创造性的发明要点。

二者的关联性在于,焙烤的目的是在降低油炸温度的同时又不失油炸食品的松脆口感。作为油炸食品,其受到喜爱的特点正是香脆的口感,而令人担心之处则是高温油炸的有害物质,由此决定了二者之间的关联。本发明的特点也在于此。

与对比文件1相比,发明因增加了焙烤,可以较低的油炸温度获得相同的口感,或以相同的油炸温度获得不同的口感,这是发明与对比文件1的差异。

对比文件2虽然采用了油炸前焙烤,但并非用于降低油炸温度,其仍然采用高温油炸,其所采用的热蒸油炸品的步骤显然与本发明全程无水加工的食品口味不同。

一个或许存在争议的问题是,由于对比文件2公开了油炸前焙烤,即便没有提到用于低温油炸，但客观上可以解决低温油炸下油炸品松脆度不足的问题。因此，若以对比文件1为最接近的对比文件，发明实际解决的问题是，在低温油炸下提高油炸品松脆度，而根据对比文件2公开的内容，本领域技术人员能够想到在真空油炸前增加一道焙烤步骤。与之不同的观点是，由于对比文件2的目的在于减少油炸食品的含油量，而不在于保持油炸品特有的松脆度，因此，以发明实际解决的问题作为检索路径，技术人员是否容易找到对比文件2并将其与对比文件1结合，尚有见仁见智的争辩空间。

撰写专利申请文件不同于审查专利申请文件，考虑问题的重点不在于对专利申请是否具备创造性给出终极判断，而是在考虑多种可能性的前提下合理地选择并组合发明要点。因此，上述考虑对于如何构建权利要求书体系具有重要意义。对此，在以下相关部分将进一步详述。

(3) 挖掘发明要点。客观存在的现有技术与原本了解的背景技术不同，对一些原本忽略的技术特征应当重新考虑，其中可能包含真正的发明要点。

比如，油炸温度、真空度以及焙烤温度、时间的相互匹配关系，对于将焙烤与真空油炸、真空脱油相互结合后可能产生的技术效果直接相关，由此可能构成新的发明要点。

需要注意的是，在以具体数值范围作为发明要点的情形下，创造性判断中将作为选择性发明考虑，因而其产生的效果是一个重要的考量因素。在说明书中，对此应当给予足够的支持。

2. 全面构建权利体系

一份高质量的权利要求书，不是简单地堆砌技术特征，不是规范地罗列权利要求，而是对主线、层次、类型精心考虑的权利体系。

(1) 主线考虑。一份权利要求书的主线考虑始于要解决的技术问题，终于解决技术问题的必要技术特征。

需要注意的是，关于解决技术问题，经常涉及两个概念。一个是要解决的技术问题，另一个是实际解决的技术问题。二者的差别在于比较的基础不同。要解决的技术问题是，相对于说明书所反映的背景技术，发明所希望解决的问题。实际解决的技术问题则相对某客观存在的现有技术，比如相对于一份与发明方案最接近的对比文件，发明实际上能够解决的问题。

鉴于申请阶段掌握的现有技术有限，申请人只能根据所知现有技术撰写背景技术并据此阐明要解决的技术问题。但是，在考虑主线选择时，应当为专利审查中可能遇到的质疑留有陈述的余地。

比如，在例1中，如果选择降低油炸温度作为要解决的技术问题，与之关联的技术特征仅仅是与真空油炸相关的特征。但是，如果以降低油炸温度且保留香脆口感作为要解决的技术问题，相关的特征还可以包括油炸前焙烤、油炸后真空离心脱油等特征。在没有确定在授权或确权阶段会出现怎样的现有技术证据的前提下，厘清发明的主线并全面考虑与之相关的发明点，对专利申请的授权前景以及授权后的稳定性都大有裨益。实践中常看到一些申请在确权时对现有技术中没有披露的发明点进行争辩，但无论是从其说明书的内容看，还是从权利要求的结构看，都无法体现出其与其他特征构成具有特定效果的整体方案。其原因在于撰写专利申请文件时没有考虑清楚什么是主线，各个特征与主线的关系是什么。

（2）层次考虑。厘清主线，并不意味着将与主线关联的特征都写入独立权利要求中。由于独立权利要求决定了一项专利最大的保护范围，因而在符合授权条件的前提下，尽可能减少独立权利要求限定的特征也是申请人合理的选择。界限在于，独立权利要求是否包含了解决技术问题所必要的技术特征。

实践中需要避免两个极端。一是因追求独立权利要求保护范围的最大化而缺少必要的技术特征。比如，一项发明所针对的背景技术是，某装置中电子元件的连接关系不合理。为此，说明书中对所述电子元件构建了一种新型的连接关系。但是，在独立权利要求中，仅包括了若干电子元件，而未描述电子元件之间的连接关系。这是典型的缺少必要技术特征的情形。关于必要技术特征，需要注意，该"必要"的要求与说明书应当清楚、完整，以使"所属技术领域的技术人员能够实现"的要求具有不同的法律目的和判断标准。前者的法律目的在于保证权利要求保护范围与发明所做的贡献相匹配，而后者的法律目的在于保证专利文件公开的信息使所属领域技术人员能够理解发明并将发明付诸实践。如在上述案例中，电子元件之间的连接关系是必要技术特征，尽管要实现该发明，技术人员或许还需要说明书中公开具体连接的手段，但这不属于必要技术特征。二是将产品或方法所必要的特征混同于独立权利要求的必要技术特征。比如，对于照相机这样一个产品，其必要的组合通常包括镜头、快门、机身等。但是，如果发明的改进仅仅在于镜头采用了新的材料，则快门、机身等特征可能并不属于独立权利要求所必须包括的必要技术特征。

因此，在撰写权利要求书时，需要针对要解决的技术问题选择必要的技术特征作为独立权利要求的组成部分。

如前所述，相对于不同阶段检索到的现有技术，解决的技术问题可能会发生变化，因此，在撰写权利要求书时，需要尽量预测可能出现的现有技术，在主线下逐层考虑进一步解决的技术问题及所对应的特征。

比如，在例1中，可以对应于不同层次的技术问题构建不同层次的权利要求。

在没有检索对比文件的前提下，所针对的背景技术是高温油炸方法，因此，发明要解决的问题就是减少高温油炸，因而以真空油炸为基础撰写独立权利要求是正确的选择。

那么，对于其余特征，即特征二、三、四如何处理？对此，首先需要衡量两个关系：一是其与主线的关系是否具有相辅相成的密切关联？二是若将其作为另外的独立权利要求的基础，创造性把握得如何？如前所述，油炸食品的特点决定了油炸温度与油炸前焙烤、油炸后脱油的关系建立在兼有健康与美味的效果之上，因而将这些特征纳入一个独立权利下具有合理的关联性。另外，若另辟蹊径将焙烤、真空脱油等特征分别作为并列的独立权利要求的基础，需要考虑的是，脱离低温油炸焙烤意义将明显降低。此外，还可能存在单一性问题。

通过上述权衡，将特征二、三纳入主线，作为以真空油炸为基础的独立权利要求的从属权利要求，对于权利要求的稳定性可能更为有利。

特征四与真空油炸也具有一定的关系。由于低温油炸，食品可能容易粘连，加防粘剂对低温油炸具有支持作用。但是，对于真空油炸与焙烤结合的从属权利要求，防粘剂的作用恐怕会打折扣。因为焙烤后的食品在油炸时粘连的可能性已经大为降低。所以，包含防粘剂的从属权利要求应当与包含焙烤工艺的从属权利要求相互独立。

至于是否要包含消泡剂和风味保持剂，需要考虑的是，第一，这三种添加剂本身是否已知；第二，这三种添加剂之间是否存在某种协同作用；如果添加剂本身已知且相互之间不存在协同作用，可以略去消泡剂和风味保持剂或将其分别归入层级更低的从属权利要求中。

如果真空油炸温度、真空度与焙烤温度、时间等参数之间具有最佳匹配范围，可以在包含焙烤特征的从属权利要求之下设置包含上述参数范围特征的从属权利要求。

（3）类型考虑。选择权利要求类型需要考虑如下因素：

1）根据发明所处领域的特点，选择更易于发现侵权行为、更易于锁定侵权主体的权利要求类型。

比如，某发明涉及一种无线局域网移动设备安全接入方法。在该方法中，涉及3个物理实体，一是移动终端MT，二是无线接入点AP，三是认证服务器AS。当移动终端接入无线接入点时，双方都存在信任风险，因此，在接入前，无线接入点将移动终端MT证书与无线接入点AP证书发往认证服务器AS提出证书认证请求，只有当MT证书与AP证书均被认证服务器AS认证的情形下，双方才开始进行通信。否则，任一方未通过认证，另一方或拒绝登录或拒绝接入。

从发明构思看，方法权利要求类型可能是自然的选择。比如，可以撰写为如下权利要求：

一种无线局域网移动设备安全接入方法，其特征在于，接入认证过程包括如下步骤：

步骤一，移动终端MT将移动终端MT的证书发往无线接入点AP提出接入认证请求；

步骤二，无线接入点AP将移动终端MT证书与无线接入点AP证书发往认证服务器AS提出证书认证请求；

步骤三，认证服务器 AS 对无线接入点 AP 以及移动终端 MT 的证书进行认证；

步骤四，认证服务器 AS 将对无线接入点 AP 的认证结果以及将对移动终端 MT 的认证结果通过证书认证响应发给无线接入点 AP，执行步骤五；若移动终端 MT 认证未通过，无线接入点 AP 拒绝移动终端 MT 接入；

步骤五，无线接入点 AP 将无线接入点 AP 证书认证结果以及移动终端 MT 证书认证结果通过接入认证响应返回给移动终端 MT；

步骤六，移动终端 MT 对接收到的无线接入点 AP 证书认证结果进行判断；若无线接入点 AP 认证通过，执行步骤七；否则，移动终端 MT 拒绝登录至无线接入点 AP；

步骤七，移动终端 MT 与无线接入点 AP 之间的接入认证过程完成，双方开始进行通信。

但是，从锁定潜在侵权者的角度看，仅仅依赖于该方法权利要求，对于有效保护专利权存在一定的漏洞。

首先，该方法专利限定的是接入过程。但是，与传统的方法（如产品制造方法或检测方法）权利要求的各个步骤取决于操作者不同，该方法的每个步骤不是在接入过程中由接入者，如手机用户决定的，而是由预先装载于相应设备中的计算机程序确定、从而自动执行的过程。因此，利用发明技术方案的直接获利者通常是设备制造商或软件制造商。但是，设备制造商或软件制造商并不是接入过程的操作者，至多在设备制造时进行有限的接入测试活动。

其次，完成权利要求所限定的所有步骤涉及 3 个物理实体，其由不同的主体管理。因此，通常只有在三方均参与的情形下，可以判定直接侵权行为成立。

因此，采用方法权利要求维权，可能无法达到理想的效果，至少存在侵权判定的困难或分歧。

鉴于此，对于此类发明专利，应当在选择上述方法权利要求类型的同时，再辅以至少 3 个与之并行的设备独立权利要求。其中，分别以 3 个物理实体之一为权利要求的主题，以装载在设备上的计算机程序的限定为核心，以其余两个设备作为环境特征。如同具有特定配合关系的插销与插座，可以分别撰写为以插销或插座为主题的设备权利要求。

2）根据专利法有关专利权保护客体的规定选择适合的权利要求类型。

比如，阿司匹林首次制备是作为镇痛解热药物面世的。但是，此后发现阿司匹林对血小板聚集有抑制作用，能阻止血栓形成，可用于预防短暂脑缺血发作、心肌梗死、人工心脏瓣膜或其他手术后血栓的形成。如果基于上述发现的发明申请专利，如何选择权利要求类型？

首先，是否可以选择产品用途类权利要求？例如，"一种使用阿司匹林的方法，其特点在于，用于预防血栓形成"。这种撰写方式，可能触发了专利保护客体问题。因为，根据《专利法》第 25 条，疾病的诊断或治疗方法不得授予专利权。

那么，是否可以选择产品类权利要求？例如，"一种包含×××物质的药物，其特征在于，可以用于预防血栓形成"。这种撰写方式，可能面临新颖性、创造性判断中的质疑。其中，关键问题在于，在产品权利要求中，用途特征是否具有限定作用。

根据我国现行《专利审查指南》第二部分第二章第 3.2.2 节，产品权利要求"通常应当用产品的结构特征来描述。特殊情况下，当产品权利要求中的一个或多个技术特征无法用结构特征予以清楚地表征时，允许借助物理或化学参数表征；当无法用结构特征并且也不能用参数特征予以清楚地表征时，允许借助方法特征表征……"。与之相应地，在《专利审查指南》第二部分第三章第 3.2.5 节第（2）项中规定，对于包含用途特征的产品权利要求新颖性的审查，"应当考虑权利要求中的用途特征是否隐含了要求保护的产品具有某种特定结构和/或组成。如果该用途由产品本身固有的特性决定，而且用途特征没有隐含产品在结构和/或组成上发生改变，则该用途特征限定的产品权利要求相对于对比文件的产品不具有新颖性。"

由于阿司匹林产品的结构、组成本身是已知的，其用于第二适应证并未隐含其相对于已知的产品具有某种特定的组成。因此，尽管该用途为新，但因在产品权利要求中不具有限定作用，因而作为产品权利要求仍不具备新颖性。

那么，用什么类型的权利要求可以表达这类发明呢？根据《专利审查指南》，明确允许的权利要求类型为产品制造方法。具体形式为"一种用物质 X 制备治疗疾病 Y 的方法"。

不过，对于已知药品第二医药用途的发明，权利要求的类型应当如何表达、应当如何理解，在一些国家已经出现了认识上的变化。如 2000 年，《欧洲专利公约》（EPC）第 53 条（c）规定："治疗中使用的产品，尤其是物质或组合物不属于专利排除的治疗方法。" EPC 第 54 条（4）规定："不应排除属于现有技术的任何物质在 EPC 第 53 条（c）所述方法的用途，只要该用途为新。"这种观点的合理性与药品的特殊性有关。作为药品，其医药用途是其必要的组成部分。药物开发中需要投入相当的试验资源用于确定其医药用途。另一方面，与某些产品出售不一定需要说明用途不同，任何药品都必备产品说明书，其中明确适应证是说明书的重要组成部分。尽管我国目前尚无明确的规定支持这种观点，但其是否会对包括我国在内的其他国家产生影响，值得关注。

与保护客体相关的另一类问题是实用新型的保护客体。与发明专利既可以保护产品也可以保护方法不同，实用新型专利仅保护对产品的形状、构造或者其结合提出的技术方案。因此，在撰写实用新型专利申请文件时，需要注意权利要求类型的选择。比如，不能选择方法权利要求，也不能选择以改进产品微观结构为特点的产品权利要求，如具有某种新的化学结构的药品。

3）权利要求类型与方案的一致性。基于授权要求或维权效果选择权利要求类型，必须注意权利要求类型与其限定的方案的一致性。特别是对于权利要求中包含不同类型特征的情形，需要清楚地表明每个特征对该类型的技术方案所具有的限定作用。

比如，一项权利要求的主题名称是一种复合膜的加工方法，权利要求中除了限定加工工艺外还包含了该复合膜的用途。对此，需要判定该用途对加工方法是否具有限定作用。一方面，由于制造方法所包括的原材料选择、工艺条件（如温度、时间）设定、工艺步骤的顺序与关联等特征通常可以直接、明确地表达，因此，通过被加工产品的用途限定制造方法一般不具有合理性。另一方面，一般而言，一种复合膜的加工方法通常与选用的材料、工艺步骤、工艺条件相关，而与其加工出的产品如何使用没有直接的限定关系。因此，这类特征仅具有附带说明性而不具有限定性，属于典型的多余指定，应当避免出现这类撰写问题。否则，即便获得专利权，在专利确权或侵权程序中也极易产生理解上的分歧。

另外，尽管实用新型专利不保护方法，不保护以微观结构为改进特点的材料，但并不意味着产品权利要求中不能包含方法特征或材料特征。对此，同样需要鉴别相应特征在技术方案中的限定作用。比如，"一种包含 A 焊接于 B 的产品"，其中虽然包含了"焊接"这样一种工艺特征，但是，其改进并不在于采用什么步骤或方法进行焊接，而是用已知的焊接工艺的特点表征了 A 与 B 之间的连接关系，这样的特征对于产品权利要求具有限定作用。

二、说明书

专利说明书与工程设计说明书最大的差别是，第一，前者的主要功能是为权利要求提供依据，而后者的功能是指导工程实施；第二，前者面向的读者是本领域普通技术人员，而后者是面向工程操作人员。

（一）以权利要求为核心

撰写高质量的权利要求需要精心考虑主线、层次与类型，而其前提条件是说明书给予相应的支持。

如在例1中，对应于主线（降低油炸温度的同时又不失油炸食品的松脆口感），背景技术、发明目的及发明的技术方案的描述中应当有所体现，其中应当注意油炸前焙烤与真空油炸的联合作用及其效果的描述。对应于分支，如真空脱油、添加剂，温度、真空度、加热时间等参数范围，可以体现在实施例与效果描述中。实践中有如下两类问题易被忽视。

一是效果的描述与实施例脱节。具有一定专利知识的人员都知道，实施例描述与效果说明是说明书八大部分的组成。但是，如果仅仅将效果描述当作满足八股文式的撰写要求所需，则失去了其本质的作用。

由于撰写专利申请文件时对现有技术的了解尚不全面，原定的发明要点及相应的撰写主线可能会因此后出现的对比文件而改变。所以，撰写申请文件时应当留有相应的余地。

在创造性判断时,常常需要"重新确定技术问题"。即本领域技术人员通过说明书给出的信息与现有技术比较后确定发明实际上解决的技术问题。需要注意的是,一个特征本身所具有的效果与说明书中明确提到的效果在确定实际解决问题中并不总是等效的。前者是由特征本身的性质决定的,可能具有多个效果,其中有些是申请日前技术人员能够认识到的,有些则在说明书没有给出相应信息的前提下联想不到;后者则是有意选择、明确表达的某种效果,并因此而与发明要求解决的问题建立了联系。比如,真空油炸可以减少高温油炸产生的有害物质,这是一个客观的效果,将其作为要解决的技术问题固然可行。但是,除此之外是否还有其他的效果?比如,真空油炸是否可以减少油炸食品的含氧量?降低含氧量是否有利于食品的保存?因此,对于一个特征在方案中可能产生的效果应当更多地结合实施例予以描述,从而为重新确定要解决的技术问题奠定基础。

二是对参数范围的效果描述。实践中,常常存在这样的情形:相对于申请人所了解的背景技术,发明的要点在于采用了某种新的工艺,比如例1中采用了真空油炸工艺。但是,在检索到现有技术中已经公开了真空油炸工艺后,发明与现有技术的差异可能只是工艺参数的不同,由此使得创造性判断的重点转化为选择发明的创造性判断。在判断选择发明创造性时,选择所带来的预料不到的技术效果是考虑的主要因素。

因此,在撰写说明书时,应当体现出有目的地选择不同参数的构思并提供效果说明,必要时应当给出实验数据。在给出参数范围时,应当对多点参数提供相应的实施例,为修改权利要求提供支持。此外,在实施中,不同参数范围之间的匹配,如焙烤温度与油炸真空度数值范围的匹配,如果能够取得明显优异的效果,对于体现发明的创造性经常具有重要的支持作用。

(二) 以所属领域普通技术人员为对象

说明书为权利要求提供支持,不仅是形式上有所对应,而且从内容上应当使得所属领域普通技术人员能够实现权利要求所要求保护的技术方案。因此,所属领域普通技术人员的定义至关重要。

实践中容易产生分歧的有如下两类问题。

一是如何确定"所属领域"。特别是,当一项发明涉及两个以上技术领域时,说明书的阅读对象应当确定为哪个领域的技术人员?比如,一个涉及自动离合器的发明,其涉及离合器在汽车动力传动过程中的工作过程和计算机控制过程。对于计算机领域的人员,汽车动力传动系统的知识可能知之甚少,而对于汽车设计领域普通技术人员,对计算机领域的相关知识也了解得有限。此时,说明书对发明的公开程度应当以谁的理解力为准?

由于说明书已经明确了所涉及的领域,由此奠定了所涉及领域技术人员合作的基础。无论是汽车设计领域的技术人员还是计算机领域的技术人员，都清楚地知道所欠缺的知识可以向哪个领域的技术人员求教。因此，这里所述的"本领域"并非限定一个领域，而是包括了相关的、可以多至两个以上的领域。

二是如何确定"普通"技术人员的水平。同一技术领域的技术人员水平参差不齐。那么，以什么样的技术人员作为普通技术人员？如何证明普通技术人员应当具有或不具有某种能力？比如，当说明书中没有公开某种实现手段，而某申请日前的对比文件中公开了该实现手段，是否足以证明本领域普通技术人员具备相应的知识？

首先，对普通技术人员的定义设置在这样的水平上，其具有从事常规技术工作的知识与能力，即知晓申请日或者优先权日前发明所述技术领域所有的普通技术知识，能够获知该领域中所有的现有技术，并且具有应用该日期之前常规实验手段的能力。如果所要解决的技术问题能够促使本领域的技术人员在其他技术领域寻找技术手段，他也应具有从其他技术领域中获知相关现有技术、普通技术知识和常规实验手段的能力。

需要注意的是，这里有两个不同含义的术语，一为"知晓"，二为"获知"。二者的差异在于，"知晓"是已经具备的知识，而"获知"则与获取来源有关。换言之，尽管普通技术人员具有获知所有现有技术的能力，但前提是，是否需要获取现有技术。

在判断说明书是否充分公开时，判断标准为"说明书应当对发明或者使用新型做出清楚、完整的说明，以所述技术领域的技术人员能够实现为准"，其中，并没有涉及现有技术。因此，不能因为普通技术人员具有获知现有技术的能力，因而在任一现有技术文件中公开的内容都无须说明书公开即认定本领域技术人员掌握该知识因而即可实现。这与创造性判断中需要考虑现有技术有所不同。这是因为，在判断创造性时，判断标准是"对所属领域的技术人员来说，发明相对于现有技术……"。这里，判断条件已经发生了变化，不是仅仅针对说明书而是包含了现有技术。

因此，在判断说明书是否充分公开时，通常仅仅涉及技术人员通常掌握的技术知识与实验手段，而不涉及检索到的对比文件。不过，对于某些发展迅速的技术领域，一些惯常的知识或许尚未写入教科书或手册中，但已经广为应用。在此情况下，通过举证多篇对比文件均涉及的技术手段，也可在一定程度上证明其已经属于普通技术人员知晓的技术知识。

三、外观设计专利申请文件

外观设计专利申请文件的两个重要组成部分是图片或照片以及简要说明。尽管外观设计专利申请没有权利要求，但申请时仍然需要考虑申请类型及保护层次。

比如，一件外观设计专利申请中可以表示多个产品的照片或图片。在判断外观设计是否与现有技术相同时，这些产品应当相互独立地与现有设计单独对比还是所有产品作为一个整体与现有技术进行对比？显然，不同的对比方式对应着不同的判断标准，从而可能导致不同的授权前景。而采用何种对比方式取决于一件外观设计中多个产品之间的组合关系。主要包括两种组合关系，一是成套产品，二是组合产品。

成套产品具有如下特点：第一，在出售、使用、风格上各产品之间具有关联性，即习惯上同时出售或使用并具有组合使用价值且具有相同的设计构思；第二，各个产品具有自身的使用价值。比如，一套色彩相同、纹饰相近的古典风格的茶具，其茶壶、茶杯属于典型的成套产品。对于成套产品，在判断其是否与现有技术相同时，采用的是单独对比。即各个产品分别与现有技术对比。因此，类似于发明与实用新型专利申请中的不同的独立权利要求。

组件产品与成套产品最大的区别是每个产品不具有独立的使用价值。比如，插件产品通常是同时出售、同时使用且具有相同的设计构思，但是，每个插件离开其他插件不具有独立的使用价值。对于组件产品，在判断其是否与现有技术相同时，采用的是整体对比。因此，组件产品类似于发明与实用新型专利申请中同一权利要求中的不同组成部分。

但是，实践中，并非所有产品之间的关系都能够如茶具和插件一样泾渭分明。比如，一种电加热壶组件，其电加热座既可以对电加热壶加热也可以用于加热其他容器，而加热壶既可以作为被加热的容器也可以作为独立的茶具使用。因此，究竟将其作为成套产品还是组合产品，在确权程序中往往双方各执一词。

此外，在外观设计专利申请的图片中，对于状态可变的产品，如折叠椅，除了给出六面视图外，通常还给出状态变化图。这种状态变化图的作用与使用状态图有时也会出现理解上的分歧。前者是限定保护范围的组成部分而后者则仅具有说明使用场景的辅助作用。

事实上，对于既可以作为成套产品也可以作为组件产品的外观设计，不同的选择各有利弊。成套产品在授权或确权中要求更高，但保护范围也更大。同样，将一幅产品视图作为状态变化图还是使用状态图，也各有利弊。为减少理解上的分歧，2006年《审查指南》在第一部分第三章第4.2.1节中增加了对于成套产品、组件产品及状态可变产品的视图名称标注方法。具体规定为："为了区别成套产品和组件产品，应当根据专利法实施细则第三十六条第二款的规定对视图名称进行标注。"由此，在申请文件中以"套件"表示成套产品，以"组件"表示组件产品，以变化状态图及状态变化序号表示状态可变的产品外观设计，为申请人选择不同的产品组合类型提供了可能，消弭了在确权或侵权中可能出现的理解分歧。

第二节 专利授权确权中的疑难法律问题

一项专利申请能否授权，一项授权的专利经过确权程序能否得以存续，与专利授权的实体要求密切相关，特别是专利权保护客体问题、新颖性问题、创造性问题，实践中比较常见也比较难以把握。尤其是在一些特殊领域中的专利申请，存在一些相对疑难的问题，需要专利工作者不断提高对这些问题的分析和解决能力。

一、专利保护客体

(一) 涉及计算机程序的发明

关于涉及计算机程序的发明专利申请的保护客体，自20世纪70年代起在世界一些国家，特别是计算机技术发展较快的国家引起争论，相关的规则、判例不断演进，迄今仍为业界所关注。

这类问题的难点主要源于两分规则与整体原则的关系。

随着计算机技术的发展，计算机程序正在与更为广泛的领域密切结合。因而，我们面对的许多权利要求往往包括两类特征，一类与可专利保护客体相关，另一类与不可专利保护客体相关。因此，一方面，基于整体审查原则，权利要求分析不能忽视各个特征的存在，另一方面又需要对上述两类性质区别性考虑。因此，对权利要求应当如何分解与如何关联往往是解决这类问题的关键。

我国专利法中与专利权保护客体直接相关的法条是《专利法》第2条与《专利法》第25条。前者规定了发明或实用新型须为"技术方案"且在《专利审查指南》中对"技术方案"给出了明确的定义。后者列举了不属于专利权保护的例外，其中包括"智力活动规则与方法"且在《专利审查指南》中也给出了相应的定义。此外，针对涉及计算机程序发明专利申请的特殊性，《专利审查指南》专设一章对有关审查规则予以细化。

1. 两法条之间的关系

首先，两个法条是以正、反两种方式限定专利权保护客体。《专利法》第25条规定了不属于专利保护客体的类型，而《专利法》第2条定义了属于专利权保护客体的发明创造。因此，二者之间必有相互重叠之处。特别是，对于涉及计算机程序的发明，二者重叠的情形更为多见。

但是，由于两个法条限定的方式不同，适用情形也有所差异。

《专利法》第25条是以类型排除专利保护。其中，关于智力活动规则，在《专利审查指南》中以非穷举的方式列出了从数学理论和换算方法、计算机程序本身到各种游戏、娱乐规则和方法、乐谱、食谱、棋谱等20余种类型。显然，根据类型的判断相对比较简单，但适用该法条的条件也比较严格。其适用的情形是，"权利要求仅仅涉及智力活动的规则和方法，则不应当被授予专利权"。而"如果一项权利要求在对其限定的全部内容中既包含智力活动的规则和方法的内容，又包含技术特征，则该权利要求就整体而言并不是一种智力获得的规则和方法，不应当依据专利法第二十五条排除其获得专利权的可能性。"

由于涉及计算机程序的发明专利申请通常在权利要求中包含一些与计算机技术相关的术语,如存储、运算、调用等术语,这些术语一般被归为技术特征,因此,这类专利申请通常不会依据《专利法》第 25 条排除专利保护。但这并不意味着其属于技术方案。相对于以类型排除的判断方式,对技术方案的判断具有更加全面的分析方法。

2. 技术方案的判断

《专利审查指南》中对技术方案给出了明确的定义。"技术方案是对要解决的技术问题采取的利用了自然规律的技术手段的集合。技术手段通常是由技术特征体现的。"

对于上述相关概念,需要注意两点:

(1) 技术方案与技术特征、技术问题、技术手段、技术效果虽然都是专利中常用的术语,但是,与技术方案具有明确定义不同,技术特征、技术问题、技术手段、技术效果只是出现在技术方案定义中的组成要素,其自身并无明确定义。因此,技术特征、技术问题、技术效果等都是在技术方案概念下的一个关联要素,不具有判断依据的作用。它们之间的关联性最终体现在方案与要解决的问题之间是否具有符合自然规律的客观的因果关系。

(2) 一个权利要求并不一定仅包含一个方案。方案的含义不是特征的集合,而是解决某问题中共同作用的关联特征的有机构成。在一些涉及计算机的发明中,权利要求通常可能包含两个方案,一是为解决某商业方法自动运行的方案,其与计算机直接关联;二是解决商业规则获取商业利益问题的方案。根据权利要求的特征及组合合理地分解出不同的方案,准确地把握问题与方案之间是否存在必要的功能上的关联,是解决两分规则与整体原则矛盾的要点所在。

(二) 生物技术领域的发明

如果说涉及计算机程序的发明专利保护客体判断的难点在于权利要求中包含了不同类型的方案,生物技术领域的发明专利保护客体判断的难点则在于适用不同的法律条款。

比如,动物或植物转基因生产方法是否属于专利权保护客体?相应的法律条款是什么?

根据《专利法》第 25 条第 1 款第 (四) 项规定,动物和植物品种不得授予专利权。但是,动物和植物品种的生产方法属于专利保护客体。对此,需要注意两点。

第一,动物品种概念所涵盖的范围不仅限于动物个体,还包括动物的胚胎干细胞、生殖细胞、受精卵、胚胎等。也就说,包括动物在发育、形成的各个阶段的形态。同样,可以借助光合作用,以水、二氧化碳和无机盐等无机物合成碳水化合物、蛋白质来维系生存的植物的单个植株及其繁殖材料(如种子等)都属于植物品种的概念。但是,动物的体细胞以及动物组织和器官(除胚胎以外)则不属于动物品种。

第二,动物和植物品种的生产方法不属于《专利法》第 25 条第 1 款第 (四) 项排除专利保护的客体。但是，这里所述的生产方法是指非生物学方法。例如，采用辐照饲养法生产高产牛奶的乳牛的方法、改进饲养方法生产瘦肉型猪的方法等均属于专利权保护客体。

根据上述概念，转基因动物或植物是通过基因工程的 DNA 重组技术得到的动物或植物，其仍然是生物发育、形成阶段的形态，因而属于动物或植物品种。不属于专利权保护客体。但是，重组 DNA 的方法是一种人工方法，其属于专利权保护客体。

那么，同样属于生物领域的微生物是否属于专利权保护客体？由于微生物不属于动物或植物，因而，与之相关的法条不是《专利法》第 25 条第 1 款第（四）项，而是《专利法》第 25 条第 1 款第（一）项，即科学发现不属于专利保护的客体。因此，判断一种微生物属于专利保护客体的关键在于，该微生物不是仅仅被发现于自然界中，而是经过分离成为纯培养物并且具有特定的工业用途。

另一个不属于《专利法》第 25 条第 1 款第（四）项排除专利权保护的生物体是人类，包括人的生殖细胞、受精卵、胚胎干细胞及胚胎。与之相关的法条是《专利法》第 5 条第 1 款，即"对违反法律、社会公德或者妨害公共利益的发明创造，不授予专利权"。

（三）单纯材料替换的实用新型

关于实用新型专利权保护客体，一个曾经存有争议的问题是，单纯材料替换的产品是否属于实用新型专利权保护客体？

根据《专利法》第 2 条第 3 款，实用新型的保护客体是对产品的形状、构造或者其结合提出的技术方案。这里，形状、构造不包括微观形状与构造。因此，一种对微观构造或形状改进的材料不属于实用新型保护的客体。

但是，如果在一个具有宏观形状、构造的产品上以一种材料替换其原有材料，其与现有技术的差别仅在于材料不同，即所谓单纯材料替换的产品，是否属于实用新型保护客体？对此，原《审查指南》规定："如果实用新型要求保护的产品相对于现有技术来说只是材料的分子结构或组分不同，也不属于实用新型专利保护的客体。例如，以塑料替换玻璃的同样形状的水杯；仅改变焊条药皮成分的电焊条均不能授予实用新型专利权。"

实践中产生的主要问题是，一方面，根据上述规定，判断是否属于实用新型保护客体是在与现有技术对比之后确定的，而实用新型在授权前并未经过实质审查，因而对申请人而言具有不可预测性；另一方面，专利无效程序遵循请求原则，若对这类实用新型专利提出的无效宣告请求理由为不具备创造性，对于涉及材料的内容在创造性判断中如何考虑存在分歧。

为解决上述问题，2006 年《审查指南》对有关规定进行了修改。解决问题的思路类似于上述涉及计算机程序发明保护客体中的方案分析方法。即对于这类实用新型专利申请，需要区分权利要求保护的方案是什么。

如果是在具有宏观结构的产品上应用微观结构已知的某种材料的产品改进方案，则仍属于实用新型保护客体；如果所应用的材料不是已知的材料，则意味着除在具有宏观结构的产品上采用新的材料外还包括了有关新材料本身的方案，而后者不属于实用新型专利保护客体。

由于实用新型授权不经实质审查，因此，在初步审查中明确了如下规定："应当注意的是，如果权利要求中既包含形状、构造特征，又包含对材料本身提出的技术方案，则不属于实用新型专利保护的客体。……但是将现有技术中已知的材料应用于具有形状、构造的产品上，例如复合木地板、塑料杯、记忆合金制成的心脏导管支架等，不属于对材料本身提出的技术方案。"

(四) GUI 外观设计专利

关于外观设计专利权保护客体，近年来一个比较大的变化是，明确将 GUI（即计算机图形用户界面）纳入外观设计专利权保护客体范畴。

根据《专利法》第 2 条第 4 款，外观设计专利权保护客体是对产品的形状、图案或者其结合以及色彩与形状、图案的结合所作出的富有美感并适于工业应用的新设计。

一幅图画，显然包括对图案作出的有美感的设计，但是，其并非是对产品作出的适于工业应用的设计，因而不属于外观设计专利权保护客体。

与上述图画不同，GUI 是呈现在计算机上的图案，其由计算机程序保证了具有适于工业应用的特点。但是，其是否属于对计算机产品的设计？

1. 图案显示的动态性

GUI 图像在计算机上的呈现具有动态关系，一旦关机便不再呈现。对于这种性质的图像，原《审查指南》曾有明文限制。

2014 年前，我国《专利审查指南》明确规定："产品的图案应当是固定的、可见的，而不应是时有时无的或者需要在特定的条件下才能看见的。"据此，在排除外观设计专利保护的类型中包括："产品通电后显示的图案。例如，电子表表盘显示的图案、手机显示屏上显示的图案、软件界面等。"

要求图案固定于产品，源于外观设计是对工业产品的设计，其应当具有工业上的可重复性。而因一些特殊条件形成的图像，如喷泉中的彩虹图像，则不具有工业上的可重复性，因而不属于对产品的设计图案。但是，计算机等类似产品上呈现的图像与之最大的区别在于，尽管图像也是在特定条件下（通电、调用程序）呈现的，但所呈现的图像与对图像呈现的控制是工业上可重复并确定的。

为使相关规则在专利法框架下能够解决技术发展带来的挑战，2014 年 3 月，国家知识产权局对《专利审查指南》进行了修改（国知局第 68 号令），其中，删除了上述规定并增加了有关 GUI 申请相关内容。

2. 呈现与生成载体的两分性

GUI 图像的另一特点是,图像生成的载体是计算机屏幕,而图像生成则是由计算机程序实现的。随着计算机技术的发展,计算机软件与硬件的制造已经发展成为功能上相互依赖、商业上相互独立的产业,分别属于不同的设计、制造主体。由此产生了另一个问题,对"产品"的设计应当是指呈现图像的载体(电脑屏幕)还是生成图像的载体(计算机程序)?

这种两分性问题在传统产品中确不多见,但并非没有,如美国 20 世纪 60 年代有关"喷泉"外观设计专利的案例。在该案例中,呈现外观设计的载体(水)与生成设计的载体(喷泉设备)显然不同。对此,法院在判决中 CCPA 指出,"我们不认为仅仅因为一个外观设计的存在需要依赖于其外部的某个东西就有理由认定其不属于对'制品'的外观设计"。这段话奠定了美国允许 GUI 外观设计专利保护的基础。在美国专利审查指南相关章节中进一步明确,外观设计专利保护的是产品实现或表现出的设计,而不是产品本身。

2019 年我国《专利审查指南》修改(见 328 号文件)中,对 GUI 外观设计审查规则单独设节,进一步完善了有关申请文件的要求。其中,提及了一种两分性更为明显的产品,即投影设备产生的图形用户界面——"对于用于操作投影设备的图形用户界面,除提交图形用户界面的视图之外,还应当提交至少一幅清楚显示投影设备的视图。"显然,呈现图像的载体(墙壁)与导致图像生成的产品(装载于投影设备中的软件)并非同一产品。由此,我国对于 GUI 外观设计专利的认识与国际上一些专利制度比较成熟的国家更趋一致。

二、新颖性

(一)现有技术证明

关于现有技术的证明,在授权审查阶段相对比较简单,通常是检索到的专利或非专利文件。但在确权阶段,即请求宣告专利权无效的程序中,涉及的情形比较复杂,需要综合运用法律知识厘清案情脉络,辨识案情要点,掌握解决方法。

1. 出版物公开与使用公开

现有技术的证明涉及三个要素:公开时间、公开内容以及公开方式。

出版物公开与使用公开是两种不同的公开方式。在现有技术证明中,因公开方式不同,证明方式也有所不同。

比如,一则 X 日的报纸报道了 A 厂在 Y 时间对外展示了其产品 B,并报道了 B 产品的优良性能。另有 B 产品图纸详述了产品结构。

显然,报纸属于公开出版物。但是,在现有技术证明中,其既可作为出版物公开的证据,也可作为使用公开的证据。二者的证明方式不同,证明要求也不相同。

如果作为出版物公开证据，与现有技术公开的相关事实是报纸的公开，因而其公开时间为报纸发行日，即 X 日，其公开方式毫无疑问是出版物公开。但是，其公开的内容仅限于报纸所披露的信息。即便产品图纸可确凿证明产品 B 的结构，但作为出版物公开，公众获知产品 B 技术信息的渠道是从相关出版物（X 日报纸）获得的，而非来源于通常作为企业内部文件的图纸。

如果将上述报纸作为使用公开证据，则现有技术公开的相关事实是产品的展出。因此，相关的时间不是 X 日，而是 Y 日。更为重要的是，在有关使用公开的证明中，报纸不再是直接证据，而是间接证据，因而需要结合其他证据如图纸证明公开的时间、内容与方式。此外，作为间接证据，其是否符合真实性、客观性及关联性也需要结合其他证据予以确认。

2. 网络公开证据

随着互联网技术的普及，网络已经成为人们获取信息的重要渠道。因此，在授权、确权阶段，有关现有技术的证据越来越多地涉及网络证据。

与纸媒证据相同的是，对于网络证据需要考虑的同样是三个要素，即真实性、客观性和关联性。在现有技术证明中，需要证明的同样是公开时间、公开内容以及公开方式。

纸媒的传播方式、管理方式在数百年的历史积淀中已经形成了众所周知的规范。我们通常能够通过版权页的信息（如出版、印刷、发行信息）确认其真实性，通过出版时间、印刷时间确认公开时间及公开方式。然而，在网络信息迅速发展与应用的同时，有关网络信息的管理规范尚未统一，由此导致网络证据认定的各异性。

事实上，网络证据面对的一些问题，类似于一些属于非正式出版物的纸媒证据。比如，一份产品样本上即便印有印刷日，仍并不足以认定印刷日即为公开日，因为公众接触到产品样本的途径可能是通过销售、预售等不同渠道，因而印刷之日并不必然是公众可以获得之日。另外，产品样本本身的真实性也经常受到质疑，需要借助有关产品样本获取来源等相关事实予以确认。比如，取自对公众开放阅览机构的产品样本与取自某产品展览会的产品样本在确定其公开日及真实性的证据要求上不尽相同。

电子证据与纸媒证据的另一差别是其易修改性，这是影响其证据力的一个重要因素。因此，对于网络证据，相关信息的来源以及信息管理规则十分重要。就现有技术证明而言，公开时间与公开内容的一致性是网络证据采信与否的关键。一些以网络文库为特点的信息平台，通常具有较为稳定的管理机构，较为规范的上传、修改规则。因而通常可以通过相关证据确定所公开内容与公开时间的一致性。

(二) 新颖性审查原则

1. 单独对比

新颖性审查是相同性审查，因而新颖性审查原则是单独对比。如何理解单独对比原则？

（1）单篇对比文件。单篇对比文件是否一定属于单独对比？例如，在某技术手册中，公开了若干相互独立的技术方案。在权利要求所限定的技术方案中，所有技术特征分别部分地公开于该对比文件中的两个技术方案中，该权利要求是否具有新颖性？答案是肯定的。《专利法》第22条规定的新颖性是指发明或实用新型不属于现有技术。其含义是作为专利保护的基本单元，即权利要求所限定的整体方案并非现有技术中已有方案。因此，其比较的是整体方案，而不是权利要求中所有技术特征是否存在于现有技术中。

（2）马库什权利要求。上面所述的权利要求是仅限定一个技术方案的情形。在有些情形下，一项权利要求可能包括若干并列的技术方案，最为典型的就是马库什权利要求。

马库什权利要求是指一个权利要求中限定多个并列的可选择要素。比如，一种产品的某部件选用的材料为铁、铜或铝。又如，在一个通式化合物中某基团为甲基、甲苯基或苯基。显然，在这类权利要求中，一个权利要求包含的不是一个技术方案而是多个相互并列、相互独立的技术方案。因此，对于这类权利要求，采用一篇对比文件中多个相互独立的技术方案，或采用多篇对比文件分别与一个权利要求中不同技术方案进行对比，符合单独对比原则。

（3）公知常识与惯用手段直接置换。如果一项权利要求与对比文件相比，差别仅在于前者中某部件的连接方式是螺钉固定而后者是螺栓固定，则属于惯用手段的直接置换，因此权利要求不具备新颖性。显然，这里所述的惯用手段直接置换并不是对比文件中直接公开的内容，而是引入了某种公知常识。那么，由此是否可以认为，在判断权利要求新颖性时可以将对比文件与公知常识结合？首先，置换与结合是两个不同的概念。置换的前提是对比文件中公开了某等同物，而结合是对于对比文件中未公开的部分的补充。其次，惯用手段属于公知常识，而公知常识并不一定是惯用手段。比如，作为固定方式，铆接、焊接、粘接都是公知的连接方式，但连接的效果与螺纹连接不同，前者是不可拆式连接，而后者是可拆式连接。因此，这些连接方式与螺纹连接不属于可直接置换的惯用手段。

2. 相同概念的理解

新颖性判断是相同性判断。在专利法意义下，如何理解新颖性判断中"相同"的概念？

（1）内容解释。新颖性判断对象是权利要求与现有技术。由于权利要求是以文字方式概括要求保护的发明，因而文字表达的多样性与局限性对于相同性判断的影响在所难免。正因如此，《专利法》第59条规定："发明或者实用新型专利权的保护范围以其权利要求的内容为准，说明书及附图可以用于解释权利要求的内容。"该规定是侵权判定的依据。在确权程序中，由于权利要求修改受到较为严格的限制，因而对权利要求文字表达内容的准确理解，对于案件最终结果往往至关重要。

比如，一项以养殖方法为主题的权利要求，其中包含的一个特征是，选用"红鲫鱼"作为育种的父本。仅就文义而言，"红鲫鱼"仅仅区分了鲫鱼的色彩而并不具有区分鲫鱼是野生还是人工养殖的含义。但是，该发明在说明书中正是针对野生鲫鱼父本在人工养殖鲫鱼中产生的问题而提出用人工养殖的红鲫鱼作为父本。此外，在水产学中，红鲫鱼常被作为观赏鱼而归于人工养殖范畴。

在无效宣告请求程序中，无效请求人提交了与该专利说明书背景技术相同的对比文件，即以野生鲫鱼作为父本。于是，如何解释权利要求中"红鲫鱼"的含义，对于判定二者是否相同具有关键作用。此案最终采用了说明书给出的唯一的解释，将存有争议的"红鲫鱼"解释为与野生鲫鱼不同的类型。

（2）上位概念与下位概念。新颖性判断是相同性判断。但其相同概念与人们通常熟悉的相同概念有所不同。比如，若权利要求中的限定特征为"金属"，而对比文件中公开的是其中某种金属，如"铜"，则认为二者相同，故权利要求不具备新颖性；反之，若权利要求中的限定特征为"铜"，而对比文件中公开的是"金属"，结论则是二者不同，故权利要求具备新颖性。上述依据是《专利审查指南》中有关具体（下位）概念与一般（上位）概念的规定："如果要求保护的发明或者实用新型与对比文件相比，其区别仅在于前者采用一般（上位）概念，而后者采用具体（下位）概念限定同类性质的技术特征，则具体（下位）概念的公开使采用一般（上位）概念限定的发明或者实用新型丧失新颖性。""反之，一般（上位）概念的公开不影响采用具体（下位）概念限定的发明或者实用新型的新颖性。"

上述规则法理何在？对此，可以从两个角度理解，一是权利要求表达的含义；二是权利要求修改的规则。

首先，比较一下，权利要求表达为"卤素"与表达为"氟、氯、溴、碘、砹"是否有差别，答案是肯定的。其差别为：前者是用卤素的上位概念表达的、涵盖了满足其共性的所有卤族元素，包括尚未发现的元素（如2012年新发现的一种卤素），因而其限定的是卤素的共性；而后者是用当时所知的所有卤素的下位概念以并列方式表达的，每个选项不但包含了所有卤素的共性而且包含了每个卤素的个性。因此，当权利要求用上位概念表达时，一方面，从保护范围看，其范围最宽，因为囊括了所有满足上位概念共性的个体；另一方面，从特征限定看，其特征又最为单一。因此，在现有技术公开了一个下位概念时，其客观上包含了共性与个性，因此，以上位概念表达的权利要求丧失了新颖性。反之，对于以下位概念表达的权利要求，现有技术仅仅公开了其共性，但并未公开其个性，因此不足以否定其新颖性。

其次，对于并列选择多个下位概念（如氟、氯、溴、碘、砹），在新颖性判断时，需要分别判断各个选项所关联的方案的新颖性，因此，当现有技术公开其中之一（如氟）时，并不影响其他并列选择的方案。但对于上位概念（卤素），则只能作为一个整体，就该整体所共有的特性进行新颖性判断。当然，在满足权利要求修改规则的前提下，可以将权利要求中的上位概念改为与说明书公开的若干下位概念，由此克服因现有技术中公开某下位概念对权利要求新颖性的影响。需要特别注意的是，无效宣告请求程序中权利要求的修改限制较为严格，因而这类缺陷在授权后的程序中或许无法通过修改弥补。在无法修改的前提下，包含上位概念的权利要求除非根据说明书解释只能得到某具体概念的唯一解释，如红鲫鱼案中的情形，否则，作为上位概念将因现有技术的下位概念而认定为不具备新颖性。

（3）数值范围对比。如果权利要求中包含某数值范围，如加热温度 50~100℃。某现有技术对比文件公开的相应方案与其不同仅在于，仅公开一个加热温度，如 50℃，即仅公开了权利要求数值范围的起点。在此情形下，权利要求是否具有新颖性？这类问题，与上位概念与下位概念的思路有类似之处。在权利要求中用离散数值可以表达为若干个并列选择方案，但连续数值范围包含无限多的数值，因而只能作为一个整体考虑，其表达的含义是，对于该方案，选择该范围内的任一数值效果基本相同。当然，如果权利要求满足修改限制条件，可以将加热温度修改为不包含 50℃ 的某个范围，则不仅具备新颖性，而且不排除其具备创造性。

三、创造性

有一定工作经验的专利工作者一定有这样的体会，创造性问题是实践中遇到最多、也是最难以把握的问题。

一方面，从技术上看，判断创造性对于理解技术实质、了解所述领域普通技术人员的特点有较高的要求。这有赖于从业人员的技术背景与实践积累。

另一方面，从法律上，创造性标准中"（突出的）实质性特点"本身就具有一定的主观性。为使得主观判断客观化，在专利制度发展历史中积累了一些更加具体的判断方法。比如，三步法、对不同类型发明创造的判断规则、创造性辅助判断法等。

需要注意的是，首先，判断标准与判断方法层次不同。前者是目的，后者是工具。因此，牢固掌握判断标准实质为首要，由此方可准确而灵活地运用判断方法。其次，现有的判断方法只是以往经验的总结，远未穷尽。随着技术形态、社会形态的变化，实践中可能、可以甚至必然还会因案件的不同出现其他判断方法。对此，专利工作者应当勇于探索。最后，一些特殊权利要求，如混合式权利要求创造性判断，需要综合运用法律工具全面分析权利要求予以解决。

（一）判断标准与现有技术启示

现有技术启示是出现在三步法中的概念，也是三步判断中最易产生分歧之处。不同的案情关注的事实可能有所不同，但需要关注的法律概念是，在分析现有技术是否给出启示时不能脱离判断标准的要求。

1. 整体判断原则

创造性判断标准是针对发明，即某个技术方案，而不是某个特征。比如，一种振动测试机的底盘与基座之间用螺栓连接。工作中，振动测试机经常产生共振问题。为解决该问题，人们采用了增加各种减振装置减小共振。而某专利发现问题的起因在于底盘与基座的连接方式，并将螺纹连接改为焊接，使二者成为一体。仅就连接方式的特征而言，将两个部件焊接为一体是公知的技术。但是，如果从整体方案看，其对于方案要解决的问题而言，提供了与以往致力于解决该问题的各种方法完全不同的发明思路及由此产生的不同的技术效果。据此应当认定其具有创造性。

2. 普通技术人员

判断标准的主观性取决于判断主体，由此引入了一个被标准化的判断主体，即所属领域普通技术人员，以减少因判断主体不同而产生的主观性差异。因此，在判断现有技术启示时，应当从申请日前的普通技术人员的角度，判断现有技术给出的信息将如何影响技术人员的思维，使之能够得到形成专利技术方案的启示。

比如，对于家具制造领域的技术人员，在看到三脚架支撑结构的信息时，联想到三个支柱的桌子可以解决稳定支撑问题进而得到有关发明三腿桌的启示合乎该领域技术人员的思维逻辑，这是直观性技术领域的特点。但是，对于制药领域的技术人员，即便公开了药品的化学结构，却不足以得到将其用于某种适应证的启示。

另外，对于申请日前没有看到专利文件的技术人员，寻找对比文件的起点不是根据专利文件中公开的特征，而是遵循技术人员在技术开发中的思维规律，即从问题出发找到最接近的方案，在某种指引下继续寻找可以进一步完善方案的现有技术，从而达到将二者结合的结果。

（二）灵活运用不断丰富判断方法

三步法是创造性判断中常用的判断方式。其第一步便是检索到最接近的对比文件。但是，当一项权利要求的内容几乎是生活常识的简单组合但却检索不到对比文件时，是否能够在没有对比文件的前提下评判创造性？

事实上，三步法是对大多数案件适用的一种判断方法，但并不排除对某个案更加适合的其他判断方式。只要该方式能够充分说明专利不满足创造性标准即可。当然，这种情况属于极为个别的案例，需要谨慎但所检验的是如何把握判断标准与判断方法之间的关系。

此外，对比文件通常是用于证明不具备创造的证据。但是，在某些情况下也可能成为证明具备创造性的佐证。比如，当判断专利中采用的某方案，如前面提到的振动测试机有关焊接底盘与基座的方案是否显而易见时，无效请求人提供的多篇对比文件中采用了增加减振装置解决共振问题的方案，反而证明了申请日前所属领域技术人员在面对同一问题时所采用的惯有改进思路与专利权人截然不同，由此支持了专利具备创造性的结论。

(三) 混合式权利要求的创造性判断

混合式权利要求是指既包含技术特征又包含非技术特征的权利要求。在判断这类权利要求的创造性时，经常令人困惑的问题是整体判断原则与非技术方案不属于保护客体的矛盾。

需要明确的是，整体判断原则包含两层含义，一是集合性整体判断，即权利要求的所有特征都应当纳入分析的范畴；二是功能关联性整体判断，即相互关联、共同作用的特征方为解决某问题的方案。如同一个篮子里的东西，分类时不能忽略任何一件，但分类后却可能分属不同的类别。

因此，在判断这类权利要求时，需要谨记两点。第一，创造性判断针对的是技术方案。因而首先需要分析权利要求中所有特征之间的关系，由此确定哪些特征构成了解决哪个问题的方案，进而判断哪个方案属于技术方案。其分析方法与专利保护客体判断类似。第二，专利保护客体判断与创造性判断的关联性在于，前者为后者筛选出适格的判断客体，即仅针对技术方案判断其是否具有创造性。但是，一项权利要求包含的方案可能不止一个。因而认定一项权利要求属于专利保护客体仅仅因其包含某个或某些技术方案，但并不意味着权利要求所有方案都满足专利保护客体要求。

第三节 复审程序与无效宣告请求审查程序

一、复审程序

(一) 救济程序与审批程序

《专利法》第41条规定："专利申请人对国务院专利行政部门驳回申请的决定不服的，可以自收到通知之日起三个月内，向专利复审委员会请求复审。"

上述规定明确了复审程序的救济性质。但是，这是否意味着，复审程序仅限于复审驳回决定所涉及的理由？

比如，驳回决定所依据的理由是专利申请不具备创造性。复审中，合议组发现，一方面，对比文件与专利申请具有实质性区别，因而认定专利申请不具备创造性的结论不当；另一方面，专利申请明显不属于专利保护客体。在此情形下，复审决定以专利申请不属于专利保护为由维持驳回决定是否有悖于救济程序的性质？

类似地，驳回决定所依据的理由是专利申请文件修改超出原申请记载的范围。复审程序中，申请人申请文件修改为实质审查程序中曾经审查并被指出不具备创造性的文本，修改的文本克服了驳回决定所依据的理由，此时，国家知识产权局是否只能据此撤销驳回决定？如果针对实质审查中曾经审查过的不具备创造性的理由进行复审并最终以该理由维持驳回决定，是否符合救济程序的性质？

诸如此类问题都涉及复审程序的性质。复审程序的确具有救济的性质，体现在：第一，申请人有权对驳回决定提出复审请求；第二，国家知识产权局有义务依复审请求理由进行审查。但是，对于此外的理由复审程序中是否能够进行审查，还涉及复审程序的另一个性质，即复审程序仍然是授权前的程序。作为专利行政机关的工作部门，在发现明显实质性缺陷时对其进行审查，明显有利于保证专利授权质量，不应视为超越职权范围而禁止。

为此，2006年《审查指南》增加了对复审程序性质的界定："复审程序是因申请人对驳回决定不服而启动的救济程序，同时也是专利审批程序的延续。因此，一方面，国家知识产权局一般仅针对驳回决定所依据的理由和证据进行审查，不承担对专利申请全面审查的义务；另一方面，为了提高授权专利的质量，避免不合理地延长审批程序，国家知识产权局可以依职权对驳回决定未提及的明显实质性缺陷进行审查。"同时，为规范复审程序中的行政行为，在2006年《审查指南》中明确了合议审查的审查范围。

（二）程序经济原则与避免审级损失原则

在2006年《审查指南》之前，避免审级损失原则与程序节约原则是《审查指南》中有关复审程序的两项原则。但是，程序经济原则和避免审级损失原则是一对矛盾。比如，在复审程序中对于驳回决定未涉及的明显实质性缺陷进行审查，符合程序经济原则，避免申请人再度因该问题提出复审。但是有可能产生审级损失，即损失了前审对该问题的审查。为此，原审查指南引入了审查顺序的概念并以此作为推定前审是否"应当审过"的理由或证据的依据。但是，审查顺序只是根据经验给出的一般逻辑顺序，并不具有法定的意义。实践中，根据案件情形选用不同的审查顺序不仅合法，同时具有合理性。因此，2006年《审查指南》中删除了程序经济原则和避免审级损失原则以及审查顺序的规定，明确规定，除驳回决定涉及的理由和证据外，合议审查的审查范围还可包括两类：一是在审查决定中已经告知过申请人且足以驳回专利申请的理由和证据，如前述的修改文本回到实质审查中认定不具备创造性的文本的情形；二是明显实质性缺陷或与驳回决定指出缺陷性质相同的缺陷。

（三）复审程序中专利申请文件修改

专利申请文件或专利文件修改限制有两大类型。一是实体法意义上的限制，即《专利法》第33条规定的"对发明和实用新型专利申请文件的修改不得超出原说明书和权利要求书记载的范围，对外观设计专利申请文件的修改不得超出原图片或者照片表示的范围。"该限制适用于专利申请的初步审查、实质审查、复审以及授权后无效宣告请求各个程序。二是程序法意义上的限制,即针对不同的程序而规定的修改限制。具体到复审程序,其修改限制依据《专利法实施细则》第61条规定的"请求人在提出复审请求或者在对专利复审委员会的复审通知书作出答复时,可以修改专利申请文件;但是,修改应当仅限于消除驳回决定或者复审通知书指出的缺陷"。

比如,一项专利申请仅有一项权利要求,驳回决定的理由是该权利要求不具备创造性。提出复审请求的同时提交了专利申请文件的修改,其中,没有修改驳回决定所针对的权利要求,而是增加了另一项从属权利要求。严格地说,这个修改并不是针对驳回决定指出的缺陷进行的修改。正确的修改方式是,将该从属的权利要求补入原权利要求中。不过,程序法意义上的修改限制,主要基于审查效力的考虑。因此,在有些情形下,即便修改不是针对驳回决定指出的缺陷,而是对一些明显错误进行修正,从提高审查效力出发允许这样的修改,并不属于可以宣告专利权无效的理由,这与违反《专利法》第33条规定的修改具有本质差别。

二、无效宣告请求审查程序

(一) 请求原则与依职权调查原则

2006年《审查指南》删除了在无效宣告请求审查章节中的请求原则与依职权调查原则,但总则中仍保留了这两项原则。因此,在无效宣告请求程序中,这两项原则被具化到合议审查的审查范围的规定中。

由于无效宣告请求审查程序中涉及双方当事人,因此,合议审查中哪些内容应当审查,哪些内容可以审查,哪些内容不能审查,往往是双方当事人关注的焦点。对此,《专利审查指南2010》采用了以请求原则为常态,以依职权审查为特定的方式统一了二者的矛盾。其中规定:

国家知识产权局在下列情形下可以依职权进行审查:

(1) 请求人提出的无效宣告理由明显与其提交的证据不相对应的,国家知识产权局可以告知其有关法律规定的含义,允许其变更或者依职权变更为相对应的无效宣告理由。例如,请求人提交的证据为同一专利权人在专利申请日前申请并在专利申请日后公开的中国发明专利文件,而无效宣告理由为不符合《专利法》第9条第1款的,国家知识产权局可以告知请求人《专利法》第9条第1款和第22条第2款的含义,允许其将无效宣告理由变更为该专利不符合《专利法》第22条第2款,或者依职权将无效宣告理由变更为该专利不符合《专利法》第22条第2款。

(2) 专利权存在请求人未提及的明显不属于专利保护客体的缺陷,国家知识产权局可以引入相关的无效宣告理由进行审查。

(3) 专利权存在请求人未提及的缺陷而导致无法针对请求人提出的无效宣告理由

进行审查的，国家知识产权局可以依职权针对专利权的上述缺陷引入相关无效宣告理由并进行审查。例如，无效宣告理由为独立权利要求 1 不具备创造性，但该权利要求因不清楚而无法确定其保护范围，从而不存在审查创造性的基础的情形下，国家知识产权局可以引入涉及《专利法》第 26 条第 4 款的无效宣告理由并进行审查。

（4）请求人请求宣告权利要求之间存在引用关系的某些权利要求无效，而未以同样的理由请求宣告其他权利要求无效，不引入该无效宣告理由将会得出不合理的审查结论的，国家知识产权局可以依职权引入该无效宣告理由对其他权利要求进行审查。例如，请求人以权利要求 1 不具备新颖性、从属权利要求 2 不具备创造性为由请求宣告专利权无效，如果国家知识产权局认定权利要求 1 具有新颖性，而从属权利要求 2 不具备创造性，则可以依职权对权利要求 1 的创造性进行审查。

（5）请求人以权利要求之间存在引用关系的某些权利要求存在缺陷为由请求宣告其无效，而未指出其他权利要求也存在相同性质的缺陷，国家知识产权局可以引入与该缺陷相对应的无效宣告理由对其他权利要求进行审查。例如，请求人以权利要求 1 增加了技术特征而导致其不符合《专利法》第 33 条的规定为由请求宣告权利要求 1 无效，而未指出从属权利要求 2 也存在同样的缺陷，国家知识产权局可以引入《专利法》第 33 条的无效宣告理由对从属权利要求 2 进行审查。

（6）请求人以不符合《专利法》第 33 条或者《专利法实施细则》第 43 条第 1 款的规定为由请求宣告专利权无效，且对修改超出原申请文件记载范围的事实进行了具体的分析和说明，但未提交原申请文件的，国家知识产权局可以引入该专利的原申请文件作为证据。

（7）国家知识产权局可以依职权认定技术手段是否为公知常识，并可以引入技术词典、技术手册、教科书等所属技术领域中的公知常识性证据。

与复审程序中可以依职权引用的理由相比，无效程序中列出的理由虽然数量不少，但真正主动地依职权引入的理由或证据的情形只有（2）明显不属于专利保护客体及（7）公知常识。其余则是在无效请求人提出的理由或证据的前提下，对某些明显瑕疵的弥补措施。特别是，（3）所涉及的情形并非因为专利中存在明显实质性缺陷而依职权引入无效理由，而是若不引入该理由无法依据请求理由进行审查。

（二）一事不再理原则

一份无效宣告请求审查决定作出后，任何一方当事人对决定不服可以向人民法院起诉。但是，未参与该无效宣告请求案件的人则没有相应的起诉权。如果其与该案具有利害关系，且对无效宣告请求审查决定不满，是否可以就相同的理由、证据再次提出无效宣告请求？答案是否定的。《专利审查指南 2010》明确规定："对已作出审查决定的无效宣告案件涉及的专利权，以同样的理由和证据再次提出无效宣告请求的，不予受理和审理"。即一事不再理原则。

如何理解一事不再理原则中的"同样的证据"？比如，无效宣告请求人在第一次提出的无效宣告请求程序中提交了某证据的复印件而未交原件，该证据因此而未被采信，请求人再次提出同样的理由与证据并补充了证据的原件，是否属于一事不再理的情形？再如，无效请求人A在第一次无效宣告请求程序中提交了一份对比文件，并以其中某部分X为事实依据提出专利不具备新颖性的理由，决定作出后，无效请求人B同样提交了同样的证据、同样的理由，但依据的是该证据中另一部分Y，是否属于一事不再理的情形？

对此，关键的问题不在于提交了什么证据，而在于无效审查决定认定的事实依据的是什么证据。已经提交的证据的复印件没有被采信，因而再次提交可以采信的原件当属新的证据；同一证据中未纳入第一次无效宣告审查中的部分显然也属于新的证据。

(三) 专利文件的修改

与实质审查程序、复审程序中对主动修改专利申请文件的限制不同，在无效宣告请求审查程序中对专利文件的修改不是源于行政效率的考虑，而是源于法律稳定性的考虑。

专利权授权后，其公告的专利权利要求具有权利公示性质。该公示可以为公众避免侵权提供稳定的预测依据。当权利要求保护范围因在无效宣告请求程序中的修改而扩大或移动时，将破坏公众法律预测的稳定性。特别是，我国先使用权仅限于申请日前生产准备。对于因行政程序导致的变化（如权利恢复等）对第三人无过错行为缺少补救措施，因此我国在无效宣告请求程序中对权利要求修改限制相对较为严格具有一定的合理性。其限制体现于两个层面，一是修改限制原则，其中包括：不得改变权利要求的主题名称；不得扩大授权的权利要求的保护范围；不得超出原说明书和权利要求书记载的范围以及一般不得增加未包含在授权的权利要求书中的技术特征。另一层面是对修改方式的限制。原审查指南规定，只有两种允许的修改方式，一是删除式修改，即删除某权利要求或某方案；二是合并式修改，即合并相互并列地从属于同一独立权利要求的多项从属权利要求。因此，如果将部分从属权利要求的特征加入独立权利要求中，即便符合修改限制原则，也将因为不符合修改方式而不被允许。2016年《专利审查指南》修改中一个重要的改变是取消了修改方式的限制。不同的修改方式对无效宣告请求人补充理由或证据具有不同的影响。

第四节　国际专利申请

继1883年3月20日在巴黎签订、1884年7月7日生效的《巴黎公约》，1970年6月19日在美国华盛顿缔结了《专利合作条约》（简称PCT）。这是一部包括不同国家、不同地区的国际性条约。该公约于 1978 年 6 月 1 日开始运行。1994 年 1 月 1 日中国正式加入该公约。目前，按照该公约申请专利已经成为外国申请人在中国申请专利以及中国申请人在国外申请专利的重要渠道。因此，按照 PCT 提出的国际申请常被简称为国际专利申请。

与《巴黎公约》不同的是：

第一，《巴黎公约》的调整对象是工业产权。包括发明专利权、实用新型、工业品外观设计、商标权、服务标记、厂商名称、货物标记或原产地名称以及制止不正当竞争等。而 PCT 仅涉及工业产权中的一部分，即专利权以及与之相关的发明人证书、实用证书、实用新型、增补专利或增补证书。

第二，《巴黎公约》的协调作用主要体现在各个国家的法律层面，例如履行同等国民待遇原则、承认优先权效力等。而 PCT 创建了一个旨在方便专利申请人在多国申请专利的机制，包括相应的机构。

需要说明的是，与一些跨国公约如《欧洲专利公约》不同的是，PCT 只是提供了申请程序的便利，但并不具有等同于各个国家专利授权机构的职能。因此，任何国家的专利申请只有进入相应国家（或地区）的审查程序后，经过该国（或该地区）审查机构授权后才具有在该国或该地区的专利权效力。

一、国际申请的受理

（一）特点

PCT 为申请人提供的最大优惠体现在国际申请的受理程序上，其可概括为五个"一"。

1）第一个"一"是一个受理局。即向多国申请专利，不再需要逐一地向各个国家提交申请，只要向一个国际受理局提交申请即可获得国际申请日。

2）第二个"一"是一种语言。向国际受理局提交申请时，尽管申请人可以指定多个国家作为要求专利保护的国家，但此时不需要提交所有指定国家语言的译本，而是选择一种可作为国际申请的语言（规定语言）申请即可。事实上，对于本国专利局同时也是国际受理局（如中国国家知识产权局也是 PCT 国际受理局）的申请人，只需提交本国语言文本（如中文文本）即可获得国际申请日。

3）第三个"一"是一份申请文件。显然，由于只需要向一个受理局提交申请，因而只需要一份申请文件。

4）第四个"一"是一笔申请费。原因同第 31 条。

5）第五个"一"最为重要，即一个国际申请日。获得该申请日，意味着该申请日将被视为在所有选定国的申请日。对于一项专利申请，申请日是一个非常关键的日期。因此，能够在第一时间同时获得在多个国家有效的申请日的优势至关重要。

在需要享受优先权的情况下,这个优势尤为显著。由于可以享受优先权的期限条件是在首次申请与要求优先权的申请的申请日不能超过规定时间(如对发明或实用新型为12个月)内提交要求优先权的请求及其相应证明文件,因此,快速获得申请日并只需在国际受理局提交优先权文本,显然减少了因后一申请提交延迟而丧失享受优先权机会的风险及时间成本。

(二)程序

1)申请人向国际受理局(被国际局指定为受理局的国家局)或国际局(指 PCT 组织的国际局)提交符合规定格式的申请文件及相关文件并按照规定缴纳申请费。与在国家局提交申请的要求最大的不同是,第一,需要指定要求获得专利保护的国家(指定国);第二,需要明确在哪些国家要求优先权。其他要求则与国内申请受理要求大致相同。

2)受理局进行形式上的审查。审查规则与国内申请受理审查原则大致相同。比如,如果申请中提及附图,但申请时未提交附图,若补充附图,则申请日将以提交附图之日为准。

3)受理通过后,将形成三份国际申请文本,一份为"受理本"由受理局保存;一份为"登记本"提交国际局;另一份为"检索本"送交国际检索局。其中,"登记本"被视为国际申请的正本,国际局据此在申请日后18个月后迅速公布国际申请(国际公布前申请被撤回或视为撤回的不予公布)。

二、国际申请的检索

(一)送交检索本

国际检索是国际申请必经的程序。因此,国际申请受理后,不需要申请人请求,受理局将国际申请(检索本)直接送交相应的国际检索单位。国际检索单位是由 PCT 组织指定并签订有关履行检索职责的国家局或地区局。中国国家知识产权局也是国际检索单位。

如果国际检索单位认为不能处理国际申请所使用的语言,则由申请人提交国际检索单位同意接受的其他规定语言文本。

(二)检索

国际检索单位针对国际申请的权利要求书并适当考虑说明书和附图检索有关的现有技术。对于检索范围,PCT 细则规定了最低检索文献范围。在如下情形中,国际检索单位可以不进行检索:

第一,国际申请涉及的内容不是 PCT 细则规定的必须检索的内容(如属于科学发现或数学理论等非专利保护客体）且国际检索单位决定不做检索。

第二，说明书、权利要求书或附图不符合规定要求，以至于不能进行有意义的检索，例如说明书不清楚，无法确定申请的主题。

此外，国际检索单位认为国际申请缺乏单一性的情况下，将要求申请人缴纳附加费用，在未缴纳附加费的情况下，仅对权利要求中最先涉及的主题进行检索。付清附加费后，对其余权利要求进行审查。此规定一是体现了国际检索单位的服务性质，二是体现了单一性问题的经济属性。

(三) 国际检索报告

国际检索单位根据检索结果制作国际检索报告并同时对国际申请是否看起来具有新颖性、创造性和实用性等问题给出书面意见。

国际检索所用语言应当是国际申请公布所使用的语言或者是检索本译文所使用的语言。国家检索报告一式两份，一份送交申请人，另一份送交国际局。

对于申请人而言，国际检索报告最重要的意义首先是为申请人提供了预判专利授权前景的参考，从而可以更加理智地决定申请是否需要进入选定国。其次，检索报告为申请人提供了有针对性地修改申请文件的机会。在包括中国在内的一些国家，只有进入实质审查程序后申请人才能够获得有权威性的检索结果，而此时修改申请文件已经受到一些限制，例如不能进行扩大权利要求保护范围的主动修改。与之不同的是，如果检索报告显示权利要求相对于现有技术还有扩大保护范围的空间，则申请人可利用此机会进行主动修改。

此外，国际检索报告对于进入国家阶段后的审查也具有重要的参考作用。

(四) 公布

有检索报告的，公布国际检索报告；根据规定未进行检索的，公布不进行检索的书面意见。

三、国际申请的初步审查

(一) 选定国

初步审查不是国际申请必经程序，须经申请人请求方能启动初步审查程序。因此，国际申请的初步审查实际上是可供申请人选择的服务项目。不仅程序启动依请求原则，审查结果用于哪些国家也依照请求原则。比如，提交国际申请时，申请人根据希望获得专利保护的国家指定了中国、美国、日本及英国，但希望国际申请的初步审查结果用于中国和美国，则在请求初步审查时需要选定中国和美国。前者称为指定国，后者称为选定国。选定国范围应当在指定国范围内。

（二）初步审查范围

初步审查范围为国际申请是否具备新颖性、创造性和实用性。需要注意的是，该初步审查结论对进入国家阶段的审查不具有约束力。不过，与检索报告一样，国际申请的初步审查报告也可以帮助申请人预判申请的授权前景或有针对性地修改申请文件。

（三）国际申请初审报告的送交

国际申请的初步审查报告连同规定的附件，一份送交申请人，另一份送交国际局。

（四）保密

不同于国际申请与国际检索报告需要公布，初步审查意见报告除经申请人请求或授权外，国际局和国际初步审查单位具有保密责任，即不允许任何人或单位在任何时候接触初步审查的档案。这在一定程度上体现了初步审查依申请人请求提供参考性意见的性质。

四、进入国家阶段的实质审查

国际专利申请是否能够获得专利权，最终取决于指定国专利审查机构根据本国法律进行的审查结果。作为 PCT 的缔约方，各指定国或将条约中承诺的规定转化为国内法，或在法律中明确，直接依照条约有关规定。我国采用的是前一种做法。《专利法》第 20 条以及《专利法实施细则》第 10 章将有关国际承诺转化为本国法律规定。

对于进入国家阶段的国际申请，其实质审查所遵循的基本原则来源于 PCT 第 27 条第 1 款与第 5 款。

根据 PCT 第 27 条第 1 款，任何缔约方的本国法不得对国际申请的形式或内容提出与专利合作条约及其实施细则的规定不同或其他额外的要求。

根据 PCT 第 27 条第 5 款，专利合作条约及其实施细则中，没有一项规定的意图可以解释为限制任何缔约方按其意志规定授予专利权的实质条件的自由。尤其是专利合作条约及其实施细则关于现有技术的定义的任何规定是专门为国际程序使用的，因而各缔约方在确定国际申请中请求保护的发明是否可以被授予专利权时，可以自由适用本国法关于现有技术的标准。

因此，PCT 实施细则中虽然涉及了一些实体法规定，如专利保护客体、新颖性、创造性，但都在相应规定中明确表达了适用主体为"国际初步审查单位"。

我国国家知识产权局兼有负责国内专利审查、国际专利申请国家阶段专利审查与承担国际专利申请初步审查的多项职能。行使不同职能所依据的法律规范有所不同。特别是，在承担国际专利申请的初步审查工作时，唯一的依据是 PCT 及其实施细则，而在国际专利申请进入国家阶段后进行的实质审查中则应当依据我国专利法及其实施细则规定的授权条件进行审查。

不过，在国际专利申请进入国家阶段后的实质审查中，一些涉及程序处理的规定，如果 PCT 及其实施细则中有明确规定，应当优先适用。

比如，在有关国际专利申请进入国家阶段后的实质审查程序中，设有译文错误的修改的规定："……如果审查员在实质审查过程中发现由于译文错误而造成的某些缺陷在原始提交的国家申请文本或者国际阶段作出修改的原文中不存在，而在译文中存在，则应当在审查意见通知中指出存在的缺陷，……并要求申请人澄清或者办理请求改正译文错误手续。"因此，与国内申请一律以中文文本为准不同，国际专利申请以其提交的原文申请为准。

第三章 CHAPTER 3
专利保护

第一节 专利保护范围及侵权行为的认定

《专利法》第 59 条规定:"发明或者实用新型专利权的保护范围以其权利要求的内容为准,说明书及附图可以用于解释权利要求的内容。外观设计专利权的保护范围以表示在图片或者照片中的该产品的外观设计为准,简要说明可以用于解释图片或者照片所表示的该产品的外观设计。"可见,发明专利权和实用新型专利权通过权利要求书来确定保护范围;外观设计专利权主要依靠其图片或者照片所表示的产品的外观设计来确定保护范围。

一、发明和实用新型专利权的保护范围

(一)确定保护范围的原理

按照专利法规定,发明专利权和实用新型专利权通过权利要求书来确定保护范围,《专利法实施细则》第 19 条明确规定:"权利要求书应当记载发明或者实用新型的技术特征。"可见,该权利要求书所确定的保护由记载的技术特征来限定。一般而言,授予专利权之后,他人实施的技术方案如果再现了权利要求中记载的全部技术特征,就落入该权利要求所确定的保护范围之内,这是权利要求所确定的最为狭义的保护范围。如果他人实施的技术方案除了包含权利要求中记载的全部技术特征之外,还包括一个或者多个权利要求中不曾记载的其他技术特征,仍然落入权利要求保护的范围;反之,如果他人实施的技术方案没有包括一项权利要求中记载的某一技术特征,一般就会被认为没有落入该项权利要求所确定保护范围。根据发明和实用新型专利权保护范围的基本规则,可以得出如下结论:一项权利要求所记载的技术特征数目越少,则该权利要求所确定的保护范围就越大;反之则越小。这是权利要求的基本属性。

专利文件的权利要求书通常包括若干项权利要求,一般包括独立权利要求与从属权利要求。根据《专利法实施细则》第 21 条的规定,独立权利要求应当包括前序部分和特征部分,前序部分应当写明要求保护的发明或者实用新型技术方案的主题名称,以及该发明或者实用新型与最接近的现有技术共有的技术特征;特征部分应当写明发明或者实用新型区别于最接近的现有技术的技术特征。在确定发明或者实用新型专利权的保护范围时，需要将特征部分记载的技术特征与前序部分记载的技术特征综合起来一并考虑，不能因为前序部分记载的是与最接近的现有技术所共有的技术特征，就认为前序部分记载的技术特征不甚重要，更不能忽略不计而不予考虑。根据《专利法实施细则》第 22 条的规定，从属权利要求应当包括引用部分和限定部分，其中引用部分应当写明引用的权利要求的编号及其主题名称；限定部分应当写明发明或者实用新型附加的技术特征。从属权利要求引用在先的权利要求实际上是一种"缩写"方式，其含义是指该从属权利要求包含了其引用的那项权利要求的全部技术特征，而无须通过文字予以赘述。一项从属权利要求所要求保护的是由其所引用的那项权利要求的全部技术特征以及该从属权利要求的限定部分附加的技术特征共同限定的技术方案。

结合上述基本规则，可以得出这样的结论：从属权利要求所确定的保护范围必然落入其引用的权利要求所确定的保护范围之内。独立权利要求确定了最大的保护范围，所有从属权利要求的保护范围都是其所引用的那项权利要求保护范围的一个"子集合"。由于在判断是否构成侵权时，只要认定被控侵权行为的客体落入了专利的任何一项权利要求（包括从属权利要求）的保护范围之内，就可以认定构成侵犯该项专利权的行为，而侵犯一项从属权利要求必然会侵犯它所从属的独立权利要求，反之则不然。

（二）以"权利要求的内容为准"的含义

1. 专利权人有选择以哪一项权利要求为准的权利

2009 年 12 月公布的《最高人民法院关于审理侵犯专利权纠纷案件应用法律若干问题的解释》第 1 条规定："人民法院应当根据权利人主张的权利要求，依据专利法第五十九条第一款的规定确定专利权的保护范围。权利人在一审法庭辩论终结前变更其主张的权利要求的，人民法院应当准许。权利人主张以从属权利要求确定专利权保护范围的，人民法院应当以该从属权利要求记载的附加技术特征及其引用的权利要求记载的技术特征，确定专利权的保护范围。"该规定表明，专利权人提出专利侵权指控的，有选择以权利要求书中的某一项权利要求为准来确定其保护范围的权利，人民法院应当尊重专利权人的选择，不应强迫专利权人只能以其独立权利要求为准主张其权利。因此，《专利法》第 59 条第 1 款所述"以权利要求的内容为准"，应当是指以专利权人主张的那一项权利要求的内容为准。

按理说，"以权利要求的内容为准"，而没有规定"以独立权利要求的内容为准"，这本身已经隐含了上述规定的含义，但是这一点在过去并不明确。最高人民法院的司法解释明确予以规定，具有实实在在的现实意义。现实中，专利权人通过与未经许可而实施其专利的人的交涉，经常会发现其独立权利要求的保护范围过大，其要求保护的技术方案有可能不具备新颖性或者创造性，存在被请求宣告无效的风险。我国专利制度没有设立授予专利权之后的订正程序，专利文件一经授予就没有修改调整的余地，只有在无效宣告请求程序中才有可能适度调整其权利要求书,但调整的余地很小。在这样的情况下,如果规定专利权人必须以独立权利要求为准主张其权利,就会使作出了符合《专利法》要求的发明创造的专利权人处于一种两难境地:如果不提出专利侵权指控,则不能制止侵犯权利要求的行为,不能实现其所获得的专利权的价值;如果提出专利侵权指控,又明知其独立权利要求存在瑕疵,依据该权利要求主张权利就会带来麻烦。

按照最高人民法院的司法解释,专利权人可以自由选择适当的权利要求以主张其权利,如果选择从属权利要求,则表明专利权人已经自觉地寻求缩小其专利保护范围,是一种实事求是的做法,应当受到鼓励。

2. 专利权的保护类型由权利要求确定

《专利法》第 11 条规定:"发明和实用新型专利权被授予后,除本法另有规定的以外,任何单位或者个人未经专利权人许可,都不得实施其专利,即不得为生产经营目的制造、使用、许诺销售、销售、进口其专利产品,或者使用其专利方法以及使用、许诺销售、销售、进口依照该专利方法直接获得的产品。"对于产品专利权来说,其法律效力是未经许可不得制造、使用、许诺销售、销售或者进口该专利产品;对于产品制造方法专利权来说,其法律效力是未经许可不得使用该专利方法,以及使用、许诺销售、销售或者进口用该专利方法所直接获得的产品;对于其余方法专利权来说,其法律效力仅仅是未经许可不得使用专利方法。不同类型专利权的法律效力有很大差别,因此在审理或者处理专利侵权纠纷案件时,执法机关首先应当认定专利权的类型。

从专利法的意义出发,所有专利权只分成产品专利权和方法专利权两种类型。产品专利权的保护客体是物或者物的组合体,不仅包括常规概念之下的产品,还包括物质、机器、装置、系统等,例如一个由许多设备组成的大型发电厂,由多个卫星和地面站组成的卫星通信系统等,都属于专利法所说的"产品"范畴。与之相对应,方法专利权的保护客体是由一系列步骤组成的操作过程,尽管在执行这些步骤时也会涉及物,例如材料、设备、工具等,但是其核心不在于对物本身的创新,而是在于加工、操作、使用方式,通过方法步骤的组合和操作顺序来实现方法发明所要产生的效果。

事实上,方法发明和产品发明是很难截然分离的,许多发明创造都是两者兼而有之。例如,在满足一定要求的条件下,可以用产品制造方法来限定一种产品;在限定一种方法时,除了方法步骤之外,有时也需要写入所采用的设备或原料;一种新的工艺方法往往需要通过新的设备来实现,申请人可以同时要求保护该工艺方法和设备。然而,这些并不妨碍确定专利权的类型,因为判断专利权的类型所依据的不是权利要求中记载的各个技术特征的属性,而是权利要求的主题名称。根据《专利法实施细则》第 21 条和第 22 条的规定,一项权利要求(不论是独立权利要求,还是从属权利要求)必须在开头部分写明要求获得保护的技术方案的主题名称。权利要求的主题名称必须要么是一种产品,要么是一种方法,两者只能选择其一,不允许采用模棱两可的表达方式，例如"一种××技术气""一种×方案"等，也不允许采用混合的主题名称，例如"一种产品及其制造方法"等。这样，一旦按照规定写明权利要求的主题名称，专利权的类型也就随之确定了，不必再进一步具体分析该项权利要求中记载的各个技术特征是方法性质的，还是产品性质的。

3. 权利要求中记载的技术特征

《最高人民法院关于审理专利权纠纷案件应用法律若干问题的解释》第7条规定："人民法院判定被诉侵权技术方案是否落入专利权的保护范围，应当审查权利人主张的权利要求所记载的全部技术特征。被诉侵权技术方案包含与权利要求记载的全部技术特征相同或者等同的技术特征的，人民法院应当认定其落入专利权的保护范围；被诉侵权技术方案的技术特征与权利要求记载的全部技术特征相比，缺少权利要求记载的一个以上的技术特征，或者有一个以上技术特征不相关也不等同的，人民法院应当认定其没有落入专利权的保护范围。"该规定确定了我国专利侵权判断的"全部技术特征"原则，该原则最为主要的作用在于对"等同侵权"的认定施加必要的限制。

权利要求的一个重要功能是起到对公众的"安民告示"作用，它使公众能够知道什么样的实施行为将构成侵权行为，从而能够自觉约束自己的行为，避免侵犯他人的专利权，这正是专利制度所谋求实现的正常运行机制。专利制度并非仅仅依靠制裁侵权行为来实现其目的，更为重要的是要树立尊重他人知识产权的良好社会风尚。对权利要求的解释方式不应使公众无法以合理的确定性预计权利要求的保护范围。在专利权保护范围的问题上，既要为专利权人提供充分有效的保护，又要确保法律的确定性，维护公众的利益，两者不可偏废。

(三) 说明书与附图对权利要求的解释作用

《专利法》第26条规定，说明书应当对发明或者实用新型作出清楚、完整的说明，以所属技术领域的技术人员能够实现为准；必要的时候，应当有附图。摘要应当简要说明发明或者实用新型的技术要点。权利要求书应当以说明书为依据，清楚、简要地限定要求专利保护的范围。所以，无论是较为复杂的技术方案，还是相对简单的技术方案，现实中几乎没有人仅仅通过阅读权利要求书就能够明了所要保护的技术方案的准确含义。

《专利法》第59条第1款规定，"说明书及附图可以用于解释权利要求书"，其中"可以"一词表明本条仅仅以列举方式提到专利说明书和附图对权利要求的解释作用，而非穷举。换言之，并非仅仅只能用说明书和附图来解释权利要求。借鉴美国的专利实践，解释权利要求的依据有内在证据和外在证据之分。所谓"内在证据"，除了说明书和附图之外，还包括权利要求书中的其他权利要求和专利审批档案；所谓"外在证据"，包括辞典（尤其是专业技术辞典）、技术工具书（尤其是技术手册、技术标准）、教科书、百科全书、专家证言等。美国许多判例表明，上述两种证据对确定专利权保护范围都能起到重要作用。

但是,将解释权利要求的依据扩大为包括外在证据,又必然会导致另外的问题,即应当如何掌握两种证据的权重和适用顺序?如果不同的证据导致不同的解释结论,应当优先考虑哪种证据?

《最高人民法院关于审理专利侵权纠纷案件应用法律若干问题的解释》有两条与权利要求的解释有关的规定,其中第2条规定:"人民法院应当根据权利要求的记载,结合本领域普通技术人员阅读说明书及附图后对权利要求的理解,确定专利法第五十九条第一款规定的权利要求的内容。"第3条规定:"人民法院对于权利要求,可以运用说明书及附图、权利要求书中的相关权利要求、专利审查档案进行解释。说明书对权利要求用语有特别界定的,从其特别界定。"以上述方法仍不能明确权利要求含义的,可以结合工具书、教科书等公知文献以及本领域普通技术人员的通常理解进行解释。上述规定明确表明解释权利要求应当优先考虑内在证据,必要时才需要考虑外在证据。

《专利法》第2条定义,一项发明或者实用新型是一种技术方案,由构成该技术方案的部件或者步骤组成。在技术方案中每加入一个部件或者步骤,都有它自己的"目的",会给该技术方案带来相应的"效果"。发明和实用新型专利说明书的内容按照其性质可以分为两大部分:一是对发明或者实用新型技术方案本身的介绍,它由说明书的发明内容部分、发明具体实施方式部分和附图予以记载;二是专利权人对其发明或者实用新型的评述,包括:对其所知的现有技术状况的描述,即说明书的背景技术部分,对现有技术所存在不足之处的描述,这就是发明要解决的技术问题部分,以及对发明与现有技术相比所具有优点的描述,即有益效果部分。其中,前一部分是专利权人对其完成的发明创造的实际记载,完全有理由要求申请人对其作出清楚、完整的说明,使公众能够实施其发明创造,这是申请人必须履行的义务;后一部分则是专利权人对其完成的发明创造的主观评价,难免受到主观因素,尤其是对现有技术了解程度的影响。

说明书中记载的发明目的,也就是要解决的技术问题,会随着发明人对背景技术了解程度的不同而不同。针对同样的技术方案,随着对现有技术状况的了解程度不同,申请人声称的发明目的就会不同。对技术解决方案而言,一经提交专利申请并被国家知识产权局受理,其内容就"固化"下来了,《专利法》第33条严格限制申请人对原始提交的技术方案进行修改,不允许修改超出原申请文件记载的范围;但是对说明书的发明目的部分而言,其"可塑性"就大得多,国家知识产权局允许申请人在审查过程中依据后来发现的更为相关的对比文献来适当调整原先记载的发明要解决的技术问题。说明书中记载的发明要解决的技术问题或者说发明目的不应当对专利侵权判断的结论产生决定性影响。换言之,在用说明书来解释权利要求时,无须将说明书中记载的发明要解决的技术问题或者说发明目的"读入"权利要求中,对权利要求的保护范围产生不必要的限制。

正因为如此，权利要求记载的技术方案对专利权保护范围的确定起主要作用，说明书中记载的发明的目的和效果一般来说不对专利权保护范围的确定产生决定性的影响。

二、外观设计专利的保护范围

（一）确定保护范围的原理

《专利法》第2条第4款对外观设计作出定义："外观设计，是指对产品的形状、图案或者其结合以及色彩与形状、图案的结合所作出的富有美感并适于工业应用的新设计。"该定义表明，外观设计专利的保护客体不是产品本身，而是由产品的形状、图案、色彩等设计要素构成的该产品的外观设计，产品只是外观设计的载体。

应当注意的是，在确定外观设计专利权的保护范围时，不能将外观设计的设计方案抽象出来，使之脱离外观设计专利文件限定的采用该外观设计的产品单独予以保护。不论是什么产品，只要采用了相同或者实质上相同的外观设计，就落入了该外观设计专利权的保护范围。其理由在于：首先，产品的形状是外观设计的重要组成要素，而形状与产品是紧密关联、不可分离的，脱离了产品就谈不上形状；其次，图案、色彩在产品上的分布和配置方式也是外观设计的重要组成要素，也不能脱离产品予以考虑。因此，尽管严格地说外观设计专利权的保护客体不是产品本身，而是其外观的设计方案，产品只是外观设计的载体，但是外观设计并不能脱离其载体而单独存在。另外，对"该产品"的理解也不应仅仅限于完全相同的产品，在其他产品上采用相同或者实质上相同的外观设计，仍然有可能会被认定为落入外观设计专利权的保护范围之内。

2009年12月，《最高人民法院关于审理侵犯专利权纠纷案件应用法律若干问题的解释》中作了如下规定："第八条　在与外观设计专利产品相同或者相近种类产品上，采用与授权外观设计相同或者近似的外观设计的，人民法院应当认定被诉侵权设计落入专利法第五十九条第二款规定的外观设计专利权的保护范围。第九条　人民法院应当根据外观设计产品的用途，认定产品种类是否相同或者相近。确定产品的用途，可以参考外观设计的简要说明、国际外观设计分类表、产品的功能以及产品销售、实际使用的情况等因素。第十条　人民法院应当以外观设计专利产品的一般消费者的知识水平和认知能力，判断外观设计是否相同或者近似。第十一条　人民法院认定外观设计是否相同或者近似时，应当根据授权外观设计、被诉侵权设计的设计特征，以外观设计的整体视觉效果进行综合判断；对于主要由技术功能决定的设计特征以及对整体视觉效果不产生影响的产品的材料、内部结构等特征，应当不予考虑。下列情形，通常对外观设计的整体视觉效果更具有影响：（一）产品正常使用时容易被直接观察到的部位相对于其他部位；（二）授权外观设计区别于现有设计的设计特征相对于授权外观设计的其他设计特征。被诉侵权设计与授权外观设计在整体视觉效果上无差异的，人民法院应当认定两者相同；在整体视觉效果上无实质性差异的，应当认定两者近似。"

上述规定是最高人民法院作出的关于认定侵犯外观设计专利权行为的首次司法解释，对统一外观设计侵权纠纷案件的司法审判和行政处理标准具有重要意义。

（二）以图或照片中的产品为准的含义

《专利法》第59条第2款规定，外观设计专利权的保护范围以表示在图片或者照片中的该产品的外观设计为准，简要说明可以用于解释图片或者照片所表示的该产品的外观设计。《专利法》第27条第2款规定，申请人提交的有关图片或者照片应当清楚地显示要求专利保护的产品的外观设计。就立体产品的外观设计而言，产品设计要点涉及六个面的，应当提交六面正投影视图；产品设计要点仅涉及一个或几个面的，应当至少提交所涉及面的正投影视图和立体图，并应当在简要说明中写明省略视图的原因。就平面产品的外观设计而言，产品设计要点涉及一个面的，可以仅提交该面正投影视图；产品设计要点涉及两个面的，应当提交两面正投影视图。必要时，申请人还应当提交该外观设计产品的展开图、剖视图、剖面图、放大图以及变化状态图。此外，申请人可以提交参考图，参考图通常用于表明使用外观设计的产品的用途、使用方法或者使用场所等。色彩包括黑白灰系列和彩色系列。对于简要说明中声明请求保护色彩的外观设计专利申请，图片的颜色应当着色牢固、不易褪色。

（三）保护范围确定的解释及确定方式

外观设计专利的简要说明记载了对确定外观设计的保护范围可能产生影响的一些因素，例如产品名称、产品用途、产品的设计要点等，必要时还可以写明请求保护色彩、省略视图等情况。因此，规定简要说明可以用于解释图片或者照片所表示的该产品的外观设计，可以使外观设计专利权保护范围的确定更为合理。

既然赋予简要说明这样的作用，对确定外观设计专利权的保护范围有重要作用，就不应当是可有可无的，只有当申请人认为"必要时"才提交，而是所有的外观设计专利申请人都必须提交。所以，2008年修改的《专利法》第27条第1款规定简要说明是外观设计专利申请的必要文件之一。

根据《专利法实施细则》第28条的规定，简要说明应当包括下列内容：

（1）外观设计产品的名称。简要说明中的产品名称应当与请求书中的产品名称一致。

（2）外观设计产品的用途。简要说明中应当写明有助于确定产品类别的用途。对于具有多种用途的产品，简要说明应当写明所述产品的多种用途。

（3）外观设计的设计要点。设计要点是指与现有设计相区别的产品的形状、图案及其结合，或者色彩与形状、图案的结合，或者部位。对设计要点的描述应当简明扼要。

(4) 指定一幅最能表明设计要点的图片或者照片。指定的图片或者照片用于出版专利公报。

此外，下列情形应当在简要说明中写明：①请求保护色彩或者省略视图的情况。如果外观设计专利申请请求保护色彩，应当在简要说明中声明。如果外观设计专利申请省略了视图，申请人通常应当写明省略视图的具体原因，例如因对称或者相同而省略；如果难以写明的，也可仅写明省略某视图，例如大型设备缺少仰视图，可以写为"省略仰视图"。②对同一产品的多项相似外观设计提出一件外观设计专利申请的，应当在简要说明中指定其中一项作为基本设计。③对于花布、壁纸等平面产品，必要时应当描述平面产品中的单元图案两方连续或者四方连续等无限定边界的情况。④对于细长物品，必要时应当写明细长物品的长度常用省略画法。⑤如果产品的外观设计由透明材料或者具有特殊视觉效果的新材料制成，必要时应当在简要说明中写明。⑥如果外观设计产品属于成套产品，必要时应当写明各套件所对应的产品名称。简要说明不得使用商业性宣传用语，也不能用来说明产品的性能和内部结构。

三、侵犯专利权行为的认定

（一）侵犯发明或者实用新型专利权行为的认定

目前，世界各国基本上形成一个共识，即侵犯专利权的行为，包括相同侵权行为和等同侵权行为这两种类型。

1. 相同侵权

相同侵权又称为文字含义上的侵权，是指在被控侵权的产品或者方法中，能够找出与权利要求中记载的每一个技术特征相同的对应技术特征。

相同侵权的判断与新颖性的判断有较为密切的可比性，在判断相同侵权时可以借用新颖性的概念，更具体地说可以将被控侵权的产品或者方法，看成是一份对比文献，以此来判断专利权利要求是否具备新颖性，如果判断的结论是具备新颖性，相同侵权不成立，如果判断的结果是不具备新颖性，则构成了相同侵权。

是否构成相同侵权，主要是看被控侵权行为客体具有的技术特征与专利权利要求的技术特征进行比较，一般具有以下几个方面的情形：

一是被控侵权行为客体所具有的技术特征不多不少，恰好与权利要求中记载的技术特征一一对应，此时当然会得出相同侵权成立的结论。现实中，这种完全相同的侵权情况非常少。

二是被控侵权行为客体没有包含权利要求中的某一个技术特征，则应当得出相同侵权不成立的结论。当然此时还不能得出侵权指控不成立的结论，因为还要继续进行是否构成等同侵权的判断。

三是如果被控侵权行为客体除了包含与权利要求中记载的全部技术特征相同的对

应技术特征之外，又增加了其他技术特征，则不论增加的技术特征本身或者是与其他技术特征相结合产生何种功能和效果，均应当得出相同侵权成立的结论。从这一结论来看，《专利法》第 11 条所述的"其专利产品"并不是要求被控侵权行为客体与专利产品或者专利方法相同才构成专利侵权行为，而是指被控侵权行为客体落入权利要求保护范围。

四是如果权利要求中记载的是上位概念表述的技术特征，此时被控侵权行为人采用的具体实施方式与专利说明书中用于支持权利要求中该上位概念的具体实施方式可能不完全相同，但是依照《专利法》第 56 条关于"以权利要求的内容为准"的原则，只要被控侵权人采用的具体实施方式，落入了权利要求记载的该上位概念的含义范围，则应当得出前者与后者相同，从而得出相同侵权成立的结论，现实中绝大多数相同侵权行为都包含这种情况。

相同侵权的判断是一种客观的判断，公众和当事人都有足够的把握预见人民法院或者管理专利工作的部门的判断结果，相比之下，等同侵权的判断灵活很多，它包含一定程度的主观判断。

2. 等同原则

建立等同原则的目的是为专利权人提供更为充分的法律保护，它主要是指当被控侵权行为客体与权利要求中记载的技术方案"基本相似""差别不大""实质相同"时，应当认定仍然构成了侵犯专利权的行为。

适用等同原则必须以权利要求书中记载的技术特征为判断依据。"等同"与专利审查中的"创造性""非显而易见性"概念有相似的性质，不可避免地包含主观判断因素。《最高人民法院关于审理侵犯专利权纠纷案件应用法律若干问题的解释》第 7 条第 2 款规定：被诉侵权技术方案包含与权利要求记载的全部技术特征相同或者等同的技术特征的，人民法院应当认定其落入专利权的保护范围；被诉侵权技术方案的技术特征与权利要求记载的全部技术特征相比，缺少权利要求记载的一个以上的技术特征，或者有一个以上技术特征不相同也不等同的，人民法院应当认定其没有落入专利权的保护范围。这一规定从司法解释的更高法律层次明确表明，在适用等同原则时不允许忽略权利要求中记载的技术特征。"等同"是对应技术特征之间的等同，也就是被控侵权行为客体中的某一个或者某些要素与权利要求记载的对应技术特征有所不同，但是如果它们"以基本上相同的方式，实现基本上相同的功能，产生基本上相同的效果，则可以得出构成等同侵权行为的结论"。明确"等同"的含义，可以提高专利保护范围的确定性，使公众能够较为确切地知道保护范围的界限，便于他们自觉地避免采取侵权行为，这本身就是强化专利保护的一种措施。建立遵纪守法、尊重知识产权的良好社会氛围，这是知识产权制度更为基本的任务。

等同原则适用于全部技术特征规则，即应该分别适用于每一技术特征，而不是将它们混在一起进行判断。只有在被控侵权产品或者方法与权利要求的文字记载存在某个或者某些区别的情况下才有必要予以适用。因此，适用等同原则时的分析重点应当放在这些区别点上，至于相同之处是五个还是十个并不重要。对每一个区别点都应当单独地进行对比分析，如果认定被控侵权行为的客体没有以相同的方式再现权利要求的某一技术特征，则只有当被控侵权行为的客体有某一组成部分或者该组成部分与其他组成部分的配合，以与权利要求中记载的那一技术特征以基本上相同的方式，实现基本上相同的功能，产生基本上相同的效果，才能得出构成等同侵权行为的结论。只有采用这种判断方式，才能够将权利要求中技术特征的不同划分方式对判断结果产生的影响降到最低程度，提高等同侵权判断的法律确定性，统一不同执法部门的判断水准。

各个技术特征之间的等同，并不意味着要求各个技术特征之间必须是对应的关系。例如，一项独立权利要求中写入了"采用螺钉将两块板固定在一起"的技术特征。如果被控侵权的产品中也采用了两块板，不是采用螺钉，而是采用铆钉将它们固定在一起，可以认为具备了与该特征相等同的特征，构成了等同侵权；如果被控侵权的产品中既没有采用螺钉，也没有采用铆钉，但是利用两块板与其他部件之间的配合方式，使得它们的位置相对也得到固定，也可以认为构成了等同侵权。在后一种情况下，等同侵权结论的得出没有违反"全部技术特征规则"，因为两块板与其他部件之间的配合关系同样起到了"采用螺钉将两块板固定在一起"这一技术特征的作用，可以视为其等同。

3. 禁止反悔原则

所谓"禁止反悔原则"，就是在专利申请的审批过程中，申请人针对其专利申请作出的修改和针对审查通知作出的意见陈述，有可能会对其专利权保护范围产生影响的一定限制作用。这种限制作用体现在禁止专利权人将其在审批过程中通过修改或者意见陈述所表明的不属于其专利权保护范围之内的内容重新囊括到其专利权保护范围之中。

禁止反悔原则只是对《专利法》第59条第1款规定的"专利权的保护范围以其权利要求的内容为准"的一种补充，不可能超越这一专利法最为基本的原则。这一点体现在当相同侵权成立时，一般无须考虑禁止反悔原则；只有当相同侵权不成立，进而依据等同原则来判断等同侵权时，才需要考虑适用禁止反悔原则的问题。换言之，当被控侵权行为客体落入权利要求的文字所表达的保护范围时，可以径直得出侵权行为成立的判断结论，无须调查申请档案中有关专利审查过程的记录，因为无论在审批过程做了些什么或者说了些什么，都不应当影响相同侵权的判断结论。当相同侵权不成立，需要通过拓展权利要求的文字表达的保护范围来认定等同原则时，所允许的拓展程度需要受到专利申请人在审查过程中进行的修改和意见陈述的限制。因此，可以认为禁止反悔是对等同原则的一种限制，其作用正好与等同原则相反。两者相辅相成，共同确保对专利权人提供既充分又适度的法律保护。

禁止反悔旨在防止专利权人采用出尔反尔的策略。禁止反悔是民事诉讼中经常采用的原则，但是专利侵权诉讼中采用的禁止反悔原则有一些独特的特点，即在专利审批过程中为了获得专利权而对其保护范围进行了某种限制，或者强调权利要求中某个技术特征对于确定其新颖性、创造性如何重要；在侵权诉讼中又试图取消所作的限制，或者强调该技术特征可有可无，试图扩大其保护范围，从而"两头得利"。

禁止反悔原则在许多国家的专利侵权诉讼中得到了应用。虽然专利法中没有关于禁止反悔原则的明确规定，但是人民法院和管理专利工作的部门在专利侵权纠纷案件的审判和处理实践中已经作出了一些适用禁止反悔原则的判例。《最高人民法院关于审理侵犯专利权纠纷案件应用法律若干问题的解释》第6条规定："专利申请人、专利权人在专利授权或者无效宣告程序中，通过对权利要求、说明书的修改或者意见陈述而放弃的技术方案，权利人在侵犯专利权纠纷案件中又将其纳入专利权保护范围的，人民法院不予支持。"上述规定表明我国已经明确在专利侵权纠纷案件的审理中引入了禁止反悔原则，对完善我国的专利制度具有十分重要的意义。

(二) 对侵犯外观设计专利权行为的认定

1. 侵犯外观设计专利权行为的认定和有关规则

外观设计专利权的保护客体就是采用其设计方案的产品本身，而不是外观设计专利权人的商誉。外观设计专利文件的图片或者照片已经清楚表明了获得保护的产品的外观设计，足以用作判断是否构成侵犯外观设计专利权行为的基础，这就是《专利法》第59条第2款规定的"外观设计专利权的保护范围以表示在图片或者照片中的该产品的外观设计为准"的含义。换言之，侵犯外观设计专利权的判断是将被控侵权产品的外观与专利文件的图片或者照片所表示的产品外观进行比较，而不是与专利权人制造并售出的产品外观进行比较。只要被控侵权产品采用了与授权外观设计图片或者照片所表示的相同或者实质上相同的设计方案，就落入了该外观设计专利权的保护范围，与外观设计专利权人自己是否实施其设计方案，是否将其采用其设计方案的产品投入市场无关。既然如此，就不必考虑消费者是否会对被控侵权产品和专利产品的来源或者出处产生混淆的问题。

证明是否构成侵犯外观设计专利权的行为仅仅需要涉及一个因素，简言之，就是外观设计专利权人只要证明一个普通观察者不能将被控侵权产品的外观与专利产品外观设计区分开来即可。

2. 关于产品类型相同或者相近的问题

《最高人民法院关于审理侵犯专利权纠纷案件应用法律若干问题的解释》第8条规定："在与外观设计专利产品相同或者相近种类产品上，采用与授权外观设计相同或者近似的外观设计的，人民法院应当认定被诉侵权设计落入专利法第五十九条第二款规定的外观设计专利权的保护范围。"

《专利法》第 2 条第 4 款规定，"外观设计，是指对产品的形状、图案或者其结合以及色彩与形状、图案的结合作出的富有美感并适于工业应用的新设计"。《专利法》第 59 条第 2 款规定，"外观设计专利权的保护范围以表示在图片或者照片中的该产品的外观设计为准。"其中，"产品"和"该产品"的含义主要在于表明外观设计的设计方案必须与产品相结合，不能脱离产品之外单独予以保护。

《最高人民法院关于审理侵犯专利权纠纷案件应用法律若干问题的解释》第 9 条规定："人民法院应当根据外观设计产品的用途，认定产品种类是否相同或者相近。确定产品的用途，可以参考外观设计的简要说明、国际外观设计分类表、产品的功能以及产品销售、实际使用的情况等因素。"产品的用途通常是由产品的功能来决定的，而不是由产品的外观来决定。因此，对用途、分类或者功能明显不同的产品来说，并不能排除盗用、摹仿外观设计专利权人的设计创新成果的可能性，可以举出的例子很多，例如将真实汽车的外观用于玩具汽车，将橱柜的外观用于冰箱，将建筑物的外观用于摆设物等。在这些例子中，不同产品的用途明显不同，但是却丝毫也不妨碍借用外观设计专利的设计成果。例如，现在的玩具汽车越来越仿真，有些本身就是车模，而且仿得越是逼真，其消费者（儿童）往往就越是喜爱，市场价值也就越高。这就对外观设计专利权的侵权判断规则提出了一个问题：是否应当允许或者鼓励这样的摹仿行为？在照抄、摹仿的情况下，是否仅仅因为产品的用途或者功能不同，就应当认定不构成侵犯外观设计专利权的行为？一般认为，只要被控侵权人出于改善其产品外观装饰效果的目的，在其产品上采用授权外观设计，使其被控侵权产品在形状、图案或者色彩上与专利产品相同或者实质上相同，就应当认定构成了侵权行为，至于两者从功能或者用途的角度来看存在何种区别是无关紧要的。

3. 关于外观设计相同或者近似的判断

《最高人民法院关于审理侵犯专利权纠纷案件应用法律若干问题的解释》第 11 条明确了判断外观设计的设计方案是否相同或者近似的基本规则，即应当根据授权外观设计、被诉侵权设计的设计特征，以外观设计的整体视觉效果进行综合判断；对于主要由技术功能决定的设计特征以及对整体视觉效果不产生影响的产品的材料、内部结构等特征，应当不予考虑。

该规定表明，判断是否构成侵犯外观设计专利权的行为包括两个步骤：第一，判断两者在整体视觉效果上是否无差异，如果回答是否定的，可以直接得出构成侵权行为的结论，这相当于对发明或者实用新型专利权的相同侵权行为；第二，如果回答是肯定的，即在整体视觉效果上存在差异（可能是一处，也可能是多处），还要继续判断该差异是否属于整体视觉效果上的实质性差异，如果回答是否定的，仍可以得出构成侵权行为的结论，这相当于对发明或者实用新型专利权的等同侵权行为。

根据上述规定，判断是否构成侵犯外观设计专利权的行为，既要考虑被控侵权产品与专利产品在外观上的相同或者相似之处，也要考虑两者之间的差异之处，权衡考虑、综合判断，才能得出在整体视觉效果上无差异或者无实质性差异的结论。从某种意义上说，对两者之间差异的分析认定更为重要，因为首先要判断在整体视觉效果上是否存在差异，其次要判断该差异的大小和性质，这是认定侵权行为成立的前提条件。

《最高人民法院关于审理侵犯专利权纠纷案件应用法律若干问题的解释》第11条明确规定："被诉侵权设计与授权外观设计在整体视觉效果上无差异的，人民法院应当认定两者相同；在整体视觉效果上无实质性差异的，应当认定两者近似。"所以，只有两者在整体视觉效果上存在实质性差异，才能得出不侵犯专利权这一结论。由此可见，对"实质性差异"的掌握尺度，实际上是决定外观设计专利权保护范围大小最为重要的因素。更具体地说，当发现被控侵权产品与外观设计专利产品的外观在整体视觉效果上存在差异，进而判断该差异是否为"实质性差异"时，可以将被控侵权产品假想为一份在申请日之前已经为公众所知的现有设计，判断授权外观设计与该现有设计相比，是否符合《专利法》第23条第2款规定的创造性条件，如果结论是具备创造性，则表明不宜将这一差异视为"非实质性差异"，得出侵权指控成立的结论。"非实质性差异"的认定可以借鉴《专利审查指南2010》关于适用《专利法》第23条第1款的规定。该规定指出外观设计专利申请不具备新颖性的情形不仅包括与现有设计相同，也包括与现有设计实质相同。其中规定：

如果一般消费者经过对涉案专利与对比设计的整体观察可以看出，二者的区别仅属于下列情形，则涉案专利与对比设计实质相同：

（1）其区别在于施以一般注意力不能察觉到的局部的细微差异，例如，百叶窗的外观设计仅有具体叶片数不同。

（2）其区别在于使用时不容易看到或者看不到的部位，但有证据表明在不容易看到部位的特定设计对于一般消费者能够产生引人瞩目的视觉效果的情况除外。

（3）其区别在于将某一设计要素整体置换为该类产品的惯常设计的相应设计要素，例如，将带有图案和色彩的饼干桶的形状由正方体置换为长方体。

（4）其区别在于将对比设计作为设计单元按照该种类产品的常规排列方式做重复排列或者将其排列的数量做增减变化，例如，将影院座椅成排重复排列或者将其成排座椅的数量做增减。

（5）其区别在于互为镜像对称。

如果认定被控侵权产品的外观与专利产品的外观在整体视觉效果上的差异属于上述类型，将该差异认定为"非实质性差异"就是适宜和恰当的。采用这种立场，有利于实现外观设计专利授权标准和外观设计专利侵权标准之间的良好衔接和彼此协调。由于外观设计专利权保护的是其产品的外观，人们能够从视觉上直接观察到产品的外观，因此被控侵权产品的外观与专利产品的外观在整体视觉效果上仅仅存在"非实质性差异"的情况下，认为人们容易从视觉感受上对它们产生混淆似乎也无不可。但是应当注意的是，这里所说的"混淆"是指两者在其外观视觉感受上使人产生混淆。

《最高人民法院关于审理侵犯专利权纠纷案件应用法律若干问题的解释》第 11 条第 3 款规定:"下列情形,通常对外观设计的整体视觉效果更具有影响:(一)产品正常使用时容易被直接观察到的部位相对于其他部位;(二)授权外观设计区别于现有设计的设计特征相对于授权外观设计的其他设计特征。"可以认为上述规定所列的情形在某种意义上就是外观设计的"要部",因此该规定表达了判断外观设计是否相同或者近似应当以对外观设计的整体视觉效果进行综合判断为主,以"要部观察"为辅的含义。

就"综合判断"与"要部判断"之间的关系,《专利审查指南 2010》的规定并不意味着在外观设计专利权的授权判断中,对产品所有部位的外观都应当赋予相同的权重,一律平等看待。例如,《专利审查指南 2010》关于新颖性的判断基准中就规定,如果一般消费者经过对涉案专利与对比设计的整体观察可以看出,二者的区别仅属于施以一般注意力不能察觉到的局部细微差异,则涉案专利与对比设计实质相同。这一规定与最高人民法院司法解释规定的"产品正常使用时容易被观察到的部位相对于其他部位,通常对外观设计的整体视觉效果更具有影响"实际上是同一个意思,两者都承认产品的不同部位对外观设计的整体视觉效果所产生的影响可能有所不同。

2016 年最高法出台的《最高人民法院关于审理侵犯专利权纠纷案件应用法律若干问题的解释(二)》,其中第 14 条规定:"人民法院在认定一般消费者对于外观设计所具有的知识水平和认知能力时,一般应当考虑被诉侵权行为发生时授权外观设计所属相同或者相近种类产品的设计空间。设计空间较大的,人民法院可以认定一般消费者通常不容易注意到不同设计之间的较小区别;设计空间较小的,人民法院可以认定一般消费者通常更容易注意到不同设计之间的较小区别。"这一规定突显了对外观设计专利权的保护是旨在保护一种创新的基本出发点,是认定侵犯外观设计专利权的重要保障。

4. 关于组件产品和变化状态外观设计保护的问题

组件产品是指由多个构件相结合构成的一件产品。对于组装关系唯一的组件产品,例如,由水壶和加热底座组成的电热开水壶组件产品,在购买和使用这类产品时,一般消费者会对各构件组合后的电热开水壶的整体外观设计留下印象;由榨汁杯、刨冰杯与底座组成的榨汁刨冰机,在购买和使用这类产品时,一般消费者会对榨汁杯与底座组合后的榨汁机、刨冰杯与底座组合后的刨冰机的整体外观设计留下印象,所以,应当以上述组合状态下的整体外观设计为对象,而不是以所有单个构件的外观为对象进行判断。对于组装关系不唯一的组件产品,例如插接组件玩具产品,在购买和插接这类产品的过程中,一般消费者会对单个构件的外观留下印象,所以,应当以插接组件的所有单个构件的外观为对象,而不是以插接后的整体的外观设计为对象进行判断。对于各构件之间无组装关系的组件产品,例如扑克牌、象棋棋子等组件产品,在购买和使用这类产品的过程中,一般消费者会对单个构件的外观留下印象,所以,应当以所有单个构件的外观为对象进行判断。

变化状态产品，是指在销售和使用时呈现不同状态的产品。对于对比设计而言，所述产品在不同状态下的外观设计均可用作与涉案专利进行比较的对象。对于涉案专利而言，应当以其使用状态所示的外观设计作为与对比设计进行比较的对象，其判断结论取决于对产品各种使用状态的外观设计的综合考虑。

四、不视为侵犯专利权的行为

《专利法》第11条规定，发明和实用新型专利权被授予后，除本法另有规定的以外，任何单位或者个人未经专利权人许可，都不得为生产经营目的实施该专利。为此，凡是违反该条规定而实施专利的，就构成了侵犯专利权的行为，要承担《专利法》第60条规定的侵犯专利权的民事责任。

《专利法》第1条规定："为了保护专利权人的合法权益，鼓励发明创造，推动发明创造的应用，提高创新能力，促进科学技术进步和经济社会发展，制定本法。"这是专利法的立法宗旨，可见建立专利制度的目的不仅仅是为了保护专利权人的利益，还需要兼顾专利权人和社会公众的利益，以产生最佳的社会效果。为此，专利法规定了五种不视为侵犯专利权的实施专利行为，这是对专利权效力的必要限制，也是对《专利法》第11条规定的重要补充。

《专利法》第69条规定："有下列情形之一的，不视为侵犯专利权：

（一）专利产品或者依照专利方法直接获得的产品，由专利权人或者经其许可的单位、个人售出后，使用、许诺销售、销售、进口该产品的；

（二）在专利申请日前已经制造相同产品、使用相同方法或者已经作好制造、使用的必要准备，并且仅在原有范围内继续制造、使用的；

（三）临时通过中国领陆、领水、领空的外国运输工具，依照其所属国同中国签订的协议或者共同参加的国际条约，或者依照互惠原则，为运输工具自身需要而在其装置和设备中使用有关专利的；

（四）专为科学研究和实验而使用有关专利的；

（五）为提供行政审批所需要的信息，制造、使用、进口专利药品或者专利医疗器械的，以及专门为其制造、进口专利药品或者专利医疗器械的。"

（一）专利权用尽

1. 专利权用尽的意义

专利权用尽原则的基本含义：公众中的任何人在购买了合法售出的专利产品，也就是由专利权人自己或者其被许可人售出的专利产品或者依照专利方法直接获得的产品之后，应当享有自由处置其购买的产品的权利。此后，无论该购买者以何种方式使用、许诺销售、销售该产品，均不构成侵犯该项专利权的行为。

规定该原则的目的在于：防止对专利权的保护超过合理的限度，对正常的经济社会秩序产生不良影响。一方面，从维护专利权人合法利益的角度来看，国家为专利权人提供了一定时间内的独占权，使之能够控制专利产品的制造和首次销售，这就从根本上保障了专利权人能够通过其享有的优势地位对其作出发明创造付出的代价获取回报，其合法利益已经得到了充分考虑；另一方面，从维护公众合理利益的角度来看，如果在专利权人自己或者其被许可人将其专利产品投放市场后，该产品的所有后继批发、零售、转让和使用还要一一再次经过专利权人许可，必然会大大阻碍专利产品的自由流通和正常使用，严重影响正常的生产经营活动和经济社会秩序。

2. 专利权的国内用尽

适用专利权的国内用尽原则应当注意如下几点：

第一，专利权用尽原则是针对每一件投放市场的专利产品而言的。所谓"权利用尽"是指专利权人对自己售出的每一件专利产品或者其被许可人售出的每一件专利产品而言不再拥有控制权，无论他人（包括其直接购买者，也包括后来的间接获得者）随后以何种方式使用、许诺销售或者销售该专利产品，专利权人都无权干预；而不是指该专利权所赋予的整个权利从此被权利用尽了。只要专利权没有被依法宣告无效，那么在其整个专利有效期内都是有效的。

第二，与专利权人或者其被许可人售出专利产品时是否对购买者提出何种限制性条件无关。无论专利权人提出或者没有提出这样的限制性条件，也不论专利权人以明示方式还是以暗示方式提出这样的限制性条件，他人随后使用、许诺销售、销售其购买的产品都不视为侵犯专利权的行为。在专利权人售出其专利产品时提出了限制性条件的情况下，如果购买者购买该产品的行为被认定为买卖双方达成了买卖合同，买受人未遵守合同规定的限制性条件而产生纠纷的，专利权人最多可以依照《合同法》的规定追究买受人的违约责任，但是不能依照《专利法》的规定追究其侵犯专利权的责任。更进一步说，专利权人在售出其专利产品时对购买者使用、销售该产品作出一般性的笼统限制是否构成滥用其专利权的行为，其与买受人达成的买卖合同是否为违法合同也值得探讨。

第三，不必考虑被售出的专利产品或者依照专利方法直接获得的产品是专利权人或者其被许可人进口的，还是其购买进口的。只要该产品由专利权人或者其被许可人在国外售出，即可得出专利权用尽的结论。

第四，只能认定使用、许诺销售、销售专利权人或者其被许可人售出的专利产品或者依照专利方法直接获得的产品的行为不视为侵犯关于该产品本身的专利权的行为。如果采用售出的产品作为专用装置来实施该专利权人获得的另一项方法专利权，或者采用售出的产品作为部件来实施该专利权人获得的另一项产品专利权，则不能认为专利权人或者其被许可人售出有关产品的行为使这些相关联的权利也被权利用尽了。这些实施行为是否构成侵犯相关联专利权的行为，需要依照《专利法》第11条和第12条的规定进行判断。

3. 平行进口和专利权的国际用尽

为了维护我国的利益，无论从产品的进口还是从产品的出口来看，对我国而言都存在采用专利权国际用尽原则的现实需要。我国在知识产权国际规则的制定上采取赞成并推动形成专利权国际用尽原则的立场。

《专利法》第69条第（一）项规定，专利产品或者依照专利方法直接获得的产品，由专利权人或者经其许可的单位、个人售出后，使用、许诺销售、销售、进口该产品的，不视为侵犯专利权。这实际上采取了允许平行进口行为的立场。认定平行进口行为不构成侵犯专利权行为的前提条件，仅仅是专利权人或者其被许可人在我国境外售出其专利产品或者依照专利方法直接获得的产品，与该专利权人在销售地所在的国家或者地区是否就该产品获得专利权以及获得何种类型的专利权无关，也与专利权人或者其被许可人在售出其专利产品或者依照专利方法直接获得的产品时是否附具限制性条件无关。

（二）先用权

1. 规定先用权的意义

《专利法》第69条第2款规定："在专利申请日前已经制造相同产品、使用相同方法或者已经作好制造、使用的必要准备，并且仅在原有范围内继续制造、使用的；不视为侵犯专利权。"按照《专利法》第9条第2款的规定，我国专利制度采用先申请制，即"两个以上的申请人分别就同样的发明创造申请专利的，专利权授予最先申请的人"。由于采用先申请制，对一项发明创造来说，首先提出专利申请的人不一定是首先作出该发明创造的人，也不一定是首先开始实施该发明创造的人。在某人就一项发明创造提出专利申请之前，可能已经有他人研制开发出同样的发明创造或者已经通过合法方式获知了同样的发明创造，并且已经开始实施该发明创造或者为实施该发明创造作好了必要的准备。在此情况下，如果允许后来就此发明创造申请并获得专利权的人凭借其专利权制止先用者继续进行其实施行为，则显失公平。为了避免出现这种不合理的现象，这就明确了"先用权"的规定。

2. 先用权的产生条件

（1）被实施的发明创造的来源。适用"先用权"，有必要探讨先用者实施的发明创造的来源是否存在限制。先用者获知或者掌握有关发明创造不外乎如下两种途径：一是先用者在专利申请日之前独立地开发研究出其实施的或者准备予以实施的发明创造，只不过没有提出专利申请或者没有及时提出专利申请，因而没有获得专利权；二是先用者通过某种途径从他人那里获知有关发明创造，进而予以实施或者为实施作好了准备。

在直接或者间接地从后来申请专利的人那里获知有关发明创造的情况下，先用者是否能够享受先用权？一般认为，不应当对先用权的产生施加如此严格的限制条件，只要有关发明创造是通过合法途径获知的，且随后实施该发明创造的行为符合诚实信用原则，则即使先用者直接或者间接地从专利申请人那里获知有关发明创造，也仍然能够产生先用权；反之，如果先用者以剽窃或者其他违法方式从他人那里获知有关发明创造，或者虽然有关发明创造的获知本身是合法的，但是获知者实施该发明创造的行为违背了作为获知该发明创造前提条件的约定或者承诺，或者获知者明知其实施该发明创造的行为违背信息提供者的意愿，则不能产生先用权。理由如下：

第一，先申请制有一个基本原则，就是公众有权自由实施申请日之前的任何现有技术或者现有设计。申请日之前通过在国际展览会上展出、在学术会议上发表等方式公开的发明创造已经处于为公众所知的状态，属于现有技术或者现有设计。尽管《专利法》第24条有关新颖性宽限期的规定为专利申请人提供了一种特殊优惠，即上述公开行为不会导致其随后提出的专利申请丧失新颖性，但这一点并未改变有关发明创造至今为公众所知的事实。既然发明创造已经为公众所知，而且在公开的时候公众无从得知公开者日后是否会针对该发明创造申请并获得专利权，那么就应该允许公众中的任何人予以实施。如果随后又进行追究，则有失公平。

第二，在先用者实施的发明创造是直接或者间接地从专利申请人那里获知的情况下，只要采取这样的限制条件，即先用者只有通过合法途径获知有关发明创造，而且其实施该发明创造的行为符合诚实信用原则，才能享受先用权，这就已经充分地考虑了专利申请人的利益。有了这一前提条件，就意味着从发明人那里获知有关发明创造的人进行有关实施行为实际上已经获得了专利权人的认可或者默示许可，不应当随后又予以反悔。换言之，此时专利权人也要受诚实信用原则和信赖保护原则的制约。

（2）实施和为实施作好必要准备。优先权适用的"制造"和"使用"的含义应当与《专利法》第11条所采用措辞的含义相同。根据《专利法》第69条的字面含义，应当得出这样的结论，即对于产品专利权来说，能够产生先用权的行为只包括"已经制造相同产品或者已经作好制造的必要准备"，而不包括使用、许诺销售、销售、进口相同产品的行为；对于方法专利权来说，能够产生先用权的行为只包括"使用相同方法"的行为，而不包括使用、许诺销售、销售、进口依照该方法所直接获得的产品的行为。该条规定明确，不仅在申请日之前实施发明创造的人能够享受先用权，在申请日之前为实施发明创造作好必要准备的人也能享受先用权。制造专利产品或者使用专利方法，常常需要进行各种类型的准备工作；对同一种类型的准备工作来说，也存在所投入人力、物力和资金上的差别。究竟需要进行何种类型的准备，并且需要进行到何种程度，才能认为是"作好了必要准备"？对此，应当有如下要求：

第一，主张其在申请日之前已经为实施某项后来由他人获得专利权的发明创造作好必要准备的人应当首先证明他在申请日之前已经实际获知、掌握了该项发明创造，这是最为基本的前提条件。如果尚未获知、掌握发明创造，就谈不上为实施该发明创造作好了必要准备。

第二，已经进行的准备工作与实施获知的专利权的发明创造之间应当有明确的因果关联，让人能够认定有关准备工作是为实施该项发明创造而进行的。例如，购买地皮、装设供电供水设备等基础性准备工作是实施绝大多数技术都需要进行的普遍性准备工作，如果所进行的准备工作仅仅是这种类型的，行为人无法证明其准备实施哪项发明创造，则不能被认为是作好了实施该项发明创造的必要准备。

第三，在申请日之前应当已经开始进行实际准备工作，而不能仅仅是进行了表明有实施意愿的行为。例如，仅仅提出实施该项发明创造的意向、进行可行性论证等，不能被认为是作好了实施该项发明创造的必要准备。

第四，所进行的实际准备工作应当是技术性准备工作。对于产品专利来说，可以是有关制造设备的制造或者购买、模具的开发、原材料的准备、零件图和总装图的绘制等；对于方法专利来说，可以是实施该方法的专用设备的制造或者购买、工艺流程的制定等。如果所进行的仅仅是市场分析、管理人员配备等非技术性工作，不能被认为是作好了实施该发明创造的必要准备。

我国授予的专利权只能在我国境内具有法律效力，因此能够产生先用权的在先实施行为或者准备行为也应当是在我国境内发生的行为。在专利侵权诉讼中，如果被控侵权人以其在申请日之前在我国境外已经制造相同产品、使用相同方法或者已经在我国境外作好制造、使用的必要准备为理由提出先用权抗辩的主张，不应予以支持。

（3）先用权的效力。认定先用权成立之后，先用者以及相关人不视为侵犯专利权的行为主要包括两个方面：

第一，允许先用者在原有范围内继续进行的行为。"原有范围内"的含义，对于在申请日之前仅仅为实施作好必要准备的行为来说，人们的理解基本上是相同的，即不得超出原来准备好的实施规模。对于在申请日之前已经予以实施的行为来说，按照通常的解释，应当包括专利申请提出时原有设备可以达到的生产能力，或者根据原先的准备可以达到的生产能力。应当注意的是，当认定先用者的实施行为超出原有范围时，不应当简单地否定先用权的成立，而应当区别对待，即在原有范围之内的那一部分实施行为不视为侵犯专利权的行为，而超出部分以侵犯专利权行为论处。

专利法规定"仅在原有范围内继续制造、使用的，不视为侵犯专利权"。既然允许先用者继续其制造、使用行为，应当同时也包含了允许先用者利用、处置其制造的专利产品或者依照专利方法直接获得的产品的含义。如果将这些利用、处置行为统统排除在外，继续制造相同产品的既不能自己使用其制造的产品，也不能销售其制造的产品；继续使用相同方法的既不能自己使用依照该方法直接获得的产品，也不能销售依照专利方法直接获得的产品，都只能将这些产品堆放在仓库中，"继续制造、使用的不视为侵犯专利权"的规定就失去了意义。当然，为了防止对先用权的滥用，先用权的享有者不能许可他人实施有关专利，也不能单独转让其先用权。先用权只能连同先用权人的企业一起转让和继承，而不能脱离其企业将先用权单独转让或继承。

第二，允许他人进行的行为。在先用权成立的情况下，享受先用权的人在授予专利权之后有权使用、许诺销售、销售其继续制造的专利产品或者依照专利方法直接获得的产品，那么第三人从先用者那里获得的专利产品或者依照专利方法直接获得的产品就是通过合法途径获得的产品，应当有权利用、处置该专利产品。这与依据专利权用尽原则所得出的结论是相似的。

(三) 在过境的外国交通工具上使用专利的行为

专利法规定，临时通过中国领陆、领水、领空的外国运输工具，为运输工具自身需要而在其装置或者设备中使用有关专利的，依照其所属国同中国签订的协议或者共同参加的协议或者共同参加的国际条约，或者依照互惠原则，不视为侵犯专利权。该规定的理由在于：运输工具处于不断运动的过程中，如果将出于运输工具自身需要而使用有关专利的行为视为侵犯专利权的行为，会产生限制运输工具进入其他国家或者地区的结果，影响国际交通运输的正常进行；同时，由于运输工具进入其他国家或者地区的时间通常十分短暂，对其使用专利的行为提出专利侵权指控，在实际中很难实现。

理解该规定，需要注意的是：一是本规定仅适用于外国运输工具，不适用于我国的运输工具。关于运输工具是外国的还是中国的判断，应当以其注册地为准。二是运输工具包括船舶、飞机和陆上车辆，既可以用于载人，也可以用于载货。三是所称领陆是指我国的陆地，领水包括我国的领海和内河，以及包括码头在内的全部港口。四是临时通过包括定期进入和偶然进入，前者包括定期航班等，但不包括长期在中国国内停留，例如海上油气开采平台不应被认为是临时通过中国领水的运输工具；后者是指在特殊情况下进入中国领陆、领水和领空，例如躲避风暴、机械故障、船舶失事等。五是仅限于为运输工具自身需要，而在其装置或者设备中使用的有关专利，其含义是该装置本身被授予专利权，或是该装置的使用方法被授予专利权。在两种情况下允许进行的行为都仅仅是使用该装置，不包括制造该装置的行为和销售该装置的行为。对船舶而言，为船舶自身需要而使用的有关专利，包括在船舶的船身、机器、索具以及其他附件上使用的有关专利，其中所述附件包括导航仪器、船舶装载卸载设备等。对飞机和陆上车辆而言，应当限于在飞机或者陆上车辆的构造或者操纵中以及附件中使用构成专利主题的装置。

(四) 为科学研究和实验目的而使用专利的行为

《专利法》规定："专为科学研究和实验而使用有关专利的，不视为侵犯专利权。"该项规定是为了贯彻落实《专利法》第1条规定的促进科学技术进步的立法宗旨。没有这一规定，就会使专利制度产生妨碍科学技术进步的负面作用。

1. 专为科学研究和实验而使用专利的含义

针对获得专利技术本身进行科学研究和实验，不视为专利侵权行为。科学研究和实验一般包括如下几种情况：一是通过研究和实验，判断专利权利要求所要求保护的专利技术是否能够实现专利说明书中记载的发明目的，产生预期的发明效果；二是通过研究和实验，确定实施专利技术的最佳方案；三是通过研究和实验，探讨如何对专利技术作出改进。

为了维护专利权人的合理权益，有必要对所述"科学研究和实验"行为的范围作出必要限制。限制行为主要包括：一是利用专利技术作为手段进行另外的研究实验；二是针对实施专利技术的其他方面进行研究实验；三是对实施该专利技术的商业前景进行研究实验。这三种情况均构成侵犯专利权的行为。

2. 允许的行为类型

"专为科学研究和实验而使用有关专利"的"使用"，应当包含允许研究实验者自己制造有关专利产品的含义。然而在更多情况下，研究实验者不具有制造有关专利产品的能力。由此而产生的问题是：如果研究实验者从国外进口有关专利产品，是否构成侵犯专利权的行为？如果其他单位或者个人为研究实验者在国内制造或者从外国进口有关专利产品，供其进行研究实验，是否构成侵犯专利权的行为？一般认为，即在研究实验者自己不具备制造有关专利产品的能力的情况下，应当允许该研究实验者进口有关专利产品，也应当允许他人为研究实验者制造、进口有关专利产品，都不视为侵犯专利权的行为。当然，在采取上述立场时，应当严格控制为研究实验者制造、进口有关专利产品的数量。如果从研究实验的对象和性质来看，有数件专利产品就足够了，提供者却成百上千地制造、销售专利产品，这就不合情理了。

另外，获得有关专利产品的研究实验者针对获得专利技术本身进行研究实验不构成侵犯专利权的行为，然而如果研究实验者后来出售其为了进行研究实验而制造的专利产品或者他人为其进行研究实验而提供的专利产品，则构成了侵犯专利权的行为。

(五) Bolar 例外

1. 产生问题的缘由

《专利法》的立法宗旨之一是鼓励发明创造，保护专利权人的合法利益。药品和医疗器械的创新也必然属于专利法保护的范畴，对药品或者医疗器械领域中的发明创造，《专利法》并没有设立不同的授权条件，与其他技术领域中的发明创造一样，主要应当满足新颖性、创造性和实用性的规定。但是，药品、医疗器械与其他产品还有一点特殊性，就是上市还需要获得上市许可。所以，药品、医疗器械获得专利权以及获得上市许可，都需要经过行政审批，但是两种行政审批的性质和目的有很大不同。《药品管理法》和《医疗器械监督管理条例》规定的行政审批旨在确保药品和医疗器械的安全性和有效性,其目的在于维护公众的身体健康和生命安全。专利制度和药品上市行政审批制度并行运作,各自发挥作用,但是两者之间的并存就带来了一个新的问题。

一般来说,在药品或者医疗设备专利权的保护期限届满之后,专利权人的竞争对手就会竞相推出与专利药品或者专利设备相同或者相似的仿制药品或者仿制医疗设备,与原专利权人进行竞争。这种竞争可以为公众提供更多的可供选择的药品和医疗设备,能够显著降低有关药品和医疗设备的价格,对维护公众健康大有好处,各国普遍予以鼓励。但是,其他厂要想予以仿制,无论专利药品是否上市,均需要按照研制新药的规定予以申报并做非临床安全性研究和临床研究,或者是进行大量的准备工作而获得批准。为了在专利权保护期限届满之后能够尽快地推出仿制药品或者仿制医疗设备,竞争者希望能够在专利保护期尚未届满前就开始对专利药品或者专利医疗设备进行有关研究试验和准备工作。然而问题在于,如果未经许可在专利权的保护期限之内进行这些研究试验,会被专利权人指控为侵犯其专利权的行为。要避免承担侵犯专利权的责任,竞争者就只能等到专利权保护期限届满之后才开始进行这些研究试验和准备工作。从开始研究试验、完成研究试验、提出上市申请到获得国家行政管理部门的批准,需要经历相当长的时间,于是导致了这样的结果:尽管药品专利权或者医疗器械专利权已经终止,但是在其后相当长的期间内却仍然没有人能够将仿制产品投放市场。这相当于延长了药品和医疗器械专利权的保护期限,剥夺了竞争者在专利权终止后及时将其竞争产品投放市场的合法权利,其结果显然不利于维护公众的利益。

2. 具体规定及理解

《专利法》第69条第(五)项规定:"为提供行政审批所需要的信息,制造、使用、进口专利药品或者专利医疗器械的,以及专门为其制造、进口专利药品或者专利医疗器械的,不视为侵犯专利权。"

所称"药品"应当被解释为仅仅包含用于人体的药品。涉及的对象是"专利药品"和"专利医疗器械",亦即取得专利权的药品和医疗器械。关于医疗器械,其范围也明确限定为用于人体的医疗器械。

此规定的专利权限不仅针对药品本身的专利权,还涵盖与药品有关的衍生的专利权。对一种药品而言,能够申请并获得的专利权的类型很多,不仅针对该药品本身能够获得专利权,对该药品的制备方法、该药品的活性成分、该药品活性成分的制备方法等都可以获得专利权。如果将"不视为侵犯专利权"所指的专利权限定为仅仅针对药品本身的专利权,而不涵盖上述其他类型的专利权,则该规定就会形同虚设,无法实现增加该项规定的立法目的,因为这些其他类型的专利权的存在同样有可能对仿制药品的研究试验者在专利权保护期限内获取行政审批所需要的信息构成障碍。对于"专利医疗器械",也应当做基本相同的理解,即"不视为侵犯专利权"所指的专利权不仅包括针对医疗器械本身的专利权,也包括针对该医疗器械使用方法、该医疗器械专用零部件的专利权。

3. 允许进行的行为

《专利法》第 69 条第（五）项对两种情况分别予以规定：一种是仿制药品的研究试验者本人为获取行政审批所需要的信息而进行的行为；另一种是他人为研究试验者获取行政审批所需要的信息而进行的行为。

前者包括制造、使用、进口专利药品或者专利医疗器械的行为。其中，允许进行制造、进口行为是为了使研究试验者获得有关专利药品或者专利医疗器械，否则就谈不上进行研究试验活动，因此制造、进口行为应当在允许之列；如果仅仅允许获得有关专利药品或者专利医疗器械，而不许予以使用，同样无法进行研究试验活动，因此使用行为也应当在允许之列。需要注意的是，研究试验者在专利权保护期限之内不得进行许诺销售、销售其获得的专利药品或者专利医疗器械的行为，例如在展会上展出、显示其拟仿制的专利药品或者专利医疗器械，因为这些行为与研究试验者获取行政审批所需要的信息无关。

后者包括制造、进口专利药品或者专利医疗器械的行为，需要明确的是制造、进口的目的应当仅仅限于专门为研究试验者提供，而不能自己为生产经营目的予以使用，也不能向除研究试验者之外的其他单位或者个人许诺销售或者销售。尽管本条仅仅提及制造、进口两种行为，但是其中有"专门为其"的措辞，这表明不但允许，而且必须将其制造、进口的专利药品或者专利医疗器械提供给研究试验者，所以实际上包含了允许"提供"行为的含义。

需要强调指出的是，无论是在上述哪种情况下，允许进行的行为都只能是为了提供行政审批所需要的信息。所称"信息"的含义和范围，应当适用《药品管理法》《药品管理法实施条例》和《药品注册管理办法》的规定。除此之外，行为人在专利权保护期限内进行的任何其他制造、使用、许诺销售、销售和进口行为都将构成侵犯专利权的行为。

第二节 侵犯专利权纠纷的处理

根据我国现行《专利法》《专利法实施细则》及其有关司法解释的规定，专利侵权行为人应当承担的法律责任包括民事责任、行政责任与刑事责任。

一、侵犯专利权的民事责任

我国《侵权责任法》明确将专利权等知识产权作为保护对象，同时单条规定了承担侵权责任的形式包括停止侵害、消除危险、损害赔偿等数种。

(一) 归责原则

1. 侵犯专利权的民事责任

我国民法的侵权责任形式有多种，且各有所用。损害赔偿责任救济的是财产性质的损害结果，而赔礼道歉责任救济的是人身性质的损害结果，如此才符合侵权法填平损害的功能定位。一般情况下，一种民事权利要么属于财产性质的权利，要么属于人身性质的权利，发生侵权时责任的承担也基本根据侵权所致损害类型确定。但知识产权则是既有财产权内容又有人身权内容的综合性权利，如《专利法》也规定了发明人或设计人有在专利文件上写明自己是发明人或设计人的权利。这种特殊性导致知识产权的侵权责任多样化。

由于专利权既有财产权内容又有人身权内容，那么侵害专利权的行为也就相应地区分为侵害知识产权中的财产权和侵害知识产权中的人身权两类，同时，侵权责任承担也必然要考虑侵权行为的具体情形，区分是承担财产性质的责任形式还是承担人身性质的责任形式。财产性质的损害赔偿责任是专利侵权的主要问题。

2. 承担侵犯专利权民事责任的归责原则

专利权作为一种财产权，侵犯专利权适用一般侵权行为的归责原则——过错责任原则，但同时专利权作为一种无形财产，有着不同于一般民事权利的特点，完全基于一般的过错原则要求侵权人承担责任，可能会导致对专利权人不公平。

国际上，对于专利侵权行为的归责问题，采取的是无过错责任原则。《TRIPs协定》第45条第2款规定，在适当场合即使侵权人不知道或无充分理由应知道自己从事之活动系侵权，成员仍可以授权司法当局责令其返还所得利润或令其支付法定赔偿额或二者并处。也就是说，在适当场合之下，即使侵权人无过错也可以追究其相应的责任。

我国专利法并没有对专利侵权的归责原则作出直接规定，使用了一种混合的归责方法——无过错责任原则和过错责任原则相结合。过错不是专利侵权行为的构成要件。在确定是否侵权时，适用无过错责任原则；对停止侵权责任适用无过错责任；而赔偿损失责任则按不同的场合分别适用过错责任和无过错责任。

此外，相当一部分学者主张在侵犯知识产权领域引进无过错责任原则，包括：未经许可制作、使用发明创造专利的行为，适用无过错责任原则；对于其他侵犯知识产权的行为则采取过错责任原则。简单直接地可表述为直接侵权行为适用无过错责任原则，间接侵权行为适用过错责任原则。

过错责任原则的适用无疑提高了侵权责任构成的标准，在一定程度上会削弱对专利权人权利的保护，损害专利权人的利益。无过错责任原则的适用降低了侵权责任构成的标准，相应地，在一定程度上会增强对专利权权利的保护。但是在专利诉讼案件数量快速增加的背景下，无过错责任原则会导致市场主体谨小慎微，举步维艰，一定程度上会抑制社会经济的良性发展，也相应地使专利制度的目的大打折扣。

(二) 寻求救济的主体资格

可以就侵犯专利权行为获得救济的主体一般是专利权人和利害关系人。

1. 专利权人和利害关系人

专利权人是享有专利权的民事主体，专利权可以通过申请专利而获得，也可以通过转让、继承等方式获得。

利害关系人一般指虽然不是专利权人，但是侵犯专利权行为对其利益也会产生不利影响的人。现实中，利害关系人大多数是专利许可合同的被许可人。其中，独占实施许可合同的被许可人可以单独向人民法院提出申请；排他实施许可合同的被许可人在专利权人不申请的情况下，可以提出申请；专利普通实施许可合同的被许可人需要专利权人明确赋予起诉权。应当注意的是，被控侵权人不能被认作是"利害关系人"，尽管他与专利权人之间也存在利害关系。

2. 共有专利权情况

专利申请权或者专利权的共有人对权利的行使有约定的，从其约定；没有约定的，共有人可以单独实施或者以普通许可方式许可他人实施该专利。除以上规定的情形外，行使共有的专利申请权或者专利权应当取得全体共有人的同意。对专利侵权行为起诉属于对专利权的行使，在共有人之间没有事先约定的情况下，共有人之一不能单独对侵权行为起诉；如果共有人之间对单独起诉有约定的，应当依照约定执行。

(三) 权利人寻求救济途径

在知识产权领域，我国实行的是司法与行政"双轨制"保护体系，同时也在积极通过推进仲裁、调解等方式为权利人提供多种救济途径。当前我国正在积极推进构建知识产权"大保护"格局，着力深化行政执法和刑事司法的衔接，不断拓展仲裁、调解等多种维权渠道，构建多元化纠纷解决机制。同时，加强知识产权诚信体系建设，让在知识产权领域的失信者"一处失信、处处受限"。

1. 司法救济

专利权人或者利害关系人可以就侵犯专利权行为向人民法院提起民事诉讼。专利纠纷的第一审案件由各省、自治区、直辖市人民政府所在地的中级人民法院和最高人民法院指定的中级人民法院管辖。为了实现知识产权案件审理专门化、管辖集中化、程序集约化和人员专业化，2013年11月15日，《中共中央关于全面深化改革若干重大问题的决定》提出"探索建立知识产权法院"。2014年8月31日，十二届全国人大常委会第十次会议表决通过了全国人大常委会关于在北京、上海、广州设立知识产权法院的决定。此后，最高人民法院又在全国各地分别设立了20个知识产权法庭（南京、苏州、武汉、成都、杭州、宁波、合肥、福州、济南、青岛、深圳、天津、郑州、长沙、西安、南昌、兰州、长春、乌鲁木齐、海口）。近年来，知识产权法院和知识产权庭在统一知识产权案件司法审判尺度、提升审判效率方面发挥了积极作用。

此外，为了解决专利侵权民事诉讼中存在的取证难、耗时长、成本高等几大难题，我国正深入推进知识产权审判体系和审判能力现代化。主要的工作包括：完善知识产权诉讼制度，积极推进建立符合知识产权案件特点的诉讼证据规则、建立体现知识产权价值的侵权损害赔偿制度、推进符合知识产权诉讼规律的裁判方式改革；加强知识产权法院体系建设，健全知识产权专门化审判体系，探索跨地区知识产权案件异地审理机制，完善知识产权法院人财物保障制度；加强知识产权审判队伍建设，加强知识产权审判人才培养选拔，加强技术调查官队伍建设。

2. 行政救济

行政执法与司法两条途径协调运作是我国知识产权保护的特色。行政救济是专利权被侵犯的情况下较为特别的救济方式，被视为我国专利保护制度的特色之一。

省、自治区、直辖市人民政府以及专利管理工作量大又有实际处理能力的设区的市人民政府设立的管理专利工作的部门可以应当事人的请求，对专利侵权纠纷进行处理，认定侵权行为成立的，责令侵权人立即停止侵权行为。同时，在行政处理的过程中，可以应当事人的请求，就专利侵权的赔偿数额进行调解。

首先，专利侵权纠纷行政执法具有自身的优势。相对于民事诉讼来讲，行政执法快速便捷，可以有效降低维护权益成本。相较于司法保护，行政保护可以主动开展调查取证，具有执法程序简便、处理快、效率高的优势。一般情况下，侵犯知识产权行政案件办理期限为3个月，特殊情况下4个月结案。

其次，专利侵权纠纷行政执法证据调取手段多样。根据《专利行政执法办法》规定，在专利侵权纠纷处理过程中，管理专利工作的部门调查收集证据可以查阅、复制与案件有关的合同、账册等有关文件；询问当事人和证人；采用测量、拍照、摄像等方式进行现场勘验。涉嫌侵犯制造方法专利权的，管理专利工作的部门可以要求被调查人进行现场演示。在证据可能灭失或者以后难以取得，又无法进行抽样取证的情况下，管理专利工作的部门可以进行登记保存。管理专利工作的部门根据案件的需要采取多种形式和手段进行证据收集，从一定程度上能够解决专利权人取证难的问题，并且在行政执法过程中所取得的证据得以固定，也便于专利权人在可能的民事诉讼中获得损害赔偿。

最后，专利侵权纠纷行政执法费用低。专利行政执法开支被纳入财政预算之中，由国家财政负担，不向专利权人收取取证和执法工作的费用。对于专利权人而言，行政执法属于成本非常低的救济方式，经济负担小。

3. 其他途径

（1）调解。调解专利纠纷是指管理专利工作的部门应当事人的请求，对专利申请权与专利归属纠纷、发明人与设计人资格纠纷、职务发明创造的发明人与设计人的奖励和报酬纠纷、发明专利申请公布后专利权授予前使用发明而未支付适当费用的纠纷以及其他专利纠纷进行居中调解的活动。通过调解的方式解决专利纠纷可以最大限度地减少专利权人获得专利保护所需付出的代价，也能减少侵权人因为应诉而在精力、时间、费用等方面付出的代价。但是专利纠纷调解的结果不具有强制性，双方不履行调解结果的，需要另行寻求其他途径解决纠纷。

为了加强调解方式在专利纠纷处理中的应用，《关于强化知识产权保护的意见》明确提出，推广利用调解方式快速解决纠纷，高效对接行政执法、司法保护、仲裁等保护渠道和环节。同时，为了加强调解协议的强制力，该文件同时提出要建立健全知识产权纠纷调解协议司法确认机制。

（2）仲裁。专利侵权纠纷仲裁是指纠纷双方根据侵权前合同中订立的仲裁条款或者侵权发生后达成的仲裁协议，将专利侵权纠纷提交给仲裁机构处理的行为。

在欧美等发达国家，由于仲裁在程序上的便捷、灵活、经济的特点以及裁决的权威性和终局性，仲裁已成为一种高效、公正解决知识产权纠纷的普遍方式。世界知识产权组织（WIPO）于1993年9月23日成立WIPO仲裁与调解中心，为与知识产权有关的商事纠纷提供替代性纠纷解决方式。因提供的纠纷解决方式具有诸多的优势和特点，如单一程序、中立性、保密性和裁决的可执行性，WIPO仲裁与调解中心在国际上得到广泛认可。

相比美国、英国等国家，我国知识产权仲裁机构受理案件少，部分机构的工作还仅限于理论研究，业务主要停留在咨询与宣传方面。限制仲裁方式在解决专利侵权纠纷方面应用的主要原因在于专利侵权纠纷仲裁相关立法存在缺陷，缺少明确法律依据，专业性的专利纠纷仲裁机构缺位，专利侵权纠纷仲裁与其他纠纷解决方式缺乏衔接机制。

为了解决以上问题，推进仲裁方式在解决专利侵权纠纷方面的应用，《关于强化知识产权保护的意见》作出了明确工作部署，包括完善知识产权仲裁工作机制，培育和发展仲裁机构，健全行政确权、公证存证、仲裁、调解、行政执法、司法保护之间的衔接机制，在案件多发地区探索建立仲裁、调解优先推荐机制等。

二、侵犯专利权的举证责任

专利权人指控他人侵犯其专利权的，一般依据"谁主张，谁举证"原则，应首先承担举证责任，提供证据证明下列事实：第一，自己拥有何种专利权以及该专利权的权利状况；第二，被控侵权人何时何地实施了何种行为；第三，被控侵权人的行为实施了其专利产品或者其专利方法，即其行为客体落入该专利权的保护范围之内。

（一）特殊规定

除了"谁主张，谁举证"原则外，专利侵权举证责任也存在着特殊规定。比较典型的有新产品方法专利侵权举证责任倒置以及实用新型专利或者外观设计专利提供专利权评价报告要求。

1. 适用范围

方法专利权侵权举证方面较为特殊。对于制造方法专利权来说，专利方法的使用总是在产品的制造过程中进行的，专利权人一般很难进入对方的制造现场，因此要求专利权人提供证据，证明被控侵权人采用的制造方法与专利方法相同常常是一件相当困难的事情。因此，关于新产品的方法专利侵权采取举证责任倒置的原则。

由于实用新型专利或者外观设计专利申请只进行形式审查。因此，人民法院或者管理专利工作的部门在处理实用新型专利或者外观设计专利的侵权纠纷案件时，为了更好地处理专利纠纷，正确判断是否构成侵权，可以要求专利权人或者利害关系人出具由国家知识产权局对相关实用新型或者外观设计进行检索、分析和评价后作出的专利权评价报告。

2. 举证责任倒置

专利侵权诉讼中，侵权成立的举证责任一般在于原告。原告需要证明侵权技术的技术特征覆盖了专利技术的全部必要技术特征。但是，在涉及新产品的制造方法发明专利侵权问题时，发生举证责任倒置。即由控制技术方证明其生产该新产品的技术与专利方法在实质上是不同的，否则推定为依专利方法所生产，构成侵权。上述的举证责任发生倒置是有限制和有前提的，即起诉方需要证明其产品是用专利方法所生产的新产品，然后才可能发生举证责任倒置。

因此，在新产品专利方法侵权诉讼中，原告的举证责任是证明该专利方法所生产的产品是新产品，同时被告所生产的产品与原告依该专利方法所生产出来的产品一样或等同，此后，举证责任依专利法规定转移给被告。如果被告不能证明生产该新产品的方法与专利方法不同，则构成侵权。

(二) 专利权评价报告

专利权评价报告是在实用新型或者外观设计被授予专利权后对相关实用新型或外观设计专利进行检索，并就该专利是否符合专利法及其实施细则规定的授权条件进行分析和评价后形成的报告。专利权评价报告制度的设立，主要是为了弥补实用新型和外观设计的授权未经过实质审查的不足。一方面可提高社会公众对这两种专利权公示性的信赖，另一方面有利于帮助司法机关和行政机关处理专利侵权纠纷案件。

1. 请求主体

专利权评价报告的请求主体是专利权人或者利害关系人。有多个请求人请求作出专利权评价报告的，国家知识产权局仅作出一份专利权评价报告。报告一旦作出，任何单位或者个人均可以查阅或者复制该专利权评价报告。国家知识产权局不受理除专利权人或者利害关系人外提出的请求。

2. 报告内容以及作出方式

专利权评价报告由国家知识产权局自收到专利权评价报告请求书后2个月内作出。专利权评价报告是对相关实用新型或者外观设计进行检索、分析和评价后作出的。检索的内容涵盖国家知识产权局掌握的所有信息、资料，包括现有技术数据库、现有设计数据库、专利文件、专利申请文件、申请案卷等。评价是针对授予专利权的所有实质性条件。

3. 报告性质和作用

报告是一种证据形式或证明文件，是法律稳定性的初步证据，如（2017）最高法民申297号案中提及：专利权评价报告仅是案件审理的参考，并不影响人民法院在查明事实的基础上依法独立地进行侵权判定。

专利权评价报告不是行政决定，《专利审查指南（2010）》明确指出，专利权评价报告是人民法院或者管理专利工作的部门审理、处理专利侵权纠纷的证据，主要用于人民法院或者管理专利工作的部门确定是否需要中止相关程序。因此专利权人或者利害关系人也不能就此提起行政复议和行政诉讼。

专利权评价报告也不是提起专利侵权诉讼的要件。如（2017）最高法民申2424号案中提及：在实用新型专利侵权诉讼中，原告可以出具由国家知识产权局作出的专利权评价报告；根据案件审理需要，人民法院可以要求原告提交专利权评价报告，提交专利权评价报告并非原告提起实用新型专利侵权诉讼的条件。

三、现有技术和现有设计抗辩

现有技术抗辩是我国第三次修订《专利法》时新增加的规定。在专利侵权纠纷中，被控侵权人有证据证明其实施的技术或者设计属于现有技术或者现有设计的，不构成侵犯专利权行为。《最高人民法院关于审理侵犯专利权纠纷案件应用法律若干问题的解释》也规定，被诉落入专利权保护范围的全部技术特征，与一项现有技术方案中的相应技术特征相同或者无实质性差异的，人民法院应当认定被诉侵权人实施的技术属于《专利法》第62条规定的现有技术。在专利侵权案件中，假如被告的产品或方法均落入涉案专利的保护范围，那么现有技术抗辩是非常有效的抗辩理由。这样既无须经过专利无效程序，又能继续扩大生产规模而不构成侵权。

（一）现有技术抗辩制度的必要性

目前世界上任何一个国家都不能保证，通过审查能够百分之百确定专利申请的可授权性。实践表明，即使是经过实质审查的发明专利，也仍然不能完全保证具备新颖性和创造性。其原因在于各国专利法规定的现有技术范围极其广泛，无论各国为审查专利申请投入多少人力资源，也无法确保授予的专利权都符合其专利法的规定。各国授予的专利权中都或多或少地存在不当授权现象。这导致公众即使实施现有技术或者现有设计，也有可能落入他人被授予专利权的保护范围。这是设立现有技术和现有设计抗辩原则的主要原因。不当授权现象越是严重，现有技术和现有设计抗辩原则的必要性就越是突出。

现有技术和现有设计抗辩的作用并不仅仅体现在克服现实中存在的不当授权问题。在有些情况下，专利权确实符合授权条件，但在是否能够适用等同原则认定侵权成立的问题上存在争议时，如被控侵权人能够举证证明其实施的技术或者设计属于现有技术或者现有设计，则有助于人民法院或者管理专利工作的部门直接得出侵权指控不成立的结论，缩短诉讼程序，起到减少当事人诉累的作用。

（二）用于进行不侵权抗辩的现有技术

现有技术的范围与新颖性审查的范围一致，指的是专利申请日以前在国内外为公众所知的技术。现有技术包括在申请日以前在国内外出版物上公开发表、在国内外公开使用或者以其他方式为公众所知的技术。现有技术应当是在申请日以前公众能够得知的技术内容。换句话说，现有技术应当在申请日以前处于能够为公众获得的状态，并包含能够使公众从中得知实质性技术知识的内容。

有一点需要特别注意的是，由于现行的《专利法》施行时间是2009年10月1日，在具体案件中需要根据涉案专利的申请日确定现有技术范围。涉案专利的申请日在现行《专利法》施行之前，现有技术采取相对新颖性标准，即不包括国外的使用公开；涉案专利的申请日在现行《专利法》施行之后，现有技术采取与国际接轨的绝对新颖性标准，包括国内外为公众所知的技术。至于为公众所知的方式，包括出版物公开、使用公开和以其他方式公开，只要是处于不特定公众想得知就能得知的状态即可。

（三）现有技术抗辩的判断

判断被控侵权技术是否"属于"现有技术时，一般采用类似专利授权中的新颖性判断原则。首先，要适用新颖性的单独对比原则，不允许将几项现有技术结合起来比对。如果一项现有技术与被控侵权技术完全一致，则现有技术抗辩成立。其次，如果被控侵权技术与现有技术存在差异，但差异仅仅是"惯用手段的直接置换"或"所属技术领域的公知常识"等，也应认定现有技术抗辩成立。

在审查现有技术抗辩时，采用的方法是将被诉侵权技术方案与现有技术进行对比，而不是将现有技术方案与专利技术方案进行对比。审查方式则是以专利权利要求为参照，确定被诉侵权技术方案中被指控落入权利要求保护范围的技术特征，并判断现有技术是否公开了相同或等同的技术特征（如图3-1所示）。现有技术抗辩的成立，并不要求被诉侵权技术方案与现有技术完全相同，对于被诉侵权产品中与专利保护范围无关的技术特征，在判断现有技术抗辩是否成立时应不予考虑。被诉侵权技术方案与专利技术方案是否相同或等同，与现有技术抗辩是否成立也无必然关联。因此，即使在被诉侵权技术方案与专利技术方案完全相同，但与现有技术有所差异的情况下，亦有可能认定现有技术抗辩成立。

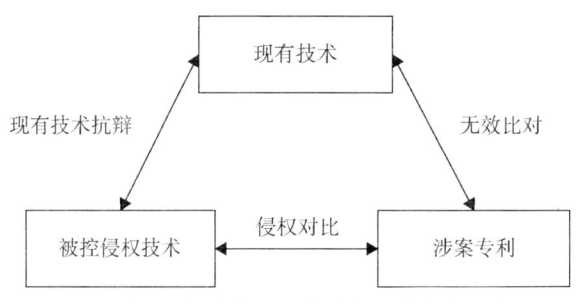

图 3-1 被控侵权技术、现有技术和涉案专利的关系

四、侵犯专利权的诉讼时效及损害赔偿

（一）诉讼时效

1. 相关规定

专利法规定侵犯专利权的诉讼时效为 2 年，自专利权人或者利害关系人得知或者应当得知侵权行为之日起计算。但是 2017 年 10 月 1 日，《民法总则》开始施行。其中《民法总则》第 188 条规定："向人民法院请求保护民事权利的诉讼时效期间为 3 年。法律另有规定的，依照其规定。"诉讼时效期间自权利人知道或者应当知道权利受到损害以及义务人之日起计算。这里知道或者应当知道的主体一般是指专利权人或者利害关系人。关于《专利法》与《民法总则》规定的诉讼时效期间不一致的问题，之前有不同的解释。目前，人民法院已经按 3 年诉讼时效期在执行。

2. 诉讼时效的效力

诉讼时效是指民事权利受到侵害的权利人在法定的时效期间内不行使权利，当时效期间届满时，债务人获得诉讼时效抗辩权。在法律规定的诉讼时效期间内，权利人提出请求的，人民法院就强制义务人履行所承担的义务。而在法定的诉讼时效期间届满之后，权利人行使请求权的，人民法院就不再予以保护。也就是说，专利权人及利害关系人未在诉讼时效期内提起诉讼，另一方当事人提出诉讼时效抗辩时，专利权人及利害关系人将失去人民法院强制义务人履行所承担义务的权利。

3. 其他问题（中止、延长）

诉讼时效中止，是指在诉讼时效期间的最后 6 个月，因法定事由而使权利人不能行使请求权的，法定事由消除后，诉讼时效期间为自中止时效的原因消除之日起满 6

个月届满的制度。中止的理由包括：不可抗力；无民事行为能力人或者限制民事行为能力人没有法定代理人，或者法定代理人死亡、丧失民事行为能力、丧失代理权；继承开始后未确定继承人或者遗产管理人；权利人被义务人或者其他人控制；其他导致权利人不能行使请求权的障碍。自中止时效的原因消除之日起满 6 个月，诉讼时效期间届满。

诉讼时效延长是指人民法院查明权利人在诉讼时效期间确有法律规定之外有正当理由而未行使请求权的，适当延长已完成的诉讼时效期间。诉讼时效的延长适用于已经届满的诉讼时效。延长诉讼时效所依据的正当理由（事由）是由人民法院依职权确认的，因为社会生活的复杂性决定了法律不可能将阻碍诉讼时效进行的情况全部地加以规定。

(二) 损害赔偿

专利侵权损害赔偿是指行为人实施专利侵权行为给他人造成损害应当承担赔偿损失的民事责任。

1. 确定赔偿数额的原则

对专利侵权损害赔偿的原则有两种观点，一是补偿性赔偿原则，二是惩罚性赔偿原则。

补偿性赔偿原则是指对专利侵权的损害在确定赔偿额时，应当以赔偿全部损失为原则，赔偿额既不能多于被侵权人的损失，也不能少于被侵权人的损失。损失既包括直接损失，也包括间接损失。

惩罚性赔偿原则主张，在确定专利侵权的损害赔偿额时，除了补偿被侵权人的损失外，还应当对故意侵权情节严重的行为实行惩罚性赔偿，即除了补偿被侵权人的损失外，还应当加大赔偿额，使被侵权人获得的赔偿大于其受到的损失。美国是当今世界惩罚性赔偿制度最为完善、影响最为深远的国家。《美国专利法》第 284 条关于惩罚性赔偿的规定，目的在于惩罚侵权人，在按照补偿性赔偿计算出来的赔偿数额的基础上，由法院根据案件具体情况提高赔偿数额。

我国《专利法》采取了补偿性赔偿原则，但基于专利侵权客体的无形性和我国司法实践中救济手段程序繁杂、负担沉重的特点，惩罚性赔偿原则既能充分保障权利人的利益，又能有效减少相关侵权行为的发生，更适合作为专利侵权损害赔偿的基本原则。《关于加强知识产权审判领域改革创新若干问题的意见》明确提出，以实现知识产权市场价值为指引，建立以补偿为主、惩罚为辅的侵权损害司法认定机制，着力破解知识产权侵权诉讼"赔偿低"问题。《专利法修正案（草案）》也提出了建立侵权惩罚赔偿制度，目前已通过全国人大常委会第一次审议。

2. 确定赔偿数额的方式

按照《专利法》的相关规定，专利侵权赔偿数额的确定方式有四种，按优先适用顺序可以简单表述为：权利人因侵权行为受到的实际损失的认定；侵权人获利作为赔偿依据；专利许可使用费作为赔偿依据；法定赔偿。但是在适用以上计算方式时存在着诸多问题。

在按照权利人实际损失确定赔偿数额时，专利权人需要证明其销售量的减少与侵权行为的出现之间具有因果关系，但实践中专利产品销售量下降的原因是多方面的，专利权人承担的举证责任变得非常困难。此外，在一种产品的推广期，即时存在专利侵权，可能也不会发生产品销售量下降的现象。

按照侵权人获利确定赔偿数额时，侵权人掌握主要销售凭证等证据，对于专利权人来说举证也异常困难。此外，一种产品销售利润的提高有多方面的因素，在许多情况下并不都是由于实施专利技术而带来的，如果侵权人不提供真实情况，要正确计算非法所得是很困难的。

按照专利许可使用费作为赔偿依据时，在被侵权的专利从未发生过专利许可的情况下，要确定许可使用费更加困难。即使有相似的专利许可，由于许可合同的实施范围、数量、期限等内容差异也会导致计算结果与损害价值相差甚远。

按法定赔偿确定赔偿数额时，由于法定赔偿数额过低，往往导致专利权人无法弥补损失。

3. 特殊情况

关于法定赔偿额，《最高人民法院关于当前经济形势下知识产权审判服务大局若干问题的意见》特别规定："对于难以证明侵权受损或侵权获利的具体数额，但有证据证明前述数额明显超过法定赔偿最高限额的，应当综合全案的证据情况，在法定最高限额以上合理确定赔偿额。"也就是在特殊的案件中，审判法官可根据案情实际突破法定赔偿额限制。

五、侵犯专利权的诉前临时措施和诉前证据保全

（一）临时措施

诉前临时措施是指在诉讼开始前，申请人有证据证明他人正在实施或者即将实施侵犯其专利的行为，如不及时制止将会使其合法权益受到难以弥补的损害，人民法院应申请人的请求而作出的责令行为人为某种行为或不为某种行为以及对有关财产和证据进行保全的决定。

1. 条件和手续

专利权人在申请诉前临时措施时的必要条件是必须提供担保，同时还需要提交以下材料。

（1）专利权人应当提交证明其专利权真实有效的文件，包括专利证书、权利要求书、说明书、专利年费缴纳凭证。提出的申请涉及实用新型专利的，申请人应当提交国家知识产权局出具的检索报告。

(2) 利害关系人应当提供有关专利实施许可合同及其在国家知识产权局备案的证明材料,未经备案的应当提交专利权人的证明,或者证明其享有权利的其他证据。排他实施许可合同的被许可人单独提出申请的,应当提交专利权人放弃申请的证明材料。专利财产权利的继承人应当提交已经继承或者正在继承的证据材料。

(3) 提交证明被申请人正在实施或者即将实施侵犯其专利权的行为的证据,包括被控侵权产品以及专利技术与被控侵权产品技术特征对比材料等。

2. 裁定和执行

按照要求,人民法院应当自接受申请之时起48小时内作出裁定;有特殊情况需要延长的,可以延长48小时。裁定责令停止有关行为的,应当立即执行。申请人自人民法院采取责令停止有关行为的措施之日起15日内不起诉的,人民法院应当解除该措施。申请有错误的,申请人应当赔偿被申请人因停止有关行为所遭受的损失。

但是在实践中,让法官在48小时内作出专利侵权的判断相对较为困难。因此,最高人民法院专门设置了一个听证程序。在听证会上,当事人可围绕是否应适用临时措施充分举证、质证,类似于开一个预备庭。人民法院根据质证结果决定是否采取临时措施,从而避免仓促中出现失误。但是,这并不意味着所有申请停止侵犯专利权利行为的措施均要经过听证。如果情况紧急,且申请人提供了充分担保的情况下,人民法院也可不举行听证会直接发布临时措施,并且临时措施的作出可以依申请人的合法申请,而不必在通知被申请人的情况下采取,在临时措施作出后的5日内,再通知被申请人。

(二) 证据保全

证据保全是指在证据可能灭失或者今后难以取得的情况下,人民法院依申请或者依职权予以调查收集和固定保护的行为。专利侵权当中也会涉及证据的收集、质证。但是,可能有些专利侵权证据日后容易灭失,此时当事人就要向人民法院申请进行专利侵权证据的保全。此外,专利权人也可以通过公证的方式保全证据。

1. 申请条件

首先,申请保全的证据必须与案件有关联,即该证据能够作为证明双方当事人之间民事关系发生、变更或消灭的根据。其次,证据可能灭失或以后难以取得。保全证据可能导致被申请人财产损失的,人民法院可以责令申请人提供相应的担保。

2. 申请程序

专利侵权证据的保全方式主要有公证保全和人民法院证据保全两种方式。

(1) 公证保全方式。公证保全,一般是专利权人及其利害关系人就存在的侵权行为,向公证机关提出申请,对其购买侵权产品的过程及购得的侵权产品进行公证,或对侵权现场（如许诺销售）或对侵权产品的安装地进行勘查公证，取得公证书，从而证明被告存在侵权行为。在公证取证的过程中，专利权人主动向销售者索取产品宣传册、销售侵权产品人员的名片、购货发票或收据，以进一步明确产品的生产者和销售者，同时专利权人可要求公证机关对前述资料的来源和真实性作出说明，一并记载在公证书中。

（2）人民法院证据保全方式。人民法院证据保全方式，即通常所说的民诉法意义上的"证据保全"，指的是为了防止证据的自然灭失、人为毁灭或者以后难以取得，经诉讼参加人申请或者人民法院依职权主动开始，人民法院对民事诉讼证据加以收集和固定的制度。人民法院证据保全有两种形式：诉前证据保全和诉讼中证据保全。

诉前证据保全是指为了制止专利侵权行为，在证据可能灭失或者以后难以取得的情况下，专利权人或者利害关系人在起诉前向人民法院申请保全证据。人民法院采取保全措施，可以责令申请人提供担保。

诉讼中证据保全，主要是指申请人在起诉后，按照民事诉讼法规定的程序和要求，书面申请人民法院对民事诉讼证据加以收集和固定的制度。

申请证据保全需提供申请书，并载明当事人及其基本情况；申请保全的证据的具体内容、范围、所在地点；请求保全的证据能够证明的对象；申请理由，包括证据可能灭失或者以后难以取得，且当事人及其诉讼代理人因客观原因不能自行收集的具体说明。同时，提供证明当事人之间存在申请人主张的民事关系（如被申请人实施了侵权行为）的初步证据及申请人和被申请人的主体资格证据。此外，人民法院责令申请人提供相应的担保的，申请人应当提供有效的担保手续。

第三节 假冒专利的法律责任

一、假冒专利行为以及法律责任

（一）假冒专利行为

《专利法实施细则》第84条规定："下列行为属于专利法第六十三条规定的假冒专利的行为：（一）在未被授予专利权的产品或者其包装上标注专利标识，专利权被宣告无效后或者终止后继续在产品或者其包装上标注专利标识，或者未经许可在产品或者产品包装上标注他人的专利号；（二）销售第（一）项所述产品；（三）在产品说明书等材料中将未被授予专利权的技术或者设计称为专利技术或者专利设计，将专利申请称为专利，或者未经许可使用他人的专利号，使公众将所涉及的技术或者设计误认为是专利技术或者专利设计；（四）伪造或者变造专利证书、专利文件或者专利申请文件；（五）其他使公众混淆，将未被授予专利权的技术或者设计误认为是专利技术或者专利设计的行为。专利权终止前依法在专利产品、依照专利方法直接获得的产品或者其包装上标注专利标识,在专利权终止后许诺销售、销售该产品的,不属于假冒专利行为。销售不知道是假冒专利的产品,并且能够证明该产品合法来源的,由管理专利工作的部门责令停止销售,但免除罚款的处罚。"

1. 在产品上或者产品的包装上标注专利标识导致的假冒专利行为

这种行为包括两种不同的情况:一是产品本身并没有被授予专利权,行为人在该产品或者其包装上标注专利标识;二是他人就某种产品获得了专利权,行为人不是专利权人,也不是专利权人的被许可人,却在其产品或者产品的包装上标注该专利权的专利号。无论在哪种情况下,只要发生了上述标注专利标识的行为,就构成了假冒专利的行为,因为该行为本身就具有欺骗公众的性质。在上述第二种情况下,被标注了他人专利号的产品本身是否落入该专利权的保护范围并不重要。

在上述两种情况下,行为人标注专利标识的行为可能发生在产品的制造过程中,也可能发生在产品的销售、流通过程中,对两者不必加以区分。在第一种情况下,所标注的"专利标识"可以是专利号,也可以是其他类型的标记、图形或者话语,例如"本产品系专利产品,严禁仿制"等;在第二种情况下,所标注的一般应当是他人所获得专利权的专利号,否则就没有明确的指向,这一点与判断行为人是否要承担民事责任有关。在产品上或者产品的包装上标注专利标识是构成假冒专利行为的主要方式,管理专利工作的部门在执法过程中发现的假冒专利行为大多是这种类型的行为。

2. 销售上述标注了专利标识的产品导致的假冒专利行为

销售上述标注了专利标识产品的行为也构成了违法行为。如果仅仅规定只有在产品或者其包装上标注专利标识的行为才构成假冒专利行为,则会使销售者逃脱其违法责任。当然,在有些情况下将销售行为认定为假冒专利行为又是不尽合理的。所以《专利法实施细则》第84条第2款规定了一种免责情况,第3款也规定了一种部分免责情况,它们都仅仅与销售行为有关。

在现实中,一方面专利标识往往是通过刻字等永久性方式标注在产品或者其包装上的,一经标注就较难将其去掉;另一方面制造出来的产品常常不是在短期内就能销售出去的,经过若干年后仍在继续销售是常见的事情,而且一件产品也并非仅仅只能销售一次,批发之后还有零售,售出之后还可能转售。由此而产生的问题在于:专利权人在专利权终止前在其制造的专利产品上标注专利标识,专利权人自己或者他人在专利权终止之后销售这些带有专利标识的产品,是否构成假冒专利行为?过去,一些人主张对这一问题的回答应当是肯定的,一些管理专利工作的部门将这样的行为认定为冒充专利行为而给予行政处罚。这引起了许多专利权人的不满,认为对这样的行为进行处罚是不合理的。2010年修改《专利法实施细则》时,在第84条中增加了第2款,规定专利权终止前依法在专利产品、依照专利方法直接获得的产品或者其包装上标注专利标识，在专利权终止后销售该产品的，不属于假冒专利行为。

但是应当注意的是，专利权终止之后仍然在产品上或者其包装上标注专利标识的行为不同于在专利权终止之前标注专利标识、专利权终止之后销售被标注产品的行为，前者构成假冒专利行为，要受到行政处罚。

3. 在产品说明书等材料中予以说明导致的假冒专利行为

除了在产品或者产品的包装上标注专利标识之外，可能构成假冒专利行为的方式还包括在产品说明书、产品宣传材料、广告中将未被授予专利权的技术或者设计称为专利技术或者专利设计，将专利申请称为专利，或者未经许可使用他人的专利号，使公众将所涉及的技术或者设计误认为是专利技术或者专利设计。

4. 伪造、变造专利证书、专利文件或者专利申请文件构成的假冒专利行为

伪造专利证书、专利文件或者专利申请文件，是指行为人编造国家知识产权局没有颁发过的专利证书、没有公告过的专利文件、没有受理过的专利申请文件；变造专利证书、专利文件或者专利申请文件，是指行为人以篡改方式编造国家知识产权局颁发过的专利证书、公告过的专利文件、受理过的专利申请文件。这些行为其主要用途旨在欺骗公众，因此《专利法实施细则》将其列为假冒专利行为的一种，由各地人民政府管理专利工作的部门负责进行查处。

5. 其他假冒专利行为

其他使公众造成混淆，将未被授予专利权的技术或者设计误认为是专利技术或者专利设计的行为。这是专利假冒行为的"兜底"条款，以涵盖法律明确规定的有可能未能涵盖的其他假冒专利行为。

(二) 法律责任

假冒他人专利行为的法律责任，包括民事责任、行政责任和刑事责任。

1. 民事责任

根据《专利法实施细则》第84条对假冒专利行为的定义，假冒专利行为有可能同时构成侵犯他人民事权利的行为，因而要承担相应的民事侵权责任。

假冒专利行为人在其产品或者其包装上标注他人的专利标识，或者在产品说明书等材料上采用他人所获得专利权的专利号的，即使实际上并没有使用他人的专利技术或者专利设计，也会损害专利权人的声誉，构成了侵犯专利权人的专利标记权的行为。

《民法通则》第118条规定："公民、法人的著作权（版权）、专利权、商标专用权、发现权、发明权和其他科技成果权受到剽窃、篡改、假冒等侵害的，有权要求停止侵害，消除影响，赔偿损失。"

因此，专利权人可以根据上述规定，要求假冒其专利的侵权人承担相应的民事责任。假冒专利行为人不但在其产品或者其包装上标注他人的专利标识或者在产品说明

书等材料上采用他人所获得专利权的专利号,而且也使用了他人的专利技术或者专利设计的,不但构成侵犯专利权人的专利标记权的行为,还构成了侵犯他人专利权的行为,应当承担《专利法》第 60 条规定的民事责任。

2. 行政责任

假冒专利的行为或者以假乱真,以次充好,或者无中生有,都具有欺骗公众的性质,损害了公众的利益,破坏了专利行政管理秩序,应当受到行政处罚。《专利法》规定行政处罚包括由管理专利工作的部门责令改正并予以公告,没收违法所得,同时可以并处违法所得 4 倍以下的罚款,没有违法所得的,可以处 20 万元以下的罚款。

国家知识产权局 2018 年 12 月上报国务院的《专利法修订草案(送审稿)》建议进一步加大对假冒他人专利行为的行政处罚力度。除依法承担民事责任外,由管理专利工作的部门责令改正并予公告。非法经营额五万元以上的,可以处非法经营额 1 倍以上 5 倍以下的罚款;没有非法经营额或者非法经营额 5 万元以下的,可以处 25 万元以下的罚款;构成犯罪的,依法追究刑事责任。这充分显示了我国加大专利保护力度,整治专利违法行为的决心。

3. 刑事责任

《刑法》第 216 条规定:"假冒他人专利,情节严重的,处三年以下有期徒刑或者拘役,并处或者单处罚金。"假冒专利行为是否情节严重,应当由人民法院根据具体情况予以认定。一般认为,假冒专利的产品质量低劣,导致消费者的生命财产蒙受很大损失,或者造成重大事故的,应当认定情节严重,需要追究行为人的刑事责任。

《刑法》第 280 条规定:"伪造、变造、买卖或者盗窃、抢夺、毁灭国家机关的公文、证件、印章的,处三年以下有期徒刑、拘役、管制或者剥夺政治权利,并处罚金;情节严重的,处三年以上十年以下有期徒刑,并处罚金。"假冒专利行为如果是伪造、变造专利证书、专利文件或者专利申请文件的,除了依照《刑法》第 216 条的规定追究行为人的刑事责任之外,也可以根据上述规定追究行为人的刑事责任。

二、假冒专利行为的查处

(一) 查处的主体资格

《专利法实施细则》第 80 条规定:"国务院专利行政部门应当对管理专利工作的部门处理专利侵权纠纷、查处假冒专利行为、调解专利纠纷进行业务指导。"根据此条款,管理专利工作的部门被赋予了处理专利侵权纠纷、查处假冒专利行为、调解专利纠纷的行政执法职能。《专利法实施细则》第 79 条规定:"专利法和本细则所称管理专利工作的部门,是指由省、自治区、直辖市人民政府以及专利管理工作量大又有实际处理能力的设区的市人民政府设立的管理专利工作的部门。"这实际上明确了地方管理专利工作的部门具有查处假冒专利行为的职责。在此要明确,处理专利侵权纠纷和查处假冒专利行为具有不同的性质：前者是对民事纠纷进行处理，依照《专利法》第60条的规定，管理专利工作的部门需经专利权人或者利害关系人请求才能启动处理程序；后者是对损害公众利益的违法行为的行政执法行为，管理专利工作的部门可以依当事人的请求启动查处程序，也可以根据自己掌握的有关信息依职权主动启动查处程序。

(二) 查处的方式

《专利法》第64条规定："管理专利工作的部门根据已经取得的证据，对涉嫌假冒专利行为进行查处时，可以询问有关当事人，调查与涉嫌违法行为有关的情况；对当事人涉嫌违法行为的场所实施现场检查；查阅、复制与涉嫌违法行为有关的合同、发票、账簿以及其他有关资料；检查与涉嫌违法行为有关的产品，对有证据证明是假冒专利的产品，可以查封或者扣押。管理专利工作的部门依法行使前款规定的职权时，当事人应当予以协助、配合，不得拒绝、阻挠。"此条款的规定为管理专利工作的部门查处假冒专利行为提供了必要的行政执法手段。

2008年修改之前的《专利法》规定了管理专利工作的部门查处假冒专利行为的职责，但是一直没有赋予其必要的行政执法手段，致使管理专利工作的部门在以往的执法过程中常常遇到较大障碍，甚至遭遇当事人的围攻，影响了专利行政执法工作的有效开展。为规范市场秩序，保护消费者权益，保证专利制度的正常运作，2008年修改《专利法》时，借鉴《商标法》等其他知识产权法律的相关规定和实践经验，新增了本条规定。

管理专利工作的部门行使上述职权时，应当按照依法行政的精神，严格遵循《行政处罚法》规定的有关程序。应当注意两点：第一，按照该规定，查封或者扣押是在检查与涉嫌违法行为有关的产品过程中可能需要采用的调查取证措施，而不是认定假冒专利行为成立之后采用的行政处罚措施，行政处罚措施只能是《专利法》第63条规定的措施；第二，并非只要有证据证明是构成假冒专利行为的产品，就一定要查封或者扣押，只有在有关产品存在转移的可能性，而且当事人对管理专利工作的部门的调查取证工作采取拒绝、阻挠态度的情况下，才有必要查封或者扣押；当事人积极配合调查，如实承认涉嫌假冒专利产品的数量、价格和来源，在调查笔录上予以认可，并承诺接受相应处罚的，可以不予查封或者扣押。需要明确的是，《专利法》第64条规定的行政执法手段仅适用于对假冒专利行为的查处。管理专利工作的部门依照《专利法》第60条的规定对侵犯专利权的纠纷进行处理的，不能适用本条规定。

第四章 专利运用

第一节 专利分析预警

一、专利分析预警的含义

专利分析预警是指在行为主体所进行的任何与专利有关的行为中，因管理疏忽或处置不当等风险行为而可能带来侵犯他人专利权或者被侵犯专利权从而造成损失的可能性。专利分析预警的目的是通过一系列的制度和行为规范、应对措施等，来降低或消除风险发生的可能性以及在风险不可避免时尽量减小给创新或市场主体带来的损失。专利分析预警的重点是对风险行为进行控制，即从分析与该行为有关的行为主体内部活动和外部环境入手，找出影响风险发生和风险损失的各类因素和相关主体，在此基础上通过停止该行为、调整行为方式或提供其他辅助措施等方式来实现。

二、专利分析预警的主要内容

一般情况下，专利分析预警的内容包括专利技术内涵分析、专利竞争格局分析、专利风险筛查识别、专利风险等级判定和专利风险应对方法五部分。

（一）专利技术内涵分析

分析预警质量的好坏很大程度上取决于分析者对技术内涵的理解。通过确定所分析对象的技术边界和技术内容，并据此提炼出相关技术的技术要点和关键技术特征可以帮助分析者更快检索出更准确的专利文献，更科学地找出分析对比的着力点。在根据专利技术内涵提炼梳理技术要点和关键技术特征时，需要由技术人员、产业专家和情报分析人员共同对所确定的技术内涵、技术要点和关键技术特征进行讨论，并根据技术特点和专利检索可行性形成技术项目分解表。

◆ **案例专栏：高端医用机器人技术内涵及项目分解表**

医用机器人（该课题是2016年国家知识产权局专利分析和预警项目，由国家知识产权局知识产权发展研究中心和国家知识产权局专利局专利审查协作北京中心联合完成）是生命科学、临床医学、材料与机械工程、微电子与传感器、嵌入式系统与控制、虚拟现实、人工智能以及互联网大数据等交叉学科融合发展而成的新型前沿学术方向，可用于外科手术、康复医疗、医学培训等医用领域的智能型服务机器人，能够配合医护人员，按照医疗专家制定的治疗服务规划，依据实际医疗环境，确定检测、移动或操作的程序，基于环境感知将程序转换为机器人的智能行为。

由于病患需求多样，医用机器人的细分技术众多，根据应用领域的不同，医用机器人一般可以划分为手术机器人、康复机器人以及医用服务机器人三大类型。手术机器人用于辅助医生进行外科手术，可通过基于影像的编程来移动和定位手术工具，执行外科手术任务，如手术规划、手术执行、术后校验等；康复机器人用于为肢体伤残患者和老年人提供规律性的运动机能恢复性训练；医用服务机器人则泛指除了上述手术和康复机器人之外的其他用于医疗目的的机器人，例如疾病诊断、药房服务、病房护理、医学培训等。

基于产业技术资料收集、专利库初步检索以及产业调研专家指导，课题组经过多次讨论和修改，最终形成了高端医用机器人的技术分解表（见表4-1）。

表4-1 高端医用机器人技术分解表

一级分支	二级分支	三级分支	四级分支
高端医用机器人	手术机器人	感知系统	传感器
			图像采集
			图像处理
			定位导航
			术前规划仿真
			其他
		本体结构	整机结构
			臂
			末端执行器
			适配接口
			驱动单元
			辅助设备
			其他

续表

一级分支	二级分支	三级分支	四级分支
高端医用机器人	手术机器人	控制系统	整体控制架构
			臂控制
			末端执行器控制
			人机交互
			数据通信
			其他
	康复机器人	感知系统	电信号采集
			姿态识别
		本体结构	—
		控制系统	安全机制
			动力供给
			负重调整
			数据通信
			评价学习
			运动方案
			虚拟现实
			智能反馈

(二) 专利竞争格局分析

专利竞争格局分析是指对相关技术领域的方法、产品及部分上下游直接关联技术的专利现状进行分析。专利竞争格局的作用是摸清相关领域的专利技术发展趋势、专利地域分布、技术分布状况和权利及申请主体分布，还可以摸清整个技术领域不同技术发展路线的专利分布现状，以及不同创新或市场主体的专利竞争力状况。

◇ 案例专栏：智能汽车 V2X 领域专利竞争格局分析架构

该课题是 2016 年国家知识产权局专利分析和预警项目，由国家知识产权局知识产权发展研究中心和国家知识产权局专利局专利审查协作四川中心联合完成。

第二章　专利整体申请态势分析
2.1 全球专利态势分析
2.2 中国专利态势分析

2.3 小结

第三章 通信层关键技术领域分析
3.1 基于 DSRC 的 V2X 通信技术
3.2 基于 LTE-V 的 V2X 通信技术
3.3 两种协议共性关键技术的对比分析

第四章 应用层关键技术领域分析
4.1 车与车之间的通信 V2V
4.2 车与公共设施之间的通信 V2I
4.3 不同应用层与其所对应通信层的关系分析

第五章 V2X 通信标准相关专利研究
5.1 DSRC-Wave 通信标准
5.2 LTE-V 通信标准
5.3 两类通信标准专利竞争格局的对比分析

第六章 重点申请人的专利分析
6.1 LG 的专利实力和策略分析
6.2 华为的专利实力和策略分析
6.3 大唐及中兴的专利实力和策略分析
6.4 通用的专利实力和策略分析
6.5 高通及恩智浦的专利实力和策略分析

(三) 专利风险筛查识别

专利风险筛查识别是通过对与分析对象有关的各类专利、技术、市场等信息的收集，发现和研判可能会威胁项目预期方案的风险专利并进行对比确认的过程。其中，风险专利不仅仅包括已经授权维持有效的专利，也包括已经公开尚处于审查状态的专利，对于后者，需要对其审查进程和状态保持关注。

◇ **案例专栏：高端医用机器人在定位导航技术上的专利风险与机会识别**

研究发现，定位导航技术是定位机器人的核心技术（该课题是 2016 年国家知识产权局专利分析和预警项目，由国家知识产权局知识产权发展研究中心和国家知识产权局专利局专利审查协作北京中心联合完成）。将定位导航技术分为定位方式相关技术和导航系统构成与操控相关技术，其中定位方式相关技术分为三代，即第一代定位方式：机械式定位；第二代定位方式：光学定位和电磁定位；第三代定位方式：超声定位、触觉定位、电刺激定位以及集成定位；导航系统构成与操控相关技术大致可以分为硬件部分和软硬结合部分，其中硬件部分主要涉及定位机构和标记点/跟踪器设置两部分，软硬结合部分主要涉及术前规划、目标配准、术中二维图像引导、术中三维图像引导以及系统设备校准。对比主要申请人在上述领域的专利、技术、市场信息发现，我国在高端医用机器人定位导航技术的机会和风险如图 4-1 所示。

重点方向	重点技术	核心专利持有者	中国空白	中国机会	中国风险
光学定位	光源、光学传感器、跟踪器/标记点	史塞克、强生			
集成定位	光学+电磁	史塞克、强生			
	光学/超声+触觉	史塞克、日立			
	光学/电磁+惯性	史塞克、美敦力			
	光学+电刺激	华沙整形			
定位机构	导向系统、手术工具设计	史塞克、捷迈、强生			
目标配准	虚拟-现实坐标系转换	史塞克、强生、施乐辉、THINK			
术中二维图像引导	X（荧光）成像、多模图像配准	史塞克、马佐尔、GE、西门子、天智航			
	超声、多模图像配准	马佐尔、飞利浦			
术中三维图像引导	MR/CT引导、多模图像配准	史塞克、GE			
	结构光扫描仪	马佐尔			
	三维运动捕捉系统	强生、OMNI			
术前规划	三维建模、路径规划	OMNI、施乐辉			

图 4-1 我国在高端医用机器人领域的机会与风险

(四) 专利风险等级判定

专利风险等级判定，不同于其他数理统计方法的分析模块，它要在技术空白点分析模块应用的基础上，首先检索出与重大专项技术方案相关的专利，再通过分析人员的阅读，比较其必要技术特征，并利用归纳、推理等定性分析方法判定专项方案所采用的技术是否存在专利侵权风险的因素。如表 4-2 所示，可将风险等级分为高风险、中度风险、低风险和无风险四个等级。

表 4-2　专利侵权分析判断表

研究对象的产品或方法	相关专利	比较过程	全面覆盖	等同原则	侵权判断	风险等级
A+B+C	A+B+C	技术特征完全相同	是	×	侵权	高
A+B+C+D	A+B+C	产品或方法比相关专利增加一项或一项以上的技术特征	是	×	侵权	高
A+B+D	A+B+C	C 和 D 可能具有非实质性区别	否	可能	可能侵权	中
A+B	A+B+C	产品或方法比相关专利减少一项或一项以上的技术特征	否	否	不侵权	低
A+B+E	A+B+C	C 和 E 确定具有实质性区别	否	否	不侵权	无
D+E+F	A+B+C	技术特征完全不同	否	否	不侵权	无

注：专利侵权判断需以整体技术方案为对象进行比对。

（1）高风险等级。如果研究对象所采用的技术方案中必要技术特征与相关专利权利要求保护的全部必要技术特征相同，即适用全面覆盖原则，则构成高风险等级。具体表现形式可以分为：一是研究对象所采用技术方案的技术特征包含了相关专利权利要求中记载的全部必要技术特征，则研究对象的产品和方法落入专利权的保护范围；二是相关专利权利要求中记载的必要技术特征采用的是上位概念，而研究对象采用的是相应的下位概念，则研究对象的产品和方法落入专利权的保护范围；三是研究对象在利用相关专利权利要求中的全部必要技术特征的基础上，又增加了新的技术特征，则研究对象的产品或方法落入专利权的保护范围；四是研究对象对在先技术而言是改进的技术方案，并获得了专利，属于从属专利，未经在先专利权人许可，实施该从属专利也覆盖了在先专利权的保护范围。

（2）中度风险等级。如果研究对象有一个或一个以上的技术特征与相关专利权利要求保护的技术特征相比，从字面上看不相同，即存在区别技术特征，但经过分析可认定两者可能是相等同的技术特征，即存在适用等同原则的可能，则构成中度风险等级。满足等同原则需要同时具备的条件：一是研究对象的技术特征与专利权利要求的相应技术特征相比，以基本相同的手段，实现基本相同的功能，产生了基本相同的结果；二是对该专利所属领域普通技术人员来说，通过阅读专利权利要求和说明书，无须经过创造性劳动就能够联想到的技术特征。应当注意的是，如果最终确定该区别技术特征能够同时满足等同原则的上述条件，则此种情况下的专利侵权的风险应提升到高风险等级。

（3）低风险等级。如果研究对象与相关专利权利要求保护的技术特征相比少一个或一个以上的技术特征，即研究对象的产品或方法采用的是基础专利，所对比分析的相关专利属于从属专利，则构成低风险等级。应当注意的是，如果研究对象的产品或方法在未获得专利权人许可的情况下实施了该从属专利,则此种情况下的专利侵权的风险应提升到高风险等级。

(4)无风险等级。如果研究对象的产品或方法所采用的技术方案中必要技术特征与专利权利要求的全部必要技术特征完全不相同,或虽然存在部分相同的技术特征但二者的区别技术特征具有实质性的差别,则构成无风险等级。

表4-3 案例:14nm FinFET专利侵权风险等级判定

研究对象的产品或方法	相关专利	比较过程	风险等级
一种通过在FinFET硅基鳍片外侧包覆应变产生层为沟道提供应力的技术方案	CN1003＊＊＊＊、CN1031＊＊＊＊	后者对与FinFET晶体管结构特征与前者高度一致,都包含以下四部分:一是绝缘体;二是在所述绝缘体上的半导体结构＊包括中心部分和从所述中心部分延伸的第一和第二端;三是位于结构＊的中心部分的第一侧上的第一栅极;四是在所述第一栅极和所述结构的所述中心部分的所述第一侧之间的应变产生层;以及在所述结构的所述中心部分的第二侧上的第二栅极。在商业竞争中判断专利侵权很大程度上还是以产品为载体的,即使获得了制作方法的专利权,也存在着相应方法生产的产品侵权的潜在风险	可能落入前者专利的保护范围。侵权风险较高
应力诱导沟道外延	US684＊＊＊＊、CN10392＊＊＊＊B、CN10391＊＊＊＊B	CN10392＊＊＊＊B通过在鳍的侧壁设置应力层,形成了水平排列的应力诱导叠层;CN10391＊＊＊B通过设置水平排列的应力诱导叠层为沟道提供了应力	改进了现有的侧部应力层外延技术,专利侵权风险为中
鳍式场效应晶体管及其形成方法	US8927＊＊＊＊、CN1035＊＊＊＊、CN1013＊＊＊＊	三件专利均采用多层掩模的方式来获得鳍部,但是由于其涉及的都是方法,且对比专利CN1035＊＊＊＊的多层掩模之后结合了修整工艺,而CN1013＊＊＊＊虽然最终结构与基础专利相似,但是其制作工艺并不相同,使用的掩模图形也完全不同	专利侵权风险较低

注:案例来源于国家知识产权局2017年专利分析和预警项目"14nm FinFET集成电路专利分析和预警报告"。

(五)专利风险应对方法

根据前述分析得出的专利风险等级和应对风险的成本来综合分析,需要对已经区分出不同风险等级的专利,确定风险应对的策略,并选择相应的应对措施。总体上,可以将风险应对的策略分为以下几种:

（1）风险规避。通过采取各种措施，以保证风险完全不发生。例如规避设计、提起无效、主动寻求专利许可等。

（2）风险降低。通过采取控制措施，降低风险发生的可能性或降低风险发生造成的损失程度。例如通过专利挖掘、专利购买、并购、联盟等措施提高相关主体的专利对抗实力。

（3）风险接受。多措并举，在不得已接受的同时采取其他风险防控举措来规避、减小风险可能产生的负面影响。例如在风险发生的可能性很小，负面影响小，承担比控制更为经济的情况下可以采取这种策略。

案例1：14nm FinFET专利风险应对建议❶

该课题是2017年国家知识产权局专利分析和预警项目，由国家知识产权局知识产权发展研究中心和国家知识产权局专利局专利审查协作北京中心联合完成。

背景：国内公司一件关于"通过在FinFET硅基鳍片外侧包覆应变产生层为沟道提供应力的技术方案"专利，可能落入国外专利的保护范围。侵权风险较高。

建议：研究发现，由于早期技术路线的选择问题，国外公司在较早的专利申请中大多采用了SOI衬底技术或者前栅工艺。因此，针对这类在权利要求保护范围内限定了SOI衬底或者前栅技术的相关特征的专利，可以考虑该技术是否可以移植到目前的主流的体硅或者后栅工艺中，并通过相关特征的替代方法进行侵权的规避。对于国外公司的另一件授权专利US842＊＊＊＊B1采用SiGe侧墙掩模形成硅鳍，以及US770＊＊＊＊B2采用两侧硅膜弛豫SiGe鳍属于应力鳍的核心技术，在制造FinFET的应力鳍时，想要规避这样的专利具有较大的困难。可以通过许可或购买的方式，来打破这些专利的壁垒。

案例2：三维NAND存储器专利风险应对建议❷

该课题是2017年国家知识产权局专利分析和预警项目，由国家知识产权局知识产权发展研究中心和国家知识产权局专利局专利审查协作湖北中心联合完成。

背景：国外公司拥有大量三维NAND核心专利，这些专利是我国发展三维NAND产业的风险。

建议：根据三维NAND存储器的技术特点，积极布局核心专利和外围专利，提高专利质量。国内三维NAND存储器企业和科研院所应针对已有架构大力布局操作方法类专利，增加合作筹码；重视对架构、沟道、存储单元等核心/次核心技术的改进，布局高价值专利；学习国外先进企业围绕关键技术节点布局外围专利；基于竞争对手半

---

❶ 案例来源于国家知识产权局2017年专利分析和预警项目"14nm FinFET集成电路专利分析和预警报告"。
❷ 案例来源于国家知识产权局2016年专利分析和预警项目"三维NAND存储器专利分析和预警报告"。

导体结构，积极布局操作方法，增加话语权；注重专利国际布局，在存储器主流市场如美国、中国、日本、韩国等国家进行专利布局。

三、专利分析预警的流程及操作实务

（一）专利分析预警的流程

专利分析流程分为前期准备、数据采集、专利分析、报告撰写等阶段。

1. 前期准备

前期准备阶段主要是成立课题组，确定分析目标，研究技术背景，制订项目计划，选择数据源和软件工具。需要注意的是专利分析是情报信息和科技工作结合的产物，团队成员至少应该包括专业技术人员和专利情报分析人员，最好包括相关领域的专利审查员。明确分析目标至关重要，关乎是进行目标技术（竞争对手）的定量分析还是定性分析，是否需要对核心专利进行技术内容的分析、标引，是否需要进行核心专利文献的对比分析，这些都将决定专利分析的工作量、周期和成本等，直接影响到项目的成败。

2. 数据采集

数据采集阶段主要是制定检索策略、专利检索、检索策略评审、数据加工。可以说专利检索的质量将直接决定专利分析项目的成败。为了尽可能提高检全率，需要进一步细化检索要素，针对每一个检索要素对检索关键词进行扩展，形成初步检索策略，进行初步检索，采集样本数据文摘，利用专利分析软件对样本数据进行自动分类；通过对 IPC 分类号、申请人、发明人、国家等信息进行分析和目标专利的初步筛选，验证检索策略；分析误检或漏检原因，调整检索策略，进行再次检索。再次采集数据进行自动分类，手工筛选阅读。检索策略需要重复多次修正才能最终确定。为保证检全，还需要利用专利分析软件进行同族互补检索，针对企业兼并、收购等使专利权人发生变化等情况进行补充检索，直到确定最终检索策略，进行数据的采集，形成初步样本数据库。为了给专利分析提供准确的数据源，还需要利用专利分析软件对数据库中的专利进行筛选整理，删除与技术课题无关的专利数据。如果需要对专利进行定性分析，需要利用专利分析软件建立自定义分类树和标引项目，通过软件方便地对专利文献进行阅读，分类标引，完成数据加工。

3. 专利分析

专利分析阶段主要是利用专利分析软件对最终专利数据库进行专利分析。根据分析目标，确定专利分析指标，如技术生命周期、法律状态、增长率、矩阵、引证、同族数量等，利用专利分析软件进行统计分析，生成各种可视化图表，以及需要进一步

进行深度分析的目标专利群即核心专利，这些专利是定性分析的分析样本或需要进一步研究的竞争对手的分析样本。

4. 报告撰写

报告撰写阶段主要是对专利分析工作的研究成果进行总结，分析报告通常包括：项目技术背景、分析目标、专利信息源与检索策略、分析方法和分析软件、专利指标定义、专利分析及解析、建议、附录等主要内容。为方便撰写专利分析报告，需要专利分析软件能够生成分析报告初稿，能够让用户自定义分析报告模板，并按模板要求将相应的分析表、图表等插入报告中。另外，分析软件还应该具有非常良好的数据表、图表导出功能，便于用户方便使用分析结果。报告完成后，可组织企业主管领导、行业技术专家、专利分析专家等进行评审，对报告进行修改和完善。

分析报告应当在报告内容、报告结构和格式等方面遵循一定的规范要求，以体现整体性、一致性和规范性。分析报告的主要内容一般包括：引言、概要、主要分析内容、主要结论、应对措施、建议等内容。

（1）引言主要表述项目立项背景、立项的重大意义以及项目的运行情况和研究过程等。

（2）概要的主要内容包括：项目的分析目标、技术背景、专利数据库与检索策略、数据处理原则、分析方法和分析工具、专利分析模块选择等。

（3）主要分析内容因不同的分析目标和项目分解内容有所不同。一般可以根据需要从专利基础分析、专利高级分析和特需分析三个模块中自由组合。需要注意的是，主要分析内容应当与项目分析目标相对应，另外，对不同技术内容分析完成后，应当针对所分析的问题撰写相应的小结。

（4）主要结论：针对项目需求和项目分解内容，在进行充分分析的基础上分别给出分析报告的整体结论和各个要点分析的主要结论。主要结论应当与项目分析目标密切相关，并有分析过程和分析数据支撑。

（5）应对措施和政策建议：应依据主要分析结论，结合国家宏观经济政策和相关法律法规，以及相关领域或行业的技术现状和竞争环境等内容提出应对措施和政策建议。此外，根据项目分析目标的不同以及研究对象专利风险等级的不同，采取的应对措施和政策建议的侧重点也应有所区别。

（6）附录：列出与项目研究相关的成果清单，如具有风险的专利清单、项目研究过程中形成的各类分析样本、专利分析和预警课题计划书、检索策略表、参考文献。

（二）专利分析预警的操作实务

实践中，常常根据分析对象所在产业领域和技术创新的特点，选择合适的维度开展相应分析。下面，以2017年针对FinFET集成电路设计所开展的专利分析和预警课题为例来展示分析预警的操作要点❶。

1. 专利技术内涵分析

鳍型场效应晶体管（FinFET）是集成电路领域一个专业的技术术语，它指的是具有鳍状结构（Fin）的场效应晶体管（FET）。相较于早期前一代的平面晶体管来说，由于其沟道突出衬底而具有3D的结构，并且因此导致门极呈三面环绕状态，源/漏也呈现非平面结构（见图4-2），因此制造工艺要比平面工艺复杂很多，可以说是晶体管制造领域一次重大的技术变革，相当于建筑从"平房"发展到"摩天大楼"，对其器件及工艺技术的掌握也相对比较困难。

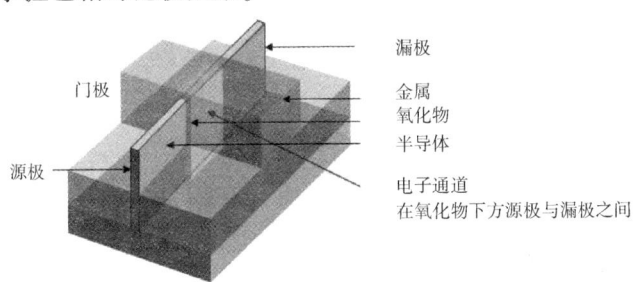

图 4-2　FinFET 结构图

为了更好地剖析FinFET技术的现状和未来趋势、国外重要申请人及其重点技术方向，获得国外在该领域的技术发展重要信息，并与我国相关研发和产业情况进行对比研究，以能够发现我国在该领域存在的差距、研发及市场竞争中可能存在的专利风险，在上述鳍结构、鳍工艺，并对环栅、纳米线重点技术分支的基础上，进一步进行技术分解，得到技术分析的边界（见图4-3）。

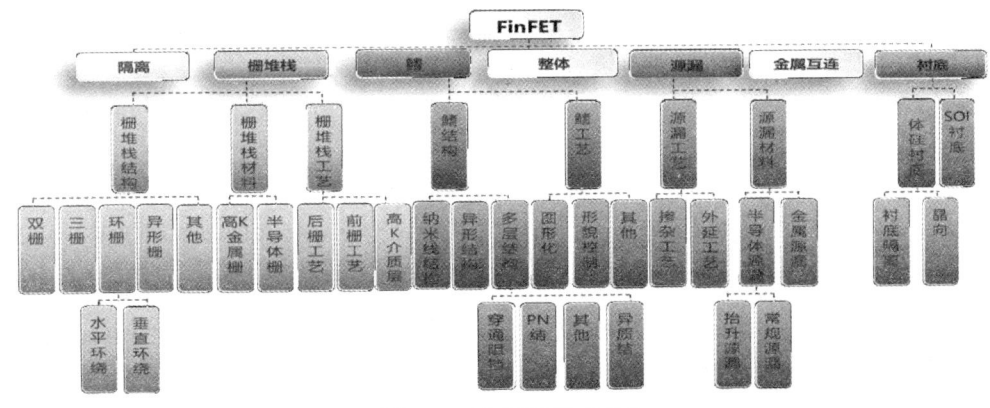

图 4-3　FinFET 技术分支

---

❶ 案例来源：该课题是2016年国家知识产权局专利分析和预警项目，由国家知识产权局知识产权发展研究中心和国家知识产权局专利局专利审查协作北京中心联合完成。

2. 专利技术竞争格局分析

（1）全球申请量近年来激增是技术发展热点。FinFET 专利申请从 1999 年开始出现，FinFET 技术的发明人胡某在 2000 年提出有关 FinFET 的第一篇专利申请。有关 FinFET 的专利申请在 2004—2007 年开始集中布局，2011 年 Intel 实现 FinFET 产品量产之后，FinFET 被确切地证实为可以实现的下一代技术，这导致其申请量呈现井喷式的增长，并且仍然处于持续的增长中，如图 4-4 所示。中国申请的增长比例略低于全球总体增长比例，这与目前全球 FinFET 量产技术的掌握情况基本相符。

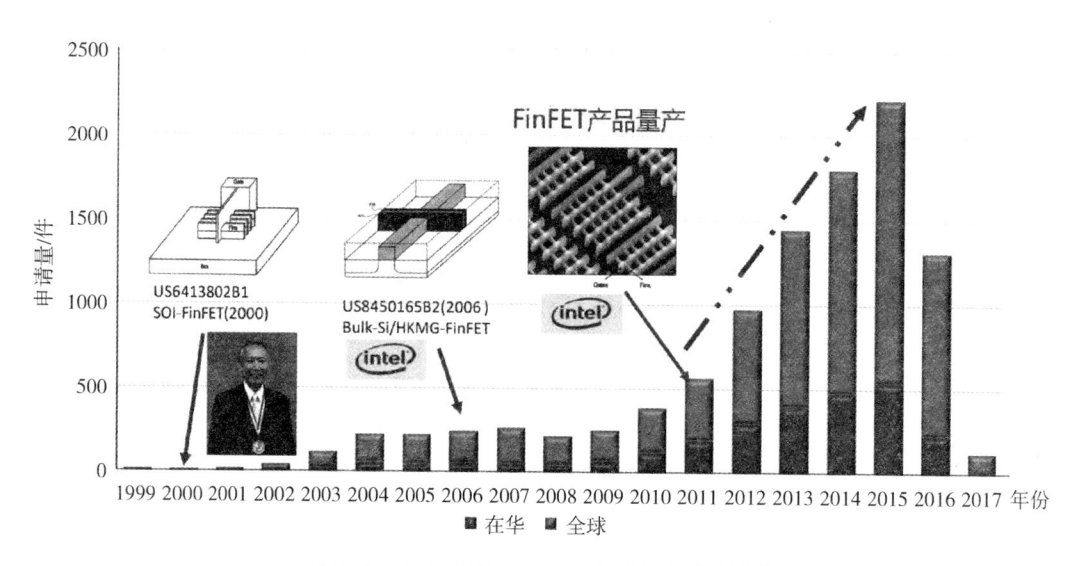

图 4-4　FinFET 技术在华和全球年专利申请量

（2）美国/中国大陆/韩国/中国台湾地区是主要的专利申请目标和技术来源。全球专利目标市场和技术来源都是美国排名第一，目标市场的排名依次为中国大陆、韩国和中国台湾地区；而技术来源排名先后是中国台湾地区、中国大陆和韩国，这样的专利布局和技术与芯片制造产业的分布基本吻合。

（3）申请人以国际大公司为主，我国申请人中芯国际和微电子所分列第 5 位和第 8 位。FinFET 申请的全球主要申请人排名如图 4-5 所示，可以看到全球申请人排名位于前 10 的是：国际商业机器公司（IBM）、台积电（TSMC）、格罗方德（Global Foundry）、三星（Samsung）、中芯国际（SMIC）、英特尔（Intel）、联华电子（UMC）、中科院微电子所（IMECAS）、意法（ST）、超微（AMD）。其中中芯国际全球排名第 5、中科院微电子所全球排名第 8。

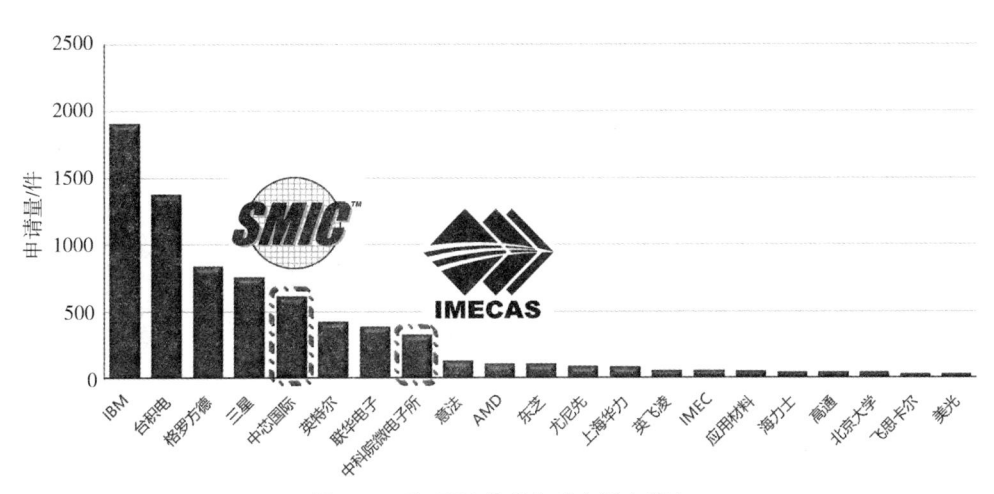

图 4-5　FinFET 技术全球主要申请人

（4）鳍和栅堆栈是重点技术分支。鳍和栅堆栈是 FinFET 两大热点领域。"鳍"技术分支专利申请量最大，且一直保持较高的增长。"栅堆栈"技术分支的专利申请量排在第 2 位，与"鳍"技术分支一样，在 2011 年开始迅速上升，上述两个技术分支的申请量占整个 FinFET 技术总申请量的 70% 以上。上述专利的增长趋势与 FinFET 的技术发展是一脉相承的，"鳍"是 FinFET 相对于平面 FET 最显著的技术特征，其使得沟道由平面变为立体，大大提高了栅对沟道中载流子的控制能力，为晶体管的进一步微缩提供了结构上的支撑。"栅堆栈"是与鳍结构配合最为密切，完成载流子由源极到漏极控制的结构。因而，鳍和栅堆栈能够成为 FinFET 热点的两大领域。2012 年 FinFET 技术在全球开始进入量产阶段，各大厂商以及创新主体在 2011 年开始了大量的专利布局，并呈现了逐年持续增加的趋势。

3. 专利风险筛查识别和等级判定

鳍图形化，侵权风险较低。鳍图形化是指对有源区进行显微加工，主要通过光刻的方法，形成特定的掩模图形，最终通过这些图形刻蚀形成鳍。有源区的鳍的形成是一个极具挑战性的工艺，并且随着鳍宽度尺寸越来越小，采用何种方法图形化鳍成为获得良好 FinFET 的至关重要的因素之一。A 公司在鳍图形化方面的专利申请时间并不算晚，其最早的专利申请文件的时间与核心专利的申请时间相同，对于间隙壁图形化方面也做了相应布局，如 CN103＊＊＊＊61B：其采用多层掩模获得牺牲鳍之后以获得开口，并在开口中选择性地形成氧化物以缩小开口，从而在缩小的开口中形成鳍。该专利与基础专利和核心专利相关度低，从而能够避免该方面的侵权；其中一些间隙壁图形化的专利申请布局相对较晚，且与核心专利具有一定的相关度。A 公司对于间隙壁材料以及非间隙壁掩模方面也有布局，但是专利申请时间也相对较晚，且非间隙壁掩模方面与基础专利/核心专利具有一定的相关度。因此，为了更深入地了解 A 公司鳍图形化的专利风险以及其所布局专利的保护情况，需要针对上述的各种类型的鳍图形化进行深入分析。

4. 专利风险应对

（1）积极收储专利，特别是在 FinFET 领域活动性很低，几乎全部退出市场竞争，但都曾布局过相当一部分专利的企业。

（2）对于各大公司已经布局并且掌握的基础专利，国内企业在制造 FinFET 的过程中基本无法规避，这一部分基础专利我们建议其采用合作、购买许可等方式获取技术，或者希望合作的企业达成合作意向，并以此为入口获得相应的技术支持或者学习到相关的技术以促进自主研发，最终在技术瓶颈上获得突破。

（3）加强上下游厂商的合作。加强制造公司与上下游的设计公司和封测公司的合作，做强联合开发，联合生产，努力向能够提供一站式服务的方向发展。同时还要一并协调国内装备整机和材料厂商，形成完整的全产业链制造能力，尤其注重提升短板，摆脱产业链中任何环节的依赖，形成良好的产业生态环境。

第二节 专利联盟

一、专利联盟概述

（一）专利联盟的概念

专利联盟（Patent Alliance），也称专利联营、技术联盟，是知识产权联盟和产业联盟中的一个重要分支。

在国际上，不同国家、不同组织对专利联盟的定义不尽相同。其中，最早的规范定义可追溯至 1948 年美国最高法院在 United States vs Line Material Co. 判例中作出的定义，即"专利池是指将多个专利使用权组织起来授予一位及几位专利权人的一种方式"。国内学者目前采用较多的是李玉剑和宣国良（2004）在《专利联盟：战略联盟研究的新领域》中定义的专利联盟，即"指由多个专利拥有者，为了能够彼此之间相互分享专利权或者统一对外进行专利许可而形成的一个正式或者非正式的战略联盟组织"。另外，美国司法部（DOJ）、美国联邦贸易委员会（FTC）、日本公正交易委员会（JFTC）以及欧盟等多个国家和组织也都对专利联盟的相关概念加以定义。

值得注意的是，早期将专利池认为是专利联盟的概念是存在局限性的，专利池（PatentPool）的字面意思其实是指专利的集合，即专利权人为了将专利相互交叉许可，或者集中许可给第三方而组成的专利集合，相关概念还包括专利集或专利包等。专利池的形成可以看作专利联盟的雏形，专利池也是专利联盟的管理和运行对象，即以"池（Pool）"的概念管理和运营其中的专利技术。狭义的专利联盟的定义即多个经济实体通过组建专利池而形成的联盟组织。

随着专利联盟理论研究的深入，专利联盟所囊括的概念会越来越多。目前认为，专利联盟一般是主体之间基于共同的战略利益，以一定数量的相关的专利技术为纽带达成的联盟，联盟内部实现专利的交叉许可和协同运用，以及相互优惠使用彼此的专利技术，并可对联盟外部共同发布联合许可；联盟可成立或委托专门的组织，或各成员之间通过协议的方式，负责联盟内部专利技术的管理和运营等工作。

(二) 专利联盟的类型

由于专利联盟具有的诸多特点，组建专利联盟常带有倾向性，从而形成不同的专利联盟类型，对专利联盟类型的划分使得研究更有针对性。

1. 划分标准

由于专利联盟本身的复杂性，对于专利联盟类型的划分标准也多种多样，目前并没有一个确定的划分标准。随着专利制度的不断延伸和专利联盟的持续发展，专利联盟类型的划分标准也会随之发生改变。目前提出的划分标准主要包括：根据专利许可对象的不同，分为开放式专利联盟、封闭式专利联盟和复合式专利联盟；根据专利联盟运行的目的和动机不同，分为联合创新型、标准共建型、共同防御型、专利池构建型、专利运营型、投融资型；根据专利联盟中专利技术之间的关系不同，分为竞争性专利联盟和非竞争性（互补性）专利联盟。非竞争性专利联盟内的专利技术之间的关系又可以分为障碍性关系和互补性关系；根据专利联盟运作模式的不同，分为实体型联盟与松散型联盟；根据建立专利联盟的目的不同，分为主动布局型（进攻型）和被动布局型（防御型）。

2. 主要类型

开放式专利联盟和封闭式专利联盟可以简单地表示专利联盟运行的基础类别。其中开放式专利联盟是指两个或两个以上的专利所有人结合专利联盟之后，以专利联盟的名义对外提供专利许可，并且按照联盟内部所指定的规则分配许可费的一种联盟形式。在开放式专利联盟中，对第三方的许可是其设立的目的之一，专利联盟的专门管理机构在专利联盟中起着连接专利权人与第三方的重要的中介作用。封闭式专利联盟是指两个或两个以上的专利所有人以分享各自的核心专利为目的组成专利联盟，并在联盟内部进行专利权人之间的专利交叉的联盟形式。该种专利联盟不涉及对第三方被许可人的许可，其设立专利联盟的目的是源于对彼此所持有的专利的某种需要。复合式专利联盟则兼具封闭式和开放式专利联盟两者的特点，专利联盟成员不仅可以在联盟内部进行专利权交叉许可，也可以以专利联盟的名义向第三方被许可人提供专利许可并收取许可费，有助于解决"专利丛林"问题，因此，在现在的市场上，复合式专利联盟最为常见。

目前，国内专利联盟被动布局性质较为明显，偏防御型，虽具有前瞻性考虑，但获取运营收益的目标和动力不强，例如因防御外来风险而组建的专利联盟（中国彩电专利联盟）、以降低行业内耗组建的联盟（医疗器械联盟）、以推动行业标准发展而组建的专利联盟（AVS 产业联盟）、以政府政策为主要推动力组建的专利联盟（工业机器人知识产权联盟）、以降低海外知识产权风险而组建的专利联盟（LED 产业知识产权联盟）。国内专利联盟与国际上主要专利联盟组建不同，国际上主要专利联盟中主动布局型专利联盟较多，市场化性质更明显，以专利运营收益为主要组建目标和动力，如 MPEG-2、DVD 3C、3GPP 等专利联盟。

(三) 专利联盟的特点

专利联盟具有技术集聚性和先进性。专利联盟中一般集结了同一领域的成员以及其在该领域内的核心专利，也集聚了领域内的巨头企业和顶尖研究机构，在技术标准的形成和制定中具有较重的话语权，因此专利联盟具有显而易见的技术优势，往往对整个行业都有重要影响。

专利联盟所涉及的关系结构更为复杂。首先，专利联盟中的专利权人之间以及专利联盟与被许可人之间权利义务关系复杂，使得对其进行规制具有一定的难度。一般的专利许可关系，只涉及专利权人与被许可人之间的关系。而专利联盟不仅涉及专利联盟与被许可人之间的权利义务关系，还涉及专利联盟内部专利权人（一般为联盟成员）之间的相互许可关系。其次，组成专利联盟的成员多元化，可包括企业、院校、科研机构、政府机构甚至中介机构，它们共同围绕专利技术进行的合作、转移、转化等本身就存在复杂的权属、利益关系，并且专利联盟的运行还需要各成员方协同参与。

由于专利联盟具有技术集中性和复杂的结构关系，所以专利联盟的管理和运行还具有集中性。专利联盟是科学技术发展与专利制度结合的产物，随着科技的发展，产生的专利技术越来越多，单个产品中含有的专利技术数量增加，乃至形成专利布局，这使得技术范围的界定和许可手续变得纷繁复杂，而且往往导致重复许可。因此，专利联盟将零散专利集中化管理和运行，对外一般采取"一揽子"打包许可方式，并代表联盟成员解决专利纠纷等问题，简化了对外的复杂化程度；对内，专利联盟还需要对各成员进行集中管理和协调，建立统一和独立的管理运行实体。

二、专利联盟的管理模式和构建

(一) 专利联盟的管理模式

专利联盟的管理机制是指专利联盟管理机构所采用的管理方式方法。管理机构是专利联盟对外承担责任的主体，代表联盟成员对外开展专利许可谈判、专利交易、诉讼维权等活动。同时还要代表联盟成员建立与政府、机构等的沟通联络，起到上传下达的作用。专利联盟管理机构的运行模式大致可分为独任管理模式、第三方管理模式和合作式管理模式。

DVD 6C 专利联盟采取独任管理模式，起初由索尼、飞利浦和先锋三家企业发起设立，对专利进行集中管理和许可。随后 IBM、三洋、夏普等企业也加入了 DVD 6C 专利联盟。联盟企业同意将其必要 DVD 专利许可东芝，从而使东芝成为专利联盟的管理者，有权代表联盟对外许可联盟的必要专利以及自己的必要专利。同时，这六家企业都保留必要专利的独自许可权，同意设定一致的许可费率。

H265 专利联盟是典型的第三方管理模式。高效视频编码（HEVC），也称为 H.265 和 MPEG-H part 2，是一类视频压缩标准。2015 年，HEVC Advance 联盟正式宣布面对内容提供商和设备生产商收费，其打造的 H.265/HEVC 专利池，涉及 500 多项专利。该联盟由杜比、飞利浦、三菱、通用电气、Technicolor 等组建，成立 HEVC Advance 有限责任公司作为独立的许可管理机构，组建后便迅速出台收费方案。

北京市音视频产业知识产权联盟是合作式管理模式的代表。2009 年 10 月，由中科院计算所、华旗资讯、中星微电子、新奥特四家单位发起成立北京市音视频产业知识产权联盟，其他成员包括北京中星微电子、腾讯、华为、百度等。联盟设立企业工作组，由联盟内各企业成员的高层领导和北京市知识产权局相关领导组成，负责联盟规章制度的起草，讨论联盟内重大、战略性事务。

（二）专利联盟的构建原则

2015 年 4 月，国家知识产权局发布了《产业知识产权联盟建设指南》以规范知识产权联盟的建设和管理运行。指南对专利联盟的构建提出了坚持市场导向、加强资源整合、创新服务内容三个原则。

坚持市场导向。以企业为主体，充分发挥市场在资源配置中的决定性作用，发挥知识产权制度对产业创新资源的配置力，建立和完善利益分配机制，激励高校院所、金融机构、知识产权服务机构、创业群体等开展产业专利协同运用。

加强资源整合。联盟应整合全产业链知识产权资源，凝聚行业创新力量，解决行业发展中的知识产权问题，降低产业创新成本，提升行业创新效率。依托知识产权资源，优化配置金融资源、技术资源、人力资源、政策资源等，提升产业创新驱动发展能力。

创新服务内容。联盟内坚持互利互助，丰富服务内容，为成员单位创新发展提供综合服务，提升知识产权运营水平。坚持开放共享，依托联盟内资源，运用互联网思维，构建开放的创新创业服务平台。

（三）专利联盟的构建流程

专利联盟构建流程一般包括发布召集公告、组织评审、专利联盟成员签订协议至专利联盟最终建立，具体包括：

1. 发布召集公告

主要发起人或其授权的专利联盟管理公司以专利联盟的名义向社会发布公告，召集必要专利，其中公告内容包括：专利联盟构建、专利许可及收费及危机处置原则、联盟技术标准的内容、专利范围的内容。

2. 组织评审

专利联盟构建必须对联盟内的专利严格把关，需要对申请加入联盟的专利进行评审。评审工作需要独立的评审机构来进行，评审机构可交由第三方机构，也可由联盟内部成立的一个专门的联盟评审机构负责。其中，评审人员应长期从事该技术领域的研发工作，具有领域内的权威性；评审组成人员不得与所申请专利联盟产生任何利益关系；评审人员在评审过程中应遵守相关法律法规及评审的各种基本准则。

3. 成员签订协议

专利联盟的有效运作建立在成员之间相互达成的协议的基础上。协议一般包括专利联盟章程；专利联盟管理费用的收取、专利联盟成员利益分配的纠纷解决方式。其中，专利联盟章程是联盟设立、建设、运行与发展的重要文件。一般包括以下事项：①联盟的名称、住所；②联盟的性质、宗旨、业务范围和活动地域；③联盟的工作目标、原则和主要内容；④联盟成员资格及其权利、义务；⑤联盟的组织机构、管理制度及产生程序；⑥联盟经费和资产的来源、使用、管理和监督；⑦联盟章程的修改程序；⑧联盟的终止程序及终止后资产的处理；⑨其他应由联盟章程规定的事项。

三、专利联盟的运行机制

（一）专利联盟的动力机制

由于专利制度本身的约束，导致互补性专利和牵制性专利的存在，造成"专利丛林（Patent Thicket）"现象，即使得专利技术在实际运用过程中获取许可变得越来越复杂；并且，"专利丛林"现象还会使得想要运用专利技术的主体为了降低侵权风险，无法充分使用专利资源，从而带来"反公共地悲剧（Tragedy of the Anticommons）"，让专利制度最初的鼓励创新、促进产业发展的本意受到制约。为了弥补单个专利专有权有限性的缺陷，应对"专利丛林"现象，避免"反公共地悲剧"，专利联盟逐渐形成。

建立专利联盟有利于消除专利授权和许可障碍、实现专利共享，有利于专利技术的推广应用，推动技术标准的制定实施；降低交易经营成本，并获取专利使用许可费收入；减少专利纠纷，降低诉讼成本；促进研发与技术创新，开拓和保护市场。专利联盟中的不同企业之间专利技术形成优势互补，可以创造出更大的市场价值。从国外的专利联盟的发展特点来看，核心技术专利是专利联盟的合作根本，根植于同样的行业发展目标，以技术专利的纽带，掌握行业市场的技术生命线。

此外，产业技术标准化也在催生专利联盟产生和发展方面发挥了推动作用。在全球一体化的大背景下，受技术标准网络效应的影响，近年来产业技术标准的作用和地位愈加凸显。技术标准的竞争成为世界产业竞争的制高点。现代产业技术标准往往同专利结合在一起，技术标准的形成过程也伴随着专利联盟的形成过程。一项技术标准一旦确立，标准中所含大量专利的许可问题可能变得错综复杂，成为标准推广的绊脚石。此时，相关专利权人结成专利联盟是解决这一问题的最佳方式。无论是 MPEG-2、DVD 还是 3G 等标准，结成专利联盟成为标准推行中不可或缺的重要一环。

(二) 专利联盟的管理机制

专利联盟的管理机制是指专利联盟管理机构所采用的管理方式方法。专利联盟管理机构承担着联盟运行的管理工作，发挥着沟通联盟内外的桥梁作用。基本的职能包括：引导联盟成员单位重视专利的创造、运用、管理和保护；建立健全自律性约束机制，妥善解决联盟成员间的专利争议；负责建立并执行联盟内部信息共享与专利许可的利益分配与激励机制；通过专利交叉许可，整合联盟成员的互补性技术，促成行业标准的形成等。

专利联盟的管理机构，一般应包括联盟成员代表大会、联盟理事会、秘书处、专家委员会等分支机构。联盟全体成员单位委派代表组成联盟成员代表大会。代表大会是联盟的最高权力机构，负责制定联盟章程、制定联盟的发展规划、选举产生联盟理事会、决定联盟理事会提交的重大事项、审议联盟年度工作报告等工作事项。联盟理事会由理事单位组成，为联盟决策机构，负责批准联盟成员加入、提请修改联盟章程、制订联盟年度工作计划、制定年度财务预算和决算报告、推动联盟各成员开展工作、监督联盟资金使用等重大事宜。秘书处为联盟执行机构，对外代表联盟，负责联盟有关日常事务，根据需要召集会议，促进联盟成员之间的工作信息沟通。专家委员会为理事会的咨询机构，负责为联盟工作提供咨询和意见。

(三) 专利联盟的资源利用机制

专利联盟的资源利用机制有多种方式，主要的类型包括资源共享、利益共享和风险共担等形式。

1. 资源共享

专利联盟可以最大限度地满足联盟主体的专利许可过程中所需要的资源技术支持。实现专利联盟资源共享的两个典型渠道是交叉许可和联合创新。

专利交叉许可是专利联盟共享机制中最重要的活动，专利权交叉许可模式运行的前提是入池的各个专利权人所享有的专利是具有非替代性的核心必要专利。专利联盟成员通过交叉许可获得整个专利池，与此同时，各成员必须把基于该专利池发展所得到的新专利回授给专利联盟成员全体。尤其对于互补性专利池，由于互补性专利只有结合起来才能实现最大市场价值，为了保证成员专利的技术领先性，更倾向于要求强制性的专利回授。例如在汽车行业中，有关安全气囊的设计研制、发动机的研发运行等工艺的复杂机械往往包含了数十项甚至成百上千项专利技术，分属于不同的专利权人。只有通过专利权人的交叉许可，互补性专利得到共享和组合，才能使行业技术得到最大化应用。这些专利技术彼此不可替代，其中任何一项的实施都需要其他专利技术许可，否则，没经过许可的专利技术就会成为障碍专利。

联合创新是专利联盟进行资源共享所要达到的目的之一。通过资源共享使得联盟成员可以分担研发成本和风险。高技术研发费用往往十分高昂，与此同时还伴有极大的创新风险，如技术、市场、战略、竞争、政治等方面的风险。通过构建创新，可共同分担研发费用，共享研发成果，提高技术创新的成功率，降低技术开发的风险。通过资源共享有利于避免研发资源的浪费，优化资源配置。创新可以有效地避免重复投资，并可以在短时间内形成较强的竞争能力，实现对市场需求的快速响应。它可以使得企业更加集中于自身的核心业务，并通过与联盟伙伴的合作，获得外部专业知识或技能，将多家企业的核心能力集中起来共同创造新的收益，全面提高经营业绩。通过资源共享有利于提高企业的技术创新能力和效率。通过创新抓住企业价值链的战略环节来进行资源整合、优化配置、联合开发，就可以提高企业的效率并更快地实现创新，从而迅速提升企业的核心竞争力。通过资源共享进行联合创新有利于形成专利积累，组建专利池，应对专利风险，开拓国际市场。

2. 利益共享

专利联盟的利益机制关乎联盟内部的利益分配问题，对联盟的整体稳定性有重要的影响。专利联盟的直接利益来自专利的许可、转移等。专利联盟的间接利益来自推动联盟成员完善技术标准，完成专利布局，提高市场份额，增加联盟成员的竞争力，甚至形成垄断性优势。

对外许可是利益共享的最基本形式。采用商业化方法获取的收入的分配，主要是根据各成员所拥有的实质专利数量来按比例进行。专利联盟对外许可一般遵守联盟所称的"FRAND原则"，即"公平、合理、非歧视"原则。公平原则要求专利联盟不得无理由拒绝他人许可之要求以限制新厂商进入同类市场中；合理原则要求许可条款特别是专利许可费率和许可条件应当合理；非歧视原则要求专利联盟对任何一个被许可厂商应平等对待，不得因为被许可人所属国别、规模大小等原因而厚此薄彼或不予许可。

标准共建是所有联盟的发展目标。从长远来看，联盟成员若要提升自己在国际市场竞争中的地位，必须发展自主专利技术并努力使其纳入技术标准。但是单靠某个企业的力量难以主导行业标准制定。但联盟成员之间可以根据企业市场拓展的实际需要，联合制定、实施和推行相关产品的行业技术标准、国家技术标准和（或）国际技术标准等。在产业越来越呈现出"技术专利化、专利标准化、竞争集成化"的趋势下，专利联盟将技术标准与专利相互融合，借此对技术标准进行全球推广是大势所趋。

专利协同运营是专利联盟实现利益共享的新途径。各联盟成员为实现各自所拥有专利的经济价值，增加专利使用许可费等的收益，降低交易经营成本，形成协同联动，合力推进专利资产运营的联盟合作机制，可以通过注入各自的自有专利和购买他人专利等方式，进行专利资源的集聚，并通过专利权转让、专利许可、专利质押融资等运营方式获得经济收益，以此达到共同受益的目的。还可以鼓励金融机构和投资机构加入联盟，将专利和资本组合起来，为技术前瞻性强和市场前景好但实施费用较高的专利产业化、专利质押以及专利证券化提供资金，引导各类信用担保机构为知识产权交易提供担保服务。

3. 风险共担

专利联盟的联盟成员除了共同分享资源和利益之外，还要共同对专利风险进行抵御，共同应对外部专利侵权诉讼和专利风险。联盟成员共同防御和化解知识产权风险，合力应对涉外专利侵权纠纷等争端和挑战。

国内企业在参与国际市场竞争时，单个企业的抗风险能力较差，在遭到竞争对手的专利侵权诉讼或其他专利争端时，往往由于势单力薄和经验不足而遭受巨大损失。为了更加安全地进行国际市场拓展，产业中利益关联的企业可以进行资源整合，发挥各自优势，形成一致对外的工作合力，共同应对海外专利侵权诉讼和高额专利费，避免因竞争对手发起的专利侵权诉讼等给各企业带来的利益侵害以及对产业发展带来的直接冲击，将损失降到最低限度。

（四）专利联盟的法律规制

国内外专利联盟发展处于不同阶段，因此，对于专利联盟的规制也有不同的导向。国外目前的政策和法律主要偏向于对专利联盟的反垄断和限制竞争进行规制；而国内的政策和法律还偏向于鼓励专利联盟的建立，发挥联盟的积极作用，以及规范专利池的交叉许可和对外许可等环节。

美国在对专利联盟的垄断性分析及反垄断规制方面已经形成了较为系统的判断原则，这些方法及原则主要反映于1995年美国司法部和联邦贸易委员会联合发布的《知识产权许可的反垄断指南》之中。根据该指南意见，对专利联盟知识产权滥用的反垄断审查一般适用合理原则，注重许可安排的实际动作及效果。适用本原则时首先审查许可安排会不会导致反竞争效果的存在，若是有碍于竞争，就应当审查该安排能不能对促进竞争的效益有所裨益及是否还存在其他方法能够带来如此的效益，若是有助于竞争效益的存在，就应结合特定市场状况，综合评估正面效益与负面效益相互抵消之后是不是仍然有正面效益存在。判断专利联盟行为的正当性，应当从其对竞争者产生的正、负面效益两方面进行权衡,如果最终存在的是正面净效益,则即可判定其行为正当,无反竞争效果的存在。但是,在某些情况下还需运用许可条款本身违法原则来判断专利联盟行为的正当性。也就是指许可条款本身就带有较重的反竞争效果,不论该条款中约定的内容是否正当或者能够带来促进竞争的效益,只要存在这种约定,就必然违法。

《欧盟竞争法》采用了一般禁止、豁免或单独豁免机制实现保护竞争的原则要求与合理商业需要之间的平衡。该法系基于《欧共体条约》第81条关于禁止限制竞争协议的条款,用于规范包括与知识产权有关商业协议在内的一切商业协议,其当然可用来对专利联盟滥用知识产权妨害竞争的行为予以规制。为制止知识产权领域的垄断行为,欧盟委员会于2004年4月颁布了《技术转让集中豁免条例》及辅助其施行的《技术转让指南》(简称TIBER指南)。虽然《欧共体条约》第81条之中未曾提到专利联盟,《技术转让集体豁免条例》也没包含涉及建立专利联盟的许可协议,但《技术转让指南》则对专利联盟进行了专门规定。

国内现行可适用于专利联盟的相关法律制度主要涉及专利许可和禁止专利权滥用两个方面,主要散见于《中华人民共和国专利法》《中华人民共和国反垄断法》《中华人民共和国合同法》《中华人民共和国反不正当竞争法》《中华人民共和国对外贸易法》《最高人民法院关于审理技术合同纠纷案件适用法律若干问题的解释》《中华人民共和国技术进出口管理条例》《关于禁止滥用知识产权排除、限制竞争行为的规定》和《国家标准涉及专利的管理规定》等相关法律法规及司法解释和部门规章之中。

《专利法》第48条和第51条设立了适用于专利联盟的专利强制许可制度。反垄断法是目前可以针对专利联盟滥用其知识产权妨害竞争行为进行反垄断规制最重要的法律,该法对专利联盟滥用专利权的行为和管辖范围作出原则性的反垄断规定,明确反垄断与知识产权两者之间的关系。《关于禁止滥用知识产权排除、限制竞争行为的规定》对除价格垄断行为之外滥用知识产权排除、限制竞争行为进一步加以细化,具有开创性地第一次在其中对滥用知识产权排除、限制竞争行为、相关技术市场、专利联盟、标准必要专利等概念进行了明确的定义并引进了美国和欧盟在反垄断的豁免方面的安全港制度等。《合同法》针对专利联盟在许可合同和技术转让合同中可能存在非法垄断专利技术,妨碍技术进步,阻碍竞争及创新研发的行为进行规制。《反不正当竞争法》适用于包括专利联盟在内的实体,禁止利用其独占地位妨害竞争行为,禁止其限定他人去购买指定商品,以此种方法去达到排斥其他经营者与其进行平等竞争的意图;以及禁止包括专利联盟在内的实体利用其技术优势地位而向技术受让方实施限制竞争的搭售行为。《国家标准涉及专利的管理规定》中专门规定了适用于专利联盟的"专利信息的披露"政策,还规定了适用于专利联盟的专利实施许可政策,即国家标准在制修订过程中涉及专利的,全国专业标准化技术委员会或者归口单位应当及时要求专利权人或者专利申请人作出专利实施许可声明。

四、专利联盟与技术标准

(一) 技术标准概述

标准是指农业、工业、服务业以及社会事业等领域需要统一的技术要求。技术标准，根据国际标准化组织（ISO）的定义，是指"一种或一系列具有强制性要求或指导性功能、内容含有细节性要求和有关技术方案的文件，其目的是让相关的产品或服务达到一定的安全标准或者进入市场的要求"。标准是提高社会效率的经济机理，标准化可以减少用户的搜寻和协调成本，对交易成本、专业化、劳动分工、技术引进及其扩散率都会产生长期重要影响，是国家创新系统的重要组成部分。

技术标准包括以下内容：①标准应达到的目标。目标设立的依据可以来源于消费者、生产者或管理部门的要求，通常该目标应该被广泛认知及接受，并且必须能被明确地检测，例如可以是基本的功能要求、最低的质量要求、最低的环境负荷要求等。②完备的技术方案。技术标准应包含实现该标准的目标所需采取的材料、结构、制造及检验方法等。③通用的术语、单位、规格、接口等。技术标准作为公共产品而提供了明确的技术方案及通用性，使得产业中的企业因技术方案缺陷或规格不统一等遭受损失的风险大大降低，也有利于规模经济性。

技术标准可以划分为法定标准和事实标准。法定标准是指政府标准化组织或政府授权的标准化组织设置的标准。事实标准是单个企业或者具有垄断地位的少数企业共同设置的标准。标准还可以分为国家标准、行业标准、地方标准、团体标准和企业标准。国家标准分为强制性标准、推荐性标准。强制性标准必须执行，行业标准、地方标准是推荐性标准。

(二) 专利联盟与技术标准的关联性

近年来，专利联盟在电子信息产业的快速发展受到广泛关注，从 MPEG-2、1394、DVD 3C、DVD 6C、BD 等电子技术到 WCDMA、CDMA-2000、TD-SCDMA、WiMAX 等通信技术，几乎毫无例外地成为技术标准。在高技术产业之中，专利联盟与技术标准的一体化态势非常明显。

专利制度为技术标准提供私有技术的有偿供给的保障。技术标准因其难以避免会包含私有技术，所以如果采用"平等进入"的无偿提供方式，会因为私有技术的无法得到补偿而不能实现供给，因此必须以"选择性进入"的方式，将不付费者排除在外，才能够实现持续有效的供给。专利制度对于实现这样的"选择性进入"有着得天独厚的优势。专利权所有者可以通过转让或许可的方式允许他人实施技术并收取费用，这种费用的收取是有法律保障的。专利权所有者几乎能够向所有的技术实施者收取费用，能够更有效地避免免费搭车行为。

专利联盟能有效推进技术标准的制定和推广。技术标准的制定及推广也面临着诸多困境。首先，技术标准要达到技术的完备性，往往需要在数百万件甚至更多的专利及非专利技术中提取成千上万件必要技术进行技术整合，其专利搜寻、辨别、沟通协调等需要花费的成本很高。其次，在技术标准建立后，潜在的技术标准使用者与技术标准包含技术的拥有者逐一谈判以获得授权，效率非常低，交易费用较高。最后，技术标准中的专利权被他人侵犯时，每个专利权所有者单独实施诉讼等来维护权利，维权成本过高，不利于知识产权的保护及技术创新。利用专利联盟的方式，能够有效地解决上述困境。专利联盟往往在技术标准之前就已经成立，在专利技术搜寻、辨别、协调等方面的效率大大提高。此外，在技术标准建立后，专利联盟将属于标准及相关的专利打包授权，能够降低谈判成本、授权费用等，促进技术标准的更快速及成本更低的实施。另外，在发生技术被侵权的情况下由专利联盟代理进行调查、沟通及诉讼等的维权活动的保护效果更好，成本也更低。

技术标准间的竞争能够促进专利联盟的发展。技术标准往往存在着不同的技术实现路线，如关于3D运动图像的实现技术，就有全息成像、双眼视差成像、色分法、裸眼立体成像等多种方案。不同技术路线的企业往往希望自己的技术路线能够主导技术标准。这样就导致技术标准的制定和实施方面存在着竞争性。技术标准之间有可能是完全替代的也有可能是部分替代的。技术标准能否成立以及技术标准之间竞争的结果，对相关企业利益的影响巨大，一旦所支持的技术标准不能建立，有可能导致之前巨大的研发投入无法收回、在技术上落后于竞争对手。技术标准的竞争结果，不仅取决于各个技术方案在技术实现的质量、成本、稳定性等技术层面的指标，也取决于参加到标准中的厂商的多寡及实力、市场份额的大小乃至政治公关的力度等各方面的复杂因素。技术标准存在的竞争性，给企业及研发机构的研发带来非常大的风险，因此为了降低这种风险，在企业及研发机构之间必须进行交流和合作。以专利联盟的形式推动技术标准的建立和实施，可以带动众多厂商支持本标准，有利于向更多厂商授权，有利于领先占有市场；此外在标准建立方面也更有效率，能够争取在标准竞争方面占据先机，有利于标准的宣传及向消费者及各国政府的推介。

（三）不同技术标准下专利联盟的常见模式

1. MPEG-2专利联盟模式

MPEG是活动图像专家组（Moving Picture Exports Group）英文的缩写，其任务是开发运动图像及其声音的数字编码标准。MPEG-2专利联盟模式的主要特点是汇集所有与标准有关的专利，成立专门的专利管理公司，由一个管理机构统一管理和对外许可。在MPEG-2标准制定阶段，由于MPEG-2标准汇集了大量的专利技术，即使每个单独的专利权人都愿意在合理的条款下进行许可，所有单个合理的专利许可综合在一起也可能会不合理。此外，由于与大量的专利权人进行谈判并向其分别申请专利授权需要相当长的时间，产业界很难在标准制定完成后迅速加以使用。为促进 MPEG-2 标准的商业化推广，在 1993 年标准制定工作尚未完成时，业界就成立了旨在解决 MPEG-2 标准知识产权许可问题的知识产权工作组（MPEG IPR working group），该工作组在与各方进行多次协商后决定通过设立 MPEG-2 专利联盟将相关专利汇集起来，并由一个管理机构进行统一管理和对外许可。

MPEG-2 标准的核心技术来源于 10 多家高校和企业的专利技术，其中包括加州大学、飞利浦、索尼、东芝、法国电信公司、富士通、佳能等。为此，MPEG-2 联盟建立了一个专利池，汇集了各国 394 个 "必不可少的发明专利"，以这些专利技术为依托，构建了 MPEG-2 标准的完备技术体系。

随后，MPEG-2 专利联盟成立专利管理公司 MPEG LA（MPEG Licensing Authority），对专利、专利对外许可和许可费的分配等工作统筹管理。它同 MPEG 专家组并没有直接法律关系：既不是标准必要专利的专利权人，也不是标准必要专利的被许可人，而是一家专门进行专利授权代理的公司。根据授权管理协议，专利联盟管理机构 MPEG LA 的职责包括：向每一个潜在的希望得到 MPEG-2 专利授权的被授权人发放国际性的非排他许可，并且不得对任何潜在的被授权人存在歧视；招揽被授权人；实施和终止许可协议；收集和分配专利费。为此，每一专利权人都应授予 MPEG LA 非排他性专利许可，同时保留独立对外授权的权力。正是 MPEG LA 公司对知识产权的许可和管理事务，以及标准的运作策略有着较高的专业水准才使得 MPEG-2 标准的产业化取得了极大的成功。

2. DVD 6C Licensing Group 专利联盟模式

DVD 6C Licensing Group 专利联盟模式的特点也是汇集了所有与标准有关的专利，由一个机构统一对外许可，但与 MPEG-2 专利联盟成立专门的专利管理公司不同，DVD 6C Licensing Group 是授权委托联盟成员进行统一许可。

1995 年 12 月，10 家 DVD 产品生产商日立、松下、三菱、时代华纳、东芝、日本胜利、索尼、飞利浦、先锋和汤姆森等共同确立了 DVD 行业技术标准。为了进一步规范行业技术标准，加强专利许可监管，最初的 10 家公司决定通过组建专利联盟为专利被许可者提供"一站式"服务。然而由于上述企业在专利联盟组建原则、许可收益分配等问题上的分歧，最终汤姆森决定不参与专利联盟并进行独立许可，而索尼、飞利浦和先锋则决定成立由三家企业组成的 DVD 3C 专利联盟对专利进行集中管理和许可。1997 年 10 月，日立、松下电气、三菱电气、时代华纳、东芝等六家日本公司组成了一个专利联盟，即"DVD 6C Licensing Group"，向第三方授予一揽子的 DVD 专利许可。1999 年 6 月 11 日，这六家公司正式发布对外许可公告，对外许可 DVD-Video 播放、DVD-ROM 驱动等技术的必要专利。

在 DVD 6C 专利联盟形成之初，五家企业同意将其必要 DVD 专利许可给第六家企业，即东芝，从而使东芝成为专利联盟的管理者，有权代表联盟对外许可联盟的必要专利以及自己的必要专利。同时，这六家企业都保留必要专利的独自许可权，同意设定一致的许可费率。

DVD 6C 专利联盟所有的专利持有公司同意通过两种方式履行专利联盟契约：①他们同意赋予东芝公司具有授予第三方企业从属许可权的权利，而且第三方企业仅限于将他们现在及将来的所有的"必要"专利用于生产和销售 DVD 产品的目的。此外，东芝公司必须将这些专利连同其自己的所有产权一起包括在 DVD 专利许可权内。②无论第三方被授权企业是否愿意生产、使用和销售符合标准规定的 DVD 产品，每一个专利持有公司都必须在平等的、合理的以及非歧视性的协商的基础上，同意授予第三方被授权企业具有无排他性地使用其必要 DVD 专利的权利。

3. 中国彩电专利联盟模式

中国彩电专利联盟模式的主要特点是成立专门机构负责标准工作，但在推进制定标准的同时，更多地是代表成员企业解决与现有标准中专利的许可和诉讼问题。

传输标准是数字电视的核心标准。全球主要传输标准包括美国的 ATSC、欧洲的 DVB、日本的 ISDB、中国的 DMB 等。从 2007 年 3 月 1 日起，在美国销售的所有电视机必须符合 ATSC 标准的要求。而 ATSC 标准中含有大量专利，要符合标准就必须用到相关的专利，换言之就必须向相关专利权人缴纳专利费，国内企业每出口一台电视，累计要缴纳 41 美元的专利费。面对严峻形势，2007 年 3 月 6 日由 TCL、长虹、康佳、创维、海信、海尔、厦华、上广电、新科等国内彩电骨干企业合资组建了深圳中彩联科技有限公司（以下简称"中彩联"），合力解决中国彩电行业面临的知识产权问题。

与 MPEG-2 专利联盟和 DVD 6C Licensing Group 负责推进技术标准的制定和实施的业务目标不同，中彩联主要从事知识产权服务，专门负责解决成员企业与美国数字电视标准中专利权持有人的知识产权问题。中彩联的管理架构采用董事会形式，包括董事长、总经理以及若干名董事和监事。中彩联的主要工作包括：代表成员集体应对相关的知识产权诉讼和谈判，合理获取积极的谈判结果；组建中国彩电行业的专利池，现已放入 2600 余项专利；推进建立标准，制定战略联盟，如组织协调 TCL、长虹、康佳、创维、海尔等与台湾工研院及台湾彩电企业就联合制定标准和知识产权合作达成协议。

第三节 专利导航

一、专利导航的含义

（一）专利导航的概念

专利导航是一种运用产业、技术、市场、专利等多维度大数据对特定研究对象在相关领域所面临的产业、专利、技术竞争进行结构化分析，为其实现创新发展和核心竞争力提升提供决策支撑和发展路径指引的研究范式。

具体而言，专利导航通过对特定研究对象在相关领域面临的国际国内专利技术发展趋势及竞争全景进行全面深入的分析，帮助其明晰自身在产业链、技术链、创新链中所处的发展定位及优劣势，前瞻识别研判可能的发展风险及挑战，明确未来发展方向及可能的发展路径，为其制定发展规划、支撑创新决策、引领技术研发、优化成果保护、获取竞争优势等提供专利视角下的策略举措支持。

其中，特定研究对象目前主要是指特定区域、特定产业和特定创新主体；特定区域可以是行政区，也可以是产业园区，还可以是松散的产业集聚区等；特定产业主要是指工业，尤其是制造业中的技术、专利密集型产业、战略性新兴产业等；特定创新主体包括企业和从事创新活动的高校、科研院所等；相关领域可以是某一具体的技术领域，也可以是某一特定产品。

（二）专利导航的研究方法

专利导航的研究方法是以专利大数据分析为依托，综合运用专利情报分析、产业竞争分析、市场价值分析手段，结合产业、技术、市场以及龙头企业知识产权战略等多维度情报研究分析，按照全景分析—方向识别—定位研究—风险预判—路线图绘制的基本思路，结合服务对象需求，全面、深入而有针对性地进行的综合性情报研究和挖掘分析的方法。

（三）专利导航的研究内容

专利导航的研究内容主要包括五个方面[1]：一是发展全景分析，分析特定区域、特定产业、特定创新主体在相关领域面临的国际国内专利技术发展形势和竞争全景；二是发展方向分析，分析特定产业技术领域的发展趋势和方向以及可能的发展路径；三是发展定位分析，分析特定区域、特定产业、特定创新主体在相关领域的专利和技术储备、优劣势以及实力定位；四是发展风险分析，进行各种发展路径的专利技术壁垒和风险的筛查、识别、研判和权衡；五是发展路线图分析，重点进行特定区域、特定产业、特定创新主体在相关领域可能的发展方向研判及配套策略、举措、路线图的设计等。

（四）专利导航的作用机理

2011年，时任国家知识产权局知识产权发展研究中心副主任陈燕及其研发团队在多年持续开展的专利分析和预警项目实务的基础上，在国家知识产权局贺化副局长的

---

[1] 贺化，陈燕，马克，等. 专利导航产业和区域经济发展实务 [M]. 北京：知识产权出版社，2013.

带领下，历时两年，完成专利导航的基础研究。就专利导航的作用机理而言，与专利分析、专利大数据紧密关联。无论是完善专利导航理论，还是优化专利导航实践，均需要深度理解和把握专利导航赖以发挥导航功能的底层基本作用机理。

基于对专利分析多年积累的项目实战体会和提出专利导航基本思路的初衷的回顾，我们认为，支撑专利导航发挥其导航功能的底层基本作用机理主要体现在如下方面：

一是基于专利与市场利益驱动之间的紧密关联，专利导航具有客观反映专利权利主体市场意图的基本作用。准确了解和把握竞争对手的真实市场意图，对于市场主体参与市场竞争并争取市场竞争的主动乃至胜利来说，非常关键，却又存在很多困难。尤其是竞争对手为掩盖其真实意图，往往在宣传中故布疑阵，真中有假，假中有真，难以识别。由于世界各国专利制度建立的初衷在于通过赋予专利权利主体一定时间内的专有利益，来鼓励其积极投入技术创新，这就促使专利申请人在提交专利申请时，相关申请是否可能带来市场利益将不可避免地成为一大决策考量因素。借此，专利导航可以客观、贴近真实地反映相关产业主要的市场主体和创新主体的市场意图。

二是基于专利与产业技术体系之间的映射关系，专利导航具有客观再现产业专利技术竞争格局的基本作用。了解产业专利技术竞争格局，是市场主体准确判断竞争形势，并有针对性地采取应对举措的重要基础。由于产业技术竞争格局往往涉及面广，充分收集相关竞争信息、全面理解产业技术竞争格局并不容易，而且往往被自我局限在自身所处的一个狭小领域范围内，进而可能构成偏见和误判。然而，在全球专利大数据的有力支撑下，基于绝大多数技术创新成果在专利信息中的完整记载和呈现，通过专利导航的梳理分析，将能够为导航服务对象客观、全面、准确地厘清和再现相关产业专利技术竞争与合作的基本格局。

三是基于专利对产业技术演进进程的客观记录，专利导航具有回溯产业技术发展路径并预见未来趋势的基本作用。每一件专利申请，都是特定时间点上特定主体在特定技术点上进行研发创新的产物，体现了该主体在这个时间点上的技术研发关注点和技术创新的内容及水平；而该主体在一段时间内就该技术主题所提交的专利申请的集合，则体现了其在这一时期内在该技术主题上技术研发演进的方向、重点；进一步，多个主要的创新主体在一段时间内就该技术主题所提交的专利申请的集合，则体现了该细分产业整体上在这一时期内就该技术主题的产业技术研发演进的基本进程和动向。可见，依托专利导航，可以客观、完整、系统地回溯过去产业技术演进发展的状况进而合理预见未来一段时期产业技术演进发展的趋势和方向。

四是基于专利文献蕴含的专利、技术、产业、国别、主体等多维信息，专利导航具有将海量多维信息进行整合关联的基本作用。这种整合关联可以是以多维信息解构并解释一维信息，也可以是以一维信息解释说明一维信息，还可以是多维信息之间内在关联的结构和解释。正是由于专利文献融汇多维信息的缘故，使得专利导航可以有效响应并联通不同方面对零散的多维信息的需求，在从零散到集聚整合的过程中，实现情报信息的有效析出和情报价值的显著提升。

二、专利导航的主要类型

在导航分类上，根据研究对象的不同，目前，相对体系化和成熟的专利导航可以分为面向区域层面开展的区域规划类专利导航、面向特定产业层面开展的产业规划类专利导航以及面向企业和科研院所等特定创新主体开展的创新主体类专利导航三大类。这三类专利导航相互支撑、互为补充。此外，依据应用场景的不同，专利导航还可以分为研发立项类专利导航、标准运用类专利导航、人才管理类专利导航等应用型专利导航。随着今后专利导航工作实践的深入扩展，专利导航的应用类型将进一步丰富。

（一）区域规划类专利导航

区域规划类专利导航是以各级地方行政区域、产业园区等经济区域、产业集聚区等区域的有关政府部门为服务对象，以专利导航基本方法为依托，围绕特定区域产业转型升级、布局规划等创新发展的重大问题，对区域内的产业技术创新状况及面临的竞争形势进行全面分析，为其制定区域产业发展规划决策提供导航指引的分析范式。

区域规划类专利导航以推动建立以技术创新为驱动力、以知识产权为战略保障、以导航情报为决策支撑的新型区域产业经济发展机制作为工作导向，通过将专利信息与区域科教资源、产业资源、创新资源等信息的深度融合与分析，着力明确区域产业发展方向，重点聚焦相应的产业布局、技术创新布局、创新资源优化配置、知识产权培育储备与布局等规划建议的研究。这类导航是针对区域内技术创新相关要素资源禀赋、产业转型升级、技术创新能力和发展趋势的全景摸查和指引，其主要目的是对区域宏观层面的规划决策提供决策支撑和研究支持，为区域内产业转型升级、技术创新发展、战略布局规划等提供方向指引。

（二）产业规划类专利导航

产业规划类专利导航是以产业主管部门或行业机构为服务对象，以专利导航基本方法为依托，围绕特定产业的创新发展布局、产业转型升级等重大问题，对产业技术创新状况及面临的竞争形势进行全面分析，为产业主管部门或行业机构制定产业技术创新发展规划提供导航指引的分析范式。

产业规划类专利导航以专利导航基本方法为依托，紧扣产业与专利嵌合分析的主线，将专利信息与产业政策、技术现状、发展趋势、竞争环境、市场动向等信息深度融合，旨在帮助产业主管部门或行业机构找准产业发展方向、明晰产业定位，优化产业创新资源配置、促进产业技术创新整体质量和效益显著提升的最优路径和最佳解决方案。这类导航是针对特定产业当前创新态势和发展趋势的全景摸查和指引，其主要目的是对产业宏观层面的规划决策和创新资源配置决策提供研究支持，为产业转型升级、创新生态构建、技术创新布局、竞争态势改善等提供方向指引。

（三）创新主体类专利导航

创新主体类专利导航是以企业和科研院所等创新主体为服务对象，以专利导航基本方法为依托，围绕其生产经营、创新活动等过程中产生的具体诉求或问题，对相关技术领域的专利技术竞争进行定向深度解析，为创新主体的决策和管理提供导航指引的分析范式。创新主体类专利导航主要面向企业和科研院所等各类创新主体的微观经营、研发活动，成果主要用于支持创新主体的战略合作、市场经营、项目决策、投资融资、技术研发、并购交易、风险防控、成果转移转化等活动。

创新主体类专利导航以专利导航基本方法为依托，以专利竞争情报分析和市场价值分析等多维度分析为手段，通过客观解析创新主体自身技术创新水平、专利技术储备、技术路线、市场控制力等综合实力，比较研究其与竞争合作伙伴的实力，帮助创新主体明晰核心技术和关键产品的专利竞争焦点、技术发展方向、专利壁垒和顶尖人才团队等重要情报，研判可能的专利技术风险、提升专利申请和专利布局质量，更加精准地把握技术研发方向和突破口、提升技术创新能力和创新效率、提高产业技术综合竞争力、找准科技创新成果价值最大化的最优实现路径和最佳解决方案。这类导航往往是对企业和科研院所等创新主体在其实践活动中的具体诉求和问题的响应和解决，诸如技术研发项目攻关导航、专利技术壁垒与风险防控导航、企业并购导航、技术并购导航、技术人才引进导航等。

三、专利导航的基本流程及要点

（一）专利导航的基本流程

尽管专利导航工作包括多个种类[1]，但不同种类的专利导航仍然遵循共通的导航分析逻辑和流程。就专利导航共通的基本流程而言，经过重新梳理和研究，我们对具备共通性、适用于不同类型专利导航的基本流程进行了优化重组，主要包括对象摸查、形势分析、定位分析、目标分析、路径分析五个基本流程步骤。

第一步，研究对象基本状况摸查。该步骤旨在全面了解研究对象与技术创新及竞争相关的各方面基本情况，这是开展专利导航分析的基本逻辑起点。只有清晰确定了分析的基点，才能准确确定导航分析的技术领域、地域、范围和重点，也才能够有针对性地展开导航分析研究。

第二步，相关产业技术竞争形势分析。该步骤旨在对研究对象所涉及的产业技术领域进行专利技术竞争形势的全景梳理和分析，意在为专利导航分析提供推演研判的

---

[1] 陈燕，孙全亮，孙玮. 新时代专利导航的理论构建与实践路径[J]. 知识产权，2020（4）：16-31.

全景沙盘。这是开展专利导航分析的重要基础和参照系，也是实现"知己知彼"的关键。

第三步，研究对象技术创新状况及定位分析。该步骤旨在将研究对象的技术研发储备、创新人才资源和专利储备等纳入产业技术竞争全景沙盘中进行分析研判，客观、准确地确定研究对象所拥有的专利技术的现状和定位，发现和识别研究对象在该产业技术领域的创新发展上存在的问题和不足。这是针对研究对象的全面诊断，是专利导航分析的重要一环。

第四步，研究对象创新发展目标及关键要素分析。该步骤旨在结合研究对象存在的问题不足以及所处产业技术领域的竞争格局，紧扣研究对象的整体发展战略，分析确定研究对象的发展目标以及响应相关发展诉求的关键要素。这一步骤关乎专利导航分析中导航目标的设定。

第五步，研究对象创新发展路径及方案分析。该步骤旨在为研究对象的创新发展提供发展路径和策略的导航支持。其重点在于针对研究对象的发展目标或发展诉求，通过专利大数据分析，以及结合产业数据、市场数据和技术数据等内容的关联分析，为研究对象的创新发展梳理可能的路径、评估潜在的风险、权衡可能的方案。这一步骤是专利导航分析的应用价值所在。

这五个流程步骤作为专利导航项目实施的实体性基本步骤，是专利导航项目实现导航意图的基础性框架保障。仅仅机械地如法炮制、照抄照搬，将大概率折损专利导航项目应有的价值。因此，在专利导航项目实施过程中，有必要深度结合研究对象及其所处产业技术领域的特点，一方面，以前述五个流程步骤为骨干框架，进一步有针对性地优化完善专利导航项目的研究思路；另一方面，对于各流程步骤的具体操作实务，需要在实际操作具体项目时，根据不同项目的不同特点，有针对性地进行操作实务细节的细化展开和优化调整。

(二) 区域规划类专利导航的流程要点

区域规划类专利导航在实务流程操作中，需要紧扣其导航目的和导航服务对象特点，对导航基本流程步骤进行适应性调整，着重关注如下要点：

1) 在研究对象基本情况摸查步骤中，区域规划类专利导航分析需要重点梳理区域内重点产业、重点企业、重要创新主体，收集区域产业技术相关政策、规划和战略，以及了解区域产业发展关键问题等基本情况。

2) 在产业技术竞争形势分析步骤中，区域规划类专利导航分析需要重点做好国际国内相关产业技术发展态势和趋势、龙头企业分布格局、专利技术竞争格局以及相关区域产业技术发展动向的分析。

3) 在研究对象技术创新状况及定位分析步骤中，区域规划类专利导航分析需要重点做好区域产业链结构、技术链结构、专利链结构、创新链结构以及前述结构与产业技术趋势、区域整体战略之间匹配度的分析。

4）在研究对象创新发展目标及关键要素分析步骤中，区域规划类专利导航分析需要重点从明确区域产业技术结构调整升级的未来发展方向和目标出发，梳理破解相关瓶颈和短板的关键要素。

5）在研究对象创新发展路径及方案分析步骤中，区域规划类专利导航分析需要重点从促进区域产业转型升级、提升区域技术创新能力、构建区域内集群优势等视角研究梳理相关路径和方案建议。

(三) 产业规划类专利导航的流程要点

产业规划类专利导航在实务流程操作中，需要紧扣其导航目的和导航服务具体对象的特点，对导航基本流程步骤进行适应性调整，着重关注如下要点：

1）在研究对象基本情况摸查步骤中，产业规划类专利导航分析需要重点梳理产业涉及的技术领域、主要市场区域、重点企业、重要创新主体，收集产业相关政策、规划和战略，以及了解产业发展关键问题等基本情况。

2）在产业技术竞争形势分析步骤中，产业规划类专利导航分析需要以专利数据为基础，结合市场、法律等其他信息，重点做好全球及各主要市场区域产业技术生态和竞争格局、产业关键技术发展趋势、龙头企业分布格局及动向、专利布局竞争重点热点以及替代性产业技术路径发展动向的分析。

3）在研究对象技术创新状况及定位分析步骤中，产业规划类专利导航分析需要重点做好产业链结构、技术链结构、专利链结构、创新链结构以及前述结构与产业技术趋势、产业政策之间匹配度的分析。

4）在研究对象创新发展目标及关键要素分析步骤中，产业规划类专利导航分析需要在充分调研文献资料的基础上，通过实地调研的信息补充，重点明确产业技术未来发展方向和目标，梳理前瞻性技术机遇、破解技术制约瓶颈和技术短板的关键要素。

5）在研究对象创新发展路径及方案分析步骤中，产业规划类专利导航分析需要重点从促进产业转型升级、提升产业技术创新能力、构建产业集群优势、提升产业自主可控边界等视角研究梳理可选路径和优选路径方案建议。

(四) 创新主体类专利导航的流程要点

创新主体类专利导航在实务流程操作中，需要紧扣其导航目的以及创新主体的自身特点和关注的主要问题，对导航基本流程步骤进行适应性调整，着重关注如下要点：

1）在研究对象基本情况摸查步骤中，创新主体类专利导航分析需要重点梳理创新主体涉及的技术领域、主要市场区域、主要竞争对手、主要合作伙伴，收集相关主体的发展规划和战略，以及运营发展面临的关键问题等基本情况。

2）在产业技术竞争形势分析步骤中，创新主体类专利导航分析需要以创新主体所属产业技术领域为分析对象,重点做好创新主体关注的主要市场区域的产业技术生态和竞争格局、产业关键技术发展趋势、竞争对手及合作伙伴专利技术动向、专利布局竞争重点热点等分析。

3) 在研究对象技术创新状况及定位分析步骤中,创新主体类专利导航分析以创新主体为分析对象,以专利的申请、授权、许可、转让等情报信息为主要数据基础,结合产业、技术、市场、法律等其他信息,对其专利技术竞争实力、专利申请布局策略、专利风险以及未来发展的专利诉求进行全方位的解析,客观研判其所处产业位置以及产业技术发展定位,发现、识别其面临的问题、风险和不足。

4) 在研究对象创新发展目标及关键要素分析步骤中,创新主体类专利导航分析应结合创新主体的整体发展战略及产业技术发展趋势,重点明确创新主体的未来发展方向和目标,前瞻性把握技术机遇、破解制约瓶颈和技术短板的关键要素。

5) 在研究对象创新发展路径及方案分析步骤中,创新主体类专利导航分析需要重点从促进创新能力提升和市场竞争能力提升来考虑创新主体核心竞争力的提升,从技术前景、潜在风险、创新储备、人才储备等方面综合权衡创新主体可选的技术发展路径,同时,注重对创新主体研发攻关、许可并购、风险防控、联盟合作等重点经济技术活动的专题性路径导航支持,有效支持创新主体在市场、技术、产品等方面的战略规划和推进实施。

四、主要类型专利导航的操作实务

(一) 区域规划类专利导航操作实务

实践中,常常根据上述分析范式所提供的分析工具集,结合分析对象的特点选择合适的分析角度和维度开展相应分析。如在 2013 年、2017 年连续对东北城市群❶开展的区域规划类专利导航项目时,课题组的工作流程就表现为以下五步:

第一步,对城市内等重点产业以及重要骨干企业进行梳理,了解到专用设备制造业、仪器仪表制造业、电气机械和器材制造业等装备制造业行业是东北城市群的支柱产业,每个支柱产业又有若干在全国范围内具有影响力的骨干领军企业。

第二步,对东北城市群专利储备和增长状况进行全盘摸查,结果发现,东北城市群无论是专利储备的绝对数量、专利密度和高质量专利拥有量均在全国处于落后地位,专利活动和储备不充分。同时,东北专利资源在技术分布、行业分布乃至空间分布上均呈现加速失衡的态势,表现为传统技术专利储备多、增速快,新兴技术专利储备少、增速慢;重化工业一枝独秀且优势仍在强化;专利地域分布呈现两极化倾向,四大副省级城市专利储备和增速远高于其他城市。

---

❶ 该项课题是在国家知识产权局原保护协调司的指导下,由国家知识产权局知识产权发展研究中心承担的区域规划类专利导航项目。

第三步，通过构建相应的模型对城市内专利链结构、产业链结构、创新链结构与城市群产业技术趋势、区域整体战略之间的匹配度进行解析，结果显示，城市群创新发展存在着较为明显的不平衡、不充分的问题，表现为部分产业目标定位与其实际专利活动趋势不匹配、领军骨干企业专利活动与其产业贡献不匹配、发明创造活跃度与其人才基础不匹配等。

第四步，基于分析研判所得出的结论，梳理出制约该城市产业技术结构调整升级的关键要素，即基础单薄、能力不足、人才支撑不够等（见图4-6）。

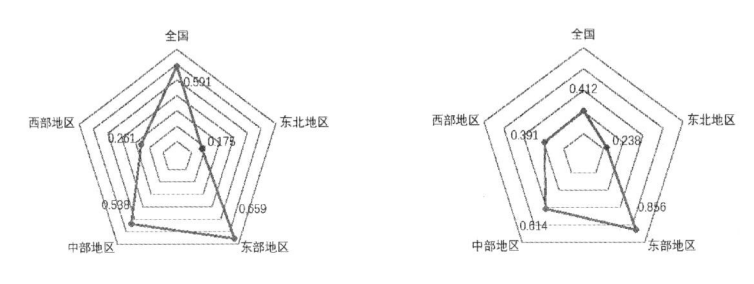

图4-6 全国及主要区域专利资源与研发投入协同度

第五步，从优化完善城市群创新发展决策机制、整合区域内比较优势资源、精准培育知识产权能力、定向集聚高端专业人才等角度提出了相关对策建议。

(二) 产业规划类专利导航操作实务

与区域规划类相似，实践中，也常常根据上述分析范式所提供的分析工具集，结合分析对象的特点选择合适的分析角度和维度开展相应分析。如在2014年开展的针对某地数字安防产业❶开展的产业规划类专利导航项目时，课题组的工作流程就表现为以下五步：

第一步，对数字安防产业涉及的技术领域、主要市场区域以及产业发展的方向进行了解析和研判，结果显示：数字安防产业是物联网的重要组成，由包括入侵检测、周界防范、防盗报警、视频监控、门禁考勤、楼宇对讲、防爆安检等多个细分行业在内的综合性行业，视频监控是其中的核心。发达国家安防市场较为分散，高端产品应用比例大。中国已成全球最大安防市场且占比仍在持续加大。国内数字安防产业以珠三角、长三角和环渤海三大产业聚集区为主，作为分析标的的某市是长三角数字安防产业的核心地区。数字安防产业物联网趋势的发展，使得传统安防细分产业正在朝着智能化、网络化、高清化和集成化的方向发展（见图4-7），这种发展趋势使得整个行

---

❶ 该项课题是在国家知识产权局原专利管理司的指导下，由国家知识产权局知识产权发展研究中心承担的产业规划类专利导航项目。

业对整体解决方案和联网监控运营需求增大，具有系统解决方案能力的集成商和产品制造商的市场竞争力日趋增强。单一环节龙头企业的市场增长空间正在不断被压缩，其市场定位也开始转变，正逐步从单一产品提供商向系列化产品供应商，进而向整体解决方案提供商转变，最终发展成综合性安防监控公司。

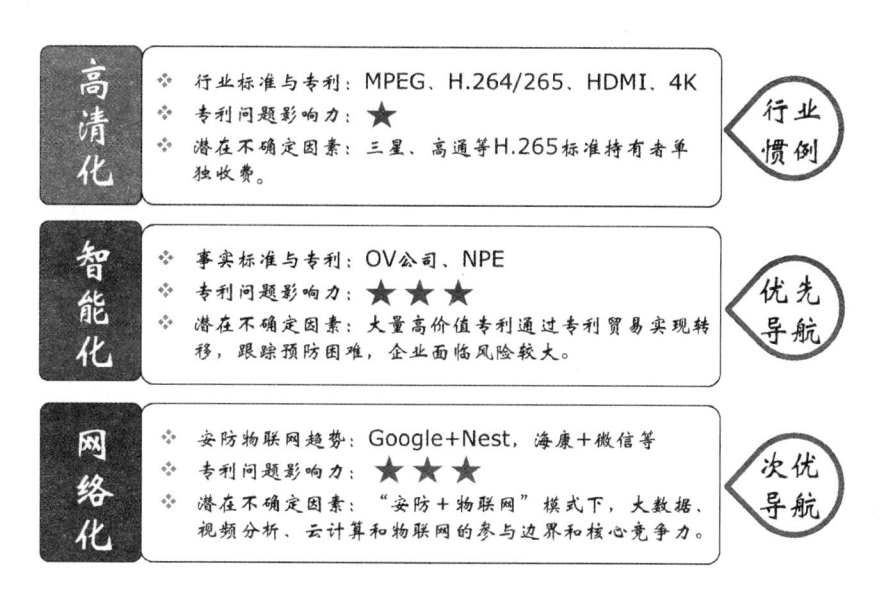

高清化
- 行业标准与专利：MPEG、H.264/265、HDMI、4K
- 专利问题影响力：★
- 潜在不确定因素：三星、高通等H.265标准持有者单独收费。

行业惯例

智能化
- 事实标准与专利：OV公司、NPE
- 专利问题影响力：★★★
- 潜在不确定因素：大量高价值专利通过专利贸易实现转移，跟踪预防困难，企业面临风险较大。

优先导航

网络化
- 安防物联网趋势：Google+Nest，海康+微信等
- 专利问题影响力：★★★
- 潜在不确定因素："安防＋物联网"模式下，大数据、视频分析、云计算和物联网的参与边界和核心竞争力。

次优导航

图 4-7　数字安防产业技术发展趋势和专利影响力

第二步，以专利数据为基础，结合市场、法律等其他信息，对数字安防产业全球及各主要市场区域产业技术生态和竞争格局、产业关键技术发展趋势、专利布局竞争重点热点等进行详细的分析，结果显示：作为物联网产业中相对成熟的代表性产业，全球范围内数字安防产业的专利申请量已经突破 13 万项❶，并且还呈现与数字安防产业的市场态势基本吻合的稳步发展态势。视频监控领域占据数字安防产业的大部分产值，也是某市目前产业优势聚集区。产业链两端的感知层、网络层专利布局最为密集，是各个创新主体专利竞争的焦点所在。全球数字安防产业专利呈现如下特点：一是欧美等国握有核心专利，在前瞻性技术方面拥有优势，专利总量少，但市场份额大；二是日韩企业拥有专利数量优势，在图像处理等环节拥有技术优势；三是以色列拥有先进的安防专利技术，创新型企业众多。中国市场上，珠三角、长三角和环渤海三大产业聚集区汇集了全国 72% 的安防专利，其中发明专利占据 77%，有效专利占据 79%，视频监控类专利占据 78%（见图 4-8）。从未来发展方向看，数字安防产业呈现出由单一服务向智能网络过渡、由政府市场向民用市场转向、由设备制造向运营服务转移的特征。

---

❶ 本案例中所有数据均截至 2013 年年底。

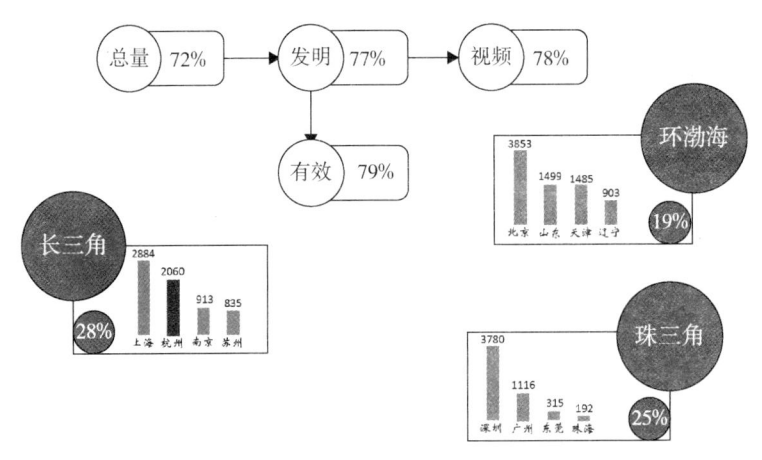

图 4-8 数字安防产业专利竞争格局

第三步，对区域内数字安防产业链结构、技术链结构、专利链结构以及前述结构与产业技术趋势、产业政策之间的匹配度进行了全面解析，结果显示：该城市所在省份是国内物联网技术研发和应用研究的先行地区，位处全国物联网产业发展的"第一方阵"。该城市高新区作为省物联网产业的核心区块和主要发源地，已集聚了多家物联网龙头骨干企业，从上游关键控制芯片设计、研发，到中游 RFID、传感器和终端设备制造，再到下游物联网系统集成以及相关运营业务的产业链体系基本形成。该市高新区内数字安防产业相关百余家企业已有近万件专利申请，且已授权专利中维持时间 5 年以上的专利占比超过一半。企业方面，该市高新区内数字安防产业总体专利状况良好，其中 A 公司、C 公司、B 公司位列中国市场专利申请量前三，并在数字安防产业各个环节上均已形成一定优势，其中以 A 公司、B 公司、C 公司行业龙头的安防企业在感知层的视频监控方面的优势最为明显。这与该区域数字安防产业的支柱地位和优先发展地位高度契合。与此同时，该城市在视频监控环节的专利和产业规模优势也十分突出。辖内企业承担着国内 80% 以上百万级的视频监控项目以及近半数的专利储备。目前正在着力打造创新型数字安防产业集群，不仅拥有 A 公司、B 公司等全国视频监控领域的龙头企业，以 C 公司为代表的瞪羚类企业发展迅速，短短 3 年时间，行业地位仅次于 A 公司和 B 公司，园区视频监控龙头企业竞争格局由双雄争霸逐步演变为三驾马车。此外，60 余家数字安防类企业仍在不断崛起和快速发展，城市产业群雁阵式发展的梯队架构已然形成。与此同时，该城市还形成了集科研开发、制造生产、集成应用、运维服务等各环节为一体的完整产业链体系，具备了较强的产业链优势，拥有了包括视频采集、编码、传输、存储、控制、解码输出、大屏显示、中心管理平台软件等在内的全线监控产品和行业整体解决方案，每个企业依靠自身核心技术而各具特色。

第四步，通过实地调研的信息补充，梳理出数字安防产业前瞻性技术机遇、破解技术制约瓶颈和技术短板的关键要素，结果显示该市在产业结构、企业合作、专利储备、企业梯队建设、民用市场创新等方面还有进一步提升的空间，具体表现有以下8点：一是产业结构视频监控独大，综合集成有待加强。该市7成以上专利集中在视频监控领域和三大龙头企业，容易导致某市数字安防产业存在高度依赖性和不稳定性。二是龙头企业竞争大于合作，产业协同有待完善。A公司、B公司和C公司三家龙头企业在视频监控相关产品服务、解决方案和行业应用方面业务类似，在技术关注点和创新重点方面也有相似之处，一定程度上存在同质化竞争。三是专精特新企业实力不均，梯队建设有待巩固。该市虽然已经成为全球安防制造中心，但龙头企业在全球行业内的专利话语权及地位还有很大提升空间，未能成为全球安防创新和专利产出的聚集中心，在依靠龙头企业和专精特新企业构建全产业链创新体系方面还有很长的路要走。四是行业整体风险防范缺失，专利联盟有待建立，该市高新区数字安防产业的高速增长以及龙头企业的海外市场扩张已经吸引了海外专利持有者的注意，但其应对基本还是基于企业自身利益来采取应对方案、各自为战，缺乏行业统一预警和风险结盟机制，缺少对行业统筹的考量，往往会导致在后企业应对较为被动。五是海外市场专利经验不足，攻守同盟有待筹建。现实调研发现，该市高新区安防企业普遍存在诸如如何进行专利布局，如何进行专利收购，如何进行专利运营，如何进行专利储备，如何进行应对专利诉讼等海外市场专利"盲区"。如何克服，已经成为摆在企业面前最为现实的问题。六是产学研一体化机制欠缺，专利质量有待提升。某市高新区现有创新资源也存在国内产学研用相互脱节的通病，导致科研院校的创新因专利申请布局缺乏规划、专利申请撰写缺乏规范、专利申请维持缺乏计划等问题难以转化成市场应用的高价值专利。七是安防行业标准控制有限，发展主动权有待强化。该市高新区企业目前尚未拥有行业强制标准的主控权，特别是在一些业内通行的H.264、H.265、MPGE等标准的必要专利上没有任何话语权，缺乏对基础行业标准的控制，只是在一些可选标准中拥有一定实力，这与其数字安防产业的发展地位并不相符。八是专利储备运营刚刚起步，市场经验有待完善。某市高新区数字安防企业虽然在行业内拥有一定的专利申请，部分龙头企业甚至已经建立了完善的企业专利管理体系，但专利申请总体质量并不高，有效专利储备非常有限，难以在市场竞争环境中发挥防御或进攻的作用。

第五步，从产业结构优化调整路径、企业整合培育引进路径、创新人才引进培养路径、技术创新引进提升路径、专利布局协同运用路径五个维度提出提升该市数字安防产业技术创新能力的方案建议。一是继续巩固扩大视频监控安防产业优势，完善数字安防产业结构配比，通过技术创新、商业创新和应用创新推动园区数字安防产业向价值链高端转移。二是基于龙头优势企业和中小企业并存的现状，一方面继续支持龙头企业及其配套企业快速发展，另一方面适当引入优势互补企业进驻高新区，支持企业跨区域甚至海外发展，提升企业和高新区整体竞争实力。三是基于高新区数字安防产业高端专业人才仍较缺乏的现状,从本地人才培养和外部人才引进两方面引导企业和高校做好智力资源汇聚工作,同时加快专利高端服务人才引进,为加快园区数字安防产业发展提供人才储备。四是立足于自身视频监控技术领域的优势,通过优化技术创新合作、加强重点技术研发、引进国内外先进技术等多种途径,提升园区数字安防产业技术实力。五是根据数字安防产业和技术发展趋势,战略性地部署基础技术、关键技术、外围技术和应用技术的创新和保护,将专利布局转化为核心价值和优势,提升包括专利在内的知识产权与产业经济发展的协同能力。

(三) 创新主体类专利导航操作实务

与区域规划类、产业规划类相似,实践中,创新主体类的分析也常常根据上述分析范式所提供的分析工具集,结合分析对象的特点选择合适的分析角度和维度开展相应分析。如在2016年、2017年开展的针对某汽车企业[1]的创新主体类专利导航项目时,课题组的工作流程就表现为以下5步:

第一步,对该汽车企业拟进入的智能汽车领域、主要市场、主要竞争对手、主要合作伙伴以及运营发展面临的关键问题等基本情况进行梳理提炼,结果显示:智能汽车产业呈现出如下生态格局:一是全球智能汽车技术进入规模化性价比区间,即将进入爆发期,政策法规保障市场持续高速发展。二是中国智能汽车技术起步和进度均落后于西方,市场前景看好;虽然高层已明确产业化进程的相关时间表,但政策细则与标准仍然缺失。三是传统车企互联网企业正面交锋争夺产业链优势地位,零部件厂商为重要第三方,形成欧美日三足鼎立的竞争格局。四是企业合作和联盟竞相出现抢占市场先机,门派纷争群雄割据。随着不同类型企业相互竞争的日趋白热化,最终,智能汽车生产将呈现出"车+互联网"和"互联网+车"两种截然不同的生态体系。其中,"车+互联网"呈现出互联网企业成为新的一级供应商、产业现有金字塔型生态格局底部日趋收窄;自动驾驶技术成整车厂商技术领先高点、前装市场是供应商主要利润来源;供应链整合能力成决定企业竞争力的关键所在,外延并购一体化集成为弯道超车的最大机遇等特征。"互联网+车"呈现出整车厂商沦为下一个移动终端制造商,品牌竞争加剧,产业结构更加扁平和开放;车联网技术成为主要技术竞争点,产品更新周期变短,商业模式和市场利润来源更为多元;硬件平台整合监控和技术标准构建成为互联网企业掌控产业链的重要着力点。

第二步,对汽车企业所关注的智能汽车领域的专利竞争格局、技术发展趋势和竞争动向进行了全面梳理,结果显示:整体来看,智能汽车全球专利申请总量呈现平稳上升趋势,自2011年起进入高速发展期;中国与全球趋势基本一致,但增速偏慢。

---

[1] 该项课题是受汽车企业委托,由国家知识产权局知识产权发展研究中心在2016年、2017年连续两年承担的创新主体类专利导航项目。

中、美、日、德韩是全球智能汽车的主要技术来源国，也是智能汽车专利竞争布局的重点区域。传统整车厂商和零部件厂商在智能汽车领域仍占据专利技术的优势地位，互联网企业强势追赶，领先企业纷纷关注中国市场，虽然规模并不大但涨势惊人。其中，自动驾驶技术分支上，近年来专利申请发展迅速，相比全球来说，中国增长更加稳健。日、中、德、韩、美是自动驾驶技术的主要技术来源国和专利布局的重点国家。整车和零部件企业是自动驾驶技术的主导者。国外主要国家自动驾驶领域专利布局的重点在转向控制、动力控制、传感器检测等技术领域，而中国的专利布局重点集中在车辆配件智能控制技术，在转向控制与动力控制等关键技术领域专利布局数量较少。车联网技术分支上，全球专利增速高于智能汽车平均增速，中国近年增速有所放缓，但仍保持高速增长；中国和美国是车联网的主要技术来源国和专利布局的重点国家。传统互联网企业或通信企业占据专利数量优势，整车及零部件厂商趋于从属。国外来华申请人以企业为主，形成整车、零部件厂商，通信、互联网公司群雄逐鹿的格局，国内申请人多数是非传统车企以及大专院校，通信公司和互联网公司依靠技术积极布局。全球与中国在车联网领域的专利技术关注点较为一致，导航尤其是路径规划和指引，以及车载通信的资讯服务、V2X是专利布局的重点，呈现出由信息技术主导的趋势。中国市场上国内申请人具有显著专利规模优势，但专利技术主要集中在导航，技术各有侧重；国外来华专利数量虽然相对较少，但技术更为全面和均衡，对路径规划和指引相对更为侧重，并已形成一定的专利壁垒。

第三步，以该创新主体为分析对象，对其所处产业位置以及产业技术发展进行定位，并通过对比发现、识别其发展面临的问题、风险和不足，结果显示：当时，该创新主体在智能汽车领域仍处于初步发展阶段，专利活动和储备不充分，具有较大发展空间。

第四步，对创新主体的未来发展方向和目标进行研判，形成把握技术机遇、破解制约瓶颈和技术短板的关键要素集。在"车+互联网"和"互联网+车"两种截然不同的生态体系下，创新主体需要前瞻性把握的技术研发入口、需要破解的技术瓶颈和弥补的技术短板存在较大差异。

第五步，从促进创新能力提升和市场竞争能力细分领域提出提升创新主体核心竞争力的对策建议，包括知识产权合作、创新研发策略、研发团队构建以及后续供应商选择等[1]。

应当强调的是，上文虽已针对上述各个主要类型专利导航梳理了特定类型专利导航需要关注的特点，并明确指出了导航实务操作中需要针对性进行调整和设计的流程要点；但是，由于各产业各领域的技术竞争与技术创新实践千变万化，相互之间相差巨大，前述已经强调的特色和要点仍然不足以充分确保具体专利导航操作项目的针对

---

[1] 由于涉及企业秘密，具体结论暂不详细展开。

性，不足以充分满足各层面不同管理者的决策支撑需求。因此，专利导航的实践者在操作具体专利导航项目时，在遵循已经提出的要求及已经提示的要点的基础上，需要深入了解和把握产业技术创新的实际情况和关键问题，以促使专利导航项目在启动之初，就已经尽可能贴近产业技术创新实际，尽可能准确把握住导航项目真正需要梳理分析和解决的核心问题。

第五章 CHAPTER 5
商标基础知识

第一节 商标与商标法概述

一、商标的概念

(一) 商标的定义

商标是最典型的一种商业标记，通常也是经营者商誉的最重要的体现。顾名思义，商标即商品或服务的标记。《TRIPs协定》第15条规定：任何能够将一个企业的商品或者服务与其他企业的商品或服务区分开的标记或标记组合，均能构成商标。我国《商标法》第8条规定，任何能够将自然人、法人或者其他组织的商品或服务与他人的商品或服务区别开的标志，包括文字、图形、字母、数字、三维标志、颜色组合和声音等，以及上述要素的组合，均可以作为商标申请注册。

(二) 商标的价值

正确理解商标的价值，前提是明确商标与商品或服务的关系。任何一个文字形式、图案或其他符号，不管它们天然地多么适合于作某些商品或服务的标记，并不意味着就一定能成为商标法意义上的这些商品或服务的标记；而设计该标记所支出的成本高低、创造性劳动的多少，也均与商标的价值没有关系。商标的价值不是来自商标标记的符号形式，而是隐于其后的商业信誉——商誉，没有充当商誉"替身"角色的标记不是真正意义上的商标。商标反映的是一种利益关系，这种利益关系是通过在市场上把标记与商品或服务不断地联系在一起而产生的。总之，商标的价值是从标记与商品或服务的联系中产生的。商标的价值完全来自它所标记的商品或服务，是由商品或服务质量建立起来的商誉累积而产生的。商标所代表的财产权，是产品或服务的商誉的反映。所以，商标的价值实际上与商品或服务的商誉密不可分，商标是商誉之表征。离开了特定的商品或服务，任何图案、符号和文字都不能起到商标的作用，更无商标价值可言。

(三) 商标的功能

随着市场经济的发展和完善，商标的功能也随之不断丰富和增强。通常来说，商标具有以下基本功能。

1. 识别功能

识别功能，即区别功能或认知功能，是指商标指示商品或服务的来源，消费者通过商标而识别商品或服务的提供者。识别功能是商标最初始、最基本的功能。凭借这一功能，商标作为媒介在消费者与经营者之间建立起了联系，经营者将自己商品或服务的商誉凝聚在商标上，并以此吸引消费者，而消费者则根据自己的需求认牌购买。

2. 品质保证功能

品质保证功能，即质量保证或担保功能，是指同一商标所表彰的商品或服务具有一致的品质标准和质量水平，即具有品质的同一性。随着市场经济和国际贸易的发展，同一商标所标示的商品完全可能来源于不同的制造商，商标的所有人不一定实际参与商品的生产，其只需对商品或者服务的质量加以控制，借助商标的品质保证功能来维持和拓展消费需求，提升商标商誉，强化其商品或服务对消费者的吸引力。消费者也往往通过商标的品质保证功能判断商品或者服务的品质，进而做出消费选择。品质保证功能已经成为商标在市场经济活动中重要的功能。

3. 广告及竞争功能

经营者通常会充分利用广告来促使消费者选择自己的商品或服务，而商标则是最直接、最有效的广告工具。这是因为，商标简单易记，其具有的品质保证功能和积累的商誉本身即具有广告效应。同时，如果商标所标识的商品或服务品质稳定，商誉良好，则更容易吸引消费者，并在消费者心中形成良好口碑，进而在同类商品或服务中更具市场竞争优势。

(四) 商标与其他标记

在商业活动中，除商标外，商品或服务上还会出现其他标记，如字号、通用标记等。分辨它们与商标之间的区别，有助于深入理解商标的特征。

1. 商标与字号

字号，俗称商号，是经营者在经营活动中表示自己与其他经营者不同的名称。商标与字号联系紧密，同属商业标志，都可成为商誉的载体，有的经营者将字号直接作为商标使用，也有的经营者将字号作为商标的重要组成部分。二者的区别在于：①商标是用来表彰所提供的商品或服务的，是特定商品或服务的标志；而字号是企业名称的组成部分，用来表彰商品或服务的提供者自身，是营业主体本身的标志。②商标的构成可以是文字，也可以是图形或者文字与图形的组合，甚至是三维标志、颜色组合或声音；而字号只能采用文字形式，且应当由两个以上的字组成。③字号的保护与商标的保护所依据的法律不同，受保护的范围也不同。在我国，商标一经注册核准就在全国范围受法律保护；而字号仅在企业所在地登记的行政区域范围内受到保护。

2. 商标与商品的装潢

商品的装潢是用来装饰、美化商品的，它通过与众不同的图案、色彩、文字、造型甚至新型材料来装饰商品或服务，其目的既有装饰商品或服务的一面，更有通过美化商品或服务达到引人注目、激发购买欲的一面。二者之间的区别明显，作用各异，不可互相替代。首先，使用商标目的在于区别商品或服务的来源，达到使消费者认知商品或服务的效果；使用装潢虽然也具有这样的功能，但它更主要的目的在于美化、彰显商品或服务，吸引消费者的注意力，以求达到推销商品或服务的目的。其次，由于装潢的目的在于美化、彰显商品或服务，所以装潢要随着市场销售的需要、人们审美情趣变化、消费习惯的变化而有所变动；而商标尽管也可能随着时间的推移而有所变动，但它一般来讲是稳定的，过分频繁地变化，商标就无法达到区别商品或服务来源的目的。实际上，为了实现商标区别和指示的功能，恰恰需要商标的稳定，因为商标的这一功能不是建立在美感上，而是建立在经营者与商品或服务的联系上。最后，商标应具有显著性，起到区别其他商品或服务的作用。所以，商标原则上不得直接表示商品或服务名称、图形及原料等特点；而装潢则可以要求尽可能反映商品或服务本身的特点，使消费者通过装潢感知商品或服务的内容。当然，装潢也应反映出经营者的个性和特征，但这种个性和特征应体现在对商品或服务外在形态的不同表现上。

3. 商标与商务标语

商务标语是经营者为了推销自己的商品或服务而使用的宣传广告形象或者文字。它往往与商标同时出现，但不是商标，它随着经营者营销战略的调整而改变。好的商务标语通过独特的表现形式，可给予消费者视觉、听觉的强烈冲击，强化消费者对某一品牌的认同感，例如，"海尔真诚到永远""格力，让世界爱上中国造"等。独特的商务标语不仅可以和商标一样发挥着区别于他人商品或服务的作用，有时还能达到商标本身难以达到的宣传效果。但是商务标语毕竟不是商标，它与商标的区别在于它要随着经营者营销战略的调整而改变，有时甚至是彻头彻尾的改变。

4. 商标与通用标记

通用标记是指表示商品特性、品质、用途的行业标记。它通常由一种简洁、醒目的符号或图形构成，往往不仅为本行业的从业人员所熟知，而且一般消费者也可通过这种标记了解标记使用者的意图。这类标记广泛使用于具有相同特征的商品上，其目的在于告知使用者该商品所具有的需要特别提醒注意的特征。这种标记尽管有时与商标同时出现在商品或包装上，但一般来说，它本身不具有任何区别来源的作用，因而也就不能为一家专用。经营者也不应使用与通用标记相同或近似的图形作商标。例如，

"△"表示金属加工的光亮度等级;"HB"表示铅笔笔芯的硬度;用高脚玻璃酒杯图形表示商品为易碎物品,应小心轻放;用雨伞图形表示商品怕水怕潮湿,应注意防水防潮等。

5. 商标与特殊标志

特殊标志,是指全国性和国际性的文化、体育、科学研究及其他社会公益活动所使用的,由文字、图形组成的名称及缩写、会徽、吉祥物等标志。例如,希望工程标志。特殊标志可以与商标的表现形态一致,也可以出现在商品或包装上,但与商标有明显的区别:首先,特殊标志的所有人是文化、体育、科学研究及其他公益活动的主办者,而不是以营利为目的的经营者。其次,特殊标志的所有人为募集资金可以径行或许可他人将特殊标志使用于某些商品上,即我们通常所见到的某某运动会、某某活动指定产品,但通过在商品上使用特殊标志募得的资金必须用于特殊标志所服务的社会公益事业。最后,特殊标志并不具有区别商品不同来源的功能,也不具有品质保证的功能,它仅仅表明经特殊标志所有人的许可,他人有权使用该特殊标志。

二、商标的特征

(一) 商标是一种可以为人所感知的符号

商标是一种可以为人所感知的符号,主要作用是能够识别,这就要求它不仅要具有显著的特征,而且可以为人所感知。从理论上讲,任何符号都可能成为商标,但在实践中,能否成为受法律保护的商标,需要根据各国法律的规定确定。

(二) 商标必须依附于商品或服务而存在

商标是用于交换的劳动产品上使用的标记,如果产品不是用于交换,它上面的标记也就不是商标。在人类社会未进入以交换为目的的商品经济社会时,劳动产品上已出现各种各样的标记,但这种标记不具有商标的属性和功能。先有商品之后才有商标,商标是商品经济发展到一定阶段的产物,并随着商品流通范围的扩展而日益彰显其特征。与商品结合之标记方为商标,这不仅是历史事实,而且反映在商标制度上,例如,一些国家要求商标权的取得以商标使用于商品或服务为前提条件,即使是规定以注册取得商标权的国家,也要求申请人确定所适用的特定商品或服务。

(三) 商标是区别商品或服务来源的标志

商标必须具备显著性,区别来源是商标的本质特征。只有附着在商品或服务之上,用来表明其来源并区别于其他同类商品或服务的标志才是商标。通用标记、通用名称等虽然也出现在商品、商品包装或服务场所、服务设施、服务用品上,但不具有区别来源的功能，因此不是商标。例如，"苹果"或者"🍎"用于苹果的外包装上，单指商品属性。

三、商标的类型

根据不同的标准，可以对商标进行不同的分类。

(一) 根据使用的对象不同划分

1. 商品商标

商品商标是指商品的生产者或经营者，为了使自己生产或经营的商品与他人生产或经营的商品相区分而使用的标志。商品商标是最古老的商标类型，"商标"的英文"trademark"曾在很长的时间里仅指商品商标。

2. 服务商标

服务商标是指提供服务的经营者，为将自己的服务与他人提供的服务相区别而使用的标志。服务商标是第三产业迅速发展的产物。美国是全世界最早通过立法保护服务商标的国家，其在1946年的成文商标法《兰哈姆法》(Lanham Act)中把服务标记的保护放到与商品商标保护同等的地位。1993年，中国第一次修正商标法时将保护服务商标的内容纳入了商标法中。

(二) 根据标志的功能不同划分

1. 普通商标

普通商标通常是指自然人、法人或者其他组织在自己生产、制造、加工、拣选、经销的商品或者提供的服务上使用的用于区别他人商品或服务的标志。

2. 证明商标

证明商标是指由对某种商品或者服务具有监督能力的组织所控制，而由该组织以外的单位或者个人使用于其商品或者服务，用于证明该商品或者服务的原产地、原料、制造方法、质量或者其他特定品质的标志。如我国的"绿色食品"标志等。与普通商标相比，证明商标的特点在于：①证明商标的所有人是某种具备质量检测与监督能力的组织，它自己不使用商标，而专门许可他人使用；②证明商标的许可不同于普通商标许可，只要请求许可人的商品或服务达到了证明商标的适用标准，证明商标许可人不得拒绝许可；③证明商标不标示商品或服务来源，而是证明该商品或服务的原产地、原料、制造方法、质量或者其他特定品质。

实际上，证明商标名为商标，但不具有"区分商品或服务来源"这一本质特征，证明商标成为商标法调整的对象，主要是因为它在标志使用方式、标志管理规则、注册机构、注册程序等方面与普通商标有许多共性。由于证明商标可用来证明商品的产地,其亦成为保护地理标志的重要途径。

3. 集体商标

集体商标是指以团体、协会或者其他组织名义注册,供该组织成员在商事活动中使用,以表明使用者在该组织中的成员资格的标志,如"连城红心地瓜干""镇江香醋"。集体商标有利于团体成员创建集体商誉。集体商标具有以下特点:①集体商标的注册人是某个团体、协会或者其他组织,集体成员享有均等商标专用权,重大决策集体决定。②集体商标的使用人是该集体的成员,不具备成员资格的主体不得使用集体商标。③集体商标对非集体成员来说能够起到区分商品或服务来源的作用,但无法区分集体成员之间的商品或服务来源。如若需要,成员之间往往通过其各自商标的不同以作区分。

(三) 根据赋权管理的不同划分

1. 注册商标

注册商标指经商标行政管理机关核准注册的商标,即已刊登有效注册公告的商标。中国实行商标注册制度,需要取得商标专用权的,应当向商标行政管理机关(国家知识产权局商标局)申请商标注册,注册是取得注册商标专用权的根据。注册商标享有商标法赋予的专用权。

2. 未注册商标

未注册商标指未经商标行政管理机关核准注册的商标,包括未提出注册申请的商标、已申请注册但处于审查过程的商标,以及经商标行政管理机关初步审定已刊登初步审定公告但尚未刊登注册公告的商标。在中国,未注册商标不享有商标专用权,但未注册的商标因使用而产生的实际利益,应该得到法律的保护。纵观各国,不论采用何种商标权取得制度,多数国家或地区均通过商标法或反不正当竞争法,不同程度地对未注册商标进行保护。

我国《商标法》第13条第2款规定了未注册驰名商标保护制度;第15条规定了特殊关系下被代理人、被代表人未注册商标的保护制度;第32条、第59条第3款和《反不正当竞争法》第6条规定了有一定影响的未注册商标保护制度。未注册商标的法律保护需求日渐增加,制度日趋完善。值得注意的是,未注册商标保护效力不能与注册商标等同,《商标法》在2013年引入商标先用权而允许未注册商标继续使用,其继续使用是有附加条件的,不能与注册商标具有同等待遇,也不能对抗注册商标。

四、我国商标法律制度的基本特点

(一) 商标专用权受法律保护

商标权是商标法的核心概念,在商标法中居于本位和重心,商标法的任务之一就是确认并保护商标权。从商标法律制度的历史沿革看，商标的实际使用是商标权产生的基础。商标作为区别来源和表彰质量的手段，是与市场交易活动紧密联系在一起的，离开商品和商业活动，任何标记都无法成为商标。只有通过使用，一件商标才能实现其功能，才能产生商标的财产利益并使其受法律保护成为必要。简而言之，商标权是商标所有人依法对其使用的商标所享有的权利。

我国商标法中以"商标专用权""注册商标专用权"代之"商标权"。所谓商标专用权，是指商标权人独占性享有该商标的权利，以核准注册的商标和核定使用的商品或服务为限。通常，注册商标的主要目的在于取得专用其商标的权利，即由法律赋予商标权人在指定的商品或服务上专门使用其注册商标的权利。这是商标专用权的核心内容。

（二）申请在先、兼顾使用原则

申请在先、兼顾使用的原则体现在《商标法》第31条。该条规定，两个或者两个以上的商标注册申请人，在同一种商品或者类似商品上，以相同或者近似的商标申请注册的，初步审定并公告申请在先的商标；同一天申请的，初步审定并公告使用在先的商标，驳回其他人的申请，不予公告。可见，一般情况下，遵循申请在先原则，同一天申请的遵循使用在先原则。申请在先原则，是指当两个或者两个以上申请人在同一种商品或服务或者类似商品或服务上，以相同或者近似的商标提出注册申请时，国家知识产权局初步审定注册申请日期在先的商标，并可依据该商标在先申请权驳回申请日期在后的相同或近似商标。在我国，商标审查中实行"申请在先"原则，优先核准申请在先的商标，能够使商标注册人在商标注册之日起就获得完整的商标专用权，有益于明确商标专用权的归属，减少贸易活动中的商标冲突，使商标权取得有明确预期。同时，我国又以"使用在先原则"为补充，在同一天申请的情况下，初步审定使用在先的商标注册申请。同一天申请，也称为商标注册同日申请，是指两个或者两个以上的申请人，在同一种商品或服务或者类似商品或服务上，分别以相同或者近似的商标在同一天申请注册的情形。申请在先并兼顾使用的原则，既维护了在先申请人的利益，又给予在先使用人获得商标权益的机会，既维护了商标注册制度，又彰显了社会公平正义。

（三）全面审查申请注册商标

商标注册申请的审查是指国家知识产权局对商标注册申请的合法性进行审查的行为，商标注册申请适用全面审查制度，包括形式审查和实质审查两个方面。形式审查是指对商标注册申请的形式要件合法性进行审查的行为，如递交的申请材料填报是否规范、正确；是否缴纳费用等。实质审查是指对商标注册申请的实质要件合法性进行审查的行为，包括申请注册的商标是否违反《商标法》的禁止性规定以及是否与他人在先商标权等在先权利冲突两个方面。

(四) 禁止恶意注册

近年来,随着商标注册程序优化、注册周期缩短、注册成本降低,注册商标更为便捷。但也出现了以傍名牌为主要目的的商标恶意申请或为转让牟利而大量囤积注册商标等不良申请注册行为,严重扰乱了市场经济和商标管理秩序,破坏了营商环境。为此,2019年修正的《商标法》对商标恶意申请以及不以使用为目的的申请注册商标行为进行遏制,并将其禁止性规定贯穿于整个商标申请注册和权益保护程序中,责任主体既包括申请人和权利人,也包括商标代理机构;既体现在行政确权程序中,也延及司法诉讼程序。其中,《商标法》第4条增强了商标使用义务,增加"不以使用为目的的恶意商标注册申请,应当予以驳回"的规定,一方面在审查阶段予以适用,实现打击恶意注册的关口前移,另一方面将其补充作为提出异议和请求宣告无效的事由,直接适用于异议程序和无效宣告程序中。同时,在《商标法》第19条规范商标代理行为条款增加规定,即商标代理机构知道或者应当知道委托人存在恶意注册行为的不得接受委托。另外,《商标法》还对申请人、商标代理机构恶意申请商标注册、恶意诉讼的行为规定了处罚措施。

2019年修正的《商标法》为遏制恶意商标申请注册行为提供了直接、明确的上位法依据。为更好地执行新修订法律条款,国家市场监督管理总局于2019年10月10日颁布、12月1日实施了《规范商标申请注册行为若干规定》,进一步明确了申请商标注册和从事商标代理的要求,规定了《商标法》第4条进行审查时的考量因素、第68条行政处罚的适用情形和处罚幅度。

(五) 保护商标专用权与保护消费者利益并重

《商标法》第1条对立法宗旨作了明确规定,即为了加强商标管理,保护商标专用权,促使生产者、经营者保证商品和服务质量,维护商标信誉,以保障消费者和生产、经营者的利益,促进社会主义市场经济的发展。一方面,商标法的核心内容是保护商标权人的商标专用权,维护其合法权益;另一方面,因商标权的行使直接影响社会公众的利益,通过加强商标管理促使商标权人注重商品或服务质量,维护其商标信誉,从而保护消费者利益。保护商标专用权与保护消费者利益并重是中国商标法律制度的主线。保证商品质量和保护消费者利益还体现在商标的使用、许可和转让的相关规定中。对于商标使用,《商标法》第7条第2款规定:"商标使用人应当对其使用商标的商品质量负责。各级工商行政管理部门应当通过商标管理,制止欺骗消费者的行为。"对于商标转让,《商标法》第42条第1款规定:"转让注册商标的,转让人和受让人应当签订转让协议,并共同向商标局提出申请。受让人应当保证使用该注册商标的商品质量。"对于商标许可,许可人应当监督被许可人使用其注册商标的商品质量。被许可人应当保证使用该注册商标的商品质量。

(六) 行政保护与司法保护并举

行政保护与司法保护并举是我国商标法律制度的突出特点。行政保护与司法保护不仅体现在我国商标授权和确权程序中,还体现在侵犯注册商标专用权的救济程序中。我国《商标法》第60条第1款规定:"有本法第五十七条所列侵犯注册商标专用权行为之一引起纠纷的,由当事人协商解决;不愿协商或者协商不成的,商标注册人或者利害关系人可以向人民法院起诉,也可以请求工商行政管理部门处理。"可见,行政机关不仅仅负责商标注册,也通过监管和规范商标使用行为,特别是依据行政执法职能打击商标侵权行为,对商标专用权给予保护。即在保护商标权益的途径上,司法和行政是并行的,当事人可以向行政机关投诉,也可以向人民法院起诉。

第二节　注册商标专用权的取得

一、取得注册商标专用权的原则和途径

(一) 原则

目前,国际上取得商标权的原则包括:

1. 使用原则

使用原则是指以商标使用的客观事实为基础,根据使用的先后确定商标权的归属,根据使用的地域确定商标权的效力范围。在商标权的归属发生争议时,以商标使用的先后来确定商标权的归属,最先使用商标的人获得商标权。依使用原则,商标只要经过使用,即使不经注册,也可取得商标权。商标使用人也可申请注册,但商标权的取得仍以商标是否实际使用过为基础,注册仅仅是为了增强商标权的法律效力,起不到确定商标权归属的作用。

2. 注册原则

注册原则是指以注册作为商标权取得的根据,由商标注册申请在先者取得商标权。这一原则与使用原则最大的区别在于,它是以申请注册的先后来确定商标权的归属,谁最先提出商标注册申请,商标权就授予谁。获准注册后,商标权人就可禁止其他人使用该商标。依注册原则,商标只有经过申请注册,商标使用人才能获得商标权,商标权才受法律保护,即使是未使用过的商标,也同样可以申请注册,获得商标权。这一原则,不注重商标是谁最先使用的,而注重谁最先提出注册申请。我国以注册制为基础,兼顾使用。

3. 混合原则

混合原则是上述两原则的折中适用原则。依该原则，商标权需经申请注册才能取得，但是在核准注册后的一定时间内，给在先使用人以使用在先为由提出撤销在同一种或类似商品或服务上已注册的与自己在先使用的商标相同或近似商标的机会。只有经过一定期限后，没有在先使用人主张权利，核准注册的商标才取得稳定的商标权。依这一原则，在先使用人只要在法律规定的期间内提出对在后使用人注册商标的撤销请求，不仅可以撤销他人的已注册商标，而且其商标还可能通过申请获准注册，取得商标权。

(二) 途径

在我国取得注册商标专用权的途径包括：

1. 依法申请注册

《商标法》规定了商标自愿注册原则，即是否申请商标注册由商标所有人自行决定，法律有特别规定的除外。如果自然人、法人或者其他组织不想取得商标专用权的保护，则可以不注册，法律没有设置商标必须注册的义务。但是，我国并没有实行绝对自愿注册原则，而是在自愿注册基本原则下仍对极少数商品的商标实行强制注册。《商标法》第6条规定，法律、行政法规规定必须使用注册商标的商品，必须申请商标注册，未经核准注册的，不得在市场销售。此项规定旨在加强对部分与人们身体健康关系密切的商品在市场上的规范管理（如烟草，以前还包括人用药品），体现了法律对人类健康和社会公共利益的保护。

2. 未注册商标获得保护的例外

未注册商标获得保护的例外，体现在《商标法》第13条第2款、第15条第2款和第32条后半段的规定。

驰名商标通常指那些在市场享有较高声誉、为相关公众所熟知，并且具有较强竞争力的商标。《商标法》第13条第2款和第3款规定驰名商标保护的情形：对未在中国注册的驰名商标给予在相同或类似商品或服务上的保护；对已在中国注册的驰名商标给予在非类似商品或服务上的跨类保护。驰名商标不以注册为要件，符合《巴黎公约》的规定。驰名商标制度不论是对于未注册商标还是注册商标，都是基于其商标高知名度的事实和易受侵害等特点，给予更大范围的法律保护。同时，已注册驰名商标相比未注册驰名商标保护的范围更大，又体现出我国侧重保护注册商标的原则。

《商标法》第15条对特定关系人明知是他人商标而在相同或类似商品（服务）上恶意抢注行为作出禁止性规定：禁止代理人或代表人抢注被代理人或代表人的商标；禁止特定关系人抢注明知是他人在先使用的商标。代理人或代表人及其他关系人不得申请注册的商业标识，不仅包括与被代理人或被代表人商标以及在先权利人商标相同的标志，也包括相近似的标志。不得申请注册的商品（服务）不仅包括与在先商标实际使用的相同商品或服务，也包括类似的商品或服务。

《商标法》第32条后半段规定，申请商标注册不得以不正当手段抢先注册他人已经使用并有一定影响的商标。"已经使用并有一定影响"的商标是指在系争商标申请日前已经在中国使用并已为一定地域范围内相关公众所知晓的未注册商标，商标法禁止他人以不正当手段抢先注册这类未注册商标。

二、商标注册的申请

商标注册的申请是根据自愿注册原则，凡需要在生产、制造、加工、拣选或者经销的商品上或者提供的服务项目上取得商标专用权的自然人、法人或者其他组织，向国家知识产权局提出《商标注册申请书》和有关文件，并缴纳规费的程序。提出商标注册申请，是获准注册、取得商标专用权的前提。

（一）申请商标注册应当符合法律规定

《商标法》第9条规定，申请注册的商标，应当有显著特征，便于识别，并不得与他人在先取得的合法权利相冲突。即申请注册的商标应当满足以下条件才有可能获准注册：①具有显著特征。商标的基本功能是区分商品或服务的来源，应当便于识别，易于吸引人们的注意力。②不得与他人在先取得的合法权利相冲突。申请注册商标不仅不能与他人在同一种或类似商品（服务）上使用的商标相同或近似，也不能侵犯他人在先取得的合法权利，如姓名权、肖像权、外观设计专利权等。

《商标法》第10条列举了8项不得作为商标使用的标志，并明确了使用地名作为商标的限制。

（二）其他相关注意事项

1. 关于颜色组合商标和商标指定颜色

颜色组合商标是由两种或两种以上颜色构成的一种标志，可以无边框，并非在已有图形中添加颜色。在递交注册申请时，须在《商标注册申请书》中的"商标申请声明"一栏勾选"以颜色组合申请商标注册"。商标指定颜色是指商标图样为着色的文字、图形或其组合，申请注册的商标以申请时贴附的着色图案颜色为准，指定后不得再随意变更。

2. 关于以肖像申请商标注册

将他人肖像作为商标进行注册申请的，应当予以说明，并附送肖像权人的授权书。自然人、法人或其他组织将他人肖像作为商标进行注册申请，肖像人已死亡的，应附送申请人有权处置该肖像的证明文件，证明文件应包括作为商标申请的肖像人肖像。自然人将自己的肖像作为商标进行注册申请的，应当予以说明。

3. 关于身份证明文件

身份证明文件不包括：医疗机构执业许可证、办学许可证、期刊登记证、卫生许可证等。党政机关不能作为申请人申请商标注册。

三、商标注册申请的实质审查

商标注册申请的审查，是指国家知识产权局依据《商标法》和《商标法实施条例》的规定，按照商标申请日期的先后顺序，对商标注册申请是否具备注册条件进行的审查。

商标审查工作是决定授予商标专用权的关键环节。国家知识产权局对商标注册申请采取全面审查制度，包括形式审查和实质审查。形式审查主要是审查申请手续是否完备，申请书件的填写是否符合要求，从而确定对申请是否受理。实质审查是对经过形式审查，决定受理的商标注册申请，对构成商标的文字、图形、字母、数字、三维标志、颜色组合、声音及其组合能否核准注册所进行的审查。

实质审查主要包括两方面：一是禁止性条款的审查，也称为绝对理由的审查；二是在同一种或者类似商品（服务）上与他人在先商标相同或者近似的审查，也称为相对理由的审查。国家知识产权局一般不主动在审查阶段对商标以外的其他在先权利进行审查，而是由其权利人通过商标异议、复审和无效程序主张这类权利。

（一）绝对理由审查

绝对理由审查，是审查商标注册申请是否违反《商标法》禁止注册或使用的规定。法律依据主要包括：第4条（不以使用为目的的恶意商标注册申请）；第10条（不得作为商标使用的标志）；第11条（缺乏显著性的标志）；第12条（缺乏显著特征的三维标志）；第19条第4款（商标代理机构不得申请注册的商标）。

1. 不得作为商标使用的标志的审查

《商标法》第10条列举了不得作为商标使用的标志以及使用地名作为商标的限制。这些不得作为商标使用的标志除禁止作商标使用外，更应当禁止商标注册。

其中，《商标法》第10条第1款规定：

（1）同中华人民共和国的国家名称、国旗、国徽、国歌、军旗、军徽、军歌、勋章等相同或者近似的，以及同中央国家机关的名称、标志、所在地特定地点的名称或者标志性建筑物的名称、图形相同的。本条中的国家名称包括全称、简称和外文全称及缩写，例如，"中华""CN"；中央国家机关的名称、标志、所在地特定地点的名称或者标志性建筑物的名称如"全国人民代表大会""国务院""中南海""钓鱼台""天安门""紫光阁""怀仁堂""人民大会堂"等。

（2）同外国的国家名称、国旗、国徽、军旗等相同或者近似的，但经该国政府同意的除外。本条中的外国国家名称包括中文和外文全称、简称和缩写，例如，"瑞士""USA"。经该国政府同意的，申请人应当提交表示政府同意的书面证明文件；申请人就该商标在相同或类似商品（服务）上在该国已获准注册的，视为该外国政府同意。

（3）同政府间国际组织的名称、旗帜、徽记等相同或者近似的，但经该组织同意或者不易误导公众的除外。本条中的政府间国际组织，是指由若干国家和地区的政府为了特定目的通过条约或者协议建立的有一定规章制度的团体。例如：联合国、欧洲联盟、东南亚国家联盟、非洲统一组织、世界贸易组织、亚太经济合作组织等。国际组织的名称包括全称、简称或者缩写。

（4）与表明实施控制、予以保证的官方标志、检验印记相同或者近似的，但经授权的除外。本条中的官方标志、检验印记是指官方机构用以表明其对商品质量、性能、成分、原料等实施控制、予以保证或者进行检验的标志或印记。例如，CCC（中国强制性产品认证标志）。经该官方机构授权的，适用本条规定，申请人应当提交经授权的书面证明文件。

（5）同"红十字""红新月"的名称、标志相同或者近似的。本条中的"红十字"标志是国际红十字会标志，"红新月"标志是红新月会标志，均为国际性救护救济组织，与其相同、近似的商标申请禁止注册。例如，Red Cross译为"红十字"，与"红十字"判为相同，医用药物上的 CHIN SHIH TZU，与"红十字"标志设计风格、整体视觉效果相近，二者构成近似。

（6）带有民族歧视性的。本条中的民族歧视性，是指商标的文字、图形或者其他构成要素带有对特定民族进行丑化、贬低或者其他不平等看待该民族的内容。例如，指定使用商品在抽水马桶上的"印第安人"。

（7）带有欺骗性，容易使公众对商品的质量等特点或者产地产生误认的。本条中的带有欺骗性，是指商标对其指定使用商品或者服务的质量等特点或者产地作了超过其固有程度或与事实不符的表示，容易使公众对商品或者服务的质量等特点或者产地产生错误的认识。例如，矿泉水商品上的"极品"；香烟商品上的"长寿"等。

（8）有害于社会主义道德风尚或者有其他不良影响的。市场经济社会，认牌购物是社会公众基本消费习惯，商标与人们日常生活息息相关，商标一般以文字、图形、颜色、声音为表现形式，其内容和含义既是经济生活的一部分，也一定程度表现或承载着特定社会文化内涵，其形式和内容导向性正确与否，对一定时期内的社会伦理道德、社会环境、社会风气有着重要影响。我国作为社会主义国家，倡导培育和弘扬社会主义核心价值观、弘扬中华传统美德，所以商标的注册和使用也必须符合上述原则。社会主义核心价值观倡导富强、民主、文明、和谐，倡导自由、平等、公正、法治，倡导爱国、敬业、诚信、友善。因此，不符合上述核心价值观，宣扬反动、迷信、暴力、黄赌毒、假丑恶等表象或行为的文字、图形或其他要素组成的商标,均属于有害于社会主义道德风尚的商标。例如:"九一八""黑鬼""屌丝男士""包二奶"等。

其他不良影响是指除有害于社会主义道德风尚以外的情形,一般是指商标的文字、图形或者其他构成要素对我国政治、经济、文化、宗教、民族等社会公共利益和公共秩序产生消极的、负面的影响。例如:"非典""宗喀巴"等。

有害于社会主义道德风尚或者具有其他不良影响的判定,应考虑社会背景、政治背景、历史背景、文化传统、民族风俗、宗教政策等因素,并应考虑商标的构成及其指定使用的商品和服务。

《商标法》第10条第2款规定,县级以上行政区划的地名或者公众知晓的外国地名,不得作为商标。县级以上行政区划的地名以我国民政部门编辑出版的《中华人民共和国行政区划简册》为准。公众知晓的外国地名,是指我国公众知晓的其他国家或者地区的地名,如"东京""纽约"等。禁止注册使用上述标志,是因为这些地名一般只能说明产品生产地,不能区分产品生产经营者或服务的提供者,缺乏商标应有的区分来源的功能。如果核准注册,注册人将获得排斥他人使用的权利,会不公平地妨碍他人在商业活动中的正当使用。对于住所不在上述地域的生产者,将含有该地名的标志进行注册和使用,还易使公众对商品或服务的产源地产生误认。

本款的例外规定主要涉及三个方面:一是地名具有其他含义的除外。在我国,有些地名既是县级以上的行政区划的名称,但同时又有明确的其他含义。如"凤凰",除了是地名外,还有"传说中的百鸟之王"的含义。重要的是,这些名称的其他含义更易于被一般公众所接受和熟知,这些地名因此可以作为商标使用。二是地名作为集体商标、证明商标组成部分的除外。集体商标和证明商标从其本身的性质考虑可以使用地名作为其商标的组成部分,如地理标志证明商标等。三是已经注册使用地名的商标继续有效。禁止地名注册始于1993年修订的《商标法》,对之前已经注册使用的地名商标,法律明文确定允许其继续有效,该类商标在当时的注册无论是实体还是程序上并无问题,如"北京"牌电视机、"青岛"牌啤酒等。已注册商标继续有效,意在体现法不溯及既往原则,以保持注册商标权利的稳定性,保护商标所有权人的合法权益。

2. 不得作为商标注册的标志的审查

《商标法》第11条第1款(一)、(二)项列举了不得作为商标注册的标志:"(一)仅有本商品的通用名称、图形、型号的;(二)仅直接表示商品的质量、主要原料、功能、用途、重量、数量及其他特点的。"其中,本商品是指商标注册申请要求保护的具体商品或服务项目;通用名称、图形、型号是指国家标准、行业标准规定的或者约定俗成的名称、图形、型号,名称包括全称、简称、缩写。例如,"高丽参"(指定使用商品:人参),"0.5mm"(指定使用商品:笔);质量是指商品或服务的优劣,例如,"一流""顶级";主要原料是指商品中的主要成分或主要的经加工、半加工的材料,例如,"桑蚕"(指定使用商品:内衣);其他特点是指对商品或服务的价格、风味、生产工艺、销售场所等的说明或描述，例如，"机绣"（指定使用商品：服装），"麻辣"（指定使用服务：餐饮）。

禁止上述标志作为商标注册，是因为这些标志表示的含义已经得到普遍认知或者已经成为行业通用，不宜被某一家企业独占使用，上述标志既不能起到商标的区别作用，也缺乏商标的显著特征。

商标的显著特征是商标起识别作用的关键因素。除前述两项规定以外，其他缺乏显著特征的标志还包括：

（1）过于简单的线条、普通几何图形构成的标志，如" ┆ "" □ "；或者过于复杂的文字、图形、数字、字母或上述要素的组合构成的标志，如" "" "。这些标志不易记忆和识别，缺乏商标显著特征。

（2）仅由一个或者两个普通表现形式的字母构成的商标。例如" A "" JT "。但非普通字体或者与其他要素组合而整体具有显著特征的除外，例如" "。

（3）单一颜色商标，例如" "。

（4）由表示商品或者服务特点的短语或者句子，或者由非独创性的广告宣传用语构成的商标。例如"一旦拥有别无所求"（指定使用商品：饲料），"让养殖业充满生机"（指定使用商品：饲料）。

（5）日常的礼貌用语或祝颂语构成的商标。例如"你好""新年快乐"。

商标的显著特征是伴随社会发展而不断发展变化的因素，既可能会从无到有、由弱变强，亦可从有到无、由强变弱直至消失。

《商标法》第11条第2款是指原本缺乏显著特征的标志，经过某特定市场主体广泛使用，导致公众逐渐忽视该标志原来的含义，转而把该标志与使用者紧密联系起来，使得该标志取得商标显著特征，具有了区分商品或服务来源的作用，可以作为商标注册。例如，牙膏商品上的"两面针"商标。

（二）相对理由审查

相对理由审查是指在同一种或类似商品（服务）上商标相同、近似的审查，《商标法》规定的法律依据包括：

第30条："申请注册的商标，凡不符合本法有关规定或者同他人在同一种商品或者类似商品上已经注册的或者初步审定的商标相同或者近似的，由商标局驳回申请，不予公告。"

第31条:"两个或者两个以上的商标注册申请人,在同一种商品或者类似商品上,以相同或者近似的商标申请注册的,初步审定并公告申请在先的商标;同一天申请的,初步审定并公告使用在先的商标,驳回其他人的申请,不予公告。"

决定申请注册的商标是否予以注册或者驳回,主要考虑该商标与享有在先权的商标是否相同或者近似、指定使用的商品或服务是否属于同一种或者类似商品或服务。

同一种商品或者服务,包括名称相同和名称不同但指同一事物或者内容的商品或者服务。比如,土豆与马铃薯为同一种商品。类似商品是指在功能、用途、生产部门、销售渠道、消费对象等方面相同或基本相同的商品。类似服务是指在服务目的、内容、方式、对象等方面相同或基本相同的服务。比如,毛巾与枕巾、衬衫与裤子互为类似商品,餐馆与饭店提供的服务为类似服务。

在审查中,相同商标是指两个标识完全相同,或者在视觉或听觉上基本无差别或差别细微、足以使相关公众产生误认的商标。比如,五斗米与五斗米、Susanna 与 SUSANNA 为相同商标。近似商标是指文字、数字、图形、颜色或声音等商标的构成要素在发音、视觉、意义或排列顺序以及整体外观上虽有一定区别,但易使相关公众产生混淆的商标。例如:"新康得"与"新得康"两商标汉字构成相同,仅字体或设计、排列顺序不同;CATANA 与 KATANA,两商标文字读音近似,且整体外观近似;玫瑰花与玫瑰,两商标含义相同;与,商标完整地包含他人在先具有一定知名度且显著性较强的商标等。以上各组分别构成商标近似。

四、商标异议

商标异议制度,是指当事人在法定期限内,对国家知识产权局初步审定公告的商标提出不同意见,请求撤销对该商标的初步审定,由国家知识产权局依法作出准予该商标注册或不予注册决定的制度。提出不同意见的一方为异议人,商标注册申请人为被异议人,该初步审定商标为被异议商标。

(一) 我国商标异议制度的变迁

1983年实施的《商标法》第19条规定:"对初步审定的商标,自公告之日起三个月内，任何人均可以提出异议。无异议或者经裁定异议不能成立的，始予核准注册，发给商标注册证，并予公告；经裁定异议成立的，不予核准注册。"1993年及2001年《商标法》两次修正均未改变异议制度相关规定。

商标异议制度在实施之初充分发挥了公众监督功能，但因其周期长、审级多，实践中也出现了明显的弊端。例如，异议理由随意性过大，恶意异议时有发生。有的申请人利用异议制度打乱竞争对手的商标战略，有的以此延长注册周期以获得"傍名牌"式侵权的豁免期，有的以撤销异议为条件向被异议人索取费用或转让商标。社会各界普遍呼吁对异议程序进行调整。为遏制他人恶意提出异议以期利用异议制度延迟正当商标申请人获准注册商标的时间，缩短异议审理周期，简化异议程序，2013年《商标法》对商标异议规定作出重要修改，一是删除《商标法》规定任何人在异议期内能以任何理由提出异议的规定，限定异议主体资格；二是对异议理由进行限制，但保留了对可能侵害公共利益的初步审定的商标，任何人可以提出异议的规定，回归了异议制度的立法初衷，使其兼顾社会监督和权利救济的作用；三是简化异议确权程序，异议不成立、被异议商标准予注册的，直接发给商标注册证并予公告。此次修改有利于提高异议效率，防范恶意异议，缩短注册周期；有利于提高公众的法治意识，增强异议制度的权威性，维护各方的合法权益。

(二) 提出商标异议的法定条件

1. 异议期限

异议的法定期限为3个月，自初步审定公告之日起算，超出异议期限提出的异议申请将不被受理。异议审理期限为公告期满之日起12个月内，可视情况再延长6个月。

2. 异议理由

异议理由按照被异议商标违反《商标法》的法律条款不同可以分为两类：

一是绝对理由，是指被异议商标可能违反《商标法》中禁止注册或使用的规定：《商标法》第4条（不以使用为目的的恶意商标注册申请）；第10条（不得作为商标使用的标志）；第11条（缺乏显著性的标志）；第12条（缺乏显著特征的三维标志）；第19条第4款（商标代理机构除对其代理服务申请商标注册外，不得申请注册其他商标）。

二是相对理由，是指被异议商标可能损害他人的在先权利或者合法利益，即被异议商标可能违反了：《商标法》第13条第2款和第3款（驰名商标保护）；《商标法》第15条（防止因代理关系、代表关系或其他合同、业务关系导致商标被抢注）；第16条第1款（地理标志保护）；第30条（在同一种或者类似商品或服务上，与已经注册或者初步审定并予以公告的商标相同或者近似）；第31条（在同一种或者类似商品或服务上，与在先申请的商标相同或者近似）；第32条（损害他人现有的在先权利或以不正当手段抢先注册他人已使用并有一定影响的商标）。

如果当事人以上述范围之外的理由提出异议申请，国家知识产权局将不予受理。

3. 异议主体

2013年《商标法》首次对异议主体资格作出限定。异议人因理由不同可以分为两类：

（1）绝对理由异议人。异议人为任何单位或个人。因商标可能侵害的是社会公共利益和市场竞争秩序，应当允许任何单位或个人据此提出不同意见。

（2）相对理由异议人。异议人应为在先权利人和利害关系人。因商标可能损害的是特定第三人的私权，所以作为特定第三人的在先权利人或者其利害关系人应当主动提供证据，积极主张权益。

其中，在先权利人主要指字号权、著作权、外观设计专利权、姓名权、肖像权以及应予保护的其他合法在先权益的持有人。利害关系人是指在先权利的授权使用人、代理人、经销商、地理标志所标示地区的相关经营者及其他有直接利害关系的主体。直接利害关系可以理解为商标的注册使用与当事人的合法利益减损之间存在因果关系。

(三) 异议的审查

1. 形式审查

商标异议形式审查是商标异议审理的基础性工作。异议形式审查主要是审查商标异议申请书形式要件是否符合法律规定，主要包括对异议申请书、异议答辩书、异议补充材料、撤回商标异议申请书及其补正回文材料的正确性、准确性以及是否存在遗漏（包括缴纳费用）进行审查。

2. 实质审查

异议是商标确权的重要环节，审理异议案件是异议工作的核心。异议申请经形式审查后进入实质审理程序，审查员就异议请求事项及其理由，被异议人的答辩理由的法律依据是否正确、适当，提供的证据材料和陈述的事实是否确凿、充分进行审理，并在规定期限内依法作出裁定。

（1）异议案件事由。按照适用《商标法》条款的不同，异议事由主要包括以下几方面内容：

1）被异议商标违反商标禁止注册条款或者缺乏显著特征。适用《商标法》第4条、第10条、第11条、第12条及第19条第4款。

2）异议人认为其引证商标为驰名商标，要求按照驰名商标标准给予扩大范围保护。适用《商标法》第13条第2款和第3款。

3）代理人或代表人恶意申请注册被代理人、被代表人商标。适用《商标法》第15条。

4）异议商标和被异议商标构成同一种商品（服务）或类似商品（服务）上的相

同或近似商标。适用《商标法》第 30 条、第 31 条。

5）被异议商标侵害他人在先权利，以不正当手段抢先注册他人已经使用并有一定影响的商标。适用《商标法》第 32 条。

以上异议事由可以在一件异议申请中均有提及，异议裁定都要进行审理。

（2）异议案件审理和商标实质审查的联系与区别

1）原则上二者审查标准一致，但存在差异。因此，异议案件审理中有关商标是否近似、商品是否类似的判断体现"个案"原则。

2）商标注册申请审查属于主动审查，异议案件审理属于被动审查。

3）适用法律条款不同。异议案件审理除了适用商标实质审查中《商标法》的相关条款外，还适用《商标法》第 13 条第 2 款和第 3 款、第 15 条和第 32 条的规定。

①驰名商标的扩大保护。

案例：某自然人在第 6 类"挂锁；钥匙"等商品上申请注册"哈根达斯 Haagen-Daze"商标，被美国通用磨坊食品公司提出异议。异议人提供大量证据证明其注册并使用于"冰淇淋"商品上的"哈根达斯"商标，经在中国长期宣传使用已被相关公众所熟知，并曾被作为驰名商标予以保护。经审理，被异议商标构成对异议人驰名商标的摹仿，若核准被异议商标注册使用在其指定使用的商品上容易误导公众，可能致使异议人利益受到损害，依据《商标法》第 13 条第 3 款的规定，该案异议理由成立，被异议商标不予核准注册。

②代理人、代表人或特定关系人恶意注册他人在先商标。

案例：北京某公司在第 9 类"磁性身份识别卡；条形码读出器"等商品上申请注册"LENEL"商标，被 UTC 消防安全美国有限公司提出异议。"LENEL"商标由异议人下属公司在美国申请注册，核定使用于第 9 类"包含计算机硬件和软件的进出控制安全系统（通过控制门禁、门或类似装置对设施或区域进行进出控制管理）"等商品上。异议人提供的其与被异议人之间签署的协议和译文复印件、被异议人网站链接等证据材料可以证明，被异议人作为异议人在中国的授权经销代理商，其在明知异议人"LENEL"商标的情况下，未经其许可，擅自将该商标在第 9 类相关商品上申请注册，违反了《商标法》第 15 条的规定，该案异议理由成立，被异议商标不予核准注册。

③侵犯他人在先权利：如姓名权、著作权、字号权等。

案例 1：福建某公司在第 28 类"游戏机；木偶"等商品上申请注册"乔丹"商标，被耐克创新有限合伙公司提出异议。本案中，异议人提供的关于迈克尔·乔丹的媒体报道资料等证据可以证明，迈克尔·乔丹是美国著名运动员，在中国具有较高知名度，为相关公众所知悉。我国公众通常以"乔丹"指代"迈克尔·乔丹"，两者之间形成了稳定的对应关系。被异议商标的申请注册侵犯了"迈克尔·乔丹"的姓名权，违反了《商标法》第 32 条规定，该案异议理由成立，被异议商标不予核准注册。

案例 2：广东某公司在第 41 类"筹划聚会（娱乐）；音响设备出租；提供卡拉 OK

服务"等服务项目上申请注册"酷狗 KTV"商标,被广州酷狗计算机科技有限公司提出异议。该案异议人提供的证据证明,异议人自 2006 年成立之时起即以"酷狗"作为其企业字号,经其长期宣传和使用,于在线音乐行业已享有较高知名度。被异议商标"酷狗 KTV"的显著识别部分"酷狗"与异议人字号相同,且指定使用的"娱乐、提供卡拉 OK 服务"等服务项目与异议人商标在先使用的服务具有一定关联性。双方当事人同在广东省,共处相同地域,被异议人理应知晓异议人商标及字号。被异议商标注册和使用在其指定服务上,易导致相关公众误以为该商标所标识的服务来源于异议人或与异议人有联系,因此被异议商标的注册和使用损害了异议人的在先字号权,该案异议理由成立,被异议商标不予核准注册。

④抢注他人已经使用并有一定影响的商标。

案例:广州某公司在第 25 类"服装;鞋;袜"等商品上申请注册"ZXFLUX"商标,被阿迪达斯有限公司提出异议。该案异议人提供的产品发布会现场照片、电视广告截图、销售发票复印件等证据材料可以证明,在被异议商标申请日之前,异议人已于"服装;鞋"等商品上在中国在先使用"ZXFLUX"商标并使之在行业内具有一定影响,被异议人对异议人及其商标理应知晓。被异议人已构成抢先注册他人已经使用并有一定影响的商标的行为,违反了《商标法》第 32 条的规定,该案异议理由成立,被异议商标不予核准注册。

(四)异议裁决结果和救济途径

1. 异议成立

异议成立,国家知识产权局作出不予核准被异议商标注册决定,被异议人不服的,可以自收到通知之日起 15 日内申请不予注册复审。

2. 异议不成立

异议不成立,国家知识产权局作出准予被异议商标注册决定,该决定即发生法律效力,由国家知识产权局核发商标注册证,对被异议商标予以公告注册。经异议不成立而准予注册的商标,商标注册申请人取得商标专用权的时间自初步审定公告 3 个月期满之日起计算。

异议人不服准予注册决定的,无权申请复审。被异议商标获准注册后,异议人可以提出无效宣告申请,继续其阻止注册之主张。

(五)其他国家的异议制度

1. 美国

美国是使用原则基础上全面审查,即审查员对申请注册的商标进行绝对理由和相对理由的实质审查,其异议制度与中国相同,在商标核准注册前提出异议。美国采取使用获得商标权原则,申请联邦商标注册时应当以使用为前提。

在美国专利商标局的官方公报中对通过实质审查的商标予以公布,并在公布之日向申请人送达公布通知书。

在商标公布后 30 日内,如果有任何人认为会损害其利益,可以向美国专利商标局内的商标审理与上诉委员会提出异议。如果任何一方当事人不服委员会裁定,可以向联邦巡回上诉法院提出上诉。

在有人提出异议但异议没有成立或者没有人在规定的期限内提出异议的情况下,同时该商标的注册申请又是依据以下 3 种情况:在该国内已经注册的、在该国内提出申请的以及目前正在使用而提出的,则美国专利商标局予以注册并颁发注册证,在美国专利商标局的官方公告中发布准许该商标注册的公告。当申请人在申请商标注册时提出的理由是使用意图的情况下,收到的将会是由专利商标局签发的准许通知书。当该申请人向美国专利商标局提供了该局认可的证据,证明在规定的时间内该申请人使用了该申请注册的商标时,该商标也可获得注册并公告。可见,美国是商标注册的使用原则下的全面审查、异议前置,有使用意图可以先行申请准许注册,之后补交使用证据获得注册。

2. 日本

现行日本商标法采用异议后置。

对于异议理由和异议人资格、期限,任何人均能够在从商标公报发行之日起的法定期限两个月内,向特许厅长官提出异议。日本商标法并未限制异议人的主体资格,也未限制异议理由,但日本异议制度的特殊之处在于这样并不意味着异议人和被异议人会因此发生直接对抗,因为任何人不管以任何理由提出的异议申请,其作用仅仅是对异议程序进行了启动作用。

特许厅商标审判部会进行全面审查,不但包括对异议人提出的理由进行审查,还对被异议人注册商标的合理性进行审查,哪怕异议人并没有对该方面提出异议。审判部会将异议书副本发送被异议人,但异议人与被异议人都无须直接参与异议案件审理过程。

经审理,审判部如果判断异议理由不成立,将直接判决维持商标注册;若判断异议有成立之可能,则向该案件的被异议人出具通知,请其在一定期间内通过意见书的方式向商标审判部表达自身理由,审判部据此判决维持注册或取消注册。关于对结果不服的当事人权利救济,被异议人即商标权人有权当审判部作出的决定是取消注册时,向知识产权高等法院上诉,法院作出的裁定为终审裁定。当特许厅审判部作出的决定是维持该商标注册时,商标异议案件的异议人无权上诉至知识产权高等法院,但其有权向特许厅提出请求要求对该商标宣告无效,请求宣告无效依据的事实和理由可以与提出异议的事实和理由一致。

可见,在日本商标异议制度中,特许厅审判部审理异议案件不受商标异议人异议理由范围限制，审判部可以依职权审理自己认为需要审理的事由，审理范围与异议人提出的异议理由不直接对应，特别是，请求宣告商标无效的请求人曾以相同的事实和理由提出异议的，特许厅对于其无效请求仍予以受理，这亦是日本异议制度的突出特色。

五、商标评审

依据商标法规定，商标评审程序处理商标争议事宜，涉及的案件类型包括驳回复审、不予注册复审、撤销复审、无效宣告复审及无效宣告。前四种复审程序是对经商标局决定的行政行为的再审查，是商标行政授权确权程序中给予当事人重要的行政救济手段，而无效宣告是行政裁决的一种特殊形式。整体而言，商标评审是一种行政体制内的救济手段和纠纷解决机制，它既是商标审查、异议、撤销等程序的后续监督程序，又具有弥补上述审查程序中的疏漏、为在先权利人提供救济、打击恶意注册、发挥社会监督等制度价值。

(一) 提出商标评审申请的案件类型及法定期限

1. 驳回复审

驳回复审是指商标注册申请被驳回后，申请人申请复审，国家知识产权局作出是否予以初步审定的复审决定。

2. 不予注册复审

不予注册复审案件是指在商标异议程序中，国家知识产权局经审查作出不予核准被异议商标注册决定，被异议人申请复审，国家知识产权局作出是否核准注册的复审决定。根据2013年《商标法》对异议程序的修改，只有被异议人享有复审寻求救济的机会；而对核准被异议商标注册决定，异议人不服的，没有复审机会，只能等被异议商标核准注册公告之后提出无效宣告申请。

3. 撤销复审

撤销复审案件涉及的撤销事由有3种：一是商标注册人在使用注册商标的过程中，自行改变注册商标、注册人名义、地址或者其他注册事项，经地方市场监管部门责令限期改正拒不改正的，国家知识产权局作出撤销其注册的规定；二是注册商标成为其核定使用的商品的通用名称；三是注册商标没有正当理由连续3年不使用。上述第一种为国家知识产权局依职权主动予以撤销的情形，属于单方当事人案件；上述第二、三种为他人认为诉争商标构成上述情形，向国家知识产权局申请撤销，国家知识产权局作出撤销或者不予撤销的决定，当事人对上述决定不服，均可申请复审，这两类撤销复审案件属于双方当事人案件。其中，第二种以注册商标成为其核定使用的商品的通用名称为撤销事由而提起的复审案件，是2013年《商标法》修正后新增的撤销事由，这一修改涉及商标通用名称的两种不同情形分别用撤销程序或无效程序予以规制，更具有合理性。

4. 无效宣告复审

无效宣告复审案件是指国家知识产权局基于绝对理由依职权主动对注册商标宣告无效，当事人不服无效宣告决定申请复审，国家知识产权局作出予以维持或宣告无效的复审决定。这一案件类型也是 2013 年《商标法》修正后，在明确区分了无效宣告和撤销程序的基础上新增加的评审案件类型，属于单方当事人案件。

国家知识产权局无效宣告决定的作出详见"注册商标的终止"章节。

5. 无效宣告

无效宣告案件是指任何人基于绝对理由，或者在先权利人或利害关系人基于相对理由，请求国家知识产权局对争议商标的注册作出宣告无效的裁定。无效宣告案件属于双方当事人案件，依申请启动。

评审程序中的无效宣告程序充分发挥了弥补审查程序可能存在的不足、为在先权利人提供救济、打击恶意注册、实现社会监督的制度价值。

以第 6304198 号 iPhone 商标案为例，苹果公司关于十三条驰名商标保护的异议理由在不予注册复审中未获支持，该商标于 2016 年 5 月 14 日获准注册，一个月后，苹果公司向原商标评审委员会提出无效宣告请求。其无效理由中与不予注册复审案件中异议理由重复的部分因"一事不再理"原则被驳回，但苹果公司新增了第 30 条，并增加了一个新的引证商标。该引证商标指定的商品包括皮革或仿皮革制流动电话机套，该商品与争议商标指定的第 18 类护照保护套（皮革制）等商品在原料、生产技术、功能用途等方面密切关联，因此，原商标评审委员会基于引证商标的独创性和知名度，被申请人明知或应知的主观状态，适度降低了商品类似的判定标准，在个案中判定争议商标与引证商标构成使用在类似商品上的近似商标，对争议商标宣告无效。

为遏制恶意注册行为，完善并统一适用审理标准，原商标评审委员会制定了突破《类似商品和服务区分表》的审理标准，对恶意明显的系争商标，个案中可适当降低商品类似的判定标准，首先应遵循以下两个原则：一是"一案一议"，即个案适用，对其他案件不具有普遍适用性；二是只有其他法律条款无法适用时才可采用。适用要件包括：①在先商标具有较强的显著特征；②在先商标具有一定的知名度；③系争商标与在先商标具有较高的近似度；④系争商标指定的商品或服务与在先商标核定使用的商品或服务具有较强的关联性；⑤系争商标所有人主观恶意明显；⑥系争商标的注册或者使用，容易导致相关公众混淆和误认。

6. 提出商标评审申请的法定期限

上述驳回复审案件、不予注册复审案件、撤销复审案件、无效宣告复审案件均为复审案件，提出申请的法定期限均为收到国家知识产权局通知之日起 15 日内。上述期限开始的当日不计算在期限内，期限届满日是节假日的，顺延至节假日后的第一个工作日。

基于绝对理由提起的无效宣告，任何人在其注册后的任何时间均可提出无效宣告请求。但需要注意的是，在1988年1月13日颁布实施《商标法实施细则》立法上才第一次对注册不当撤销程序作出规定，根据立法渊源和不溯及既往的原则，理论上，对1988年1月13日前获准注册的商标不应再提出无效宣告请求。

基于相对理由提起的无效宣告，法定期限为自商标注册之日起5年内。但是，恶意注册他人驰名商标的，不受5年的时间限制。5年的期限规定一方面是为了敦促在先权利人或利害关系人积极行使权利，另一方面是为了保障商标权利人的利益和商标注册制度的稳定性。经异议或者不予注册复审程序核准注册的商标，依据《商标法实施条例》第28条第2款的规定，5年期限的起算点应自商标局重新发布注册公告之日起计算；争议商标为国际注册的，依据《商标法实施条例》第49条处理。

(二) 提出评审案件申请的材料要求

作为与《商标法》《商标法实施条例》配套实施的行政规章，原国家工商行政管理局1995年制定了《商标评审规则》，并于2002年、2005年、2014年先后进行了三次修订。《商标评审规则》以部门规章的形式对商标评审的各个环节作了详尽的程序性规定，涉及形式审查的包括当事人提出评审申请的方式和途径，提交各类型商标评审申请的主体资格，提出评审案件申请的材料要求，答辩，提交补正材料和补充证据材料的期限，质证及证据规则等。

1. 提出评审申请的方式和途径

提出评审申请的方式有两种：一是自行直接提出评审申请；二是委托依法设立的商标代理机构提出评审申请。途径有3种：一是通过商标注册大厅商标评审案件受理窗口当面提交；二是以邮寄方式提交；三是通过网上申请系统提交，目前这种提交方式的接收范围仅限于少量驳回复审案件。

2. 提交各类型商标评审申请的主体资格

驳回复审案件申请人须是经国家知识产权局驳回的原商标注册申请人；不予注册复审案件申请人须是原商标异议案件的被异议人；撤销复审案件申请人须是被国家知识产权局撤销注册商标的商标注册人或者要求撤销注册商标的申请人；无效宣告复审案件申请人须是被国家知识产权局宣告注册商标无效的商标注册人；依据《商标法》第44条第1款的规定提出无效宣告申请的主体可以是任何单位和个人；依据《商标法》第45条第1款的规定提出无效宣告申请的主体应为在先权利人或利害关系人，利害关系人包括注册商标使用许可合同的被许可人、注册商标财产权利的合法继承人等。

3. 提出评审案件申请的材料要求

提出评审案件申请需要提交以下材料：

（1）申请书。不同案件类型申请书首页和正文的书式模板均可在国家知识产权局网站下载。申请人应当严格按照填写须知及不同案件类型书式所附说明认真填写申请书。

（2）申请材料目录。

（3）送达证据材料。包括送达信封或者送达公告等。除驳回复审外，其他四类复审案件应提交国家知识产权局决定。

（4）主体资格证明。

（5）具体评审请求、事实、理由和法律依据。评审请求仅涉及部分商品或服务的，须具体列明。

（6）依法缴纳评审费用。

（7）申请人应在申请书（首页）上注明是否补充证据材料；如有证据材料，还需填写证据目录并及时补交证据。

（8）有对方当事人的，应按对方当事人的数量提交相应份数的副本。

4．答辩

商标评审申请有被申请人的，国家知识产权局受理后，应将申请书副本及有关证据材料送达被申请人，被申请人应当自收到申请材料之日起 30 日内书面提交答辩意见。

国家知识产权局审理不予注册复审案件，通知原异议人参加并提出意见。原异议人应当在收到申请材料之日起 30 日内提交意见书及其副本。

5．提交补正材料和补充证据材料的期限

商标评审申请材料、答辩材料或原异议人意见经审查认为需要补正的，当事人应自收到补正通知书之日起 30 日内补正。申请材料经补正仍不符合规定的，国家知识产权局不予受理。当事人未在规定期限内补正或被申请人/原异议人经补正仍不符合规定的，视为申请人撤回评审申请、被申请人未答辩或原异议人未发表意见。

当事人提出商标评审申请后可以补充有关证据材料。申请人如果在首次提交申请书件后需要补充有关证据材料的，应在申请书中声明，并自提交申请书之日起 3 个月内一次性提交；被申请人需要在答辩后补充有关证据材料的，应当在答辩书中声明，并自提交答辩书之日起 3 个月内一次性提交。在期满后提交的，国家知识产权局将证据交对方当事人并质证后可以采信。

不予注册复审案件中原异议人发表意见的程序，不同于无效宣告或撤销复审案件中的答辩程序，原异议人原则上没有在 3 个月内补充证据材料的机会。

6．质证

对当事人在法定期限内提供的证据材料，有对方当事人的，国家知识产权局应当将该证据材料副本送达对方当事人。当事人应当在收到之日起 30 日内进行质证。

不予注册复审案件中原异议人发表意见的程序,不同于无效宣告或撤销复审案件中的答辩程序,只有原异议人的意见对案件审理结果有实质影响时,才有必要作为评审的依据交换给被异议人进行质证。

国家知识产权局对未经交换质证的证据不予采信。

7. 证据规则

在总结商标评审工作经验的基础上,结合商标评审工作的特殊性并充分考虑司法审查对证据的要求,《商标评审规则》第4章对评审案件的举证责任、证明要求、证据提供规格、证据证明力认定、质证等作出了明确规定。涉案证据包括书证、物证、视听资料、电子数据、证人证言、鉴定意见、当事人的陈述等形式,与司法部门对证据的要求一致;证据系在中华人民共和国领域外形成的,必要时应当依照有关规定办理相应公证认证;外文书证或者外文说明资料应当附有中文译文,未提交中文译文的,该外文证据视为未提交。

(三) 商标评审案件的审理

1. 评审案件审理特点

(1) 具有准司法性质的行政程序。评审程序的准司法性体现在审理持中立立场,由3人以上单数评审人员组成合议组居中裁决,遵循少数服从多数原则;申请、答辩、质证等审理程序完整,评审决定所依据的主要证据必须经过双方当事人交叉质证;充分保障当事人的知情权、参与权和辩论权。行政性主要体现后续司法审查属于行政机关与当事人之间的行政诉讼,而非当事人之间的知识产权民事诉讼。

(2) 审理方式。绝大多数评审案件采取书面审理方式,但根据当事人的请求或者案件审理的实际需要,国家知识产权局可以决定对评审申请进行口头审理。2017年5月,《商标评审口头审理办法》发布实施,通过在局内设立评审庭,在条件成熟的地方依托知识产权保护中心设立巡回评审庭,并展开线上口头审理等,评审案件口头审理比例逐步提高,口头审理方式日趋成熟、规范。

(3) 审限要求。2014年《商标法》第3次修正增加了评审案件审限要求:驳回复审、撤销复审、无效宣告复审和基于绝对理由的无效宣告案件审限为9个月内,因特殊情况需要延长的,经批准可以延长3个月;不予注册复审和基于相对理由的无效宣告案件审限为12个月内,经批准可以延长6个月。

(4) 鼓励通过和解、调解方式解决商标确权纠纷。和解是指当事人之间通过协议,自行解决商标确权纠纷,是当事人处分原则的具体体现。调解是指在国家知识产权局主持下当事人达成解决纠纷协议,案件结案。和解或者调解的目的不仅是追求止诉息讼效果,更是期望以最小的机会成本和时间代价,通过最简便的程序促使各方矛盾纠纷得以妥善解决。例如:2005年,原商标评审委员会坚持尊重历史、兼顾现实原则,成功调解"西泠印社"等7个商标注册不当案件,双方当事人相关两个侵权诉讼案件也由此和解撤诉，历时 6 年纷争圆满结束。

鉴于商标权作为知识产权具有不同于一般民事权利的特点，以和解、调解方式解决争端时，不应当违背商标确权的一般原则，即前提合法性。因此《商标评审规则》第 8 条同时强调，和解调解应是"在顾及社会公共利益、第三方权利的前提下"进行，以确保社会公共利益和第三方正当权益不受损害。

（5）评审文书公开。目前，除按照有关规定不予公开的裁定文书外，所有商标评审文书均在裁决书自邮递送交当事人 20 天后在国家知识产权局网站公开，接受社会监督。

2. 驳回复审中的审查意见书制度

在驳回复审案件中，如果驳回理由不准确或不全面，国家知识产权局将依职权主动适用《商标法》第 10 条、第 11 条、第 12 条和第 16 条第 1 款规定进行全面审查，增加或转换驳回理由。在此情况下，国家知识产权局将发出《审查意见通知书》，告知申请人新的驳回理由，以保障申请人对新驳回理由申辩和举证的权利。需要注意的是，此种审查仅限于商标的禁止使用和禁止注册条款，不增加基于相对条款的驳回理由，不增加引证商标。

案例：第 685508 号"万寿台"商标驳回复审案，驳回理由为申请商标 万寿台 与引证商标 萬壽臺 构成类似商品上的近似商标，但在驳回复审程序中，引证商标已被驳回，权利冲突不复存在。然而引证商标的驳回理由为"该商标图形部分为朝鲜国旗，文字'万寿台'为朝鲜重要地方，作为商标易使消费者误认，产生不良影响"。那么，申请商标也存在同样的问题。因此，原商标评审委员会对申请人发出《评审意见书》，并最终以禁止注册条款驳回了该商标的注册申请。

3. 不予注册复审

（1）审理范围。该案件类型是我国《商标法》第 3 次修正后对原异议复审程序的演化。该类案件的评审审理范围包括：不予核准注册的异议决定；异议人在复审中提出的事实、理由和主张；原异议人的复审意见。不予注册复审的商品范围仅限于异议决定不予注册的部分或全部商品；异议理由范围仅限于原异议人提出的异议理由，在原异议人参加复审的情形下，诉争范围也仅限于原异议人提出的复审意见中不超过原异议理由的部分。在异议裁定的基础超出原异议人异议理由的情况下，异议决定的该部分理由不属于复审范围。

（2）涉及相对理由的案件中的证据时间点和地域性问题。涉及相对理由的不予注册复审案件，应重点审查原异议人证据中在被异议商标申请日期之前形成的证据，以判定被异议商标在注册申请当时是否符合商标法的规定。以第 6304198 号 iPhone 商标案为例，复审决定没有支持苹果公司主张的被异议商标损害其驰名商标 iPhone 权益的异议理由。此案曾引发媒体和公众的高度关注，甚至因为误解引发了国际上对中国知识产权保护的质疑。误解一在于时间点问题，二在于知识产权的地域性问题。

首先，iPhone 现在固然很有名，但从本案证据依时间轴呈现的事实看：苹果公司 2007 年 1 月举行了 iPhone 全球发布活动；2007 年 6 月开始在美国销售；3 个月后，一家俄罗斯公司在中国申请了被异议商标；直至 2 年后，iPhone 手机产品才进入中国大陆市场。因此，苹果公司若想证明其 iPhone 商标在被异议商标注册申请日之前在中国大陆的使用情况和知名度，客观上是很困难的。

其次，地域性是知识产权的基本特征之一，因此，异议人还需要证明其在先商标在中国《商标法》管辖地域范围内即中国大陆地区的使用和知名度情况。苹果公司主张 2007 年 1 月 iPhone 概念机发布以及 2007 年 6 月 iPhone 手机在美国首次销售的信息在全球传播，足以让 iPhone 商标一夜成名。但最高人民法院再审认为，该理由不符合 2007 年互联网在中国的实际状况，也不符合苹果公司 iPhone 商标在中国的使用状况。

需要指出的是，依据《商标审查与审理标准》，评审案件中当事人提交的域外证据，能够证明在先商标在国外的知名度可以通过适当途径为中国大陆相关公众所知，则可以采信。尤其在当前的数字时代和全球化背景下，关于地域范围，我们不仅应该关注证据的形成地，也应关注证据影响力所能覆盖的范围。如第 3747592 号"NUXE"案，在 2003 年 10 月 9 日被异议商标申请注册前，异议人"NUXE PARIS 及树图形"商标在欧美、中国香港等地享有较高的知名度。异议人提交了中国网民登录其官网的历史记录以及显示中国消费者在网上论坛讨论该品牌的电子证据。并且客观上确有大量相关消费者在海外购买化妆品带回国内。被异议人作为化妆品行业的从业人员和香港化妆品公司的董事，应当知晓异议人商标的知名度。在此情况下，仍将具有显著性的臆造词"NUXE"作为商标申请注册难谓巧合，且宣传其产品采用法国技术制造，香港公司授权。综上，可以认可异议人"NUXE PARIS 及树图形"商标在中国大陆地区也已形成了一定的知名度，被异议人申请注册被异议商标的行为构成"以不正当手段抢先注册他人在先使用并有一定影响的商标"的情形。

4. 撤销复审

实践中，撤销复审案件涉及的最主要撤销事由为没有正当理由连续 3 年不使用；2013 年《商标法》修正后新增了"该商标已经成为其核定使用的商品的通用名称"的事由，该案由撤销复审案件虽然数量很少，但往往矛盾比较集中。

（1）连续 3 年不使用撤销复审。该类案件中复审商标使用的举证责任由商标注册人承担。与撤销程序不同的是，撤销复审程序采信的证据必须经过双方当事人质证。

商标权人有真实使用商标的意图，并且有实际使用的必要准备，因其他客观原因尚未实际使用注册商标的，可以认定其有不使用的正当理由。不可抗力、政府政策性限制、破产清算，也属于不使用的正当理由，并且，不能因上述情形中止、中断、延长或压缩"连续3年"的期间。

严格来说，3年不使用撤销程序的制度设计初衷与商标恶意注册并不直接相关，但对于明显缺乏真实使用意图的恶意注册类型而言，在撤销及复审程序中从严审查使用证据，可以对囤积注册行为发挥震慑作用，这也体现出我国商标法在注册制度下越来越强化注册商标的使用义务。

（2）成为核定使用商品上的通用名称的注册商标撤销的复审。通用名称为同行业经营者、广大消费者所共知共用，如果商标退化为通用名称后，注册人仍持续具有排他的专用权，也就形成了对该商品名称的垄断。基于防止垄断公共资源的目的，注册商标退化为其核定使用的商品的通用名称的，任何单位或者个人可以向商标局申请撤销该商标，举证责任在撤销申请人。

注册商标退化为本商品通用名称，一方面原因可能在于注册人使用不当，如注册人自己将取得专用权的商标作为商品名称使用、宣传，则应自行承担不利后果。另一方面原因在于他人使用，包括竞争对手等第三方将注册商标作为商品名称使用，或他人在辞典、著作、媒体宣传中将商标作为商品名称使用。这种情形，需要区分商标权人是否积极行使权利。如果商标权人放任他人将自己的商标作为商品名称使用，致使其商标逐渐通用化，则需为其不作为承担后果。但如果商标权人坚持通过广告宣传、声明及行政救济、司法诉讼等各种方式积极行使权利，若仍因他人的侵权使用而使注册人的商标专用权灭失，则显失公平。

以第10136470号"双十一"商标撤销复审案为例，"双十一"起源于1993年的"光棍节"。2009年开始，阿里巴巴将这一天设定为线上购物节。2011年11月，阿里巴巴集团控股有限公司在"广告、推销替他人"等服务上提交了"双十一"商标的注册申请，2012年12月获准注册。2014年12月，某自然人以该商标已退化为本服务通用名称为由向原商标局提交撤销申请。原商标局撤通决定认为，该商标为阿里巴巴独创，并进行了持续使用及宣传，积累了较高的声誉，具有商标的显著性。申请人证据不足以证明该商标已成为指定服务上的通用名称。该自然人不服原商标局的决定，向原商标评审委员会申请复审。原商标评审委员会经审理，结论相同，对"双十一"商标的注册予以维持。

（3）关于通用名称问题的不同程序选择。商标评审实践中，涉及商标通用名称的案件有两种情形，一是将固有通用名称注册为商标，如"苹果"之于水果商品，则违反了《商标法》第11条的规定，应通过无效程序予以纠正，《商标法》第3次修正后归入第44条第1款；二是商标在申请注册或核准注册时具有显著性，但由于使用和保护不当导致其退化为行业内通用名称，应通过商标行政管理程序解决，由《商标法》第3次修正后第49条第2款调整，是一种新的撤销事由。

第三节 注册商标的续展、变更和转让

一、注册商标的续展

(一) 法律规定

《商标法》第 40 条规定:"注册商标有效期满,需要继续使用的,商标注册人应当在期满前十二个月内按照规定办理续展手续;在此期间未能办理的,可以给予六个月的宽展期。每次续展注册的有效期为十年,自该商标上一届有效期满次日起计算。期满未办理续展手续的,注销其注册商标。商标局应当对续展注册的商标予以公告。"

《商标法实施条例》第 33 条规定:"注册商标需要续展注册的,应当向商标局提交商标续展注册申请书。商标局核准商标注册续展申请的,发给相应证明并予以公告。"

(二) 注册商标续展的概念和意义

注册商标的续展注册,是指注册商标有效期满需要继续使用的,在法律规定的期限内,通过向国家知识产权局办理续展注册申请手续,缴纳有关费用,使商标有效期限得以延长,商标权利得以继续维持。

注册商标续展注册制度是商标权与其他类型知识产权的一项重要区别特征。通过商标续展注册,注册商标的有效期限得以延长,注册人对该商标的法定权利得到延续,从而保证了注册商标在市场经济活动的连续性、稳定性,保护了权利人运用商标作为载体体现其商誉的积极性,也使得商标权利的财产权性质得到进一步的体现。

每次续展注册的有效期与注册商标的有效期一样均为 10 年,自该商标上一届有效期满次日起计算。

(三) 申请日期

商标续展申请必须在法定期限内提出。法定期限的最后一天是法定节假日的,可顺延至下一个工作日。提交续展申请的日期按照以下原则确定:

(1) 直接递交的,以递交日为准。

(2) 邮寄的,以寄出的邮戳日为准;邮戳日不清晰或者没有邮戳的,以国家知识产权局实际收到日为准,但是当事人能够提出实际邮戳日证据的除外。

(3) 通过邮政企业以外的快递企业递交的,以快递企业收寄日为准;收寄日不明确的,以国家知识产权局实际收到日为准,但是当事人能够提出实际收寄日证据的除外。

(4) 以数据电文方式提交的,以进入商标局电子系统的日期为准。

案例：甲公司所有的某注册商标于 2019 年 7 月 27 日到期，但未能及时办理续展。2020 年 1 月爆发新型冠状病毒疫情后，甲公司停业至 3 月 16 日才获准复工。3 月底工作人员发现上述注册商标已经过期失效。

分析：该注册商标宽展期最后一天为 2020 年 1 月 27 日，为春节假期，可以顺延至春节后第一个工作日。由于新冠疫情，2 月 3 日为第一个工作日。新冠疫情爆发后，国家知识产权局发布了第 350 号公告，规定"当事人因疫情相关原因延误商标法及其实施条例规定的期限或者国家知识产权局指定的期限，导致其不能正常办理相关商标事务的，相关期限自权利行使障碍产生之日起中止，待权利行使障碍消除之日继续计算，法律另有规定的除外；因权利行使障碍导致其商标权利丧失的，可以自权利行使障碍消除之日起 2 个月内提出书面申请，说明理由，出具相应的证明材料，请求恢复权利"。按照上述公告精神，甲公司可以在 5 月 16 日之前提交续展申请。

二、注册商标的变更

（一）法律规定

《商标法》第 41 条规定："注册商标需要变更注册人的名义、地址或者其他注册事项的，应当提出变更申请。"

《商标法实施条例》第 17 条规定："申请人变更其名义、地址、代理人、文件接收人或者删减指定的商品的，应当向商标局办理变更手续。"

《商标法实施条例》第 30 条规定："变更商标注册人名义、地址或者其他注册事项的，应当向商标局提交变更申请书。变更商标注册人名义的，还应当提交有关登记机关出具的变更证明文件。商标局核准的，发给商标注册人相应证明，并予以公告；不予核准的，应当书面通知申请人并说明理由。变更商标注册人名义或者地址的，商标注册人应当将其全部注册商标一并变更；未一并变更的，由商标局通知其限期改正；期满未改正的，视为放弃变更申请，商标局应当书面通知申请人。"

（二）注册商标变更的必要性

从法律规定可以看出，商标申请人或者注册人，其名称、地址、代理人、文件接收人或其他注册事项发生变更的，应当提交变更申请，这是法律规定注册人应当履行的义务；不履行该义务的，根据《商标法》第 49 条第 1 款的规定："商标注册人在使用注册商标的过程中，自行改变注册人名义、地址或者其他注册事项的，由地方市场监督管理部门责令限期改正；拒不改正的，由商标局撤销其注册商标。"

同时，及时办理商标申请人或者注册人的名称、地址、文件接收人变更手续，有利于维护其自身合法权益。商标经注册后，其权利并不是一成不变、始终稳定的，按照法定程序，其他人可以依法对已注册商标提出无效宣告、撤销等申请。国家知识产权局在收到申请后，将按照法定程序书面通知商标注册人答辩和提供证据材料，如果商标注册人名称、地址或者文件接收人发生变更后不及时办理变更手续，可能导致接收不到国家知识产权局的法律文书，应承担不利的法律后果。

三、注册商标的转让

（一）法律规定

《商标法》第42条规定："转让注册商标的，转让人和受让人应当签订转让协议，并共同向商标局提出申请。受让人应当保证使用该注册商标的商品质量。转让注册商标的，商标注册人对其在同一种商品上注册的近似的商标，或者在类似商品上注册的相同或者近似的商标，应当一并转让。对容易导致混淆或者有其他不良影响的转让，商标局不予核准，书面通知申请人并说明理由。转让注册商标经核准后，予以公告。受让人自公告之日起享有商标专用权。"

《商标法实施条例》第31条规定："转让注册商标的，转让人和受让人应当向商标局提交转让注册商标申请书。转让注册商标申请手续应当由转让人和受让人共同办理。商标局核准转让注册商标申请的，发给受让人相应证明，并予以公告。转让注册商标，商标注册人对其在同一种或者类似商品上注册的相同或者近似的商标未一并转让的，由商标局通知其限期改正；期满未改正的，视为放弃转让该注册商标的申请，商标局应当书面通知申请人。"

《商标法实施条例》第32条规定："注册商标因转让以外的继承等其他事由发生移转的，接受该注册商标专用权的当事人应当凭有关证明文件或者法律文书到商标局办理注册商标专用权移转手续。注册商标专用权移转的，注册商标专用权人在同一种或者类似商品上注册的相同或者近似的商标，应当一并移转；未一并移转的，由商标局通知其限期改正；期满未改正的，视为放弃该移转注册商标的申请，商标局应当书面通知申请人。商标移转申请经核准的，予以公告。接受该注册商标专用权移转的当事人自公告之日起享有商标专用权。"

（二）注册商标转让的概念和特点

1. 商标转让的概念

商标权利的取得有两种途径：一种是原始取得，即通过申请商标注册经核准后从而获得商标权；另一种是继受取得，即商标权通过继承或转让等方式获得商标权。

转让注册商标应当履行法律规定的手续，而且必须经过商标局核准公告后，转让行为才能生效，受让人才能享有商标专用权。

2. 商标转让的种类

转让主要有合同转让和继承转让两种方式，其申请办理书式为同一书式。

合同转让是最为常见的一种转让形式，是指商标所有人根据自己的意志，按照一定的条件通过签订转让合同，将自己享有的注册商标权转让他人，也称契约转让。转让的标的是注册商标的所有权，包括对商标占有、处置和收益的权利。

商标权的合同转让是转、受让双方共同的意思表示，是一种合同行为，应当遵守自愿、公平和诚实信用原则。

所谓继承转让（商标移转）是以继承、遗产分配和承继等形式取得商标权的一种方式，是指注册商标所有人死亡或终止后，由承继其权利和义务的自然人、法人或者其他组织继受其注册商标专用权。这种方式主要适用于包括继承转让在内的下列情形：

因注册人死亡继承注册商标的：自然人所有的商标权，在注册人死亡后，依照法律规定享有继承权的继承人可以依法继承该注册商标；

注册人因分立、合并或改制等原因消亡后，分立、合并或改制后的企业承继其商标权的：企业分立、合并或者改制时，应在清产核资过程中明确核算商标权的价值，并在企业分立、合并或改制合同及有关政府文件中明确商标权利的归属，并办理商标移转手续。

3. 转让（商标移转）和变更注册人名义的区别

商标注册人变更名义和转让/移转从形式上体现的都是注册人的名称变了，但其变化的实质、原因和产生的后果是不同的：

变更注册人名义是指注册商标所有人姓名或名称的变动、更改。这种更改仅限于注册人称谓的改变，商标权的主体没有发生更替，是在商标属于同一民事主体所有的情况下发生的，不存在商标权利的转移，变更的原因是因为权利人在有关登记部门登记的名称发生了变更，其后果是注册人的名称有所变化，并不涉及商标权的主体的更替。

商标转让或移转则是在不同民事主体之间发生的，其发生的原因是转让合同的继承、移转等，其实质是商标权利的转移，其后果是自商标权转移生效之日转让人失去商标权利，受让人获得商标权利。

4. 特殊类型的转让

（1）法人解散、破产的，在清算过程中办理移转手续时，由相应的清算组织或破产管理人在转让人章戳处盖章或提供相关同意转让的声明；清算组织或破产管理人应当提供其成立的相关文件、在有关登记机关备案的文件；非法人组织清算期间处分商标权参照法人情况办理。

（2）因合并、分立、改制等原因办理移转手续，应提供公司登记机关的有关登记证明，以及相关证明商标权归属的合并/兼并协议复印件；申请人的营业执照等身份证明文件的复印件。

（3）国有或集体企业改制的，提供国有资产管理部门或上级主管部门批复的改制文件，没有相关文件的应出具企业登记机关备案的登记文件；申请人的营业执照等身份证明文件的复印件。

（4）个体工商户的营业执照注销后，个体工商户的经营者（家庭经营的为参与经营的家庭成员）可以处分其商标权；办理手续时应提供个体工商户经营者的证明、经营者的身份证复印件，由经营者签署有关转让文件；个人独资企业、合伙企业等出资人或设立人承担无限责任的非法人组织终止后，有证据证明其清算时遗漏商标权的，参照个体工商户由出资人、合伙人或设立人处分商标权。

（5）自然人死亡的，应提供继承公证等证明其有权继承该商标的证明文件或法律文书（所有继承人的身份证、户口簿或其他身份证明；被继承人的死亡证明；所有继承人与被继承人之间的亲属关系证明；放弃继承的，提供放弃继承权的声明；继承人已经死亡的，代位继承人或转继承人可参照上述内容提供材料；被继承人生前有遗嘱或遗嘱扶养协议的，提交全部遗嘱或遗嘱扶养协议；被继承人生前与配偶有夫妻财产约定的，提交书面约定协议）。

（6）由法院判决或裁定执行的注册商标移转，由法院向国家知识产权局送达协助执行通知书；申请人应当另行提交移转申请，并附送有关的法律文书，法律文书载明的被执行人、买受方、执行标的和申请书的转让人、受让人、转让商标应当一致。

5. 转让民事纠纷

在商标转让过程中，当事人之间发生民事纠纷的，应协商解决，协商不成的，应通过司法程序或按合同约定的途径解决。

这些民事纠纷，主要包括对合同效力产生的纠纷，对合同执行过程中合同条款履行产生的纠纷，公司内部治理结构产生的纠纷以及商标继承权的纠纷等。

有充分证据证明提交转让申请是双方真实意思表示的，即使后续产生纠纷，如双方未协商一致也无任何一方将商标转让纠纷提交司法程序解决，商标局仍将正常进行审查。

案例：甲公司（转让人）与乙公司在公证处签订商标转让协议，后向国家知识产权局提交了商标转让申请并附送了公证书。此后一个月，甲公司股东会更换了法定代表人，新的法定代表人致函国家知识产权局，以转让协议未经股东会决定、大部分股东不同意商标转让为由要求终止转让。

分析：双方签订了转让协议并进行了公证，在没有相反证据的情况下，可以充分证明双方转让商标的真实性。接到国家知识产权局通知后，受让方提供了有关证据证明自己系善意取得商标权且已经履行了合同规定的付款等全部义务。在国家知识产权局通知转让人（新的法定代表人）限期一个月内进入司法程序或者协商解决后，转让方未能提交有关法院立案文件，该转让申请予以正常审查核准。

第四节 商标注册的终止

一、注册商标的注销

(一) 法律规定

《商标法》第40条规定:"注册商标有效期满,需要继续使用的,商标注册人应当在期满前十二个月内按照规定办理续展手续;在此期间未能办理的,可以给予六个月的宽展期。每次续展注册的有效期为十年,自该商标上一届有效期满次日起计算。注册商标期满未办理续展手续的,注销其注册商标。商标局应当对续展注册的商标予以公告。"

《商标法实施条例》第73条规定:"商标注册人申请注销其注册商标或者注销其商标在部分指定商品上的注册的,应当向商标局提交商标注销申请书,并交回原《商标注册证》。商标注册人申请注销其注册商标或者注销其商标在部分指定商品上的注册,经商标局核准注销的,该注册商标专用权或者该注册商标专用权在该部分指定商品上的效力自商标局收到其注销申请之日起终止。"

《商标法实施条例》第74条规定:"注册商标被撤销或者依照本条例第七十三条的规定被注销的,原《商标注册证》作废,并予以公告;撤销该商标在部分指定商品上的注册的,或者商标注册人申请注销其商标在部分指定商品上的注册的,重新核发《商标注册证》,并予以公告。"

(二) 注册商标注销的概念

注销注册商标是指国家知识产权局依职权或者根据商标注册人的申请,将注册商标注销或者将注册商标在部分指定商品上的注册予以注销的法律程序。

注销申请的申请日期,以递交日或寄出的邮戳日为准。注销申请不需要缴纳任何商标规费。

注销注册商标分为以下两种情形:

(1) 依申请注销。商标注册人申请注销其注册商标的,向国家知识产权局提出申请,商标注册人可以申请注销该注册商标,也可以申请注销注册商标在部分指定商品或服务项目的注册。

注销申请经国家知识产权局核准后,该注册商标专用权或该注册商标专用权在部分指定商品上的效力自注销申请之日起终止。

(2) 依职权注销。注册商标有效期满后,在法律规定的宽展期内仍未提出续展申请的,注销该注册商标。

这是国家知识产权局鉴于注册商标已经失效的事实作出的注销行为，不需要任何人的申请，该注册商标专用权的效力自有效期满次日起终止。

二、因使用导致注册商标的撤销

(一) 连续三年不使用注册商标的撤销

实行商标注册制度的国家，都对商标权人的使用义务作出了严格规定，如果商标要继续保持注册，必须满足的条件之一就是该商标必须使用，如果注册商标在法定期限内未能以法律认可的方式使用，该注册商标就可能被撤销。

1. 法律规定

《商标法》第 48 条规定："本法所称商标的使用，是指将商标用于商品、商品包装或者容器以及商品交易文书上，或者将商标用于广告宣传、展览以及其他商业活动中，用于识别商品来源的行为。"

《商标法》第 49 条第 2 款规定："注册商标成为其核定使用的商品的通用名称或者没有正当理由连续三年不使用的，任何单位和个人可以向商标局申请撤销该注册商标。商标局应当自收到申请之日起九个月内作出决定。有特殊情况需要延长的，经国务院工商行政管理部门批准，可以延长三个月。"

《商标法实施条例》第 67 条规定："下列情形属于《商标法》第四十九条规定的正当理由：(一) 不可抗力；(二) 政府政策性限制；(三) 破产清算；(四) 其他不可归责于商标注册人的正当事由。"

《商标法实施条例》第 68 条规定："商标评审委员会撤销注册商标或者宣告注册商标无效，撤销或者宣告无效的理由仅及于部分指定商品的，对在该部分指定商品上使用的商标注册予以撤销或者宣告无效。"

国家知识产权局在受理撤销连续 3 年不使用注册商标申请后，应当通知商标注册人，限其自收到通知之日起 2 个月内提交该商标在撤销申请提出前使用的证据材料，或者说明不使用的正当理由。

2. 注册商标的使用证据

国家知识产权局对商标注册人提供的商标使用证据进行书面审查，必要时可以进行调查核实。审查使用证据的目的在于确认商标注册人是否在法定期限内使用注册商标以及该使用行为是否构成商标法所称的商标的使用。

注册人提供的商标使用证据应当具有真实性和合法性，能够证明被申请撤销商标自国家知识产权局收到撤销申请之日起前三年实际、有效地在商业活动中使用，包括注册人自己使用或者授权他人的使用。

使用证据应该能够证明以下事实：

(1) 商标使用主体：使用证据显示的商标使用人应当是注册人或者其许可使用

的人。

（2）商标使用客体：注册商标的专用权以核准注册的商标和核定使用的商品为限。因此，证据使用范围应以核准注册的商标和核定使用的商品为准，超出范围的商标使用证据无效。

（3）商标使用时间：使用证据体现的使用商标的时间，应当符合《商标法实施条例》第39条第2款的规定，自提出撤销申请之日起前推3年以内使用被申请撤销商标的行为以及使用证据方可作为有效证据。

（4）商标使用地域范围：原则上应当在中国商标法律效力所及地域范围内。

（5）商标在商业活动中真实、公开、合法地使用。单一使用证据，如仅有商标使用许可合同（协议）、商品销售（服务提供）合同或协议、书面证言等，无其他有效证据印证情况下，不能证明商标的有效使用，不能认定为有效证据。

3. 后续程序

当事人对于国家知识产权局作出的撤销或者不予撤销注册商标的决定不服的，可自收到决定之日起15日内申请复审。当事人对复审决定不服的，可以自收到通知之日起30日内向人民法院起诉。

法定期限届满，当事人对撤销注册商标的决定不申请复审或者对复审决定不向人民法院起诉的，撤销注册商标的决定、复审决定生效。被撤销的注册商标，由商标局予以公告，该注册商标专用权自公告之日起终止。

（二）成为核定使用商品上的通用名称的注册商标的撤销

注册商标成为其核定使用商品或服务的通用名称情形的，任何单位或个人可以向国家知识产权局申请撤销该注册商标，提交申请时应当附送证据材料。国家知识产权局受理后应当通知商标注册人，限其自收到通知之日起2个月内答辩；期满未答辩的，不影响国家知识产权局作出决定。

1. 成为通用名称的界定

注册商标成为商品或服务通用名称是针对注册商标在核准注册后，在后续使用过程中，由于注册人的不作为或者不规范使用，致使该注册商标逐渐演变为其核定使用商品或服务的通用名称。国家知识产权局在受理撤销成为商品或服务通用名称注册商标申请后，应当通知商标注册人，限其自收到通知之日起2个月内提交答辩材料。

国家知识产权局对双方提供的证据材料进行书面审查，必要时进行调查核实。审查证据材料的目的在于确认：

（1）该注册商标在注册时具备显著性，不是通用名称。

（2）该商标在核准注册后存在逐渐演变为核定使用商品或服务的通用名称的过程。申请人提供的证据材料能够有效证明被申请商标在获准注册时具备显著性，在后续使用过程中演变为核定使用商品或服务的通用名称的,撤销该注册商标,并书面通知有关当事人;撤销注册商标仅及于部分指定商品或服务的,对该部分指定商品或服务上使用的商标注册予以撤销。

有关证据材料不能充分有效证明被申请商标在获准注册后在使用过程中演变为核定使用商品或服务的通用名称的,商标局对该注册商标不予撤销,并书面通知有关当事人。

商标在核准注册时就已经是核定使用商品或服务的通用名称的,当事人应向国家知识产权局提出无效宣告申请。

2. 后续程序

当事人对于国家知识产权局作出的撤销或者不予撤销注册商标的决定不服的,可自收到决定之日起15日内申请复审。当事人对复审决定不服的,可以自收到通知之日起30日内向人民法院起诉。

法定期限届满,当事人对撤销注册商标的决定不申请复审或者对复审决定不向人民法院起诉的,撤销注册商标的决定、复审决定生效。被撤销的注册商标,由国家知识产权局予以公告,该注册商标专用权自公告之日起终止。

三、注册商标的无效宣告

(一) 概念及法律规定

注册商标无效宣告是指已经核准注册的商标,因违反商标法有关核准注册条件的规定而被宣告无效。无效宣告事由分为两类:

(1) 违反绝对理由的无效宣告。即《商标法》中禁止注册的规定,包括《商标法》第4条、第10条、第11条、第12条和第19条第4款,或者是以欺骗手段或者其他不正当手段取得注册的,国家知识产权局商标局可以依职权主动宣告该注册商标无效;其他单位或者个人也可以请求宣告该注册商标无效。

(2) 违反相对理由的无效宣告。即损害他人的在先权利或者合法利益,包括可能违反了《商标法》第13条第2款和第3款、第15条、第16条第1款、第30条、第31条、第32条的规定。自商标注册之日起5年内,在先权利人或者利害关系人可以请求宣告该注册商标无效,对恶意注册的,驰名商标所有人不受5年的期限限制。

(二) 就绝对理由宣告商标无效的法律程序及救济

1. 程序

由国家知识产权局依职权主动宣告注册商标无效的,属于单方当事人程序,唯一的当事人即被无效宣告的商标注册人如果要提起复审,应当自收到国家知识产权局无效宣告通知之日起15内申请复审。当事人对复审决定不服的,可以自收到复审决定之日起30日内向人民法院起诉。

任何单位或个人依绝对理由或者在先权利人或者利害关系人依相对理由请求宣告注册商标无效的，属于双方当事人案件。当事人对裁定不服的，可以自收到通知之日起30日内向人民法院起诉。

2. 法律后果

在法律效力上，注册商标一旦被宣告无效，则其注册商标专用权视为自始即不存在。

(三) 就相对理由宣告无效的法律程序及救济

就相对理由宣告无效的申请，其法律程序及救济详见前述商标评审章节。

(四) 评审程序中无效宣告和撤销程序的比较

我国《商标法》2013年修正后，才第一次明确区分了已注册商标的无效宣告和撤销程序。两者之间最重要的区别在于法律后果的不同，无效宣告的法律效力是商标注册被视为自始无效，而撤销的法律效力是自撤销公告之日丧失注册专用权。这是因为撤销程序的适用情形是系争商标的授权并无瑕疵，但存在不当使用或不使用行为，从而使商标权丧失了继续受保护的基础；立法意图主要在于敦促商标注册人履行商标使用义务，以实现商标区分商品来源的基本功能；该程序体现了对商标使用行为的管理，是商标行政管理的主要职能；审查的证据时间点是商标注册后的使用过程中。而无效宣告程序的适用情形是系争商标在申请注册时即存在《商标法》所规定的不应予以注册的情形；立法意图主要在于对不当注册予以事后纠正；因此，无效宣告的法律后果应回溯至该商标申请注册时，这体现了商标评审程序解决商标纠纷的主要职能；并且鉴于此，审查的证据时间点应为该商标申请注册时的事实状态，以申请注册日之前的证据作为定案的基本依据。实践中存在被无效宣告的商标已经转让给善意第三人的情况，由于无效宣告应以该商标申请注册时的事实状态进行判定，商标转让行为或善意第三人受让后的使用行为均不能改变争议商标申请注册当时的行为性质，因此，并不能使其免于被无效宣告。为保护善意第三人的利益，提高商标恶意注册的违法成本，2013年《商标法》第47条第3款规定，依照本条第2款规定不返还商标转让费、商标使用费等情形，明显违反公平原则的，应当全部或者部分返还。而如果转让人与受让人具有关联关系，存在串通合谋行为；或受让人受让后在使用中刻意攀附他人商标声誉进一步加大混淆可能；或转让人申请注册商标不以使用为目的而以售卖牟利为目的，则均可进一步印证系争商标申请当时的恶意注册行为性质。

第五节　商标的国际注册

商标海外注册有 3 种途径：逐一国家注册、地区注册和马德里国际注册。逐一国家注册是根据各国法律向各国商标主管机关提交注册申请；地区注册是指向一个区域商标主管机关申请注册商标，该效力及于区域内各成员方，如欧盟商标注册；马德里国际注册是通过商标国际注册马德里体系进行的缔约方间的商标注册。

在经济全球化的今天，随着越来越多的中国企业做大做强并走出国门，商标海外布局和海外保护在企业的发展中显得尤为重要。然而由于各国法律不同、语言同等困难，给中国企业进行商标海外注册增加了难度。马德里商标国际注册有着手续简便、费用低廉、语言可选、注册周期短等特点，成为我国企业进行商标海外注册的上佳选择。

一、马德里体系概况

商标国际注册马德里体系是根据《马德里协定》与《商标国际注册马德里协定有关议定书》（简称《马德里议定书》）建立的马德里联盟缔约方间的商标注册体系。马德里体系的"缔约方"包括加入《马德里协定》和《马德里议定书》的国家、地区或政府间组织。

马德里国际注册申请，又称为领土延伸申请，是指申请人根据《马德里协定》《马德里议定书》《共同实施细则》的规定，提交国际注册书面申请，请求通过国际注册获得的保护延伸到其他的缔约方（通常称为"被指定缔约方"），但该指定不能包括申请人自己所在的缔约方。

商标国际注册马德里体系由设在瑞士日内瓦的世界知识产权组织（WIPO）国际局管理，国际局也是马德里联盟的秘书处。

（一）马德里协定

《马德里协定》签订于 1891 年 4 月 14 日，并于 1892 年 7 月 15 日生效。最初只有 4 个缔约方：比利时、法国、西班牙、瑞士。该协定只对《巴黎公约》成员方开放。

《马德里协定》框架下所建立的商标国际注册体系更多的是站在申请人的角度，尽量简化商标国际注册流程，降低申请成本，为申请人提供一条便捷的注册途径。它的先进性主要体现在：规定了单一语言制度；规定了统一的申请手续和审查期限；降低了商标国际注册费用等。

然而从各缔约方主管局的角度来看，它的局限性也是显而易见的：仅使用法语一种申请语言，阻碍了很多英语国家的加入；必须以本国的基础注册为基础进行国际注册申请，影响了国际注册的时效性；规定了"中心打击"，即自国际注册之日起 5 年内，国际注册与其基础申请或基础注册之间存在依附关系。在此期间，若某国际注册的基础注册在其原属国已全部或部分不再享受法律保护的，或自行注销的，那么无论国际注册是否已经转让，都不得再全部或部分要求国际注册给予保护，对于因在5年期限届满前提起的诉讼而后中止法律保护的，亦是如此。"中心打击"增加了国际注册效力的不确定性，在《马德里协定》框架下未给予后续救济，成为很多国家的顾虑。

由于《马德里协定》的局限性，在它签订之后的一百年时间里，该体系的发展并不尽如人意。截至1989年10月，《马德里协定》共有28个缔约方。因此，产生了更加符合时代发展要求和各国需求的《马德里议定书》。

(二) 马德里议定书

《马德里协定》对于国际注册申请的规定较为严格，因而在很长一段时间内，加入《马德里协定》的国家并不多。为了吸引更多的国家加入马德里体系，真正发挥商标国际注册体系的作用，1989年6月27日召开的马德里联盟会议通过了《马德里议定书》。该议定书于1995年12月1日生效。

《马德里议定书》增加了英语作为申请语言（后来又增加了西班牙语）；规定可以基于本国的基础申请来进行国际注册申请；规定了议定书缔约方主管局的审查期限为18个月；引入"单独规费"的概念，使议定书缔约方主管局可以按照本国的收费标准自行确定国际注册规费；增加"国际注册转国内注册"程序作为"中心打击"的救济手段等。

目前，马德里体系所有缔约方都加入了《马德里议定书》，随着《马德里协定》维护条款的废止，《马德里议定书》成为优先适用的条约。也就是说除了《马德里议定书》第9条之六第（1）款（b）的规定外，马德里商标国际注册全面适用《马德里议定书》的规定。

二、马德里商标国际注册在中国的适用

1985年，中国成为《巴黎公约》的成员方。1989年7月4日，我国政府向WIPO总干事递交了加入书，同年10月4日正式成为《马德里协定》的第28个成员方。《马德里协定》是我国加入的第一个程序性知识产权国际条约。1995年12月1日，中国正式成为《马德里议定书》的第四个缔约方，随着中国的加入，《马德里议定书》正式生效。

从此，我国商标国际注册工作得到了长足发展，在马德里体系中的作用也日益突出。2006—2017年，中国连续12年成为马德里体系中被指定最多的缔约方，体现了中国市场在国际上持续受到关注；2017年以来，来自中国的马德里国际注册申请量连续3年在马德里体系中位居前三，我国企业运用马德里体系进行商标海外布局和保护的程度越来越高，中国在马德里体系中发挥的作用日益显著。

三、我国马德里商标国际注册

1989年原国家工商行政管理局成立了国际注册部门，专门负责马德里商标国际注册相关业务。我国马德里国际注册主要包括以下几方面内容：

（一）马德里商标国际注册的申请（中国为原属国）

中国申请人提交国际注册申请的应当符合《马德里协定》和《马德里议定书》关于申请人资格的规定，即申请人在中国设有真实有效的工商营业场所，或者申请人在中国设有住所，或者申请人具有中国国籍。根据议定书第2条第（2）款的规定，国际注册申请必须通过原属局提交，因此符合条件的申请人需通过国家知识产权局商标局提交马德里商标国际注册申请。

（二）马德里商标国际注册领土延伸的审查（中国为被指定国）

作为被指定缔约方主管局，国家知识产权局根据《商标法》及有关法规对其他马德里联盟缔约方商标申请人指定中国的领土延伸申请进行实质审查，包括禁止性规定的审查和在先权利商标的审查。对于依据《马德里议定书》第9条之六指定中国的申请，审查期限为12个月，依据纯议定书指定中国的申请，审查期限为18个月。

（三）马德里商标国际注册后续业务

马德里国际注册后续业务包括国际注册的后期指定、转让、删减、放弃、注销、变更、续展、国际注册转国内注册等。其中后期指定和国际注册转国内注册是马德里国际注册独有的程序，为国际注册申请人提供了极大的便利。

1. 后期指定

《马德里协定》和《马德里议定书》都对国际注册后期指定作出规定，后期指定是指在商标获得国际注册后提出的领土延伸申请。后期指定在性质上类似于商标国际注册申请，申请人资格与商标国际注册申请相同，商品和服务限于后期指定所依据的国际注册的范围。后期指定自在国际注册簿上登记之日起生效，且应于其相关国际注册期满时失效。

后期指定使申请人只需在原国际注册号下增加新的被指定缔约方，就能够扩大同一商标的领土延伸保护范围。它的手续相对简单，基础申请费用比新申请少一半以上，同时便于注册人对商标的后续管理，例如，申请人只需提交一份变更申请书，即可对多个国际注册进行变更。

2. 国际注册转国内注册（转变）

《马德里议定书》第9条之五规定，"当一项国际注册就其中所列的全部或部分商品和服务被撤销时，曾为国际注册的注册人的人向其国际注册曾有效的领土所属的某缔约方局提交同一商标的注册申请时，该申请应作为在符合第三条（4）的国际注册之日或按照第三条之三（2）登记领土延伸之日提交的申请处理，并且如果该项国际注册曾享有优先权，此申请亦应享有同样的优先权"。该申请需在国际注销登记之日起3个月内向被指定缔约方主管局提交，申请涉及的商品和服务需包括在国际注册的商品和服务范围内。

国际注册转国内注册申请通过被指定缔约方审查的，进入国家注册流程，按照国内注册规定办理。需要注意的是，国际注册转国内注册是对"中心打击"的一种救济，国际注册被注册人主动注销的，不能进行转变。

(四) 国际异议

对国际注册提出异议与国内异议程序不同。对指定中国的领土延伸申请，自世界知识产权组织《国际商标公告》出版的次月1日起3个月内，符合商标法第三十三条规定条件的异议人可以向国家知识产权局提出异议申请。由于国家知识产权局对国际注册不再另行公告，因此国际异议期限以国际局公告为起始时间（次月1日是为申请人留出一定的获取国际注册信息的时间），从时间上看是在商标局进行实质审查之前提出。国家知识产权局收到异议申请后，会向国际局发出"基于异议的临时驳回通知"。

第六章 CHAPTER 6
商标使用的管理

第一节 商标的使用

一、商标使用与商标专用权的关系

商标的使用问题在现行商标法体系中有着重要的意义。政府之所以授予申请人商标专用权，是希望申请人通过正当的商标使用行为维持商品质量、积累商标品牌商誉、降低消费者购买商品的交易选择成本、维护公平竞争的市场秩序，因而商标使用是商标专用权存在的目的和基础。现行商标法中设置了多项制度，在商标专用权取得、维持、行使各个阶段鼓励商标使用行为，注册人不使用注册商标的，需要承担多项不利的法律后果。

（1）在同日申请的情况下，商标在先使用人享有注册优先权。同等申请条件下在先使用的商标注册优先，体现出商标法对在先使用商标的重视。

（2）商标的使用是维持商标专用权的重要条件。商标注册后，商标注册人因为自身或外部原因引起的不恰当使用导致注册商标退化成商品通用名称的，或者没有正当理由连续3年不使用的，其商标专用权可能会因注册商标被撤销而丧失。

（3）是否是商标的使用，是判断是否构成商标侵权行为的重要要件。未经商标注册人的许可，擅自使用与他人注册商标相同或者近似的商标的，构成商标侵权行为即擅自作商标使用构成侵权。现代商品及商品包装上的标识很多，包括商标、商品名称、包装装潢、广告语、生产者名称、销售者名称、商标被许可使用人名称、产地、地址、各种检验认证标志、各种警告提示语、产品说明、配料表、标准号、条形码等。不同的标志起到不同的标识作用，受不同法律调整。商标只是上述商品上标注的标志中的一种，主要功能是区分商品的来源，但可能与其他标志功能有重叠，如特定的商品名称、未表示本商品内容的包装装潢、生产销售者名称（字号）、产地、地理标志等。因此，只有涉及商标或者作为商标使用的图形、文字等标识的擅自使用行为才可能构成商标侵权行为，其他标识的违法使用行为则应由其他相关法律法规调整。

（4）注册商标是否实际使用，会对能否获得侵权民事赔偿造成影响。注册商标专用权人请求赔偿，被控侵权人以注册商标专用权人未使用注册商标提出抗辩的，人民法院可以要求注册商标专用权人提供此前 3 年内实际使用该注册商标的证据。注册商标专用权人不能证明此前 3 年内实际使用过该注册商标，也不能证明因侵权行为受到其他损失的，被控侵权人不承担赔偿责任。最高人民法院在《关于当前经济形势下知识产权审判服务大局若干问题的意见》中曾经指出，要妥善处理注册商标实际使用与民事责任承担的关系，使民事责任的承担有利于鼓励商标使用，激活商标资源，防止利用注册商标不正当地投机取巧。请求保护的注册商标未实际投入商业使用的，确定民事责任时可将责令停止侵权行为作为主要方式，在确定赔偿责任时可以酌情考虑未实际使用的事实，除为维权而支出的合理费用外，如果确无实际损失和其他损害，一般不根据被控侵权人的获利确定赔偿；注册人或者受让人并无实际使用意图，仅将注册商标作为索赔工具的，可以不予赔偿；注册商标已构成商标法规定的连续 3 年停止使用情形的，可以不支持其损害赔偿请求。

（5）合法在先商标使用人可以对商标专用权行使构成限制。商标注册人申请商标注册前，他人已经在同一种商品或者类似商品上先于商标注册人使用与注册商标相同或者近似并有一定影响的商标的，注册商标专用权人无权禁止该使用人在原使用范围内继续使用该商标，但可以要求其附加适当区别标识。

二、商标的使用

（一）商标使用的内涵

商标法所称商标的使用，是指将商标用于商品、商品包装或者容器以及商品交易文书上，或者将商标用于广告宣传、展览以及其他商业活动中，用于识别商品来源的行为。

前述商标法关于商标使用的规定有两层含义：一是商标的使用方式应符合市场商品交易习惯和商业惯例，属于真实的商标实际使用行为；二是商标的使用效果应产生商标标识商品和服务来源的基本功能。上述两个层面从使用形式到实质功能对商标使用的内涵和外延作出了界定。

作出此种界定的意义在于，一方面，通过列举加概括的方式对商标的使用形式作出规定，可以进一步区分哪些行为属于商标民事法律行为，避免商标使用人、消费者、执法人员在商标使用、辨识、执法时造成混淆。另一方面，进一步强调商标的基本价值体现在实际使用过程中。商标品牌承载的商誉需要通过商标的使用而获得，未投入市场实际使用的商标仅有符号意义。商标的使用应与商品或服务相结合，并实际进入市场流通，才能发挥其区分商品和服务来源的基本功能，以及广告宣传、产品质量保障等作用，从而理解现行《商标法》中各种与商标使用相关的制度性安排。

基于商标注册和保护的地域性原则，上述商标的使用是指在我国大陆范围内的使用。

(二) 商标使用的方式

商标使用包括在商品上或者服务上的使用。使用的具体表现形式包括但不限于以下形式：

(1) 使用在商品、商品包装或者容器上，包括带有商标的商品、商品包装、容器、标签、标牌、产品说明书、介绍手册、价目表以及相关印制合同、发票等。

(2) 使用在商品交易文书上，包括商品销售合同、销售发票、发货单据、收款凭证、进出口报关单据等。

(3) 使用在国家机关、检测鉴定机构或者行业组织出具的法律文书、证明文书上。

(4) 使用于服务场所，包括带有商标的服务介绍手册、服务场所招牌、店堂装饰、工作人员服饰、招贴、菜单、价目表、奖券、办公文具、信笺以及其他与指定服务相关的用品等。

(5) 使用在与服务有联系的文件资料上，包括服务购买合同、发票、收款凭证、提供服务协议、维修维护证明等。

(6) 商标使用在广告宣传、展览以及其他商业活动中。

(三) 不得作为商标使用的标志

为维护公共利益和公序良俗，《商标法》第10条采取列举方式规定了不得作为商标使用的标志。该规定通常视为驳回商标注册申请的绝对理由，即申请注册的商标若违反本条规定的，将依法驳回申请，不予注册（详见第五章"商标评审"部分）。《商标法》第10条的规定既适用于申请注册的商标，也适用于未注册商标。根据《商标法》的规定，使用未注册商标违反《商标法》第10条规定的，由地方管理商标工作的部门予以制止，限期改正，并可以予以通报和罚款；对已经注册的商标，由国家知识产权局宣告该注册商标无效；其他单位或者个人可以请求国家知识产权局宣告该注册商标无效。

(四) 自愿使用注册商标的例外

我国商标法律制度遵从自愿使用注册商标原则，2019年4月23日修正的《商标法》增加了"不以使用为目的的恶意商标注册申请，应当予以驳回"的规定，重申注册商标就是为了使用。市场主体在使用商标的过程中，可以根据其自身需要决定是否将其商标申请注册，取得注册商标专用权。但在自愿注册原则之外，我国商标法还就某些特殊商品作出了强制注册的规定。

我国《商标法》第6条规定："法律、行政法规规定必须使用注册商标的商品，必须申请商标注册，未经核准注册的，不得在市场销售。"即凡是法律和行政法规规定必须使用注册商标的商品，适用自愿商标注册的例外规定。需要指出的是，只有全国人大或者全国人大常委会通过并颁布实施的法律，以及国务院颁布实施的行政法规可以作出强制商标注册规定。

《烟草专卖法》第 19 条规定："卷烟、雪茄烟和有包装的烟丝必须申请商标注册，未经核准注册的，不得生产、销售。"《烟草专卖法实施条例》第 22 条规定："卷烟、雪茄烟和有包装的烟丝，应当使用注册商标。"根据上述规定，"卷烟、雪茄烟和有包装的烟丝"是我国法律和法规规定的必须使用注册商标的特殊商品，也是目前我国唯一强制使用注册商标的商品。

《商标法》第 51 条规定："违反本法第六条规定的，由地方工商行政管理部门责令限期申请注册，违法经营额五万元以上的，可以处违法经营额百分之二十以下的罚款，没有违法经营额或者违法经营额不足五万元的，可以处一万元以下的罚款。"

三、注册商标的使用许可

(一) 注册商标使用许可的概念及意义

注册商标的使用许可，是指商标注册人或其授权人通过签订商标使用许可合同，将其注册商标以一定的条件许可他人使用的行为。

商标的许可使用是国际上一种通行的制度，商标许可使用制度具有以下意义：

一是商标权人采用许可使用制度，一方面可以收取许可使用费，另一方面可以开拓国际国内市场，输出产品、资本、技术和人才，使其商标更加著名，并迅速在更广的范围内普及开来，从而带来更多的利益。

二是通过许可使用制度，商标权人可以通过被许可人使用其商标权，履行商标使用义务。因此，即使商标权人连续 3 年自己没有使用该注册商标，只要其授权的被许可人在真实有效地使用该注册商标，也不会导致商标权因 3 年不使用而被撤销。

三是商标权的许可使用与商标权的转让不同。它并不发生权利主体的变更，因而可以保证商标权人继续保有商标权，不失去其对辛辛苦苦创出来的商标的控制，并可以通过许可使用合同中被许可人质量保证条款的约束，维护商标信誉。

四是注册商标许可使用制度对被许可人也是有利的。被许可方可以通过使用许可的方式减少市场投资风险，在较短时间内用较少的投资获得较高的收益。通过商标许可使用制度，被许可人以支付一定费用为代价，获得许可人具有较高知名度的商标，从而能够迅速地提高商品档次，改善企业境况，开拓和占领广大市场，同时也有利于树立企业良好形象，吸引投资和招揽人才，起到"借鸡生蛋"的效果。

五是商标许可使用制度可以调剂市场，满足不同地区消费者对具有较高知名度商标商品的共同需求，同时可以在保证被许可人商品质量的前提下，有效地避免因商标权人频繁更迭而给消费者带来的不便。

(二) 商标使用许可的类型及特点

现行《商标法》和《商标法实施条例》没有明确规定商标使用许可的类型。最高人民法院于 2002 年 10 月 12 日公布的《关于审理商标民事纠纷案件适用法律若干问题的解释》(法释〔2002〕32 号) 中将商标使用许可划分为以下三类:

1. 独占使用许可

独占使用许可,是指商标注册人将注册商标仅许可一个被许可人在约定的期间、地域内以约定的方式使用,而许可人或第三人在上述约定范围不得使用该商标。由于独占使用许可的被许可人享有独占使用权,因此在发现注册商标专用权被侵害时,独占使用许可合同的被许可人可以向人民法院提起诉讼。

2. 排他使用许可

排他使用许可,是指商标注册人将注册商标仅许可一个被许可人在约定的期间、地域内以约定的方式使用,商标注册人在上述约定范围也可以使用该注册商标,但不得另行许可他人在上述约定范围使用该注册商标。与独占使用许可不同的是,排他使用许可不禁止注册人本人在合同约定的范围内使用该注册商标。在发现注册商标专用权被侵害时,排他使用许可合同的被许可人可以和商标注册人共同起诉,也可以在商标注册人不起诉的情况下自行提起诉讼。

3. 普通使用许可

普通使用许可,是指商标注册人在约定的期间、地域内以约定的方式,许可他人使用其注册商标,并可自行使用该注册商标和许可他人使用其注册商标。普通使用许可的特点在于,被许可人的数量可以是多名。在发现注册商标专用权被侵害时,普通使用许可的被许可人经商标注册人明确授权,可以提起诉讼。

(三)《商标法》对商标使用许可行为的规范管理

1. 应当保证被许可使用商标的商品质量

法律明确要求,许可人应当监督被许可人使用其注册商标的商品质量。被许可人应当保证使用该注册商标的商品质量。这不仅要求许可人与被许可人在商标使用许可合同中明确订立保证商品质量的条款,还要求许可人在合同履行过程中实际监督被许可人生产的产品质量。

2. 应当在商品上标明被许可人的名称及商品产地

法律明确规定,应当在被许可使用商标的商品上标明被许可人的名称和商品产地,其目的一方面使消费者能够识别同一注册商标的不同使用人,了解其购买商品的真实生产者和产地,保护消费者利益;另一方面便于管理商标工作的部门对商标使用许可行为进行监督和管理,规范市场秩序。

3. 商标使用许可人负有备案义务

许可人应当在许可合同有效期内将其商标使用许可报国家知识产权局备案。除约定外,备案不是商标使用许可合同生效的必要条件。

最高人民法院《关于审理商标民事纠纷案件适用法律若干问题的解释》(法释〔2002〕32 号)第 19 条规定:"商标使用许可合同未经备案的,不影响该许可合同的效力,但当事人另有约定的除外。商标使用许可合同未在商标局备案的,不得对抗善意第三人。"因此,除当事人另有约定外,备案对商标许可合同是否有效没有影响,即不是合同生效的要件,但备案具有对抗力。

四、注册商标的质押

(一)注册商标专用权质押效力

注册商标专用权质押是指商标注册人以出质人的身份将自己所拥有的、依法可以转让的商标专用权作为债权的担保,当债务人不履行债务时,债权人有权依照法律规定,以该商标专用权折价或以拍卖、变卖该商标专用权的价款优先受偿。由于注册商标专用权是一种无形财产权,不能以占有的方式公示权利,所以须以登记的方式公示权利。依现行法律的规定,以注册商标专用权、专利权、著作权等知识产权中的财产权出质的,当事人应当订立书面合同。质权自有关主管部门办理出质登记时设立。出质登记为质权成立要件及对抗效力的要件,即不经登记,质权不成立或者不能对抗第三人。

(二)质权设立后的权利限制

注册商标专用权办理质押登记后,出质人仍然是出质商标的所有人,但在行使其商标所有权时,其对出质商标的处置权会受到一定限制,体现在以下几个方面:

1. 对转让和许可他人使用被质押商标的限制

《物权法》第 227 条规定:"知识产权中的财产权出质后,出质人不得转让或者许可他人使用,但经出质人与质权人协商同意的除外。出质人转让或者许可他人使用出质的知识产权中的财产权所得的价款,应当向质权人提前清偿债务或者提存。"未经质权人同意而转让或许可他人使用已出质的商标专用权的,其转让或许可行为应认定为无效,因此给质权人或第三人造成的损失,由出质人承担赔偿责任。

2. 对被质押商标的权利维护

注册商标专用权出质后,其权利状况和价值变化直接影响到质权人的利益,因此出质人负有妥善管理其商标的义务。具体而言,出质人应及时办理被质押商标的续展注册申请,未经质权人同意不得注销被质押商标。如果被质押商标在质押期间涉及确权案件等情况，出质人应积极应对，以保证被质押商标的专用权不受损害。

3. 商标专用权质权登记的变更、延期和注销

在商标专用权质押期间，质权登记事项发生变更的，质权人和出质人应及时到国家知识产权局办理质押登记变更申请。

《担保法》第74条规定："质权与其担保的债权同时存在，债权消灭的，质权也消灭。"有鉴于此，在双方设定的质押期限届满时，如果债权尚未得到清偿，质权人和出质人应及时到商标局办理质权登记期限的延期申请。

如果被担保的债务已经履行完毕，出质人应及时督促质权人共同到商标局办理质押登记注销手续。

4. 相同或近似的商标应一并办理质押

根据《商标法》的规定，注册商标转让的，注册人在相同或类似商品上注册的相同或近似商标应当一并转让。因此，与普通抵押物相比，商标权利的流转和变现存在特殊性。在办理商标的质权登记时，应将相同或近似的商标一并办理，以保证一旦发生违约，可以将商标权予以转让变现。

(三) 注册商标专用权质押现状与发展

近年来，随着全社会商标法律意识的提高，商标作为一项无形资产其价值为越来越多的债权人所认可，商标专用权质押登记数量逐年上升。商标专用权质押融资已成为解决企业融资难的重要途径以及企业加大自主创新力度的一种有效手段。商标专用权质押融资不仅有助于部分轻资产或缺乏不动产担保品但拥有优势品牌商标、前景良好的企业，通过积累品牌资产实现无形资产增值，同时还能够推动企业建立知识产权向资本转化的长效机制。

但是，尽管目前各地注册商标专用权质押融资工作推进取得了一定成效，但商标专用权质押融资服务对象多为拥有驰名商标或者高知名度商标的企业，而中小微企业一般只拥有普通商标，这就使中小企业很难在银行等金融机构的资格审核或评估中占据优势。尤其是中小微企业对运用商标专用权质押来提升商标知名度、融通资金等方面的知识了解得不够深入，也不熟悉相关程序，尚难以有效运用该种融资方式获得资金。对金融机构来说，相对于固定资产质押融资，商标专用权等知识产权的流动性不足，转让市场较为狭窄，变现的能力较差，权利处分也相对困难，一旦贷款企业无力还贷，银行拥有的商标专用权质权往往难以在短时间内变现，金融机构开展知识产权质押融资业务存在一定风险，对开展该项业务呈慎之又慎姿态。

上述因素制约着商标专用权质押贷款业务的开展和进一步推广。为了进一步推动商标专用权质押融资工作的开展，国家知识产权局作为登记主管部门，积极简化相关

工作程序，加大工作宣传力度，吸引更多企业参与商标专用权质押融资工作。相关部门要积极做好协调工作，推动建立商标质押处置流转机制，探索知识产权许可、拍卖、出资入股等多元化价值实现形式，支持商业银行、融资性担保机构商标质权的实现。

五、商标印制行为及其行政管理

(一) 商标印制管理的历史沿革

长期以来，商标印制管理一直是原工商行政管理部门履行商标监管职能的一项重要任务。加强商标印制行为管理，是从源头上防止出现侵犯他人商标专用权行为的重要环节。自1983年《商标法》《商标法实施细则》实施以来，原国家工商行政管理总局先后发布多个商标印制管理方面的规定，其中1996年9月5日原国家工商行政管理局制定的《商标印制管理办法》，是行政管理部门商标印制管理的主要依据，随着行政管理体制的变化，该规定曾于1998年、2004年两次修订。

随着国务院取消行政审批制度改革的不断推进，2002年《国务院关于取消第一批行政审批项目的决定》（国发〔2002〕24号）和《国务院关于取消第二批行政审批项目和改变一批行政审批项目管理方式的决定》（国发〔2003〕5号），分别取消了《商标印制管理办法》设定的"商标印制业务管理人员资格核准"和"印制商标单位审批"项目。为做好商标印制行政审批项目取消后的商标印制监管工作，防止出现管理脱节，原国家工商行政管理总局于2003年发布《关于商标印制审批取消后做好商标印制管理工作的通知》，要求各地工商部门及时转变职能，改变监管方式，把商标印制监管工作重心由资格审核转变为行为监管，继续加大对商标印制企业的监管力度，严厉查处印制商标标识过程中的违法行为，切实维护商标印制行业的正常秩序。

2001年《印刷业管理条例》颁布实施，作为国务院行政法规，该条例对适用行政管理部门规章提供了接口。2004年，原国家工商行政管理总局依据《印刷业管理条例》对《商标印制管理办法》进行了适应性修订。目前，《印刷业管理条例》《商标印制管理办法》仍为商标印制管理主要行政执法依据。根据上述规定，出版行政管理部门、管理商标工作的部门通过设立印制行政许可，建立承印验证制度、承印登记制度、印刷品保管制度、印刷品交付制度、残次品销毁制度，管理商标工作的部门、公安部门通过打击非法印制商标标识侵权违法行为和犯罪行为等措施，明确商标印制行为管理各方责任和监管手段，建立起商标印制监管体系。

(二) 商标印制的概念和范围

商标印制是指印刷、制作商标标识的行为。商标标识是指与商品配套一同进入流通领域的带有商标的有形载体，包括注册商标标识和未注册商标标识。

根据《商标印制管理办法》第2条的规定，以印刷、印染、制版、刻字、织字、晒蚀、印铁、铸模、冲压、烫印、贴花等方式制作商标标识的，均属于商标印制行为。

(三) 商标印制行为的管理

1. 商标印制委托人应遵守的规定

商标印制委托人是指要求印制商标标识的商标注册人、未注册商标使用人、注册商标被许可使用人以及符合《商标法》规定的其他商标使用人。

根据《商标印制管理办法》第3~6条的规定，商标印制委托人委托商标印制单位印制商标的，应当出示营业执照副本或者合法的营业证明或者身份证明。

商标印制委托人委托印制注册商标的，应当出示《商标注册证》或者由注册人所在地县级行政管理部门签章的《商标注册证》复印件，并另行提供一份复印件。依法使用他人注册商标的被许可人需印制商标的，还应当出示商标使用许可合同文本并提供一份复印件；商标注册人单独授权被许可人印制商标的，除出示签章的《商标注册证》复印件外，还应当出示授权书并提供一份复印件。委托印制注册商标的，商标印制委托人提供的有关证明文件及商标应当符合下列要求：①印制商标应当与《商标注册证》核定的商标相同；②被许可人印制商标标识的，应有明确的授权书或提供含有许可人允许其印制商标标识内容的合同；③被许可人的商标标识应当标明被许可人的企业名称和地址；④商标注册标记的使用符合商标法律有关规定。

商标印制委托人委托印制未注册商标的，印制的商标应当符合下列要求：①所印制商标不得违反《商标法》第10条的规定；②所印制商标不得标注"注册商标"字样或者使用注册标记。

2. 商标印制单位应遵守的规定

商标印制单位是指依法登记从事商标印制业务的企业和个体工商户。

《印刷业管理条例》第26条规定："印刷企业接受委托印刷注册商标标识的，应当验证商标注册人所在地县级工商行政管理部门签章的《商标注册证》复印件，并核查委托人提供的注册商标图样；接受注册商标被许可使用人委托，印刷注册商标标识的，印刷企业还应当验证注册商标使用许可合同。印刷企业应当保存其验证、核查的工商行政管理部门签章的《商标注册证》复印件、注册商标图样、注册商标使用许可合同复印件2年，以备查验。国家对注册商标标识的印刷另有规定的，印刷企业还应当遵守其规定。"

所谓"国家对注册商标标识的印刷另有规定"，狭义上指的是原国家工商行政管理总局发布的《商标印制管理办法》，该规章对印制商标所需提供的手续做了更为详细的规定。

《商标印制管理办法》第7条规定："商标印制单位应当对商标印制委托人提供的证明文件和商标图样进行核查。商标印制委托人未提供该办法第三条、第四条所规定的证明文件，或者其要求印制的商标标识不符合本办法第五条、第六条规定的，商标印制单位不得承接印制。"第 8 条规定："商标印制单位承印符合本办法规定的商标印制业务的，商标印制业务管理人员应当按照要求填写《商标印制业务登记表》，载明商标印制委托人所提供的证明文件的主要内容，《商标印制业务登记表》中的图样应当由商标印制单位业务主管人员加盖骑缝章。商标标识印制完毕，商标印制单位应当在 15 天内提取标识样品，连同《商标印制业务登记表》《商标注册证》复印件、商标使用许可合同复印件、商标印制授权书复印件等一并造册存档。"第 9 条规定："商标印制单位应当建立商标标识出入库制度，商标标识出入库应当登记台账。废次标识应当集中进行销毁，不得流入社会。"第 10 条规定："商标印制档案及商标标识出入库台账应当存档备查，存查期为两年。"

（四）商标印制管理实践中的常见问题

从商标印制管理执法实践看，商标印制管理中尚存在以下问题。一是知法守法意识不强。不少商标印制企业对依法印制商标认识不到位，商标印制企业主要负责人和印制管理人员对商标法律法规和方针政策不熟悉，造成管理印制行为上的随意性。二是企业管理制度不健全。部分商标印制企业存在不按照规定实施印制备案、存档、查验、监销，在印前设计、制版和印制工序以及多个环节存在无制度、不规范现象。三是缺乏行业自律。由于印刷行业属于充分竞争行业，是商标印制委托人的买方市场，商标印制企业在商标印制业务承揽交易中多处于弱势地位，经常出于承揽业务考虑，对委托方的违规行为视而不见或听之任之，给违法印制商标标识行为创造了生存空间。四是行为监管尚不到位。随着印刷技术的发展，商标印制越来越快速、简便，违法商标印制难以监控，现有商标印制管理规定中的相应监管措施往往跟不上技术发展速度，虽然相关行政处罚规定比较严密，但在无法实施有效监控的情况下，一定程度上可能导致商标印制监管低效。

（五）违法印制商标所应承担的法律责任

根据现行法律、法规和规章，违法印制商标行为受到出版行政部门、管理商标工作的部门、公安部门三部门监管，其根据各自职能分工，相互配合，依据违法行为的性质、情节分别依据不同法律、法规和规章作出处罚直至追究刑事责任。

1. 执法部门对无证照开展商标印制业务行为的监管

执法部门对于未取得《印刷经营许可证》，或者虽然取得《印刷经营许可证》，但未经市场监督管理部门登记注册而擅自从事商标标识印刷经营活动的，依照《印刷业管理条例》第 36 条第 1 款规定："违反本条例规定，擅自设立从事出版物印刷经营活动的企业或者擅自从事印刷经营活动的，由出版行政部门、工商行政管理部门依据法定职权予以取缔，没收印刷品和违法所得以及进行违法活动的专用工具、设备，违法经营额 1 万元以上的，并处违法经营额 5 倍以上 10 倍以下的罚款；违法经营额不足 1

万元的,并处 1 万元以上 5 万元以下的罚款;构成犯罪的,依法追究刑事责任。"

2. 执法部门对违反印制验证等相关规定行为的监管

根据《印刷业管理条例》第 41 条第 1 款规定,从事包装装潢印刷品印刷经营活动的企业接受委托印刷注册商标标识,未依照本条例的规定验证、核查行政管理部门签章的《商标注册证》复印件、注册商标图样或者注册商标使用许可合同复印件的,由县级以上地方人民政府出版行政部门给予警告,并没收违法所得,违法经营额 1 万元以上的,并处违法经营额 5 倍以上 10 倍以下的罚款;违法经营额不足 1 万元的,并处 1 万元以上 5 万元以下的罚款;情节严重的,责令停业整顿或者由原发证机关吊销许可证;构成犯罪的,依法追究刑事责任。

根据《印刷业管理条例》第 41 条第 2 款的规定,印刷企业接受委托印刷注册商标标识、广告宣传品,违反国家有关注册商标、广告印刷管理规定的,由市场行政管理部门给予警告,没收印刷品和违法所得,违法经营额 1 万元以上的,并处违法经营额 5 倍以上 10 倍以下的罚款;违法经营额不足 1 万元的,并处 1 万元以上 5 万元以下的罚款。

《印刷业管理条例》第 39 条第 1 款规定:"印刷业经营者有下列行为之一的,由县级以上地方人民政府出版行政部门、公安部门依据法定职权责令改正,给予警告;情节严重的,责令停业整顿或者由原发证机关吊销许可证:(一)没有建立承印验证制度、承印登记制度、印刷品保管制度、印刷品交付制度、印刷活动残次品销毁制度等的;(二)在印刷经营活动中发现违法犯罪行为没有及时向公安部门或者出版行政部门报告的;(三)变更名称、法定代表人或者负责人、住所或者经营场所等主要登记事项,或者终止印刷经营活动,不向原批准设立的出版行政部门备案的;(四)未依照本条例的规定留存备查的材料的。"

3. 执法部门对印制侵权假冒商标标识行为的监管

《商标法》第 57 条第(六)项规定:"故意为侵犯他人商标专用权行为提供便利条件,帮助他人实施侵犯商标专用权行为的。"《商标法实施条例》第 75 条规定:"为侵犯他人商标专用权提供仓储、运输、邮寄、印刷、隐匿、经营场所、网络商品交易平台等,属于商标法第五十七条第六项规定的提供便利条件。"商标印制单位违反《商标印制管理办法》第 7 条规定承接印制业务,且印制的商标与他人注册商标相同或者近似的,即属于上述商标侵权行为。

(1)行政责任。《商标法》第 60 条第 1 款、第 2 款规定:"有本法第五十七条所列侵犯注册商标专用权行为之一,引起纠纷的,由当事人协商解决;不愿协商或者协商不成的,商标注册人或者利害关系人可以向人民法院起诉,也可以请求工商行政管理部门处理。工商行政管理部门处理时,认定侵权行为成立的,责令立即停止侵权行为,没收、销毁侵权商品和主要用于制造侵权商品、伪造注册商标标识的工具,违法经营额五万元以上的,可以处违法经营额五倍以下的罚款,没有违法经营额或者违法经营额不足五万元的,可以处二十五万元以下的罚款。对五年内实施两次以上商标侵权行为或者有其他严重情节的,应当从重处罚。销售不知道是侵犯注册商标专用权的商品,能证明该商品是自己合法取得并说明提供者的,由工商行政管理部门责令停止销售。"

(2)民事责任。经行政机关或司法机关认定侵权行为成立的,侵权人应承担侵权赔偿责任。《商标法》第63条第1款规定:"侵犯商标专用权的赔偿数额,按照权利人因被侵权所受到的实际损失确定;实际损失难以确定的,可以按照侵权人因侵权所获得的利益确定;权利人的损失或者侵权人获得的利益难以确定的,参照该商标许可使用费的倍数合理确定。对恶意侵犯商标专用权,情节严重的,可以在按照上述方法确定数额的一倍以上五倍以下确定赔偿数额。赔偿数额应当包括权利人为制止侵权行为所支付的合理开支。"

对侵犯商标专用权的赔偿数额的争议,当事人可以请求进行处理的管理商标工作的部门调解,也可以依照《中华人民共和国民事诉讼法》向人民法院起诉。经管理商标工作的部门调解,当事人未达成协议或者调解书生效后不履行的,当事人可以依照《中华人民共和国民事诉讼法》向人民法院起诉。

(3)刑事责任。伪造、擅自制造他人注册商标标识或者销售伪造、擅自制造的注册商标标识,构成犯罪的,除赔偿被侵权人的损失外,依法追究刑事责任。

伪造、擅自制造他人注册商标标识或者销售伪造、擅自制造的注册商标标识,情节严重的,构成非法制造、销售非法制造的注册商标标识罪。可处三年以下有期徒刑、拘役或者管制,并处或者单处罚金;情节特别严重的,处三年以上七年以下有期徒刑,并处罚金。

商标印制管理是指商标管理机关依法对商标印制行为进行监督和检查,并对非法印制商标标识的行为予以查处的活动的总称。

商标使用的源头在商标印制环节,规范管理印制企业经营行为,是堵住商标侵权行为源头的重要措施。加强商标印制行为监管,是管理商标工作的部门加强商标专用权保护工作的有力抓手。

近年来,随着社会公众对知识产权认识的不断加深,商标专用权在市场竞争中的作用不断提升,商标侵权假冒案件也随之不断增多,违法印制商标行为对商标侵权行为起到了一定的推波助澜作用。实践中,违法印制商标行为日益隐蔽,商标印制企业违法行为时有发生。因此,加强商标印制管理,规范商标印制行为,对制止侵权假冒注册商标违法的行为,强化商标专用权保护,维护广大消费者利益至关重要。

六、注册商标的不当使用

(一)自行改变注册商标

商标注册人使用注册商标应当承担依法、规范使用的法定义务。对注册商标使用行为进行规制的主要目的是保持注册商标的有效性，维护商标法律秩序。商标注册人享有法律赋予权利的同时，为维持权利继续有效就要承担相应义务，否则应当承担可能丧失商标专用权的法律后果。

注册商标需要在核定使用范围之外的商品上取得商标专用权的，应当另行提出注册申请。注册商标需要改变其标志的，应当重新提出注册申请。

商标注册人自行改变注册商标，是对注册商标图样的改变，主要是指在不改变原商标本质特征前提下的改变，改变后仍与原注册商标构成近似的商标，即对注册商标进行局部或者较轻微的改动，如改变注册商标中文字部分的字形、字体、简繁写等，或者在不改变注册商标图形主体的前提下，对图形部分做轻微增减或移动等。比较常见的就是将文字和图形组合注册商标中的文字或图形部分单独使用，或者改变文字与图形组合的相对位置或比例，或者对文字的字体加以变化后使用等，仍加注注册标记。对此类商标违法使用行为，地方管理商标工作的部门一般会依职权予以制止或纠正，当事人拒不纠正的，地方管理商标工作的部门应报送商标注册主管机关撤销其注册商标。

如果商标注册人自行改变其注册商标已达到商标标识发生实质性变动的程度，与原注册商标相比已不属于近似商标，如仍使用原注册标记，则可能会被认定为冒充注册商标行为。如果故意改变自身注册商标标识，造成与他人注册商标相同或近似，构成同一种或类似商品上的相同或近似商标，产生混淆可能性的，则会发展成为商标侵权行为，依法应受到更加严厉的行政处罚。例如：注册商标"梅花 MEIHUA"权利人实际使用"梅花"商标尚属于自行改变注册商标标识，如果使用"梅花三弄 MEIHUA-SANNONG"商标，仍加注注册标记，即构成冒充注册商标行为。如果"梅花三弄 MEIHUASANNONG"商标已被他人在同一种或类似商品上注册，则使用人涉嫌构成商标侵权行为。

（二）自行改变注册人名义、地址或者其他注册事项

我国是商标注册制国家，商标专用权通过注册获得并以核准注册的商标和核定使用的商品为限。商标注册人严格按照商标注册机关核准注册的商标和核定使用的商品使用注册商标，既是其法定义务，也是维持其自身权益，依法打击侵权行为，获得商标侵权民事赔偿的重要前提条件。商标注册人是商标法保护的主体，商标注册人的名义和地址是商标注册的重要事项。商标注册人名义、地址或者其他注册事项发生变更时，应当及时到国家知识产权局办理变更手续。注册事项未及时办理变更，一方面不利于掌握商标权人的实际情况，如果商标权人以新的名义申请注册与原先注册商标近似的商标，很可能导致国家知识产权局引用原名义注册商标驳回新申请；另一方面不利于权利人主张权利，如果商标权人以新的名义主张保护其商标专用权，行政执法机关可能会因为其不是国家知识产权局依法核准的商标注册人而加以拒绝。例如，北京

新华纺织厂原在纺织面料上注册有"新华"商标,后因改制名称变更为北京新华纺织股份有限公司,同时改变了登记地址,但未到商标局办理变更登记,在其重新设计并拟在纺织面料上重新注册"新华"商标时,尽管两者实际属于同一主体,但由于注册人名义不一致,国家知识产权局会以在先注册的"新华"商标驳回其在后申请商标。

商标注册人在实际使用中擅自变更注册人名义、地址及其他注册事项,会对消费者认牌购物,实现消费知情权,依法维权,以及对其他市场竞争者明确注册商标专用权权利范围造成障碍,对市场监管部门依法进行商标使用行为管理,保护注册商标专用权,维护公平竞争的市场秩序也会造成妨碍。

(三) 未注册商标冒充注册商标

使用注册商标,可以在商品、商品包装、说明书或者其他附着物上标明"注册商标"或者注册标记。注册标记包括注和®。使用注册标记,应当标注在商标的右上角或者右下角。

经国家知识产权局核准注册的商标才是注册商标,注册商标权利人依法享有注册商标专用权,并承担相应法律义务。未注册商标在商标法体系内只享有优先使用权,与注册商标权利人享有的权利和承担的义务有较大区别。相关公众根据注册商标上标明的"注册商标"或者注册标记(注册标记包括注和®)来区分注册商标和未注册商标。未注册商标冒充注册商标是一种欺骗相关公众的行为,扰乱了商标注册管理秩序,依法应予以制止并给予行政处罚。

实践中,冒充注册商标行为主要表现为以下几种情形:

1)商标使用人在未注册的商标上使用"注册商标"字样或注册标记注或®。

2)正在申请注册的商标,在尚未核准注册前,使用人即在自己使用的商标上加注了"注册商标"字样或注册标记注或®。

3)商标注册人超出了核准注册商标核定使用商品或服务的范围使用"注册商标",并标明"注册商标"或注册标记注或®。

4)商标注册人的注册商标因未续展、被撤销或者被宣告无效丧失了商标专用权,仍继续使用并加注"注册商标"字样或标注注册标记。

5)商标注册人实际使用的商标改变核准的商标标志,与《商标注册证》上核定的商标标志存在实质差异,两者已不属近似商标,商标注册人在该商标上仍然标注"注册商标"或注册标记注或®。

6)商标注册人将两个或者两个以上注册商标组合使用时仅使用一个注册标记,使他人误认为是一个注册商标的。

根据《商标法》第 52 条的规定:"将未注册商标冒充注册商标使用的,或者使用未注册商标违反本法第十条规定的,由地方工商行政管理部门予以制止,限期改正,并可以予以通报,违法经营额五万元以上的,可以处违法经营额百分之二十以下的罚款，没有违法经营额或者违法经营额不足五万元的，可以处一万元以下的罚款。"

(四) 对不以使用为目的的注册商标恶意维权诉讼的规制

随着社会公众商标品牌意识的提升，商标专用权所蕴含的商业价值越来越被人们所熟知。近几年来，随着商标注册便利化改革的推进，商标注册规费的降低，不少申请人打起了大规模抢注囤积注册商标的主意，用以转让牟利或者以维权为名敲诈勒索商标使用人，这种商标领域中的"跑马圈地"行为成为当前社会舆论关注的热点和焦点问题，与商标法倡导的鼓励商标真实使用原则相悖，徒然耗费挤占商标资源，却不能发挥商标功能，严重扰乱商标注册管理和市场竞争秩序，相关公众要求主管部门及司法机关严厉打击上述恶意抢注囤积商标行为的意见反应非常强烈。

2013年修改的《商标法》虽然没有直接打击恶意抢注囤积商标的具体条款，但是通过制止抢先注册他人在先使用并具有一定影响商标、撤销连续三年未使用注册商标、限制未使用注册商标侵权民事赔偿请求权等制度，在异议、撤销、宣告无效、侵权诉讼等环节对恶意抢注囤积商标行为加以遏制，取得了一定成效，但在上述法律框架内，恶意抢注囤积商标申请人即使被驳回、撤销或宣告无效，只不过损失少许注册费，而一旦注册成功，转让牟利或维权敲诈仍然有利可图。故而商标恶意抢注囤积行为屡禁不绝，利用恶意投诉、恶意诉讼敲诈商标使用人的现象时有发生。

为了有效遏制恶意抢注囤积商标行为，回应社会关切，部分法院在现有商标法法律框架内对打击不以使用为目的的商标恶意诉讼进行了有益探索。在2016年广州市指南针会展服务有限公司、广州中唯企业管理咨询服务有限公司诉优衣库商贸有限公司、优衣库商贸有限公司上海船厂路店侵害商标权纠纷案件中，法院不仅以商标没有实际使用为由未支持原告的商标侵权民事赔偿请求，甚至因原告恶意维权用意明显，进而免除了被告赔偿原告为商标维权支付的费用。该案判决体现了商标法鼓励商标使用、激励经济发展的立法本意，实现了司法裁判所追求的社会效果和司法效果的统一，对司法实践中如何正确处理利用知识产权进行恶意诉讼的案件具有很好的导向作用，有助于遏制恶意注册商标并恶意诉讼的不诚信行为。

2019年4月23日，第十三届全国人民代表大会常务委员会第十次会议通过《关于修改〈中华人民共和国建筑法〉等八部法律的决定》，对《商标法》作了修改，这是我国第四次修改《商标法》，修改条款于2019年11月1日起正式实施。这次修改的主要目的之一就是要打击商标恶意抢注囤积行为，增加了"不以使用为目的的恶意商标注册申请，应当予以驳回"条款，并将不以使用为目的的恶意商标注册申请作为申请商标异议、申请宣告商标无效的法定事由，且在第68条第1款第（三）项后新增加一款作为第4款，即对恶意申请商标注册的，根据情节给予警告、罚款等行政处罚；对于恶意提起商标诉讼的，由人民法院依法给予处罚。上述规定对打击不以使用为目的的恶意诉讼行为提供了明确的法律依据，使行政主管部门和司法机关不但可以依法制止恶意抢注囤积商标行为，也可以给予相关申请人和注册人以行政或司法处罚，进一步提升了打击力度。

第二节　商标品牌策略运用

一、商标品牌定位策略

品牌定位策略是从经营者的角度挖掘品牌产品特色进行品牌定位点开发的策略。品牌定位点的开发不局限于产品本身，它源于产品，但可以超越产品。

(一) 产品定位策略

产品定位策略即围绕产品本身特征制定策略。比如：

1) 产品功能：产品具有与众不同的功能，则该产品品牌即具有明显的差异优势。例如，本田节油、沃尔沃安全、宝马操作有优越性都是以产品功能为基点的成功品牌定位。

2) 产品外观：外观是消费者最易辨识的产品特征，也是其认可、接受某品牌产品的重要依据，产品形状本身就可形成一种市场优势。如"白加黑"感冒药，表达出品牌的形式特性及诉求点。

3) 产品价格：价格是品牌定位的有效工具。借助价格的高低可以形成产品高价或低价形象。如"世界上最贵的香水只有快乐牌（Joy）"。

(二) 市场定位策略

市场定位策略即围绕市场不同消费者和消费方式的需求制定策略。比如：

1) 从使用者角度：直接表达品牌产品的目标消费者。如"太太"口服液，定位于已婚女士，其口号是"太太口服液，十足女人味"。

2) 从使用时机：来自泰国的红牛（Red Bull）饮料较为典型，"累了困了喝红牛"，强调其功能是迅速补充能量，消除疲劳。

3) 从消费目的：购买"脑白金""椰岛鹿龟酒"送老人，代表子女对父母的孝顺。品牌的意义正是品牌定位的结果。

4) 从生活方式：如针对职业女性、户外运动人群、关爱家庭的定位等。

(三) 竞争者定位策略

品牌定位，本身就隐含着竞争性。从品牌的竞争角度定位是指把竞争者作为定位的坐标或基准点，确定本品牌的定位点。

比如，寻找竞争者空白点的首次定位，以竞争者为参照点的周边突破口定位以及进攻式或防御式定位等。

(四) 品牌识别策略

与品牌定位相比，品牌识别含义更丰富，更具有潜在价值，需要从多个角度增强其识别力，也是商标品牌策略的核心。

品牌个性：品牌个性可能在设计之初就已确立，也可能在品牌运用中自然形成，需要通过广告宣传逐渐强化。如舒肤佳代表"妈妈的爱心"；万宝路代表了"强壮、冒险、勇敢"等。

品牌文化：品牌可以自身体现特有历史文化，也可以附着品牌来源的地域文化。如香水，可定位为来自法国的浪漫气息。德国奔驰汽车公司有百年历史，其高质量轿车的标记和名称已浓缩了企业的文化和价值理念，标志本身就是一种无声的定位。

品牌与消费者的结合点是寻找品牌定位点的又一条途径。品牌与消费者的关系反映了品牌对消费者的态度：是友好、乐意帮助，是关心爱护、体贴入微，或是其他。例如，海尔"真诚到永远"，不断帮助顾客解决问题，所以，从与顾客的关系角度出发，定位为"真诚、友好、关心"。

二、商标品牌传播策略

(一) 商标品牌传播策略

所谓商标品牌传播，就是企业以商标品牌的核心价值为原则，在品牌识别的整体框架下，选择广告、公关、销售、人际等传播方式，将特定商标品牌推广出去，以建立品牌形象，促进市场销售。品牌传播是企业满足消费者需要，培养消费者忠诚度的有效手段，是目前市场主体进行市场竞争的最重要竞争工具和核心战略。

商标品牌传播应有一定之规，遵循一定的法则，比如内容简单明了，含义通俗易懂，形式简洁明快，商标品牌个性突出，新颖独特，与众不同。商标品牌传播应注意积累经验和体验，如果传播者与接受者具有共同的经验和体验，根据了解到的人们偏爱接受或者期望接受的信息进行传播，效果很可能不同凡响。

值得注意的是，企业传达商标品牌信息必须清晰一致，多渠道、多工具有机整合，切忌复杂多变、七嘴八舌，要保证在各种媒体上采用的符号、象征、图片、声音等传播方式都传达同质的含义，多种传播工具，发出同一个声音，只有这样，才易于受众对信息的辨认、分类和理解，从而获得累积效果，强化商标品牌的识别和记忆。

(二) 商标品牌传播的主要手段

1. 广告

广告是商标品牌最重要的传播方式。有资料显示，美国排名前 20 位的品牌，每个品牌平均每年广告费用3亿美元。人们了解一个品牌，绝大多数信息是通过广告获得的，广告也是提高品牌知名度、信任度、忠诚度，塑造品牌形象和个性的有力工具。

2. 公关

公关是公共关系的简称，是企业形象、品牌、文化、技术等传播的一种有效解决方案，包含投资者关系、员工传播、事件管理以及其他非付费传播等内容。作为传播手段，公关能利用第三方的认证，为品牌提供有利信息，从而教育和引导消费者。

3. 销售促进传播

销售促进传播是指通过鼓励对产品和服务进行尝试或促进销售等活动而进行的品牌传播，形式主要有：赠券、赠品、抽奖等。

4. 人际传播

人际传播是人与人之间直接沟通，主要是通过企业人员的讲解咨询、示范操作、服务等，使公众了解和认识企业，并形成对企业的印象和评价。人际传播是形成品牌美誉度的重要途径，最易为消费者所接受。

5. 产品传播

消费者购买使用产品，能通过产品感受到企业品牌的感召力并对之作出相应判断，形成对品牌的忠诚度。

6. 口碑和事件传播

消费群体通过商品使用或者服务体验形成品牌评价信息后会在一定范围内形成口碑相传，这是一种具有感染力和说服力的传播方式。另外，突发事件具有热点效应，亦能瞬间引起公众广泛关注和高度参与。口碑和事件传播均为建立和扩大品牌知名度和影响力的传播途径。

7. 新媒体传播

随着现代信息技术的不断发展，互联网、手机移动终端等新媒体本身具有成本低廉、传播速度快、覆盖范围广等诸多优点，利用新媒体对品牌进行传播具有极大的优势与潜力。

第三节　商标代理

一、商标代理制度的历史沿革及代理行业的管理

一直以来，我国商标代理制度和监管模式都是随着经济社会发展而不断发展变化的。

1990年前，商标被作为各级政府监控产品质量、保护消费者利益和管理经济运行

秩序的手段，商标申请注册实行注册核转制，即申请人申请商标注册时，必须经过所在地区、县级原工商行政管理局初审，转报地市级原工商行政管理局初核，再转报省、自治区、直辖市原工商行政管理局复核，最后呈报原国家工商行政管理局商标局统一办理注册。

随着改革开放的不断深入，注册核转制已不再适应实践需求。为了适应改革开放和建立市场经济体制的新要求，1988年修改的《商标法实施细则》对国内企业申请商标的代理事宜作出了明确的规定。1990年，开始试点建立商标事务所，推行商标代理制。1994年6月，原国家工商行政管理局颁布《商标代理组织管理暂行办法》，使我国商标代理行业走上了规范化、法制化的发展道路。

2003年，随着机构改革的深入，国务院下发文件取消了商标代理机构和商标代理人资格两项行政审批，大幅降低了商标代理行业的准入门槛。此后，商标代理机构数量急剧增长，激发了商标代理行业的蓬勃活力。但与此同时，由于部分代理机构管理不规范，从业人员水平参差不齐，出现了从事或者帮助委托人恶意抢注、不正当竞争等违法行为，损害当事人合法权益，扰乱市场秩序，损害行业形象，也给行政监管带来巨大挑战。

为规范商标代理行为，保障委托人、商标代理机构和商标代理从业人员的合法权益，《商标法》和《商标法实施条例》不断增加和完善关于商标代理的法律规定，给商标代理行业的规范管理和健康发展提供了法律依据。

二、关于商标代理的法律规定

《商标法》关于商标代理的规定主要在第18、第19条，《商标法实施条例》关于商标代理的规定主要在第9章（第83~91条）。

（一）商标代理

1. 商标代理的概念

商标代理是指接受委托人的委托，以委托人的名义办理商标注册申请、商标评审或者其他商标事宜。

2. 商标代理的原则

《商标法》第18条规定："申请商标注册或者办理其他商标事宜，可以自行办理，也可以委托依法设立的商标代理机构办理。外国人或者外国企业在中国申请商标注册和办理其他商标事宜的，应当委托依法设立的商标代理机构办理。"

以上规定表明，《商标法》对中国企业办理商标事务是否委托代理采取的是自愿原则，而对外国人和外国企业采取的是强制原则。作出此规定的原因主要是：第一，外国人和外国企业在中国无经常居所或者营业所，传递法律文书既不便利又无保证；第二，本国国民没有语言障碍，而外国人则不同，翻译文本是否与本国语言文本意思相同并具有同等法律效力等问题需要第三方佐证；第三，本国企业一般比较熟悉本国知识产权法律，有的申请人还设有专门部门和专业人员，对收到的法律文书能够及时应对，而外国申请人一般对申请国知识产权法律不够了解，应对不及时会损害自身权益。因此，从维护国家主权尊严、保护外国申请人合法权益、保证商标法律事务质量和提高商标注册管理机关工作效率等角度出发，一般国家都对外国申请人采取了强制委托代理的做法。

3. 商标代理的具体要求

《商标法实施条例》第 5 条对前述商标代理委托问题进行了细化，规定当事人委托商标代理机构申请商标注册或者办理其他商标事宜，应当提交代理委托书。代理委托书应当载明代理内容及权限；外国人或者外国企业的代理委托书还应当载明委托人的国籍。外国人或者外国企业的代理委托书及与其有关的证明文件的公证、认证手续，按照对等原则办理。申请商标注册或者转让商标，商标注册申请人或者商标转让受让人为外国人或者外国企业的，应当在申请书中指定中国境内接收人负责接收国家知识产权局后继商标业务的法律文件。国家知识产权局后继商标业务的法律文件向中国境内接收人送达。《商标法》第 18 条所称外国人或者外国企业，是指在中国没有经常居所或者营业所的外国人或者外国企业。

(二) 商标代理机构

1. 商标代理机构的概念

商标代理机构包括经市场监督管理部门登记从事商标代理业务的服务机构和从事商标代理业务的律师事务所。

2. 商标代理机构备案要求

商标代理机构从事国家知识产权局主管的商标事宜代理业务的，应当向国家知识产权局备案。备案需要的材料是：①交验市场监督管理部门的登记证明文件或者司法行政部门批准设立律师事务所的证明文件并留存复印件；②报送商标代理机构的名称、住所、负责人、联系方式等基本信息；③报送商标代理从业人员名单及联系方式。

商标代理机构备案既是商标代理机构开展商标代理业务的需要，又是商标管理部门建立商标代理机构信用档案的需要，也为申请人了解代理机构信息提供了公开途径。商标代理机构备案、变更备案可在线办理、邮寄办理或直接办理，商标代理机构注销备案可邮寄办理或直接办理。

3. 商标代理机构从事商标代理业务的要求

商标代理机构应当遵循诚实信用原则，遵守法律、行政法规，按照被代理人的委托办理商标注册申请或者其他商标事宜；对在代理过程中知悉的被代理人的商业秘密，负有保密义务。委托人申请注册的商标可能存在本法规定不得注册情形的，商标代理机构应当明确告知委托人。

商标代理机构向国家知识产权局提交的有关申请文件，应当加盖该代理机构公章并由相关商标代理从业人员签字。

4. 商标代理机构不得从事的行为

《商标法》第19条第3款、第4款规定，商标代理机构知道或者应当知道委托人申请注册的商标属于《商标法》第4条、第15条和第32条规定情形的，不得接受其委托。商标代理机构除对其代理服务申请商标注册外，不得申请注册其他商标。

商标代理机构不得有下列行为：①办理商标事宜过程中，伪造、变造或者使用伪造、变造的法律文件、印章、签名的；②以诋毁其他商标代理机构等手段招徕商标代理业务或者以其他不正当手段扰乱商标代理市场秩序的；③违反《商标法》第4条、第19条第3款和第4款规定的。

同时，《商标法实施条例》第88条对上述"以其他不正当手段扰乱商标代理市场秩序的行为"进行了细化，包括：①以欺诈、虚假宣传、引人误解或者商业贿赂等方式招徕业务的；②隐瞒事实，提供虚假证据，或者威胁、诱导他人隐瞒事实，提供虚假证据的；③在同一商标案件中接受有利益冲突的双方当事人委托的。

(三) 商标代理从业人员

1. 商标代理从业人员的概念

商标代理从业人员是指在商标代理机构中从事商标代理业务的工作人员。

2. 商标代理从业人员的执业要求

商标代理从业人员不得以个人名义自行接受委托。

(四) 商标代理行业组织

《商标法》第20条规定："商标代理行业组织应当按照章程规定，严格执行吸纳会员的条件，对违反行业自律规范的会员实行惩戒。商标代理行业组织对其吸纳的会员和对会员的惩戒情况，应当及时向社会公布。"《商标法实施条例》第91条规定，工商行政管理部门应当加强对商标代理行业组织的监督和指导，国务院机构改革后，这一职责由国家知识产权局承担。

三、违法从事商标代理业务应承担的法律责任

商标代理机构违反法律规定从事商标代理业务应承担的责任包括行政责任、民事责任和刑事责任。

(一) 行政责任

1. 由市场监管部门处罚的行为

商标代理机构违反《商标法》第68条规定的，由管理商标工作的部门责令限期改

正，给予警告，处一万元以上十万元以下的罚款；对直接负责的主管人员和其他直接责任人员给予警告，处五千元以上五万元以下的罚款。

违反商标代理机构的行为规范而受到处罚的对象不仅包括商标代理机构，还包括直接负责的主管人员和其他直接责任人员。

2. 管辖与通报

依据《商标法实施条例》第89条的规定，商标代理机构有《商标法》第68条规定行为的，由行为人所在地或者违法行为发生地县级以上管理商标工作的部门进行查处，并将查处情况通报国家知识产权局。

3. 商标代理机构信用档案

在市场经济条件下，包括商标代理机构在内的任何市场主体都须依靠信用与其他经济主体发生联系。因此，信用档案制度有着非常重要的作用。《商标法》第68条明确规定了商标代理机构有相关违法行为的，由管理商标工作的部门记入信用档案。这是现代商标代理机构监管方式，是政务信息公开、透明的重要组成部分，通过完善信用监管机制，加强信用约束，使没有信用或者信用差的商标代理机构在商标代理市场中难以生存发展。

商标代理机构的信用档案由行政部门依法采集，客观记录。记录的主要内容包括：商标代理机构的名称、住所、负责人、商标代理从业人员名单、违法事实和给予的处罚等。

4. 停止受理

商标代理机构有《商标法》第68条所规定的违法行为，并且情节严重的，国家知识产权局可以决定停止受理其办理商标代理业务，予以公告。这是对商标代理机构违法行为的强有力惩戒措施。国家知识产权局可以通过当事人投诉举报、地方市场监督管理部门通报查处案件，在注册、管理、评审工作中发现违法行为和公安司法机关通报案件等途径知悉商标代理机构的严重违法行为，依据事实和法律作出停止受理的决定。国家知识产权局可以作出停止受理该商标代理机构商标代理业务6个月以上直至永久停止受理的决定。停止受理商标代理业务的期间届满，国家知识产权局应当恢复受理。国家知识产权局作出停止受理或者恢复受理商标代理的决定应当在其网站予以公告。

(二) 民事责任

商标代理机构违反诚实信用原则，侵害委托人合法利益的，应当依法承担民事责任，并由商标代理行业组织按照章程规定予以惩戒。

商标代理机构与委托人之间的关系实际上是一种民事法律关系，商标代理机构违反诚实信用原则，侵害委托人合法利益的，应依法承担民事法律责任。商标代理机构和委托人因此而产生的纠纷可以通过协商或民事诉讼等途径解决。同时，商标代理行业组织还应当根据其章程的规定，对违反诚实信用原则，侵害委托人合法利益的商标代理机构会员予以惩戒，发挥行业组织的自律作用。

(三) 刑事责任

商标代理机构从事违法代理行为情节严重，构成犯罪的，依法追究刑事责任。

第七章 注册商标专用权的保护

第一节 注册商标专用权

一、注册商标专用权的概念

《TRIPs协定》第16条规定:"注册商标的所有权人享有专有权,以阻止所有第三方未经该所有权人同意在贸易过程中对与已注册商标的货物或服务的相同或类似货物或服务使用相同或类似标记,如此类使用会导致混淆的可能性。"我国《商标法》第3条规定:"商标注册人享有商标专用权,受法律保护。"商标一经注册,商标注册人即取得注册商标专用权。注册商标专用权以权利人自己专用为基础,禁止他人使用为核心,未经商标注册人许可,其他人不得在特定范围内使用该注册商标,以保证商标起到区别商品或者服务来源的作用。

二、注册商标专用权保护的意义

保护注册商标专用权是指国家行政和司法机关根据职能,按照法律赋予的职权制止和制裁商标违法行为、侵权行为乃至犯罪行为,保障商标注册人行使权利并不受损害。保护注册商标专用权具有重要意义:

一是保护注册商标专用权是保护特定民事权利的基本体现。注册商标专用权是一项重要的财产性权利,注册商标专用权的有效保护对于市场经济主体发展生产、积累商誉、提高市场竞争力、创造经济价值具有重要推动作用。

二是保护注册商标专用权是保障消费者权益的重要基础。我国《商标法》在第1条就明确指出了保护注册商标专用权同保护消费者权益间的密切联系。商标所承载的商品服务来源识别功能,使其成为连接生产者、经营者和消费者的重要纽带。只有保护好注册商标专用权,才能让消费者真正实现买得放心、用得舒心、追责安心。

三是保护注册商标专用权是维护市场竞争秩序的有力保障。保护注册商标专用权能够使商标更好地发挥区别功能,让假冒伪劣行为无处立足,有利于维护市场秩序,净化市场环境,正确地反馈市场需求,通过竞争产生健康的优胜劣汰结果,激励生产者改良商品、优化技术、保证质量,形成品牌效应,不断激发市场活力。

四是保护注册商标专用权是优化营商环境，促进对外贸易事业发展的必然选择。从"走出去"的角度，注册商标专用权的保护力度决定着国内品牌能否发展壮大，走出国门赢得世界认可；从"引进来"的角度，注册商标专用权的保护水平体现着市场环境的健康程度和开放姿态，吸引外资，推动发展。

三、注册商标专用权的权利限制

（一）注册商标专用权的权利范围

注册商标专用权的权利范围，主要是指商标注册人对其所注册的商标所享有的使用权和排他权的范围。

1. 使用权

注册商标的专用权，以核准注册的商标和核定使用的商品或服务为限。其中，"核准注册商标"是指国家知识产权局依商标申请人的注册申请而核准注册的商业标识，"核定使用的商品"是指注册商标核准使用的具体商品名称。这意味着，商标注册人在使用注册商标时，应当受到两方面的限制：一是其使用载体仅限于核定使用的商品或服务，而不能使用在其他的类似商品或服务上；二是其使用形式仅限于核准注册的商标标识表现形式，而不能延伸为其他近似形式甚至不同形式。注册商标专用权的权利范围不能任意地改变或者扩大，注册商标需要在核定使用的商品或服务之外享有商标专用权的，应当另行提出注册申请，需要改变其标志的，应当重新提出注册申请。

2. 排他权

排他权，又称禁止权，属于注册商标专用权的保护范围，是指商标注册人根据法律的规定，可以请求司法机关或行政执法机关制止他人擅自使用商标行为，以保护其注册商标专用权不受损害的范围。注册商标专用权的保护范围不仅包括了注册商标专用权人有权禁止他人擅自在相同的商品上使用与自己注册商标相同的商标，同时还包括注册人有权禁止他人擅自在相同的商品或服务上使用与自己注册商标相近似的商标，有权禁止他人在与自己核定的商品或服务相类似的商品或服务上使用与自己注册商标相同或者近似的商标，有权禁止他人以法律规定的其他形式侵害自己注册商标专用权的行为。由此可以看出，注册商标专用权的保护范围要大于注册商标专用权的权利范围。随着商品经济的不断发展，商品表现形式、商品交易方式不断增多，商品流通领域不断扩大，商标法律制度也在不断健全与完善，注册商标专用权的保护范围有不断扩大的趋势。这有利于消除因商品或服务来源产生误认而导致的市场混淆现象，从而切实保护商标注册人的权益，保护广大消费者的利益，维护社会正常的经济秩序。明确注册商标专用权的保护范围，对注册商标使用行为的行政管理工作，以及行政和司法部门制止商标侵权行为的工作有实际指导意义。

（二）注册商标专用权的权利限制

注册商标专用权的权利范围是有限制的，在一些特定情况下，他人对与注册商标相同或者近似标识的使用并不构成侵权行为。

1. 描述性使用

描述性使用是指使用他人注册商标中的文字或图形等要素，用以客观描述自己商品或服务的特征、产地等情况的行为。《商标法》第59条第1款规定："注册商标中含有的本商品的通用名称、图形、型号，或者直接表示商品的质量、主要原料、功能、用途、重量、数量及其他特点，或者含有的地名，注册商标专用权人无权禁止他人正当使用"。第59条第2款规定："三维标志注册商标中含有的商品自身的性质产生的形状、为获得技术效果而需有的商品形状或者使商品具有实质性价值的形状，注册商标专用权人无权禁止他人正当使用。"描述性使用之所以被允许，是因为其所使用的描述性要素本来就属于自然界或者社会公知范畴，并不是来源于商标注册人的智力活动创造。而且这种使用行为出于描述商品特征或产地的正当目的，没有侵犯他人权利的故意，在标识使用中往往还会伴有其他区别性要素，不易造成消费者混淆。例如"薰衣草"商标注册人无权禁止他人在含有薰衣草成分的纸巾外包装上使用"薰衣草"字样。

2. 指示性使用

指示性使用是指使用他人注册商标中的文字或图形等要素，用以说明自己提供的商品或服务能够与使用该商标的商品或服务配套，或者为了说明自己提供的商品或服务的功能、用途、原料、制作工艺或者服务对象等。指示性使用之所以被允许，是因为这种对真实关系的说明并不会导致消费者对商品或者服务来源的混淆。例如，某品牌在其电脑产品上标注"intel inside"，用于说明其使用了英特尔公司的中央处理器，就是典型的指示性使用。

3. 在先使用

在先使用是指他人在注册商标申请注册前，已经在相同或类似商品或服务上使用了相同或近似的商标。根据《TRIPs协定》第16条的规定："注册商标所有权人的专有权利不得损害任何的在先权利，也不得影响成员方规定以使用为基础的权利的可能性。"《商标法》第59条第3款规定："商标注册人申请商标注册前，他人已经在同一种商品或者类似商品上先于商标注册人使用与注册商标相同或者近似并有一定影响的商标的，注册商标专用权人无权禁止该使用人在原使用范围内继续使用该商标，但可以要求其附加适当区别标识。"这种情况下，他人对标识的在先使用往往已经实际投入了成本，向市场输出了商品或服务，并发挥了区别作用，积累了一定的商誉。虽然在原范围内的继续使用可能会带来市场混淆，但如果仅仅因为尚未注册而剥夺在先使用人的使用权甚至商誉，有违市场公平竞争秩序，也与《商标法》的立法本意相悖。

4. 商标权用尽

商标权用尽,又称商标权穷竭,与《著作权法》中的发行权用尽、《专利法》中的专利权用尽相似,是指商标注册人自己或许可他人将使用注册商标的商品投放市场后,他人无须商标注册人允许便可再次转售或者以其他方式向公众提供,包括为此目的在广告宣传中使用,均不构成侵犯注册商标专用权。《商标法》规定,销售带有商标的商品构成对商标的使用,其目的是保护商标注册人的权利,防止假冒注册商标和造成消费者混淆,但在使用注册商标的商品经商标注册人允许已经进入市场流通领域公开流通的情况下,该商品上的商标专用权应当被视为"用尽",不能用于阻止市场正常流通行为。

(三) 禁止注册商标专用权权利滥用

注册商标专用权为商标注册人所专有,而且这种垄断的专有权利是受法律保护的。但是,商标注册人行使这种权利时,也必须符合法律的有关规定,不得乱用或滥用。例如,未经商标主管机关批准,商标注册人不得自行改变注册商标、注册人名义、地址或者其他注册事项,不得自行将商标转让给他人,特别是不能阻止他人正当使用注册商标中含有的社会公知公用的内容,不能利用自己从未使用的注册商标,打击他人的善意使用或者正当使用,包括恶意诉讼等。

四、注册商标专用权与其他在先权利的关系

(一) 与企业名称权的关系

商标与企业名称是两个不同的法律概念,但两者有着紧密的联系,不少企业就将商标作为其企业名称中的字号部分加以登记。两者的区别主要体现在:

(1) 功能不同。商标是区别商品或服务不同来源的一种标记,而企业名称则是区别不同企业的标志。

(2) 注册机关和保护范围不同。商标要向国家知识产权局申请注册,核准后才能取得专用权,在全国范围内得到保护;企业名称则是在企业所在地拥有企业名称登记权限的县级以上市场监督管理部门登记后,取得该企业所在地一定行政区域范围内的企业名称专用权。

(3) 与企业的关系不同。企业名称对于一个企业来说是唯一的,企业名称原则上只能登记给一家企业使用,且该企业名称只能自己使用,不允许他人使用。但一个企业可以使用并注册不止一个商标,且针对同一个商标可以通过商标使用许可等方式,由不止一家企业使用。

(4) 存续的方式不同。企业名称与企业实体是密不可分的,企业实体消亡,如发生破产、倒闭等,企业名称也就不存在了。商标虽然在产生之初由某一个企业设计并

注册，但经过一段时间后，商标注册人可以发生变化，商标可以通过转让、移转脱离原来的企业而继续存在。

(二) 与外观设计专利权的关系

商标权和外观设计专利权都属于知识产权。两者的区别主要体现在：

(1) 权利的客体不同。商标是由文字、图形、三维标志、声音等或其要素组合构成的标志，主要功能是区别商品的来源。外观设计是对产品的形状、图案或者其结合，以及色彩与形状、图案的结合所作出的富有美感并适于工业应用的新设计。

(2) 权利取得的条件不同。商标只要有区别性，能够区别商品或服务的不同来源，不强调必须适用工业生产的问题。而外观设计具有装饰作用的同时，要求适用于工业产品，能够重复地大量生产。

(3) 权利授予目的不同。在我国，保护注册商标专用权的目的是加强商标管理，促使生产者保证商品质量和维护商标信誉，以保障消费者的利益，维护经济秩序；而保护外观设计的目的则是鼓励设计者创造出更多、更好的产品外观，增强工业品的美感。

(4) 权利保护的期限不同。注册商标有效期为10年，可以连续续展；而外观设计专利有效期为10年，没有续展，期满即进入公有领域。

(三) 与肖像权的关系

肖像权是公民的一项基本人格权，表现在可以同意或拒绝他人利用自己肖像的权利。由于人物肖像可以作为商标的组成要素，且往往具有较强的显著性和识别性，得到越来越多商标注册申请人的青睐。肖像可以作商标注册，但注册商标不得损害他人肖像权。在商标审查中，认定商标是否损害他人肖像权，应考虑相关公众是否容易将注册商标在其指定的商品或服务上与肖像人产生联系。一般而言，以本人肖像作为商标申请注册的，申请人需要提供本人的身份证；以他人肖像作为商标申请注册的，则要取得肖像权人的同意，提供肖像使用授权书。

(四) 与姓名权的关系

姓名权是公民依法享有决定、使用、改变自己姓名的权利。姓名可以作商标注册，但注册商标不得损害他人姓名权。一般来说，自己的姓名可以注册为商标，但自己的姓名若与他人姓名完全相同，易被误认为是该他人本人注册或者与该他人有密切关系的，则不得将自己的姓名注册为商标；同时，未经权利人授权，不得将他人姓名注册为商标，否则构成盗用他人姓名从而侵犯他人姓名权的行为。

第二节　侵犯注册商标专用权行为判定

一、侵犯注册商标专用权行为的判定原则

一是尊重当事人合法权益的原则。尊重当事人的合法权益，是判定侵犯注册商标专用权行为、依法保护商标权益不受损害最基本的立足点。在处理商标侵权案件过程中，既要充分考虑注册商标权利人的意愿，也要考虑商标侵权行为嫌疑人的合法权益，只有保证双方当事人依法享有的权益不受损害，才能保证侵权行为处理的公平和公正。

二是依法保护注册商标的原则。判定侵犯注册商标专用权行为，要坚持依法行政原则，对注册商标在法律范围内，即核准注册的商标和核定使用的商品或者服务上给予专用权法律保护。凡注册商标，在其丧失权利之前都应当受到保护。当然，对确属注册不当应予无效宣告的商标，在该商标进入无效宣告程序后，执法机关可以中止案件查处，待商标确权终局裁定或者判决作出后再行处理，以防他人利用合法争议手段达到侵权目的。

三是不以商品质量的优劣作为判定商标侵权的标准。商标的主要功能是区别商品来源，虽然法律规定使用注册商标和未注册商标的商品应当保证商品质量，不能以次充好，欺骗消费者，但其表明商品质量的功能是商标的辅助性功能。他人擅自使用与注册商标相同或者近似的商标，即使其商品质量优于商标注册人的商品质量，也应当认定为侵权行为。对使用注册商标或者未注册商标的商品质量问题，可以适用《产品质量法》进行处理，与商标侵权行为的认定没有直接关联。

四是商标注册人违法使用行为不影响对商标侵权行为性质的认定。注册商标专用权是一种民事权利，商标注册人可以在法律允许的范围内行使其权利。如果注册人在使用注册商标过程中存在违反《商标法》或《商标法实施条例》的情形，可以适用有关条款，要求就行为人违法使用行为承担相应的法律责任，除非该注册商标被依法撤销不影响对其注册商标专用权的保护。

二、侵犯注册商标专用权行为的判定因素

商标是否相同或者近似，商品或者服务是否相同或者类似，以及是否容易导致混淆，是判断侵犯注册商标专用权行为的重要考虑因素。

（一）容易导致混淆的认定

认定是否"容易导致混淆"是注册商标专用权保护的核心问题，是判断是否构成侵权的前提条件。"容易导致混淆"一般是指由于商标的近似性和使用商品的类似性，

导致消费者对商品或服务的来源产生误认，或者认为涉案商品或服务来源与注册商标权利人之间存在某种关联。混淆使商标的最主要的功能，即区分商品或服务来源的功能遭到了破坏。混淆分为很多不同的种类，例如按照混淆发生的直接程度，可以分为直接混淆和间接混淆，按照混淆发生的时间点，则可以分为售前混淆、售中混淆和售后混淆等。

实践中，判定是否"容易导致混淆"要在具体案件中综合考虑涉案商标的近似程度、商品或服务的类似程度、商标的独创性和知名度等因素，最终得出结论。这种判定不以实际发生混淆为要件，而是只要具有混淆的可能性即可。如果两个商标仅是标识近似，但并无混淆商品或服务来源的可能性，也就不具有社会危害性，不必认定其使用行为构成侵权。

(二) 商标相同或近似的判定

商标相同是指两商标在视觉上基本无差别，使用在同一种或者类似商品上容易导致相关公众混淆；商标近似是指商标文字的字形、读音、含义相近，商标图形的构图、着色、外观近似，或者文字和图形组合的整体排列组合方式和外观近似，立体商标的三维标志的形状和外观近似，颜色商标的颜色或颜色组合近似，声音商标的听觉感知或整体旋律近似，使用在同一种或者类似商品上容易导致相关公众混淆。判定商标是否相同或近似，应当遵循以下原则：

1. 以相关公众的一般注意力为标准进行判断

判定商标相同或近似应当以包括消费者和经营者在内的相关公众的普通注意力为标准。这种注意力不是该领域相关专家所具有的注意力，也不是一个与一般消费者有别的粗心大意的消费者的注意力，而是以介于两者之间的大多数相关公众通常的、普通的注意力为标准，以防止标准过于严格或过于宽泛。

2. 准确运用整体、要部和隔离比对方法

整体比对，是指将商标作为一个整体来进行观察，考虑商标的整体印象，而不是仅仅将商标的各个构成要素抽离出来分别进行比对，有些商标各个要素并不相似，但由于采用了相近的结构而导致整体的相似；要部比对，是指将商标中发挥主要识别作用的显著识别部分抽出来进行重点比较和对照，这是由于消费者往往会依据商标中给人留下深刻印象的要素来区分商品；隔离比对，是指将注册商标与涉嫌侵权的商标放置于不同的地点在不同的时间进行观察比对，而不是把两个要比对的商标摆放在一起进行对比观察，模拟消费者凭借对商品的既有印象选购商品的真实场景。总之，应当尽量从消费者的角度、以消费者的心态、用一般消费者在购买时的观察判断习惯，去进行两商标间的对比判断。

3. 考虑已注册商标的显著性和知名度等要素

商标的显著性，又称为识别性，是指将商标使用于商品或其包装以及服务上时，能够引起一般消费者的注意，并凭此与其他商品或者服务相区别的特性；商标的知名度，是指商标被相关公众知晓、了解的程度，是评价商誉的尺度。一般而言，商标的显著性越强，给相关公众的印象就越深刻，商标的知名度越高，被侵权的可能性也就越高。因此，在进行商标相同或近似判定的时候，要考虑已注册商标的显著性和知名度等要素来把握标准适用程度。

(三) 商品或者服务相同或者类似的判定

商品或者服务相同是指商品或者服务名称相同，以及商品或者服务名称不同但指向同一事物或者内容。类似商品是指在功能、用途、生产部门、销售渠道、消费对象等方面相同或基本相同的商品，类似服务是指在服务的目的、内容、方式、对象等方面相同或基本相同的服务，或者相关公众一般会认为其存在特定联系、容易造成混淆。

商品或者服务相同或者类似的判定，以《商标注册用商品和服务国际分类表》《类似商品和服务区分表》作为参考，但不作为最终依据。随着社会经济的发展，商品和服务项目在不断更新，行业划分和公众认识也在变化，商品或者服务相同或者类似的判定标准也是不断发展变化的，实践中往往要考虑多种因素综合判断，有些情况下不同类别但消费对象相同的商品之间，具有互补关系的关联商品之间，甚至处于相关行业的商品和服务之间都可能构成类似关系。

一般情况下，商品商标与服务商标在区分商品或者服务来源时各自发挥着识别作用，两者不产生类似关系，但提供服务时经常借助于具体商品。随着第三产业的拓展和延伸，商品的售后服务也构成消费者购买商品的重要考虑因素，从而商品与服务之间可能产生使用同一商标引起商品或者服务来源混淆的情况。比如美容美发店与其使用的美容护肤产品，汽车制造商与汽车销售商（4S 店）之间的密切关系等。因此，商品与服务之间可能存在的类似关系，需要在具体实践中综合予以判断，例如商品与服务间存在较大关联性且由同一市场主体提供的、商品与服务在销售渠道、销售习惯等方面一致的，都有可能构成类似。此外，商品或者服务相同或者类似的判定也需要考虑在先商标的显著性和知名度，及其与使用商品所形成的指向关系的强弱。

(四) 商业性使用

商标的使用是指商标的商业性使用，包括将商标用于商品、商品包装或者容器以及商品交易文书上，或者将商标用于广告宣传、电子商务、展览以及其他商业活动中，用于识别来源的行为。他人在教育、科研等公益活动中非商业性使用注册商标的行为，仅对注册商标初步审定公告或者注册公告进行广告，或者公开声明商标注册信息等，均不属于商业性使用。

三、侵犯注册商标专用权行为类型

(一) 侵犯注册商标专用权行为

侵犯注册商标专用权行为是指行为人未经商标权人许可，在相同或类似商品上使用与其注册商标相同或近似的商标，或者其他干涉、妨碍商标权人使用其注册商标，损害商标权人合法权益的行为。《商标法》第57条对侵权行为进行了明确的列举，共包括7种情形：

1. 未经商标注册人的许可，在同一种商品上使用与其注册商标相同的商标的

这种行为即假冒注册商标的行为，包括三个构成要件：一是使用行为未经商标注册人的许可；二是使用在"同一种商品上"，即商品或者服务相同是指商品或者服务名称相同，以及商品或者服务名称不同但指向同一事物或者内容；三是使用了"与其注册商标相同的商标"，商标相同是指两商标基本无差别，使用在同一种或者类似商品或者服务上易使相关公众对商品或者服务的来源产生混淆。假冒注册商标行为恶意明显且社会危害性较大，在情节严重的情况下，应当依法追究刑事责任。

2. 未经商标注册人的许可，在同一种商品上使用与其注册商标近似的商标，或者在类似商品上使用与其注册商标相同或者近似的商标，容易导致混淆的

这种行为是行政执法和司法实践中较为常见的商标侵权行为类型。它主要包括三种情况：一是在同一种商品上使用与他人注册商标相近似的商标；二是在类似的商品上使用与他人注册商标相同的商标；三是在类似的商品上使用与他人注册商标相近似的商标。从我国商标使用实践看，一些侵权人会将他人的商标作为商品的名称、装潢来使用。这种行为表面上没有直接使用他人的商标，但是一般消费者往往难以区分商标、商品名称和商品装潢之间的异同，后两者同样可以起到区别商品和服务来源的作用。因此，《商标法实施条例》第76条规定，同一种商品或者类似商品上将与他人注册商标相同或者近似的标志作为商品名称或者商品装潢使用，误导公众的，属于《商标法》第57条第（二）项规定的侵犯注册商标专用权的行为。明确这种利用商品名称或者商品装潢"搭便车"，造成消费者混淆的行为也构成侵权行为。

需要注意的是，这种行为明确要求了混淆要件的成立。《商标法》具有保护消费者利益的功能，要保障消费者能够通过商标正确地判断商品或服务的来源，维护市场秩序，因此仿冒导致消费者混淆的，才构成商标侵权行为。

3. 销售侵犯注册商标专用权的商品的

在商标行政执法和司法实践中，由于故意实施商标侵权假冒行为的企业往往具有较强的隐蔽性，销售侵权商品的行为就成为最容易发现的商标侵权行为。由于侵权商品要通过销售环节流入市场，才能使消费者产生误认和混淆，使侵权人实现非法获利，对商标注册人的权益造成损害，所以查处销售环节的侵权商品是制止商标侵权行为的

一个重要手段。需要注意的是，销售行为一旦发生即构成侵权，无须考虑销售行为人的主观故意或者过失因素，但出于公平考虑，《商标法》同时规定销售不知道是侵犯注册商标专用权的商品，能证明该商品是自己合法取得并说明提供者的善意销售者，可不承担因侵权导致的民事赔偿责任。

4. 伪造、擅自制造他人注册商标标识或者销售伪造、擅自制造的注册商标标识的

商标标识是商标的载体，是商标的物质表现形式。一般情况下，产品附带商标标识后才进入流通领域，才实现商品的交易和利润回报，无商标的产品不会侵犯商标专用权。因此，制造和销售伪造、擅自制造他人注册商标标识的行为，是商标侵权和假冒商标行为的源头。我国《商标法》将此类行为明确规定为商标侵权行为加以禁止，目的是从根本上防止商标侵权行为的发生。其中，"伪造"是指按照真的商标标识进行仿制，其标识本身是假冒的；"擅自制造"是指未经商标注册人同意而印制真的商标标识，即标识是真的，但印制该标识未经商标注册人同意。

应当特别指出的是，我国《刑法》将伪造、擅自制造他人注册商标标识或者销售伪造、擅自制造的注册商标标识达到一定数额的行为确定为犯罪行为，可以追究刑事责任。

5. 未经商标注册人同意，更换其注册商标并将该更换商标的商品又投入市场的

这种行为又称"反向假冒"行为，主要是指在商品销售活动中，擅自将他人在商品上合法贴附的商标更换或者覆盖，变换为自己的商标商品予以展示或者销售的行为。一般来说，这种做法是居于市场垄断地位的经营者或销售者扼杀新生的潜在的竞争对手，使其商标永远无法与消费者建立联系，无法形成自己独立的销售市场的不正当竞争行为。应当注意的是，被变换商标的人应当自己主动伸张权益，如果其同意变换或者对变换成他人商标无异议，则变换商标者不构成此种商标侵权行为。

6. 故意为侵犯他人商标专用权行为提供便利条件，帮助他人实施侵犯商标专用权行为的

与前述几种行为类型相比，这种行为属于间接侵权行为。随着社会经济的发展，行业分工的细化，侵犯注册商标专用权的行为往往不是单独进行的，而是需要其他行业、其他人员的参与和帮助，这种为侵权行为的实施提供便利条件的行为人也应承担商标侵权责任。依据《商标法实施条例》第75条的规定，为侵犯他人商标专用权提供仓储、运输、邮寄、印制、隐匿、经营场所、网络商品交易平台等，属于为侵权行为的实施提供便利条件的行为。但该行为也存在限制性要件，即提供便利条件的行为人应当存在主观故意。

7. 给他人的注册商标专用权造成其他损害的

我国《商标法》对商标侵权行为采用了列举方式，但难以全部涵盖，还有其他的侵权行为，例如，将与他人注册商标相同或者相近似的文字注册为域名，并且通过该

域名进行相关商品交易的电子商务，容易使相关公众产生误认的。实践中，新的商标侵权形式会不断出现，无法准确加以预测，需要在今后的行政执法和司法实践中逐步补充。因此，《商标法》设置了这一概括性条款，为今后发生的、属于侵害商标注册人权益的其他侵权行为的认定提供了法律依据。

(二) 假冒注册商标行为

1. 假冒注册商标行为的定义

假冒注册商标即未经商标注册人的许可，在同一种商品上使用与其注册商标相同的商标的行为，情节严重的，可构成《刑法》第213条、第214条及第215条所规定的假冒注册商标犯罪行为。

2. 假冒注册商标行为的特征

假冒注册商标行为是严重的商标侵权行为，与一般商标侵权行为相比较，假冒注册商标行为具有以下特征：一是行为人具有明显的主观故意，而商标侵权并不都是主观故意行为，有些侵权行为源于巧合或侵权人的错误认知；二是假冒注册商标行为严重的可以追究刑事责任，而一般的商标侵权行为仅承担民事和行政责任；三是假冒注册商标行为使用的商标和商品，应当与被假冒的商标注册人核准注册的商标、核定使用的商品完全相同，而不看商标注册人自己是否有此种商品。例如，注册商标核定的商品是果汁，注册人自己只生产苹果汁，他人假冒生产了椰子汁，均属于"果汁"范畴，仍构成假冒商标行为；反之，注册人核定的商品是苹果汁，他人假冒生产椰子汁的行为，超出核定商品范畴，仅构成商标侵权行为，不能追究刑事责任。此外，如果商标注册人实际使用的商标与核准注册的商标有差别，假冒者假冒的是注册人实际使用的商标的，虽然与核准注册的商标近似，也不构成假冒注册商标行为。

四、侵犯注册商标专用权行为的法律责任

侵犯注册商标专用权的行为应当承担相应的法律责任。从特定民事主体权利的角度看，侵犯注册商标专用权的行为损害了商标注册人的利益，影响了注册商标所承载的商誉，弱化了注册商标的区别作用，侵权人应当承担民事责任；从公共利益的角度看，侵犯注册商标专用权的行为损害了消费者、生产者和经营者的利益，扰乱了市场秩序，对公共利益产生不利影响，侵权人应当承担行政责任，严重的假冒注册商标行为还应承担刑事责任。

(一) 民事责任

商标侵权属于特殊的民事侵权行为，应当依照《民法通则》和《商标法》的有关规定承担民事责任。承担责任的方式主要有以下几种：

1. 停止侵权

只要注册商标仍然有效，且侵权行为尚在继续，停止侵权是侵权人应当承担的第一项民事责任。这一责任与侵权人的主观意愿无关，即便侵权人对侵权行为并不知情，也应当承担立即停止侵权的民事责任。停止侵权主要表现为停止继续生产或销售侵权商品，停止继续制造或销售他人注册商标标识等。

2. 消除影响

注册商标权利人因商标侵权行为商誉受损的，有权要求侵权人在造成影响的范围内消除影响，恢复声誉。实践中一般由侵权人通过期刊杂志、网络媒介等平台发表声明，澄清事实，恢复商誉。

3. 赔偿损失

注册商标权利人因商标侵权行为遭受财产性损失或名誉损失的，有权要求经济赔偿，这是实践中应用最广、力度最大、效果最好的责任形式。依据《商标法》第63条的规定，侵犯商标专用权的赔偿数额以补偿性赔偿为基础，以惩罚性赔偿为补充。首先应按照权利人因被侵权所受到的实际损失确定，实际损失难以确定的，可以按照侵权人因侵权所获得的利益确定，权利人的损失或者侵权人获得的利益难以确定的，参照该商标许可使用费的倍数合理确定。对恶意侵犯商标专用权，情节严重的，可以在按照上述方法确定数额的一倍以上五倍以下确定赔偿数额。赔偿数额应当包括权利人为制止侵权行为所支付的合理开支。同时，《商标法》第63条对法定赔偿作出了明确规定，人民法院为确定赔偿数额，在权利人已经尽力举证，而与侵权行为相关的账簿、资料主要由侵权人掌握的情况下，可以责令侵权人提供与侵权行为相关的账簿、资料；侵权人不提供或者提供虚假的账簿、资料的，人民法院可以参考权利人的主张和提供的证据判定赔偿数额。权利人因被侵权所受到的实际损失、侵权人因侵权所获得的利益、注册商标许可使用费难以确定的，由人民法院根据侵权行为的情节判决给予五百万元以下的赔偿。

此外，《商标法》还规定了两种可予免除赔偿责任的例外情形：

一是未使用不导致混淆的。由于商标经使用才能发挥作用、创造价值，对于未使用的注册商标，《商标法》第64条第1款规定："注册商标专用权人请求赔偿，被控侵权人以注册商标专用权人未使用注册商标提出抗辩的，人民法院可以要求注册商标专用权人提供此前三年内实际使用该注册商标的证据。注册商标专用权人不能证明此前三年内实际使用过该注册商标，也不能证明因侵权行为受到其他损失的，被控侵权人不承担赔偿责任。"

二是销售者不知情的。《商标法》第64条第2款规定："销售不知道是侵犯注册商标专用权的商品，能证明该商品是自己合法取得并说明提供者的，不承担赔偿责任。"依据《商标法实施条例》第79条的规定，能证明该商品是自己合法取得的情形主要有：有供货单位合法签章的供货清单和货款收据且经查证属实或者供货单位认可的；有供销双方签订的进货合同且经查证已真实履行的；有合法进货发票且发票记载事项与涉案商品对应的；其他能够证明合法取得涉案商品的情形。

(二) 行政责任

由于侵犯注册商标专用权的行为会对公共利益造成损害，所以行政机关立案查处的侵权人除承担民事责任外还应承担行政责任，主要包括停止侵权、警告、罚款等。《商标法》第60条第2款规定："工商行政管理部门处理时，认定侵权行为成立的，责令立即停止侵权行为，没收、销毁侵权商品和主要用于制造侵权商品、伪造注册商标标识的工具，违法经营额五万元以上的，可以处违法经营额五倍以下的罚款，没有违法经营额或者违法经营额不足五万元的，可以处二十五万元以下的罚款。对五年内实施两次以上商标侵权行为或者有其他严重情节的，应当从重处罚。销售不知道是侵犯注册商标专用权的商品，能证明该商品是自己合法取得并说明提供者的，由工商行政管理部门责令停止销售。"计算上述"违法经营额"时，可以考虑的因素主要有：侵权商品的销售价格、未销售侵权商品的标价、已查清侵权商品实际销售的平均价格、被侵权商品的市场中间价格、侵权人因侵权所产生的营业收入以及其他能够合理计算侵权商品价值的因素。

同时，《商标法》第63条第5款规定："假冒注册商标的商品不得在仅去除假冒注册商标后进入商业渠道。"第68条第4款规定："对恶意申请商标注册的，根据情节给予警告、罚款等行政处罚，对恶意提起商标诉讼的，由人民法院给予处罚。"2019年12月1日起施行的《规范商标申请注册行为若干规定》（以下简称《若干规定》）在第12条对上述法律规定进行了细化，明确对违反《若干规定》第3条恶意申请商标注册的申请人，依据《商标法》第68条第4款的规定，由申请人所在地或者违法行为发生地县级以上管理商标工作的部门根据情节给予警告、罚款等行政处罚，有违法所得的，可以处违法所得三倍最高不超过三万元的罚款；没有违法所得的，可以处一万元以下的罚款。

(三) 刑事责任

假冒注册商标是一种严重的商标侵权行为，除赔偿被侵权人的损失外，情节严重的假冒注册商标行为需承担刑事责任，任何人都可以向行政机关或人民检察院控告或检举，要求依法追究其刑事责任。这里的"情节严重"通常是指假冒注册商标商品造成人身损害、假冒行为人屡教不改、假冒行为非法获利数额巨大、社会影响极其恶劣的情形等。

依据《商标法》第67条和《刑法》第213条、第412条、第215条的规定，具体罪行主要有以下三种：

1. 假冒注册商标罪

《刑法》第213条规定:"未经注册商标所有人许可,在同一种商品上使用与其注册商标相同的商标,情节严重的,处三年以下有期徒刑或者拘役,并处或者单处罚金;情节特别严重的,处三年以上七年以下有期徒刑,并处罚金。"

2. 销售假冒注册商标的商品罪

《刑法》第214条规定:"销售明知是假冒注册商标的商品,销售金额数额较大的,处三年以下有期徒刑或者拘役,并处或者单处罚金;销售金额数额巨大的,处三年以上七年以下有期徒刑,并处罚金。"其中"明知"一般是指:知道自己销售的商品上的注册商标被涂改、调换或者覆盖的;因销售假冒注册商标的商品受到过行政处罚或者承担过民事责任,又销售同一种假冒注册商标的商品的;伪造、涂改商标注册人授权文件或者知道该文件被伪造、涂改的;其他知道或者应当知道是假冒注册商标的商品的情形。

3. 非法制造、销售非法制造的注册商标标识罪

《刑法》第215条规定:"伪造、擅自制造他人注册商标标识或者销售伪造、擅自制造的注册商标标识,情节严重的,处三年以下有期徒刑、拘役或者管制,并处或者单处罚金;情节特别严重的,处三年以上七年以下有期徒刑,并处罚金。"

五、侵犯注册商标专用权行为的处理

(一) 行政执法

1. 行政执法的手段

对于侵权行为,被侵权人可以选择由管理商标工作的部门处理,也可以向人民法院起诉。如果被侵权人向行政机关投诉,管理商标工作的部门可以依据被侵权人提供的证据和自己调查所获的证据,责令侵权人立即停止侵权行为,没收、销毁侵权商品和主要用于制造侵权商品、伪造注册商标标识的工具,并可处以罚款。当事人对管理商标工作的部门的处罚决定不服的,在规定的期间内,可以向人民法院起诉。上述规定给了被侵权人选择的机会,更好地保护了权利人的利益,可以满足当事人尽快结案的要求。根据《商标法》第61条的规定,对于侵权行为,管理商标工作的部门有权依法查处,涉嫌犯罪的,应当及时移送司法机关依法处理。也就是说,对于侵权行为,管理商标工作的部门既可以依请求查处,也可以依职权主动查处。

2. 行政执法的特点

与司法救济手段相比,行政执法是一种快速、有效的案件处理途径,具有以下特点:

一是行动迅速。行政执法能够快速有效地制止商标侵权行为,执法效率高,避免

侵权人隐匿、转移违法嫌疑证据，及时控制和缩小侵权行为对被侵权人的损害后果。

二是手段综合。管理商标工作的部门可以采取询问有关当事人、调查与侵权活动有关的物品和行为等执法手段，并作出责令立即停止销售、收缴并销毁侵权商标标识、罚款等行政处罚。

三是主动灵活。管理商标工作的部门可以依请求查处，也可以依职权主动查处商标侵权行为。

四是简便快捷，无需费用，减轻了当事人的举证责任和经济负担，降低了维权成本。

3. 行政执法的中止

《商标法》第62条第3款规定："在查处商标侵权案件过程中，对商标权属存在争议或者权利人同时向人民法院提起商标侵权诉讼的，工商行政管理部门可以中止案件的查处。中止原因消除后，应当恢复或者终结案件查处程序。"依据《商标法实施条例》第81条的规定，商标权属存在争议是指涉案注册商标权属正在审理或者诉讼程序中，案件结果可能影响案件定性的情形。

(二) 司法救济

司法救济，是指人民法院通过民事诉讼、行政诉讼和刑事诉讼在商标侵权纠纷诉讼案件中保护当事人注册商标专用权的行为。根据《商标法》第60条的规定，对于侵权行为，被侵权人可以申请行政机关处理，当事人对管理商标工作的部门的处罚决定不服的，可以在规定的期间内向人民法院起诉。司法机关会依据案件事实和证据，对侵权行为是否成立和具体赔偿数额等作出判决。此外，人民法院可以依职权加大对假冒注册商标行为的处罚，《商标法》第63条规定第4款、第5款："人民法院审理商标纠纷案件，应权利人请求，对属于假冒注册商标的商品，除特殊情况外，责令销毁；对主要用于制造假冒注册商标的商品的材料、工具，责令销毁，且不予补偿；或者在特殊情况下，责令禁止前述材料、工具进入商业渠道，且不予补偿。假冒注册商标的商品不得在仅去除假冒注册商标后进入商业渠道。"

(三) 财产保全和强制执行

1. 财产保全

随着商标权这种无形财产的价值越来越受到重视，人民法院在审理民事纠纷案件时，应当事人请求对注册商标采取财产保全措施的情况也日渐增多。依据《商标法》第65条的规定，商标注册人或者利害关系人有证据证明他人正在实施或者即将实施侵犯其注册商标专用权的行为，如不及时制止将会使其合法权益受到难以弥补的损害的，可以依法在起诉前向人民法院申请采取财产保全措施。

由于注册商标的无形性，其采取财产保全的方式和内容相较有形财产更为复杂，人民法院对注册商标采取财产保全措施，需要国家知识产权局协助进行。人民法院应当向国家知识产权局发出协助执行通知书，载明要求国家知识产权局协助保全的注册商标的名称、注册人、注册证号码、保全期限以及协助执行保全的内容，包括禁止转让、注销注册商标、变更注册事项和办理商标权质押登记等事项。注册商标保全期限一次不得超过6个月，自国家知识产权局收到协助执行通知书之日起计算。如果仍然需要继续采取保全措施的，人民法院应当在保全期限届满前向国家知识产权局重新发出协助执行通知书，要求继续保全。否则，财产保全视为自动解除。人民法院不得对已进行保全的注册商标重复保全。

2. 强制执行

由于商标承载了企业的商誉和长期大量的人力、物力成本投入，其本身的价值并不必然随企业的破产灭失，而是可能通过转让继续发挥价值。因此，财产保全往往只起到防止判决不能执行或难以执行的作用，强制执行才能使债权人得到补偿。

依据《民事诉讼法》的规定，在执行过程中，需要办理有关财产权证照转移手续的，人民法院可以向有关单位发出协助执行通知书，有关单位必须办理，这其中就包括商标注册证。需要注意的是，《商标法》第42条规定："转让注册商标的，商标注册人对其在同一种商品上注册的近似的商标，或者在类似商品上注册的相同或者近似的商标，应当一并转让。"执行转让时，也应当遵循这一原则。国家知识产权局接到法院有关转让注册商标的生效裁定或者生效判决后，发现存在上述情况的，可以告知执行法院，由执行法院补充后再协助执行。

另外，2011年实施的《行政强制法》第53条规定："当事人在法定期限内不申请行政复议或者提起行政诉讼，又不履行行政决定的，没有行政强制执行权的行政机关可以自期限届满之日起三个月内，依照本章规定申请人民法院强制执行。"第54条规定："行政机关申请人民法院强制执行前，应当催告当事人履行义务。催告书送达十日后当事人仍未履行义务的，行政机关可以向所在地有管辖权的人民法院申请强制执行。"即作为处理商标侵权纠纷的行政执法机关，在作出行政决定后，相对人在规定期间不寻求后续救济，比如向上一级执法机关提起行政复议，或者向人民法院提起行政诉讼，致使行政决定生效，又不执行该行政决定的，作出行政决定的机关可以依法向人民法院提请强制执行。

（四）调解与仲裁

1. 调解

商标侵权纠纷的赔偿数额争议可以通过调解解决。《商标法》第60条规定："对侵犯商标专用权的赔偿数额的争议，当事人可以请求进行处理的工商行政管理部门调解，也可以依照《中华人民共和国民事诉讼法》向人民法院起诉。经工商行政管理部门调解，当事人未达成协议或者调解书生效后不履行的，当事人可以依照《中华人民共和国民事诉讼法》向人民法院起诉。"

2. 仲裁

商标侵权纠纷可以通过仲裁解决。依据《仲裁法》的相关规定，平等主体的公民、法人和其他组织之间发生的合同纠纷和其他财产权益纠纷，可以仲裁，其中就包括商标侵权纠纷。当事人采用仲裁方式解决纠纷，需要双方自愿达成仲裁协议，仲裁机构受理仲裁请求，需要有提请仲裁的有关当事人选择他们仲裁的协议或者明确要求他们予以仲裁处理的合同条款。

六、商标违法行为与商标侵权行为的关系

(一) 商标违法行为的概念及主要表现形式

1. 法律概念

商标违法行为是指使用注册商标或者未注册商标违反法律法规规定的行为。

2. 主要表现形式

商标违法行为的主要表现形式包括自行改变注册商标或注册人名称、地址或其他注册事项，自行转让注册商标，冒充注册商标，违反禁止使用条款，在烟草制品上使用未注册商标、使用他人注册商标未标注被许可人名称和商品产地等。

(二) 商标违法行为的法律责任

对于商标违法行为一般由行政机关进行处理：

《商标法》第49条第1款规定："商标注册人在使用注册商标的过程中，自行改变注册商标、注册人名义、地址或者其他注册事项的，由地方工商行政管理部门责令限期改正；期满不改正的，由商标局撤销其注册商标。"

对于在法律、行政法规规定必须使用注册商标的商品上使用未注册商标，及进行销售的行为，《商标法》第51条规定："违反本法第六条规定的，由地方工商行政管理部门责令限期申请注册，违法经营额五万元以上的，可以处违法经营额百分之二十以下的罚款，没有违法经营额或者违法经营额不足五万元的，可以处一万元以下的罚款。"

《商标法》第52条规定："将未注册商标冒充注册商标使用的，或者使用未注册商标违反本法第十条规定的，由地方工商行政管理部门予以制止，限期改正，并可以予以通报，违法经营额五万元以上的，可以处违法经营额百分之二十以下的罚款，没有违法经营额或者违法经营额不足五万元的，可以处一万元以下的罚款。"

对于违反《商标法》第43条规定，经许可使用他人注册商标的被许可人未在使用该注册商标的商品上标明被许可人的名称和商品产地的，由管理商标工作的部门责令限期改正；逾期不改正的，责令停止销售，拒不停止销售的，处十万元以下的罚款。

对于违反《商标法》第 14 条规定，将"驰名商标"字样用于商品、商品包装或者容器上，或者用于广告宣传、展览以及其他商业活动的，由地方管理商标工作的部门责令改正，处十万元罚款。

（三）商标违法行为与商标侵权行为的对比分析

根据商标违法行为侵害的客体不同，可以区分为一般商标违法行为和商标侵权行为。商标违法行为与商标侵权行为都违反了法律法规的规定，但一般商标违法行为侵害的客体是商标法规保护的社会经济秩序，一般不涉及他人注册商标专用权，承担的法律责任主要是行政责任，以行为纠正为主，罚则较轻；商标侵权行为侵犯了他人的特定民事权利，主要承担民事责任，严重的侵权行为可以追究其刑事责任。一些情况下，商标违法行为可能构成商标侵权行为，如自行改变注册商标后的标识与他人注册商标相同或近似的，构成商标侵权行为；对被许可人超范围使用许可人的注册商标严重侵害许可人利益的，需要承担一般侵权甚至假冒注册商标的法律责任。

第三节 驰名商标的保护

一、驰名商标的概念和保护的意义

（一）驰名商标的概念

驰名商标是指经过长期广泛的使用或大量的宣传推广，享有了较高知名度，为相关公众所熟知的商标。驰名商标保护不受是否注册的限制，未注册驰名商标也可以受到法律保护。

（二）保护驰名商标的意义

1. 保护驰名商标是我国应履行的一项国际义务

《巴黎公约》和《TRIPs 协定》将驰名商标列入了保护范围，世界各国对驰名商标保护的重视程度日益增强，驰名商标保护程度成为衡量一个国家或者地区知识产权保护水平的重要标准。1985 年我国加入《巴黎公约》，2001 年我国加入《TRIPs 协定》，应当承担给予驰名商标特殊法律保护的国际义务。

2. 保护驰名商标有利于维护驰名商标权利人和消费者利益

驰名商标凝聚了商品生产者和服务提供者的大量的智慧和劳动，承载着企业积累的商誉，意味着一定的竞争优势和广阔的市场前景。对消费者而言，驰名商标已经不仅是区别商品服务来源的标识，更是商品品质或者服务质量的金字招牌，甚至具有彰显使用者身份和地位的功能。因此,对驰名商标的有效保护是维护驰名商标权利人和消费者利益所需。

3. 保护驰名商标有利于维护公平竞争的市场秩序,优化营商环境

驰名商标因其本身所具有的巨大商业价值而更容易成为商标侵权行为的对象,一些不法分子通过"搭便车"行为攫取非法利益。为推动我国市场经济朝着有序、健康的道路发展,一般的商标保护远远不够,必须建立驰名商标特殊法律保护制度。同时,随着经济全球化的逐步深入,建立驰名商标保护制度,实现"对等保护",推出中国品牌,是我国积极参与国际经济贸易的必经之路。

二、国际上保护驰名商标的规定

(一) 国际公约中的相关规定

《巴黎公约》第6条之二规定:"如本国法律允许,应依职权,或依利害关系人的请求,对商标注册国或使用国主管机关认为在该国已经驰名,属于有权享受本公约利益的人所有、并且用于相同或类似商品的商标构成复制、仿制或翻译,易于产生混淆的商标,拒绝或撤销注册,并禁止使用。这些规定,在商标的主要部分构成对上述驰名商标的复制或者仿制,易于产生混淆时,也应适用。"《巴黎公约》对驰名商标的认定标准、界定方法等问题没有涉及。此外,公约规定撤销驰名商标的请求应在5年内提出,各国可以规定提出禁止使用请求的时限;但对于依恶意取得注册或使用的商标提出撤销注册或者禁止使用的请求,则不受时间限制。

《TRIPs协定》关于驰名商标保护的规定相比《巴黎公约》更进一步,在第16条第3款原则性地提到驰名商标认定标准,即在确定一项商标是否驰名时,应考虑相关公众对商标的知晓程度,包括商标因宣传结果在有关成员方获得公众知晓的程度。同时,《TRIPs协定》将特殊保护延及服务商标,把保护范围扩展至"不相类似的商品或者服务"之上,打破了《巴黎公约》仅限于同类商品上的保护界限,使国际市场上的驰名商标得到更为广泛的保护。

(二) 其他国家法律中的相关规定

1. 美国

美国关于驰名商标的法律规定主要体现在其商标法、反不正当竞争法及反淡化法中。虽然没有对驰名商标进行明确定义,但相关法律中明确了驰名商标的界定标准,包括应考虑商标显著性、宣传范围、公众认可程度等,并禁止将驰名商标作为企业名称、商品外形、网络域名使用。

从维护私权利角度出发,美国以淡化理论作为其保护驰名商标的基础理论。淡化是指由于驰名商标被滥用,使商标与特定商品的联系被弱化。淡化主要包括弱化、丑

化和退化三种形式,其中弱化最为典型,是指商标与特定商品间的联系被削弱,相关公众的特定联想减弱,例如高端汽车商标被用在食品上;丑化是指商标被用在可能导致负面影响的商品上,例如著名的食品商标被用在马桶上;退化是指商标演变为商品的通用名称而丧失其应有的识别功能,例如"优盘"商标的退化。

2. 日本

日本关于驰名商标的法律规定主要体现在其商标法和反不正当竞争法中,日本将具有较高知名度的商标区分为驰名商标和著名商标,给予特别保护,禁止抢注或擅自使用,并设置了防御商标制度。

三、判定驰名商标的标准

关于驰名商标的相关规定主要体现在《商标法》《商标法实施条例》《驰名商标认定和保护办法》和相关司法解释中。

(一) 判定驰名商标的考虑因素

商标具有地域性,驰名商标也是一样,《巴黎公约》仅要求成员方保护已在本国驰名的商标。《驰名商标认定和保护办法》第 2 条规定,驰名商标是指在中国为相关公众所熟知的商标,这就意味着,仅在国外驰名但在中国并不驰名的商标无法受到商标法对驰名商标的特殊保护。

依据《商标法》第 14 条的规定,认定驰名商标应当考虑的因素主要有五个:
(1) 相关公众对该商标的知晓程度。
(2) 该商标使用的持续时间。
(3) 该商标的任何宣传工作的持续时间、程度和地理范围。
(4) 该商标作为驰名商标受保护的记录。
(5) 该商标驰名的其他因素。

(二) 可以证明商标驰名的证据材料

《驰名商标认定和保护办法》第 9 条对相关证据材料作出明确规定,主要包括:
(1) 证明相关公众对该商标知晓程度的材料,如获得的各类荣誉称号等。
(2) 证明该商标使用持续时间的材料,如该商标使用、注册的历史和范围的材料;该商标为未注册商标的,应当提供证明其使用持续时间不少于五年的材料;该商标为注册商标的,应当提供证明其注册时间不少于三年或者持续使用时间不少于五年的材料。
(3) 证明该商标的任何宣传工作的持续时间、程度和地理范围的材料,如近三年广告宣传和促销活动的方式、地域范围、宣传媒体的种类以及广告投放量等材料。
(4) 证明该商标曾在中国或者其他国家和地区作为驰名商标受保护的材料,如行政机关的裁决文书、法院判决等。

(5) 证明该商标驰名的其他证据材料，如使用该商标的主要商品在近三年的销售收入、市场占有率、净利润、纳税额、销售区域等材料。

上述所称"三年""五年"，是指被提出异议的商标注册申请日期、被提出无效宣告请求的商标注册申请日期之前的三年、五年，以及在查处商标违法案件中提出驰名商标保护请求日期之前的三年、五年。

需要注意的是，尽管驰名商标具有地域性，但证据材料不仅限于生产、销售等，宣传活动也可视为使用，与之相关的证据材料也可以作为判断商标是否驰名的依据。

判定驰名商标时，要充分考虑上述因素和证据，但不以满足上述全部条件为前提，提交的证据确能证明其在市场上享有较高声誉，为相关公众所熟知的也可以认定。

四、驰名商标的保护程序

(一) 驰名商标保护原则

依据《商标法》的规定，我国对驰名商标遵循个案认定、被动保护的原则，采取行政和司法"双轨制"。

1. 个案认定

个案认定是指，驰名商标的认定效力仅限于特定案件，用于判定具体案件中的侵权行为并给予驰名商标特殊保护，如果以后有了其他纠纷，驰名商标的认定结果并不延续适用，只可以作为处理以后商标纠纷的参考，而不能当成针对社会、针对市场竞争、针对第三者的法律认定结果。

2. 被动保护

被动保护是指驰名商标认定程序的启动要基于当事人请求，行政机关和司法机关并不能依职权主动认定。《商标法》第13条规定："为相关公众所熟知的商标，持有人认为其权利受到侵害时，可以依照本法规定请求驰名商标保护。"

3. 行政司法"双轨制"

国家知识产权局可以在商标注册审查、商标争议处理或查处商标违法案件过程中，人民法院可以在审理商标纠纷案件过程中，依当事人申请，根据需要对商标驰名情况作出认定。只有经过国家知识产权局和人民法院依法认定的驰名商标，才可受到特别保护。任何其他组织和个人都没有认定和保护驰名商标的法定职能，不得认定或者采取其他方式变相认定驰名商标。

(二) 行政保护

《商标法》第14条第2款、第3款规定："在商标民事、行政案件审理过程中，当事人依照本法第十三条规定主张权利的，商标局根据审查、处理案件的需要，可以对商标驰名情况作出认定。在商标争议处理过程中，当事人依照本法第十三条规定主张权利的，商标评审委员会根据处理案件的需要，可以对商标驰名情况作出认定。"

1. 在商标确权及争议案件中对驰名商标的保护

2018年国务院机构改革后，在商标注册审查、商标争议案件中对驰名商标进行认定的职能由国家知识产权局承担，一般由申请人在具体案件如商标异议、不予注册复审及无效宣告程序中提出请求，国家知识产权局作出决定或裁定。

2. 在商标管理案件中的驰名商标的保护

在商标违法案件中对驰名商标进行认定的职能由国家知识产权局承担，地方行政机关在查处商标违法案件过程中，认为需要按照《商标法》第13条规定保护当事人商标权利的，可以省级文件形式就涉及案件中需要保护的商标是否驰名向国家知识产权局请示。经国家知识产权局认定为驰名商标的，由管理商标工作的部门责令停止违反《商标法》第13条规定使用商标的行为，收缴、销毁违法使用的商标标识，商标标识与商品难以分离的，一并收缴、销毁。

2019年11月，国家知识产权局印发《关于加强查处商标违法案件中驰名商标保护相关工作的通知》，强调要严格按照法定权限和时限查办涉驰名商标案件，通过加强审核、强化指导、依法规范驰名商标的认定申请和使用，突出重点，切实加强驰名商标保护，做到及时保护、援引保护、重点保护。各级知识产权管理部门要以提升行政效能、优化营商环境的高度政治责任感，专人专责做好驰名商标保护工作，切实保障相关权利人的合法权益。

(三) 司法保护

《商标法》第14条第4款规定："在商标民事、行政案件审理过程中，当事人依照本法第13条规定主张权利的，最高人民法院指定的人民法院根据审理案件的需要，可以对商标驰名情况作出认定。"目前，涉及驰名商标认定的民事纠纷案件收归省、自治区人民政府所在地的市、计划单列市中级人民法院，以及直辖市辖区内的中级人民法院、知识产权法院、最高人民法院指定的人民法院管辖，缩减了管辖法院的数量，有利于标准的统一。由于驰名商标认定只是一种特殊救济形式，在涉及驰名商标保护的民事纠纷案件中，人民法院对于商标驰名情况的认定，仅作为案件事实和判决理由，不写入判决主文，以调解方式审结的，在调解书中对商标驰名的事实不予认定。

五、驰名商标的保护方式

(一) 同类或者跨商品类别或者服务项目类别的保护

1. 未在中国注册的驰名商标的同类保护

对于尚未在中国注册的驰名商标，保护范围及于相同或类似的商品或服务。

《商标法》第 13 条第 2 款规定："就相同或者类似商品申请注册的商标是复制、摹仿或者翻译他人未在中国注册的驰名商标，容易导致混淆的，不予注册并禁止使用。"这一条款包括 4 个要件：

（1）他人商标在系争商标申请日前已经驰名但尚未在中国注册。

（2）系争商标构成对他人驰名商标的复制、摹仿或者翻译。

（3）系争商标所使用的商品或者服务与他人驰名商标所使用的商品或者服务相同或者类似。

（4）系争商标的注册或者使用，容易导致混淆。

其中，"复制"是指与他人驰名商标标识相同，"摹仿"是指抄袭他人驰名商标的显著部分或显著特征，"翻译"是指将他人驰名商标以不同的语言文字进行表达。"混淆"是指导致消费者对商品或服务的来源产生误认，或者是消费者误以为与驰名商标商品或服务提供者存在某种特定关联。是否构成混淆的判定并不以实际发生混淆为要件，只要具有这种可能性即可认定。

2. 已在中国注册的驰名商标的跨类保护

对于已经在中国注册的驰名商标，保护范围及于不相同或不相类似的商品或服务。

《商标法》第 13 条第 3 款规定："就不相同或者不相类似商品申请注册的商标是复制、摹仿或者翻译他人已经在中国注册的驰名商标，误导公众，致使该驰名商标注册人的利益可能受到损害的，不予注册并禁止使用。"这一条款包括 4 个要件：

（1）他人商标在系争商标申请日前已经驰名且已经在中国注册。

（2）系争商标构成对他人驰名商标的复制、摹仿或者翻译。

（3）系争商标所使用的商品或者服务与他人驰名商标所使用的商品或者服务不相同或者不相类似。

（4）系争商标的注册或者使用，误导公众，致使该驰名商标注册人的利益可能受到损害。

其中，"误导"是指足以使相关公众误以为其与驰名商标存在相当程度的联系，而减弱驰名商标的显著性、贬损驰名商标的市场声誉，或者不正当利用驰名商标的市场声誉。同样地，是否构成误导的判定也不以实际发生误导为要件，只要具有这种可能性即可认定。

考虑到商标本身的驰名程度，跨类保护驰名商标是有限度的，并不是任何已经注册的驰名商标都能在全部类别获得保护，这意味着任何一个注册商标只要成为驰名商标，就等于获得了全部类别上的注册，显失公平。个案中保护驰名商标的具体范围，需要结合驰名商标的知名度、商品或者服务的关联度、商标的独创性和相似度等因素综合判断，其最终获得的保护范围要与商标在本行业内的驰名程度相适应。

(二) 未注册驰名商标作企业名称登记的保护

除了作为商标使用,将未注册驰名商标作为字号使用的"搭便车"行为也是法律所禁止的。《商标法》第58条规定,将他人未注册的驰名商标作为企业名称中的字号使用,误导公众,构成不正当竞争行为的,依照《中华人民共和国反不正当竞争法》处理。

(三) 驰名商标广告宣传的限制

驰名商标是基于保护需求的个案认定,其认定效力仅限于个案,并非一种荣誉称号。为了明确立法本意,《商标法》第14条第5款规定:"生产、经营者不得将驰名商标字样用于商品、商品包装或者容器上,或者用于广告宣传、展览以及其他商业活动中。"同时,第53条规定:"凡违反本法第十四条第五款规定的,由地方负责工商行政管理部门责令改正,处十万元罚款。"

六、驰名商标的保护与一般商标专用权保护的异同

(一) 概念与法律保护途径的异同

驰名商标和一般商标在概念上主要体现为知名度的要求不同。驰名商标是在中国为相关公众广为知晓并享有较高声誉的商标,一般商标则未在中国达到相关公众广为知晓的程度,亦尚未在商标所使用的商品或者服务领域享有较高声誉。

一般商标享有法律保护首先需要获得商标注册,其注册申请由申请人向国家知识产权局提出;驰名商标未注册也可以获得法律保护,其保护诉求由行政机关或者司法机关在具体案件中通过认定该商标是否驰名而获得保护。

(二) 商标申请注册程序中保护程度的异同

驰名商标享有特殊法律保护。鉴于驰名商标具有的高知名度,在商标申请注册程序中进行商标标志近似性判断时标准会更为严格;对驰名商标的复制、摹仿、翻译属于恶意因素之一,对驰名商标未注册的类别,可以阻止他人申请和注册。而一般商标仅在所注册的类别享有相同或者近似商标的排他权。在商标宣告无效程序中,一般商标注册后5年内可以向国家知识产权局提出无效申请,对恶意注册的,驰名商标所有人不受5年的时间限制。

(三) 商标使用管理程序中保护程度的异同

在商标使用管理程序中,驰名商标会获得比一般商标更广泛而有力的保护。一般商标只能在获准注册的商品或服务类别上享有商标专用权,排斥他人的擅自使用;而

已在中国注册的驰名商标,依据其独创性、知名度等因素程度的不同,可以获得不同程度的跨类保护,可以在非注册类别享有排他权。此外,他人将驰名商标作为域名或者作为企业名称中的字号使用误导公众的,可能构成不正当竞争行为,还可以寻求《反不正当竞争法》的保护。

第四节 企业海外商标风险预警及应急机制

一、中国对外联络机构

(一) 中国政府驻外机构

中国政府驻外机构包括驻外大使馆、领事馆、经商处等。维护本国公民和法人在外国的合法权益是我国驻外机构的重要职能之一。驻外机构的工作人员大多经过专业训练,对当地的政治、经济、法律情况等较为了解,是中国企业海外发展的重要沟通桥梁和遭遇风险时的坚强后盾。

(二) 中国国际贸易促进委员会

中国国际贸易促进委员会(CCPIT)成立于1952年,是全国性对外贸易投资促进机构。除了开展同世界各国、各地区经济贸易界、商协会和其他经贸团以及有关国际组织的联络工作。

(三) 民间社团

近年来,越来越多的民间社团如美国中国商会、欧盟中国商会等在国际贸易、国际维权中扮演了重要角色,充分发挥了组织、协调、促进和服务作用。走出去的中国企业借助民间社团互帮互助、抱团取暖,举办各类会议和活动,熟悉当地法规,分享经验教训,掌握市场动态,抓住投资及贸易商机。

二、企业海外商标风险预警机制

(一) 海外商标申请的规划

1. 时间规划

企业制定海外申请注册商标规划应当以自身需求为基础,着眼未来发展,进行前瞻性的布局,降低推广和维权成本,也为企业赢得海外市场奠定基础。一是对于已有出口计划的海外市场,企业应提前做好商标申请注册计划,以"市场未入,商标先行"为原则,提前进行谋划布局,确保企业在目标市场有标可用,安全稳妥地推广品牌;

二是对于已有商品或服务出口的海外市场，应尽快申请商标注册，降低法律风险，保障商标使用安全，并防止未注册商标遭他人抢注。商品或服务的出口国、主要竞争对手所在国、投资地或潜在的投资地、贸易中心所在地等都是企业应当考虑商标布局的地点。

2. 内容规划

企业进军海外市场，选择一个朗朗上口、便于记忆和传播的商标十分重要，这要求企业在进行海外商标内容规划时要充分考虑当地文化特色。一是要尊重当地文化尤其是传统文化，不能违背当地传统、习俗，更不能触碰"文化禁忌"；二是要迎合当地的语言文字和审美习惯，不断地汲取当地文化，设计、申请注册符合当地特色的商标品牌，并结合自身品牌特色和中国文化特色，让当地消费者逐渐地认识并接受，促进商品和服务的推广，为企业在海外市场赢得更大的发展。

(二) 建立海外商标管理档案

企业商标档案是在商标注册、使用和保护中直接形成的，具有保存、利用价值的各种形式和载体的商标文件材料，是企业进行商标规划、商标管理、商标保护的基础。近年来，随着经济全球化和信息全球化的发展，企业遭海外抢注和维权案件的增多，给拥有自主知识产权的企业带来极大的财产损失和法律风险，因此在日常进行商标档案的保存和管理显得尤为重要。企业海外商标档案应当包括商标命名档案、商标注册档案、商标管理档案、商标使用档案、商标维权档案、商标荣誉档案，甚至竞争对手的档案等，有条件的企业应当指派专人进行管理更新。

(三) 海外商标申请注册情况动态监测

企业应当对海外商标申请注册情况进行及时的动态监测，熟悉当地的商标申请注册流程和相关法律法规要求，及时解决商标申请注册过程中出现的困难或问题，以免延误注册或导致注册失败。

(四) 海外商标的使用与保护

企业应当制定完备的海外商标使用与保护策略。一方面，企业应当了解国际商标领域尤其是目标国的商标法律制度，建立适合企业实际的知识产权管理和保护体系，不仅在使用海外商标时遵守当地的法律法规，诚信经营，更要提高风险防控意识，未雨绸缪，及时监测他人抢注、侵权等情况，在平时注意收集商标使用、遭遇侵权的证据材料，管理和保护好这一重要的无形资产；另一方面，要建立海外商标风险应急机制，面对商标在海外被抢注、被侵权等情况，企业要及时咨询精通海外商标保护知识的专业人士，研判风险、分析形势、制定维权方案，切实维护自身利益。

三、应对海外商标风险的应急机制

（一）据实判断风险，制定海外商标风险应急预案

制定海外商标风险应急预案应当是企业进行商标海外布局的重要部分。企业应当对商标海外风险进行预判并制定妥善的处理方案，包括人员、证据材料的准备等。

（二）提前了解国际商标法律体系，熟悉目标国法律

企业应当充分了解国际商标领域尤其是目标国的商标法律制度及维权途径等，为海外维权做好法律保障。建立适合企业实际的知识产权管理和保护体系，不仅意味着在使用海外商标时遵守当地的法律法规，更要提高风险防控意识，根据目标国的商标法律要求，随时收集商标使用和遭遇侵权的证据。

（三）对接目标国优质律师资源，建立商标纠纷解决机制

企业除了应选派专人进行海外商标管理工作外，还应联系或聘请目标国商标领域律师，帮助企业制定完善的商标纠纷解决机制、进行维权，并在平时开展相关人员培训。

第八章 著作权

第一节 著作权制度概述

一、著作权概念辨析

(一) 著作权与版权

1. 大陆法系和英美法系语境下的著作权与版权之辩

"著作权"和"版权"是两个容易混淆的概念,从比较法上考察,这两个概念并不完全一致。英美法系国家一般使用"版权"概念,这一概念最早是与印刷技术相联系的,强调权利人控制作品的传播并获得财产利益的权利。大陆法系国家一般使用"著作权"概念,在关注财产利益之余,同时强调作品与作者之间在人格意义上的联结。理念上的差异在制度层面也有所体现,例如,大陆法系国家往往采取比英美法系国家更高的独创性标准,英美法系国家则不以独创性的高低区分版权与邻接权。

2. 中国历史文化中的著作权与版权之辩

在中国历史文化中,同样存在著作权与版权之辩。在知名学者郑成思与安守廉的争论中,郑成思先生认为宋代已具备版权保护的雏形,安守廉先生则认为宋代的出版制度服务于宋王朝思想控制的需求,其观点的不同可以部分地从著作权与版权的差异中得到解释。在宋代,雕版印刷术的普及实现了图书向商品的转化,出版商为维护自身利益,开始向官府提出禁止他人翻印其著作的申请。不过,其据以申请的理由却是作者投入的精力、作品的原创性、对盗版质量的担忧以及防止对作品"窜易首尾,增损意义",体现出对作者原创性投入以及人格利益的保护,并未直接提出要保护出版商的财产利益。史料亦显示,宋代出版商刻印《九经》虽然需要向国子监申请,但并不缴纳类似于版权许可的费用。可见,我国宋代虽有著作权保护的理念,也具有类似于西方特许出版权时期的制度样态,但保护著作财产利益的制度实践尚不存在。

1903年签订的《中美通商行船续订条约》首次将"版权"界定为"印书之权"。1910年《大清著作权律》沿用了日本"著作权"的称谓,将其规定为对著作"重制之利益"。中华人民共和国成立后,我国在法律文件中也时常混用"版权"与"著作权"。在一定程度上,这两个术语的含义已趋于一致。

3. 我国现行法上的著作权与版权

我国《著作权法》制定之际,也曾有过关于"著作权"与"版权"用语的争论。随着《著作权法》的出台,这一争论也落下帷幕。1990年颁布的《著作权法》规定,"本法所称的著作权与版权系同义语",这一表述在2001年修正的《著作权法》中更改为"本法所称的著作权即版权",并沿用至今。

(二) 著作权与邻接权

1. "邻接权"与"相关权利"的用语

"著作权"的概念有广义与狭义之分,广义的著作权既包括对作品享有的著作权,也包括对作品之外的劳动成果所享有的邻接权。"邻接权",又称"相关权""作品传播者权",在我国《著作权法》中被称为"与著作权有关的权益"。邻接权是著作权法为某些不足以达到作品所要求的独创性的客体所创设的一种类似于著作权的权利,主要保护作品的传播利益,以促进对作品传播的投资。需要注意的是,著作权与邻接权的划分主要存在于大陆法系国家,英美法系国家对独创性的要求较低,一般并不区分著作权与邻接权。

2. 邻接权的权利客体

邻接权的权利客体是版式设计、表演、录音录像制品、广播电视节目的信号等,这些客体是在作品传播过程中产生的。这些客体的产生需要一定的投资与劳动,但其智力的体现尚不足以满足独创性的要求,因此邻接权的权利客体不是作品。

二、著作权制度的起源与发展

(一) 世界著作权制度的起源与发展

1. 特许出版权时期

15世纪的欧洲,印刷术的普及带来了复制成本的降低,这一方面催生了印刷产业,另一方面也为思想的传播提供了便利,从而对当时欧洲统治者和教会控制思想的能力构成威胁。在这样的背景之下,若能够防止未经授权的印刷行为,则既能够迎合出版商维护商业利益的诉求,也有助于统治者控制异端思想的传播,进而维护自身统治的正当性。最早的著作权制度就是这样诞生的。可见,早期的著作权本质上是一种由统治者颁发的印刷出版特权,而不是赋予智力创作者的私权保护。这种由封建君主或者地方政府赋予印刷出版商印刷作品的垄断权利的制度,在欧洲一直持续到17世纪末期。

2. 现代著作权保护时期

著作权从垄断特权到私权的转变,是资本主义社会发展到一定阶段的产物。1709年,

《安娜女王法》在英国下议院获得通过，该法第一次确认了作者对其作品享有财产权，并确立了作者在著作权法上的主体地位。《安娜女王法》废除了印刷特许制度，著作权的私权属性开始显现，该法也因此被视为世界上第一部真正意义上的著作权法。1793年，法国颁布了《作者权法》，这部法律的一个重要特点是不仅承认作者对作品的财产权，还承认作者对其作品的人身权。这一立法例也对后来的著作权法产生了重大影响。

3. 科技发展与著作权制度变革

从印刷时代到网络时代再到数字时代，著作权制度的每次变革都离不开科技的发展。例如，摄影作品随摄影技术的出现而被纳入著作权法保护范围，钢琴的发明催生了作曲家机械复制权的需求，加密技术的发展使得对技术措施的规制被纳入法律体系，等等。总的来说，著作权制度的变革体现出客体扩大、权利增多、保护期延长、形式要件放宽、执法标准提高等趋势；与此同时，对著作权保护施加限制，以维护富有的公有领域、促进未来作品的创作，也成为著作权研究和实务的重要领域。一言以蔽之，著作权制度总是在与科技发展的互动中寻找新的平衡点。

(二) 我国著作权制度的建立与发展

1. 我国古代著作权的保护

早在公元11世纪的宋代，我国就已有官府具状，禁止翻刻的记载，亦有出版商寻求官方给予特权保护的具体事例，这与欧洲封建统治者赋予出版商的垄断特权十分相似，可以看作是我国著作权法律制度的雏形。

2. 清末著作权制度的移植

我国第一部具有现代著作权法特征的法律是清末时期颁布的《大清著作权律》。《大清著作权律》是清政府在外国帝国主义的压迫和国内学者的强烈要求之下，于1910年最终颁布的。这部法律在我国第一次肯定了作者在著作权法上的法律地位，其涵盖了著作权的概念、客体、权利、保护期限、取得手续、权利限制、侵权救济等诸多内容，全面细致。不过，由于在颁布的第二年，清政府即覆灭，这部法律并未付诸实施。

3. 民国时期的著作权立法

《大清著作权律》对民国时期的著作权立法产生了重大影响。1915年，北洋军阀政府颁布了一部《著作权法》，该法分为总纲、著作权人之权利、著作权之侵害、罚则、附则五章，内容基本沿袭了《大清著作权律》。北洋军阀政府垮台后，国民政府于1928年颁布了《著作权法》及其配套实施细则，该法内容与前两部法律大同小异。经过后来的数次修订，这部《著作权法》才渐渐摆脱《大清著作权律》的影响。

4. 中华人民共和国成立之初的立法探索

中华人民共和国成立之初，我国并没有一部系统规定著作权保护的法律，关于著作权保护的规定散落在中央政府机关颁布的规章及其他规范性文件之中。

1950年，第一届全国出版会议通过的《关于改进和发展出版工作的决议》强调对作者财产和人身权益的保护，规定"出版业应尊重著作权及出版权，不得有翻版、抄袭、篡改等行为……在版权页上对于出版、再版的时间、印数、著者、译者的姓名及译本的原书名称等应作真实的记载……在再版时，应尽可能与作者联系进行必要的修订"，"稿酬办法应兼顾著作家、读者及出版家三方面的利益的原则下与著作家协商决定"，且"原则上应根据著作物的性质、质量、字数及印数"确定作者的稿酬。1953年，针对一些地区出现的侵害著作权的现象，中央人民政府出版总署发布了《关于纠正任意翻印图书现象的规定》，强调"一切机关团体不得擅自自印出版社出版的书籍、图片，以重版权，而免浪费，并便利出版发行的有计划的管理与改进"。1957—1958年，当时主管著作权工作的文化部相继起草了《保障出版物著作权暂行规定》《关于文学和社会科学书籍稿酬的暂行规定草案》。这些都是我国早期关于著作权制度的探索。

5. 改革开放以来的立法及修正

改革开放以来，我国保护著作权的制度逐步健全。这一阶段具有代表性的规定包括原广播电视部1982年发布的《录音录像制品管理暂行规定》、原文化部出版局1984年发布的《书籍稿酬试行规定》等。

1985年，国家版权局成立，承担指导全国著作权管理工作的任务，并负责草拟著作权法。1990年，我国《著作权法》正式颁布，并于1991年6月1日正式实施。这部法律规定了著作权的客体、著作权的内容、许可使用合同、权利限制、邻接权、著作权侵权的法律责任等内容，在内容和框架方面都体现出对《伯尔尼公约》的借鉴。

随后，我国《著作权法》经历了2001年、2010年两次修正。这两次修正的源起均为外部力量，或者源于加入国际公约的需要，或者源于国际社会的诉求。

2001年《著作权法》第一次修正，主要是为了解决《著作权法》与《TRIPs协定》冲突的问题，同时，针对著作权人维权困难的情况，作出了相应的调整。本次修正的内容包括：①在权利客体方面，增加了杂技艺术作品、建筑作品等作品类型；②在权利内容方面，增加了对著作财产权利的列举规定，将表演权的权利范围扩展到机械表演，并增设信息网络传播权；③在权利利用方面，增加了著作权转让制度；④对合理使用、法定许可的适用范围作出了一定的缩限，如将广播电台、电视台播放录音制品的免费使用改为法定许可；⑤加强了著作权行政保护和司法保护，新设诉前禁令和诉前证据保全制度，增加法定赔偿数额，以增强打击盗版的力度；⑥增设了著作权集体管理组织的规定；⑦增加了防止规避技术措施和保护权利管理信息的规定。

2010年《著作权法》第二次修正，则与中美贸易争端直接相关。修正前的《著作权法》第4条规定："依法禁止出版、传播的作品，不受本法保护。"因认为该条与《TRIPs协定》所要求的自动保护原则相冲突且有损美国影视等版权产业在华获取利润，美国遂将中国诉至WTO，并获得胜诉。为履行WTO专家组的裁决，我国启动了修法程序，将该条修正为"著作权人行使著作权，不得违反宪法和法律，不得损害公共利益。国家对作品的出版、传播依法进行监督管理"。此外，本次修正还新增了与著作权质权相关的内容。

三、著作权保护的理论基础

（一）著作权保护的本质主义理论基础

著作权保护的本质主义理论基础主要包括财产权劳动学说和人格财产学说，其特点在于从自然权利出发，论证著作权保护的正当性。

1. 财产权劳动学说

财产权劳动学说由英国哲学家约翰·洛克提出，用以证明财产权的合法性。约翰·洛克认为，在原始的自然状态下，资源为所有个体所共有，只有当个人通过劳动使物品从共有物中脱离，私有财产权才产生。通过劳动获得的财产权受两个条件的限制：一是留有足够多而同样好的东西给其他人，二是不浪费。财产权劳动学说对著作权保护具有解释力，因为智力劳动也是一种劳动，且由于作品具有无形性，对其物理意义上的占有不会阻碍他人获得作品，更容易满足上述两个条件。

2. 人格财产学说

人格财产学说源于德国哲学家格奥尔格·威廉·弗里德里希·黑格尔，他从自由意志出发，联结了人与物：人有权将其自身的意志体现在物中，使物在该意志中获得它的规定和灵魂，进而成为人的东西。作为人的思维的产物，作品自然也在作者的意志中获得它的规定和灵魂，这正是人格财产学说对著作权解释力之体现。

（二）著作权保护的实用主义理论基础

著作权保护的实用主义理论基础主要包括激励理论、经济分析理论、社会正义理论和社会利益理论，其特点在于注重著作权保护所产生的社会效果及利益分配问题。

1. 激励理论

著作权保护的激励理论认为，著作权的赋予主要是为了实现两个目的：一是以经济利益激励人们从事创作活动；二是通过著作权制度实现促进文化繁荣、增加社会福利的目的。我国《著作权法》第1条中关于"鼓励有益于社会主义精神文明、物质文明建设的作品的创作和传播，促进社会主义文化和科学事业的发展与繁荣"的表述，是激励理论的典型体现。

2. 经济分析理论

财产权的经济分析理论认为，财产权的赋予应着眼于财产权效用的最大化。通过将社会资源分配给私人，并赋予其排他性权利，能够最大限度提升财产的价值。这种理论同样适用于著作权，但是会带来著作权利的交换价值与著作权社会效用之间的分野，从而导致对著作权人过度保护。而对于具有较少溢出效应的有形财产而言，这一问题并不突出。从广义的角度来看，任何从"成本—收益"角度出发对制度进行评判的理论均可被纳入经济分析理论的范畴。

3. 社会正义理论

美国政治哲学家约翰·罗尔斯的社会正义理论认为，作为社会制度的首要价值的正义应当是区别于个别正义的社会正义。这种社会正义是在一种"无知之幕"后被选择的。罗尔斯的正义原则包括两部分：第一个原则要求平等地分配基本的权利和义务；第二个原则认为社会和经济的不平等只要其结果能给每一个人，尤其是那些最少受惠的社会成员带来补偿利益，就是正义的。第二个原则又包括差别原则和机会平等原则，后者优于前者。罗尔斯的正义理论对于著作权及其限制制度的正当性均具有证明力。

4. 社会利益理论

社会利益理论的代表人物是美国法学家罗斯科·庞德，这一理论关心实在的利益分配问题。庞德认为，法律是实现社会利益分配的主要工具，社会控制需要以法律为手段，使财产权利背负"社会利益"这一负担，以在人的合作本能与利己本能之间维持均衡。所谓的"社会利益"，在物质方面主要包含保护一般安全利益、保护社会资源、促进经济进步、保障基本生存条件等内容。社会利益理论对著作权限制制度具有较强的解释力。

(三) 对著作权保护合理性的质疑

虽有上述理论基础，对于著作权制度的合理性，人们仍不乏诟病。例如，有学者就指出财产权劳动学说难以证明著作权保护的正当性，因为一旦赋予著作权保护，作品被有效利用的机会就减少了，这也是一种浪费。又如，有学者基于创作的兴趣以及创作为作者带来的声誉，否定作品创作需要经济激励。

总的来说，可以从以下三个维度展开对著作权保护合理性的质疑：一是考察特定理论本身的局限性；二是分析特定理论延伸适用于著作权领域所产生的问题；三是考察著作权制度运行的现实状况对特定理论的偏离。

第二节 著作权的保护范围

一、著作权的客体

(一) 作品的概念及构成要件

1. 作品的概念

我国《著作权法》所规定的"作品"，是指文学、艺术和科学领域内具有独创性并能以某种有形形式复制的智力成果。

2. 作品的构成要件

构成著作权法意义上的"作品"应当满足三项要件：第一，作品应当是人类智力创作成果的体现，纯粹自然的产物不能构成作品；第二，作品应当具有独创性，独创性强调独立创作完成、体现作者的选择和判断以及达到一定的创作高度，其中的智力成分不能过于微不足道；其三，作品应当可被复制，复制的前提是作品需要以一定的外在形式固定下来，并能被外界所感知。

（二）作品的种类

1. 文字作品

文字作品，即小说、诗词、散文、论文等以文字形式表现的作品。文字作品不限于文学作品，产品说明书、以符号和数字等形式表现的作品，若满足作品的构成要件，亦可归于文字作品，但音乐的词曲不属于文字作品。

2. 口述作品

口述作品，指的是即兴的演说、授课、法庭辩论等以口头语言形式表现的作品。创作口述作品与以口头形式表演作品不同，对于前者而言，作品是在口述过程中被逐渐创作出来的，而后者则是对已有作品的表演。

3. 音乐、戏剧、曲艺、舞蹈、杂技艺术作品

音乐作品，即歌曲、交响乐等能够演唱或者演奏的带词或者不带词的作品。戏剧作品，是指话剧、歌剧、地方戏等供舞台演出的作品。曲艺作品，是指相声、快书、大鼓、评书等以说唱为主要形式表演的作品。舞蹈作品，是指通过连续的动作、姿势、表情等表现思想情感的作品。杂技艺术作品，是指杂技、魔术、马戏等通过形体动作和技巧表现的作品。需要注意的是，这些作品不同于对这些作品的表演。例如，舞蹈作品指的是对舞蹈动作的设计，而非舞台上的表演。

4. 美术、建筑作品

美术作品，是指绘画、书法、雕塑等以线条、色彩或者其他方式构成的有审美意义的平面或者立体的造型艺术作品。建筑作品，是指以建筑物或者构筑物形式表现的有审美意义的作品。在确定美术、建筑作品的保护范围时，应排除美感与实用功能无法分离的部分。

5. 摄影作品

摄影作品，是指借助器械在感光材料或者其他介质上记录客观物体形象的艺术作品。摄影作品的独创性主要体现在对拍摄场景的布局以及对拍摄对象、拍摄角度、曝光度的选择等方面。

6. 电影作品和以类似摄制电影的方法创作的作品

电影作品和以类似摄制电影的方法创作的作品，是指摄制在一定介质上，由一系列有伴音或者无伴音的画面组成，并且借助适当装置放映或者以其他方式传播的作品。与摄影作品不同，电影作品和以类似摄制电影的方法创作的作品的特点在于画面的连续性。

7. 图形作品和模型作品

图形作品，是指为施工、生产绘制的工程设计图、产品设计图，以及反映地理现象、说明事物原理或者结构的地图、示意图等作品。模型作品，是指为展示、试验或者观测等用途，根据物体的形状和结构，按照一定比例制成的立体作品。与美术作品不同，图形作品与模型作品虽也具有一定美感，但主要功能是实用性的。

8. 计算机软件作品

计算机软件作品，主要指的是计算机程序及其有关文档。计算机程序，是指为了得到某种结果而可以由计算机等具有信息处理能力的装置执行的代码化指令序列，或者可以被自动转换成代码化指令序列的符号化指令序列或者符号化语句序列。同一计算机程序的源程序和目标程序为同一作品。文档，是指用来描述程序的内容、组成、设计、功能规格、开发情况、测试结果及使用方法的文字资料和图表等，如程序设计说明书、流程图、用户手册等。

9. 其他作品

文学、艺术和科学领域内具有独创性并能以某种有形形式复制的其他尚未在现行《著作权法》中类型化的作品，也可能获得保护，前提是需要有法律、行政法规的规定。

(三) 作品的排除对象

1. "思想—表达"二分法

"思想—表达"二分法是区分受著作权法保护与不受著作权法保护的内容的基本原则。根据这一原则，仅存在于脑海中的、尚未以外在的表达形式体现的内容不受著作权法保护，抽象的思想、观念、创意、构思、概念、操作方法等亦不受著作权法保护。将思想保留在公有领域，有助于促进思想的交流，降低著作权保护的社会成本，实现著作权保护与公共利益的平衡。

2. 我国《著作权法》规定的排除对象

根据我国《著作权法》的规定，不适用于著作权法保护的对象主要包括：①法律、法规，国家机关的决议、决定、命令和其他具有立法、行政、司法性质的文件，及其官方正式译文；②时事新闻，即通过报纸、期刊、广播电台、电视台等媒体报道的单纯事实消息；③历法、通用数表、通用表格和公式。

二、著作权的主体

(一) 著作权的一般主体

1. 自然人、法人与非法人组织

作者是创作作品的自然人，著作权法另有规定的除外，著作权属于作者。著作权法所称创作，是指直接产生文学、艺术和科学作品的智力活动。为他人创作进行组织工作，提供咨询意见、物质条件，或者进行其他辅助工作，均不视为创作。

由法人或者非法人组织主持，代表法人或者其他组织意志创作，并由法人或者其他组织承担责任的作品，法人或者其他组织视为作者。

2. 原始主体与继受主体

原始主体是在作品创作完成时直接享有著作权的自然人、法人或者其他组织；继受主体是根据法律规定或者合同约定，从原始主体处获得著作权的主体，其获得著作权的方式包括继承、受遗赠、转让等。原始主体未必是创作主体，例如，在委托创作的作品中，若委托人和受托人通过合同约定作品著作权归属于委托人，则委托人为原始主体，受托人为创作主体。

3. 国家

国家是著作权特殊的继受主体，对于可以依据继承法的规定转移的著作权权利，如果没有承受其权利义务的法人或者其他组织，由国家享有。

4. 外国人

外国人根据其作者所属国或者经常居住地国与中国签订的协议或者共同参加的国际条约，也可成为在我国受保护的著作权主体。未与中国签订协议或者共同参加国际条约的国家的作者以及无国籍人的作品首次在中国参加的国际条约的成员方出版的，或者在成员方和非成员方同时出版的，该作者可以在我国获得著作权法保护。

(二) 特殊情况下的著作权归属

1. 职务作品

职务作品是由公民为完成法人或者其他组织工作任务所创作的作品。职务作品的著作权一般由作者享有，但法人或者其他组织有权在其业务范围内优先使用。作品完成两年内，未经单位同意，作者不得许可第三人以与单位使用的相同方式使用该作品；经单位同意，作者许可第三人以与单位使用的相同方式使用作品所获报酬，由作者与单位按约定的比例分配。作品完成两年的期限，自作者向单位交付作品之日起计算。

但下述职务作品的著作权由法人或者其他组织享有，作者仅享有署名权及根据约定获得报酬的权利：①主要是利用法人或者其他组织的物质技术条件创作，并由法人或者其他组织承担责任的工程设计图、产品设计图、地图、计算机软件等职务作品；②法律、行政法规规定或者合同约定著作权由法人或者其他组织享有的职务作品。

2. 委托作品

受委托创作的作品，著作权的归属由委托人和受托人通过合同约定。合同未作明确约定或者没有订立合同的，著作权属于受托人。委托作品著作权属于受托人的情形下，委托人在约定的使用范围内享有使用作品的权利；双方没有约定使用作品范围的，委托人可以在委托创作的特定目的范围内免费使用该作品。

3. 合作作品

合作作品是两人以上合作创作的作品，此类作品的著作权由合作作者共同享有。没有参加创作的人，不能成为合作作者。合作作品可以分割使用的，作者对各自创作的部分可以单独享有著作权，但行使著作权时不得侵犯合作作品整体的著作权。合作作品不可以分割使用的，其著作权由各合作作者共同享有，通过协商一致行使；不能协商一致，又无正当理由的，任何一方不得阻止他方行使除转让以外的其他权利，但是所得收益应当合理分配给所有合作作者。

4. 汇编作品

汇编若干作品、作品的片段或者不构成作品的数据或者其他材料，对其内容的选择或者编排体现独创性的作品，为汇编作品，其著作权由汇编人享有。汇编作品属于双重著作权的作品，汇编人所享有的著作权仅限于对内容的选择和编排，其行使著作权时不能侵犯原作品著作权人的权利。未经授权创作汇编作品的行为构成对原作品著作权人的侵权，但汇编人仍可基于汇编行为，享有汇编作品的著作权。

5. 演绎作品

与汇编作品的保护类似，对于改编、翻译、注释、整理已有作品而产生的作品，其著作权由改编、翻译、注释、整理人享有，但行使著作权时不得侵犯原作品的著作权。出版改编、翻译、注释、整理已有作品而产生的作品，应当取得改编、翻译、注释、整理作品的著作权人和原作品的著作权人许可，并支付报酬。使用改编、翻译、注释、整理已有作品而产生的作品进行演出，应当取得改编、翻译、注释、整理作品的著作权人和原作品的著作权人许可，并支付报酬。

6. 电影作品

电影作品和以类似摄制电影的方法创作的作品的著作权由制片者享有，但编剧、导演、摄影、作词、作曲等作者享有署名权，并有权按照与制片者签订的合同获得报酬。电影作品和以类似摄制电影的方法创作的作品中的剧本、音乐等可以单独使用的作品的作者有权单独行使其著作权。

7. 美术作品

美术作品原件所有权的转移，不视为作品著作权的转移，但美术作品原件的展览权由原件所有人享有。美术作品的其他著作权归属仍遵循著作权归属的一般原则。

8. 古籍整理作品

古籍整理作品是古籍整理者对古籍进行整理后而形成的成果。古籍整理的主要方式包括影印、点校、注释、今译、辑佚、索引、编纂、数字化等。古籍整理工作需要整理者具有相当的历史、语法、音韵、训诂、修辞、版本目录等相关专业学识素养。整理者在古籍整理工作中付出独创性劳动的，可就整理后的作品享有著作权保护，适用演绎作品的保护规则。

9. 人工智能创作的"作品"

人工智能创作的"作品"是由人类提供基础数据并由人工智能通过数据分析和算法完成的内容。人工智能创作的"作品"的独创性是由人工智能贡献的，其著作权归属可依协议确定。从理论上说，人工智能创造者、所有者、使用者均可能成为人工智能创作作品的著作权人。就人工智能创作的"作品"的著作权归属问题，目前尚无定论。考生可结合著作权理论基础、一般法理以及潜在后果，提出自己认为合理的观点。

三、著作权的内容

(一) 著作人身权

1. 著作人身权概述

著作人身权，又被称为著作权精神权利，是作者对其创作的作品所享有的与其人身不可分割的非财产权利。著作人身权具有无期限性、不可分离性、不具有直接的财产内容等特点。

2. 著作人身权的具体内容

我国《著作权法》规定的著作人身权主要由下述权利构成：①发表权，即决定作品是否公之于众的权利；②署名权，即表明作者身份，在作品上署名的权利；③修改权，即修改或者授权他人修改作品的权利；④保护作品完整权，即保护作品不受歪曲、篡改的权利。

(二) 著作财产权

1. 著作财产权概述

著作财产权，又被称为著作权经济权利，是指著作权人依法享有的利用或者许可他人利用其作品并获得报酬的权利。著作财产权有一定的期限限制。

2. 著作财产权的具体内容

我国《著作权法》规定的著作财产权主要由如下权利构成：①复制权，即以印刷、复印、拓印、录音、录像、翻录、翻拍等方式将作品制作一份或者多份的权利；②发行权，即以出售或者赠与方式向公众提供作品的原件或者复制件的权利；③出租权，即有偿许可他人临时使用电影作品和以类似摄制电影的方法创作的作品、计算机软件的权利，计算机软件不是出租的主要标的除外；④展览权，即公开陈列美术作品、摄影作品的原件或者复制件的权利；⑤表演权，即公开表演作品，以及用各种手段公开播送作品的表演的权利；⑥放映权，即通过放映机、幻灯机等技术设备公开再现美术、摄影、电影和以类似摄制电影的方法创作的作品等的权利；⑦广播权，即以无线方式公开广播或者传播作品，以有线传播或者转播的方式向公众传播广播的作品，以及通过扩音器或者其他传送符号、声音、图像的类似工具向公众传播广播的作品的权利；⑧信息网络传播权，即以有线或者无线方式向公众提供作品，使公众可以在其个人选定的时间和地点获得作品的权利；⑨改编权，即改变作品，创作出具有独创性的新作品的权利；⑩摄制权，即以摄制电影或者以类似摄制电影的方法将作品固定在载体上的权利；⑪翻译权，即将作品从一种语言文字转换成另一种语言文字的权利；⑫汇编权，即将作品或者作品的片段通过选择或者编排，汇集成新作品的权利。

除上述具体权利之外，《著作权法》还设置了"其他权利"这一兜底条款，以将尚未类型化但应当为著作权人控制的权利赋予著作权人，从而回应社会发展的新需求。

四、邻接权

(一) 邻接权制度概述

1. 邻接权制度的形成

邻接权制度的产生要晚于著作权制度，随着无线电、录音录像、广播等新技术的出现而逐步形成。在邻接权制度中，表演者权是最早产生的。虽然表演早已存在，但若不存在对表演进行固定的技术，表演者就其表演所获得的利益便只是一次性的，尚不存在表演者权发生的社会条件。随着录音、录像等技术的发展，表演者的每次表演都具备了被消费者重复欣赏的可能性，而录制表演市场也在一定程度上替代了现场表演市场，若不赋予表演者控制录制表演市场的权利，将会对其利益产生损害。正是在这样的背景之下，表演者权诞生，开启了邻接权制度的序幕。

2. 邻接权制度的发展

自诞生以来，邻接权制度始终随技术的变革而处于变动之中。作为世界上第一个保护邻接权的国际公约，《罗马公约》的缔结标志着邻接权国际保护制度的兴起。随后，《保护录音制品制作者防止未经许可复制其录音制品公约》《关于播送由人造卫星传播载有节目的信号的公约》《世界知识产权组织表演和录音制品条约》《视听表演北京条约》等相继缔结。在国内层面，在传播利益这一概念的统领之下，邻接权客体范围、权利类型也呈现出扩张趋势。目前，二次获酬权、广播组织权的重构、数据库权利的建设、人工智能创造物的保护等，逐渐成为邻接权领域的热门话题。

(二) 邻接权制度的主要内容

1. 版式设计权

版式设计是指对印刷品的版面格式的设计，包括对版心、排式、用字、行距、标点等版面布局因素的安排。对于同一作品，不同出版社往往会在版式设计方面做出不同的安排，这是出版社劳动成果的体现，虽未达到著作权所要求的独创性，也应当予以保护。我国《著作权法》规定，出版者有权许可或者禁止他人使用其出版的图书、期刊的版式设计。此项权利的保护期为10年，截止于使用该版式设计的图书、期刊首次出版后第10年的12月31日。

随着互联网络技术的发展，以数字化方式提供图书、报刊扫描复制件的行为开始出现，这种行为若未经相关权利人许可，则不仅侵犯图书、报刊著作权人的信息网络传播权，也构成对出版者版式设计权的侵犯。

2. 表演者权

表演者，是指演员、演出单位或者其他表演文学、艺术作品的人。表演者对其表演享有的权利，不以表演的文学、艺术作品仍在著作权保护期内为限。但是，若表演的对象并非文学、艺术作品，则不构成著作权法意义上的表演者，参加"表演赛"的篮球运动员即是如此。对于表演者在不同场合进行的多次表演，表演者就每次表演分别享有表演者权。

表演者对其表演享有的权利包括：表明表演者身份的权利；保护表演形象不受歪曲的权利；许可他人从现场直播和公开传送其现场表演，并获得报酬的权利；许可他人录音录像，并获得报酬的权利；许可他人复制、发行录有其表演的录音录像制品并获得报酬的权利；许可他人通过信息网络向公众传播其表演，并获得报酬的权利。

以上表演者享有的权利中，人身权的保护期不受限制，财产权的保护期为50年，截止于该表演发生后第50年的12月31日。

3. 录音录像制作者权

录音录像制作者权，是指录音、录像制品的制作者对其制作的录音、录像制品享有的专有权利。录音制品，是指任何对表演的声音和其他声音的录制品。录音制作者，是指录音制品的首次制作人。录像制品，是指电影作品和以类似摄制电影的方法创作的作品以外的任何有伴音或者无伴音的连续相关形象、图像的录制品。录像制作者，是指录像制品的首次制作人。如无相反证据,录音录像制品上明确载体的制作者、录制者或者加注 p 的民事主体,可以被推定为录音录像制作者。

录音录像制作者对其制作的录音录像制品享有许可他人复制、发行、出租、通过信息网络向公众传播并获得报酬的权利。录像制作者还享有许可电视台播放的权利,但录音制作者并不享有这一权利。因此,广播电台、电视台使用录音制品,无须经过录音制作者许可,也无须向录音制作者支付报酬。

录音录像制作者权的保护期为 50 年,截止于该制品首次制作完成后第 50 年的 12 月 31 日。

4. 广播电台、电视台的权利

广播电台、电视台享有的权利,即广播组织权。广播组织权的客体是广播组织播放节目的信号,而不是广播电视节目。广播电视节目构成作品的,可以获得著作权保护,但这并不影响广播电台、电视台基于对广播电视节目的播放行为而对播放信号获得的权利。广播组织权的主要内容包括转播权、录制权和复制权。上述权利的保护期为 50 年,截止于该广播、电视首次播放后第 50 年的 12 月 31 日。

(三) 邻接权的行使

从广义来说,邻接权的行使,既包括自行行使与许可行使,也包括在权利受到侵犯时寻求法律救济。邻接权人行使权利的范围仅限于邻接权自身,不及于著作权。例如,对于表演戏剧作品的表演者而言,若该表演者并不是戏剧作品的著作权人,则其表演作品仍需取得著作权人的许可;被许可的第三方在获得表演者许可的同时,也需获得被表演作品的著作权人的许可。对于录音录像制品而言,被许可人复制、发行、通过信息网络向公众传播录音录像制品,还应当取得著作权人、表演者许可,并支付报酬。

五、技术措施与权利管理信息

(一) 技术措施

1. 技术措施的定义

为有效防止数字化侵权行为,著作权人在打击网络盗版方面开展了新的尝试,采取技术措施就是其中之一。"技术措施"是指用于防止、限制未经权利人许可浏览、欣赏作品、邻接权保护的客体或者实施著作权和邻接权的有效技术、装置或者部件。权利人对技术措施享有的权利,即技术措施权。严格来说,技术措施权并不是一项著作财产权,其规制的并非针对作品及邻接权保护客体的利用行为,而是规避、破坏权利人为保护作品及邻接权保护客体所采取的技术措施的行为。通过赋予技术措施权,著作权人及与著作权有关的权利人能够防患于未然,尽早切断作品的非法传播途径,使权利得到更全面的保护。

受著作权法保护的技术措施应为有效的技术措施。技术措施是否有效,应以一般用户掌握的通常方法是否能够避开或者破解为标准。技术人员能够通过某种方式避开或者破解技术措施的,不影响技术措施的有效性。

2. 技术措施的类型

技术措施可以分为控制作品接触的技术措施和禁止侵犯权利的技术措施。

(1) 控制作品接触的技术措施。控制作品接触的技术措施主要用于防止、限制未经权利人许可浏览、欣赏作品、邻接权保护的客体的行为。此类技术措施并不直接保护著作权法明确赋予的权利,而以控制对作品的接触为主要目的。网络付费浏览是其典型样态。对此类技术措施的破坏、规避行为,并不必然导致对著作权和邻接权的侵犯。此类技术措施有助于保障版权人从公众对作品的欣赏中获得收益。

(2) 禁止侵犯权利的技术措施。禁止侵犯权利的技术措施主要用于防止、限制未经权利人许可实施著作和邻接权的行为。此类技术措施以著作权法明确赋予著作权人和邻接权人的权利为保护对象,因此,对此类技术措施的破坏、规避行为往往与著作权侵权行为相伴而生。对此类技术措施的保护,体现出著作权法对著作权人自力保护其专有权利的认可。

(二) 权利管理信息

1. 权利管理信息的定义

权利管理信息,是指说明作品及其作者、表演及其表演者、录音录像制品及其制作者等的信息,作品、表演、录音录像制品等权利人的信息和使用条件的信息,以及表示上述信息的数字或者代码。这些信息附着于作品复制件之上,或者在作品向公众传播时出现。权利管理信息能够让使用者方便地了解作品、表演、录音录像制品等的权利状况和授权使用条件,有助于减少侵权、促进交易,从而间接发挥保护著作权的作用。

2. 权利管理信息的类型

根据权利管理信息的内容,可以将其分为三类:第一类是关于作品、表演、录音录像制品等的信息,如作品名称、创作完成时间、作品著作权登记号、ISRC 编码,等等;第二类是关于权利人的信息,既包括原始权利人,也包括通过转让或者独占许可等方式获得著作权的继受权利人;第三类是关于使用条件的信息,如允许未经授权使用的行为、许可费的计算标准等。

(三) 对技术措施、权利管理信息的法律救济

我国《著作权法》《信息网络传播权保护条例》《计算机软件保护条例》分别就规

避或者破坏技术措施、删除或者改变权利管理信息的法律责任进行了规定。

根据《著作权法》的规定，以下情形下，若无法律、行政法规的其他规定，应当根据情况承担停止侵害、消除影响、赔礼道歉、赔偿损失等民事责任；同时损害公共利益的，可以由著作权主管部门责令停止侵权行为，没收违法所得，没收、销毁侵权复制品，并可处以罚款；情节严重的，著作权主管部门还可以没收主要用于制作侵权复制品的材料、工具、设备等；构成犯罪的，依法追究刑事责任。构成犯罪的行为包括：①未经著作权人或者与著作权有关的权利人许可，故意避开或者破坏权利人为其作品、录音录像制品等采取的保护著作权或者与著作权有关的权利的技术措施的；②未经著作权人或者与著作权有关的权利人许可，故意未经著作权人或者与著作权有关的权利人许可，故意删除或者改变作品、录音录像制品等的权利管理电子信息的。

根据《信息网络传播权保护条例》的规定，故意规避或者破坏技术措施的，或者故意删除或者改变通过信息网络向公众提供的作品、表演、录音录像制品的权利管理电子信息，或者通过信息网络向公众提供明知或者应知未经权利人许可而被删除或者改变权利管理电子信息的作品、表演、录音录像制品的，根据情况承担停止侵害、消除影响、赔礼道歉、赔偿损失等民事责任；同时损害公共利益的，可以由著作权主管部门责令停止侵权行为，没收违法所得，非法经营额 5 万元以上的，可处非法经营额 1 倍以上 5 倍以下的罚款；没有非法经营额或者非法经营额 5 万元以下的，根据情节轻重，可处 25 万元以下的罚款；情节严重的，著作权主管部门可以没收主要用于提供网络服务的计算机等设备；构成犯罪的，依法追究刑事责任。故意制造、进口或者向他人提供主要用于规避、破坏技术措施的装置或者部件，或者故意为他人规避或者破坏技术措施提供技术服务的，由著作权主管部门予以警告，没收违法所得，没收主要用于规避、破坏技术措施的装置或者部件；情节严重的，可以没收主要用于提供网络服务的计算机等设备；非法经营额 5 万元以上的，可处非法经营额 1 倍以上 5 倍以下的罚款；没有非法经营额或者非法经营额 5 万元以下的，根据情节轻重，可处 25 万元以下的罚款；构成犯罪的，依法追究刑事责任。

根据《计算机软件保护条例》的规定，故意避开或者破坏著作权人为保护其软件著作权而采取的技术措施的，或者故意删除或者改变软件权利管理电子信息的，应当根据情况，承担停止侵害、消除影响、赔礼道歉、赔偿损失等民事责任；同时损害社会公共利益的，由著作权主管部门责令停止侵权行为，没收违法所得，没收、销毁侵权复制品，可以并处罚款；情节严重的，著作权主管部门并可以没收主要用于制作侵权复制品的材料、工具、设备等；触犯刑法的，依照刑法关于侵犯著作权罪、销售侵权复制品罪的规定，依法追究刑事责任。

六、著作权保护期与权利限制

(一) 广义上的著作权限制

著作权限制对于公有领域的繁荣、未来创作的激励至关重要,其存在广义与狭义之分。从广义上说,著作权的限制即对著作权保护范围进行划界,既包括内部限制也包括外部限制;著作权保护的独创性要求、"思想—表达"二分法、著作权保护的期限限制等,均属于广义上的著作权限制。从狭义上说,著作权的限制指的是著作权的内部限制,是指对本应经过著作权人许可方能实施的行为进行一定程度的豁免,主要包括合理使用与法定许可。

(二) 著作权保护的期限

著作权保护的期限,是著作权享有法律效力的时间界限。

作者的署名权、修改权、保护作品完整权的保护期不受限制。作者死亡后,其著作权中的署名权、修改权和保护作品完整权由作者的继承人或者受遗赠人保护。著作权无人继承又无人受遗赠的,其署名权、修改权和保护作品完整权由国家著作权主管部门保护。

著作权中的发表权及著作财产权的保护期为作者终生及其死亡后50年,截止于作者死亡后第50年的12月31日。但是,以下作品的发表权和著作财产权保护期适用特殊规定:①作者生前未发表的作品,如果作者未明确表示不发表,作者死亡后50年内,其发表权可由继承人或者受遗赠人行使;没有继承人又无人受遗赠的,由作品原件的所有人行使;②合作作品,保护期截止于最后死亡的作者死亡后第50年的12月31日;③法人或者其他组织的作品、著作权由法人或者其他组织享有的职务作品、电影作品和以类似摄制电影的方法创作的作品、摄影作品,保护期截止于作品首次发表后第50年的12月31日,但作品自创作完成后50年内未发表的,不再受著作权法保护;④作者身份不明的作品,保护期截止于作品首次发表后第50年的12月31日,作者身份确定后,再按照前述规定确定著作权保护期。

(三) 权利限制的具体内容

1. 合理使用

合理使用,指的是自然人、法人或者其他组织根据法律规定,可以不经著作权人许可,使用他人已发表作品,且无须支付报酬的一项制度。

根据我国《著作权法》,以下情形构成合理使用:①为个人学习、研究或者欣赏,使用他人已经发表的作品;②为介绍、评论某一作品或者说明某一问题,在作品中适当引用他人已经发表的作品;③为报道时事新闻,在报纸、期刊、广播电台、电视台等媒体中不可避免地再现或者引用已经发表的作品；④报纸、期刊、广播电台、电视台等媒体刊登或者播放其他报纸、期刊、广播电台、电视台等媒体已经发表的关于政治、经济、宗教问题的时事性文章，但作者声明不许刊登、播放的除外；⑤报纸、期刊、广播电台、电视台等媒体刊登或者播放在公众集会上发表的讲话，但作者声明不许刊登、播放的除外；⑥为学校课堂教学或者科学研究，翻译、少量复制或者通过信息网络提供已经发表的作品，供教学或科研人员使用，但不得出版发行；⑦国家机关为执行公务在合理范围内使用已经发表的作品；⑧图书馆、档案馆、纪念馆、博物馆、美术馆等为陈列或者保存版本的需要，复制本馆收藏的作品，以及通过信息网络向本馆馆舍内服务对象提供本馆收藏的合法出版的数字作品和依法为陈列或者保存版本的需要以数字化形式复制的作品；⑨免费表演已经发表的作品，该表演未向公众收取费用，也未向表演者支付报酬；⑩对设置或者陈列在室外公共场所的艺术作品进行临摹、绘画、摄影、录像；⑪将中国公民、法人或者其他组织已经发表的以汉语言文字创作的作品翻译成少数民族语言文字作品在国内出版发行或者通过信息网络提供；⑫将已经发表的作品改成盲文出版。上述规定适用于对出版者、表演者、录音录像制作者、广播电台、电视台的权利的限制。

2. 法定许可

法定许可，是自然人、法人或者其他组织根据法律规定，可以不经著作权人许可而使用其作品，但应该按照规定支付报酬的制度。法定许可不存在著作权人与被许可人的合意，因此又称为"非自愿许可"。在满足法定许可的情形下，著作权人不享有禁止权，仅享有获酬权。根据我国《著作权法》及相关法律，以下情形适用法定许可：①为实施九年制义务教育和国家教育规划而编写出版教科书，在教科书中汇编已经发表的作品片段或者短小的文字作品、音乐作品或者单幅的美术作品、摄影作品，但作者事先声明不许使用的除外；②为通过信息网络实施九年制义务教育或者国家教育规划，使用著作权人已经发表作品的片段或者短小的文字作品、音乐作品或者单幅的美术作品、摄影作品制作课件，由制作课件或者依法取得课件的远程教育机构通过信息网络向注册学生提供；③作品在报刊上刊登后，其他报刊转载或者作为文摘、资料刊登，但著作权人声明不得转载、摘编的除外；④录音制作者使用他人已经合法录制为录音制品的音乐作品制作录音制品，但著作权人声明不许使用的除外；⑤广播电台、电视台播放他人已发表的作品；⑥广播电台、电视台播放已经出版的录音制品，但当事人另有约定的除外；⑦为扶助贫困，通过信息网络向农村地区的公众免费提供中国公民、法人或者其他组织已经发表的种植养殖、防病治病、防灾减灾等与扶助贫困有关的作品和适应基本文化需求的作品，但著作权人不同意提供的除外，且网络服务提供者应当在提供前公告拟提供的作品及其作者、拟支付报酬的标准，并不得直接或者间接获得经济利益。

第三节　著作权交易与集体管理

一、著作权转让

(一) 著作权转让的概念及效力

著作权转让，是指著作权人在著作权有效期内将著作财产权中的全部或者部分出让给他人。著作权转让是著作权利用、实现作品社会价值的一种重要方式。根据我国《著作权法》的规定，著作财产权均可依合同约定而转让，被转让的权利在著作权保护期内由受让人单独享有，转让人不得行使。

(二) 著作权转让合同的概念和特点

著作权转让合同，是为实现著作权转让而在著作权人与受让人之间签订的合同。我国《著作权法》规定，著作权转让应当订立书面合同。著作权转让合同具有双务、有偿、诺成、要式等特点。对于未采取书面形式的著作权转让合同，若一方已经履行主要义务，且对方接受的，该合同成立。

(三) 著作权转让合同的主要内容

根据我国《著作权法》的规定，著作权转让合同应当包括如下内容：①作品的名称；②转让的权利种类、地域范围；③转让价金；④交付转让价金的日期和方式；⑤违约责任；⑥双方认为需要约定的其他内容，如要求转让方保证其享有相应的权利，受让方行使合同约定的权利不会构成对第三方的侵权，以及争议解决条款等。对于转让合同中著作权人未明确转让的权利，未经著作权人同意，另一方当事人不得行使。

二、著作权许可

(一) 著作权许可的概念及效力

著作权许可，是指著作权人在著作权保护期内将其著作财产权的一项或者多项在一定期限、地域范围内授予他人使用的行为。著作权许可不改变著作权的权利归属，被许可人获得的是著作财产权中一项或者多项的有期限的使用权，而不是著作权本身。

根据著作权许可的权利性质，可将著作权许可分为独占许可、排他许可与普通许可，三种许可的效力亦存在差异。

独占许可中，许可使用的权利为专有使用权。独占许可合同应当采取书面形式，但是报社、期刊社刊登作品除外。如合同对专有使用权没有约定或者约定不明的，视为被许可人有权排除包括著作权人在内的任何人以同样的方式使用作品。著作权人将专有使用权授予他人的,对于发生在专有使用权范围内的侵权行为,专有使用权人、著作权人均可以单独或者共同就侵权行为提起诉讼。

排他许可与独占许可存在类似之处,不同之处在于,著作权人仍有权以与被许可的权利同样的方式使用作品。对于合同中使用"独家使用权"等类似表述的,可以根据合同有关条款、合同目的、交易习惯等,确认许可的性质为排他许可抑或独占许可。著作权人以排他许可方式许可他人使用作品的,对于发生在排他许可范围内的侵权行为,被许可人可以单独起诉,如果著作权人已经起诉的,被许可人可以申请参加诉讼。

普通许可中,许可使用的权利为非专有使用权,被许可人仅可以自行使用被许可的权利,无权排除包括著作权人在内的任何第三方以同样的方式使用作品。普通许可的被许可人经著作权人明确授权的,可以针对侵权行为提起诉讼。

(二) 著作权许可合同的概念和特点

著作权许可合同,是指著作权人与被许可人为实现著作权许可而签订的合同。著作权许可合同具有双务、有偿、诺成等特点。

(三) 著作权许可合同的主要内容

著作权许可合同主要包括如下内容:①许可使用的权利种类;②许可使用的权利是专有使用权或者非专有使用权;③许可使用的地域范围、期间;④付酬标准和办法;⑤违约责任;⑥双方认为需要约定的其他内容,如要求许可人保证其享有相应的权利,被许可人行使合同授予的权利不会构成对第三方的侵权,以及争议解决条款等。许可使用合同中著作权人未明确许可的权利,未经著作权人同意,另一方当事人不得行使。

三、著作权质押

(一) 著作权质权

债务人或者第三人有权处分的著作财产权可以出质,以作为债权的担保,这种通过著作权质押形成的权利即为著作权质权。著作权质权是主合同债权的从权利,债权人为质权人,债务人或者第三人为出质人。我国《著作权质权登记办法》就著作权质权登记及其变更、注销进行了规定。

(二) 著作权质权合同

根据我国《著作权质权登记办法》的规定,以著作权出质的,出质人和质权人应当订立书面质权合同。著作权质权合同应当包括如下内容:①出质人和质权人的基本信息;②被担保债权的种类和数额;③债务人履行债务的期限;④出质著作权的内容和保护期;⑤质权担保的范围和期限;⑥当事人约定的其他事项。

(三) 著作权质权实现

著作权质权实现,是著作权质权消灭的一种常见方式。在著作权所担保的债权到期仍未得到清偿时,质权人可以与出质人协议以质押财产折价,也可以就拍卖、变卖质押财产所得的价款优先受偿,以实现质权。质押财产折价或者变卖的,应当参照市场价格。出质人请求质权人及时行使质权,因质权人怠于行使权利造成损害的,由质权人承担赔偿责任。

四、著作权资本市场与证券化

(一) 著作权资本市场的概念

资本市场是企业资金融通的重要渠道,资本市场包括中长期信贷市场、证券市场、外汇市场、黄金市场、期权市场等。著作权资本市场是以能产生可预期现金流收入的著作权未来收益权为依托,为企业提供资金融通的渠道。从创意的产生到受著作权法保护的作品的最终生成,有时需要巨大的资金投入,在拍摄电影等作品的情形下尤其如此。通过支持企业以股权交易、依法发行股票和债券等直接融资方式为著作权作品的生产过程进行融资,有助于缓解企业的资金压力,加快产业链资金流速,并加快作品的生产进程。

2020年1月3日,《国家知识产权局印发〈关于深化知识产权领域"放管服"改革营造良好营商环境的实施意见〉的通知》(国知发服字〔2020〕1号,简称《通知》),提倡知识产权管理部门扩大知识产权金融服务范围,联合相关部门建立合作机制,引导银行业提供信贷支持,推动多类型知识产权混合质押,鼓励开发知识产权综合险种,加快推进知识产权证券化试点。《通知》的出台反映知识产权资本市场的发展日益受到重视。

(二) 著作权证券化

著作权证券市场,是著作权资本市场的一种。著作权证券市场以著作权证券化为前提。著作权证券化指的是作为发起人的著作权人将符合证券化要求的著作财产权转移给特殊目的机构,并由特殊目的机构面向市场发行可流通的证券。著作权证券化以著作权未来将产生的稳定的、可预期的现金流为基础,是实现资金融通的一种高效率、低成本的方式。自中共中央、国务院在《关于深化体制机制改革加快实施创新驱动发展战略的若干意见》中明确提出"探索开展知识产权证券化业务"以来,我国各地相继展开了知识产权证券化的尝试。

著作权证券化与股票、债券等融资方式存在信用基础的差异,具体表现在股票、债券是以资产所有者的整体信用为支撑，而著作权证券化则是以支撑该证券发行的著作权本身的信用为支撑。由于存在上述差异，著作权证券化的模式存在一定的特殊性。这一特殊性主要表现在通过特殊目的机构的设立，将被证券化的著作权资产从发起人的其他资产中分离出来，实现不同资产风险与收益的隔离。此外，在著作权证券化过程中，发起人通常需要选择多个著作权作为基础资产，进行优化组合，以避免基础资产过于单一所带来的风险。

(三) 我国对著作权资本市场的探索

我国著作权资本市场的实践，以著作权质押、著作权基金、版权证券化为典型。2007年上映的电影《集结号》是较早的仅用著作权作质押而融资成功的案例。2011年4月，北京中关村新媒体版权基金成立，专注于优质影视节目的制作投资。2018年12月，中国首单知识产权供应链金融资产支持专项计划——"奇艺世纪知识产权供应链金融资产支持专项计划"在上海证券交易所获批发行，在解决著作权融资难题上迈出了重要的一步。

虽有上述尝试，囿于著作权资产价值的不确定性、易变性、难以预测性，我国尚不存在大规模的著作权资本市场运作实践。著作权资本市场的进一步发展，仍需仰赖于国内文化市场的进一步繁荣、法规体系的完善、著作权评估体系的发展以及著作权交易信息公示平台的建立。

五、著作权集体管理

(一) 著作权集体管理组织

著作权集体管理组织，是指为权利人的利益依法设立，根据权利人授权、对权利人的著作权或者与著作权有关的权利进行集体管理的社会团体。著作权集体管理组织有权以自己的名义从事下列活动：①与使用者订立著作权或者与著作权有关的权利许可使用合同；②向使用者收取使用费；③向权利人转付使用费；④进行涉及著作权或者与著作权有关的权利的诉讼、仲裁等。

我国目前共有5个著作权集体管理组织，分别是：中国文字著作权协会、中国摄影著作权协会、中国音乐著作权协会、中国音像著作权集体管理协会和中国电影著作权协会。

1. 著作权集体管理组织的性质

我国著作权集体管理组织是非营利性社会团体，依照有关社会团体登记管理的行政法规和《著作权集体管理条例》的规定进行登记并开展活动。除依法设立的著作权集体管理组织外，其他组织和个人均不得实施著作权集体管理活动。

2. 著作权集体管理组织的设立

依法享有著作权或者与著作权有关的权利的中国公民、法人或者其他组织，可以发起设立著作权集体管理组织。设立著作权集体管理组织，应当具备下列条件：①发起设立著作权集体管理组织的权利人不少于50人；②不与已经依法登记的著作权集体管理组织的业务范围交叉、重合；③能在全国范围代表相关权利人的利益；④有著作权集体管理组织的章程草案、使用费收取标准草案和向权利人转付使用费的办法草案。国家著作权主管部门有权对设立著作权集体管理组织的申请作出批准或者不予批准的决定。申请人应当自国家著作权主管部门发给著作权集体管理组织许可证之日起30日内，依照有关社会团体登记管理的行政法规到国务院民政部门办理登记手续。

3. 著作权集体管理组织的机构及其运行方式

著作权集体管理组织会员大会是著作权集体管理组织的权力机构，会员大会行使下列职权：①制定和修改章程；②制定和修改使用费收取标准；③制定和修改使用费转付办法；④选举和罢免理事；⑤审议批准理事会的工作报告和财务报告；⑥制定内部管理制度；⑦决定使用费转付方案和著作权集体管理组织提取管理费的比例；⑧决定其他重大事项。著作权集体管理组织设立理事会，对会员大会负责，执行会员大会决定。

著作权集体管理组织依据其与权利人签订的合同开展著作权集体管理活动。权利人符合章程规定加入条件的，著作权集体管理组织应当与其订立著作权集体管理合同，不得拒绝。外国人、无国籍人可以通过与中国的著作权集体管理组织订立相互代表协议的境外同类组织，授权中国的著作权集体管理组织管理其依法在中国境内享有的著作权或者与著作权有关的权利。权利人可以根据章程规定的程序终止著作权集体管理合同，但著作权集体管理组织已经与他人订立许可使用合同的，该合同在期限届满前继续有效。著作权集体管理组织许可他人使用其管理的作品、录音录像制品等，应当与使用者以书面形式订立非专有许可使用合同。使用者以合理的条件要求与著作权集体管理组织订立许可使用合同，著作权集体管理组织不得拒绝。著作权集体管理组织应当根据国家著作权主管部门公告的使用费收取标准，与使用者约定收取使用费的具体数额。

著作权集体管理组织的资产使用和财务管理受国家著作权主管部门和民政部门的监督。对于权利人提出的查阅、复制著作权集体管理组织的财务报告、工作报告和其他业务材料等要求，著作权集体管理组织应当提供便利。

(二) 我国著作权集体管理制度运行状况

1. 我国著作权集体管理制度面临的挑战

我国著作权集体管理制度面临的挑战，既有来自内部的，也有来自外部的。其中，来自内部的挑战主要与集体管理制度的运作模式相关。长期以来，由于缺乏竞争，集体管理组织在运行中存在怠于维权、维权不利、收入分配不透明等问题，不断侵蚀着会员对著作权集体管理组织的信任度，部分会员的退出也使得集体管理组织的会员数量少、缺乏代表性的问题更显突出。从本质上说，集体管理制度的运行是一种规模效应的体现，随着会员、作品数量增多而实现边际成本递减、规模效应递增。在缺乏代表性的情况下，一方面，著作权集体管理组织的管理成本、信息成本、谈判成本并不会大幅降低；另一方面，权利人数量有限也降低了其他权利人入会、使用者与集体管理组织谈判的意愿，制约了网络外部性的发挥，进而导致著作权集体管理组织的制度优势无法实现。

我国著作权集体管理制度面临的外部挑战则与数字技术的发展直接关联。随着数字管理系统的兴起，著作权集体管理组织管理作品的优势不再明显。借助数字管理系统，权利人能够实现对单个作品的个别定价以及对交易过程中产生收益的全程追踪。与此同时，大型网络平台与权利人直接签约的趋势，也不断压缩着集体管理组织的运作空间。

关于我国著作权制度面临的其他挑战，考生可结合理论的发展和国内外实践中的新情况展开分析，并尝试提出可行的解决方案。

2. 对延伸性集体管理制度的探索

我国《著作权法》第三次修改尝试引入延伸性集体管理制度，使指定的著作权集体管理组织可以就非会员作品的特定权利实施管理。这一制度有助于解决使用者使用作品的困境，可以看作是对集体管理组织缺乏代表性的一种制度补救，但由于存在"被代表"的问题，且未关注到许可费制定中的程序纰漏，也遭到了不少诟病。关于延伸性集体管理制度是否可取，考生可以结合对集体管理制度的功能与价值定位的理解做出评判，并关注相应配套制度的构建问题。

第四节 著作权侵权与救济

一、著作权侵权概述

（一）侵害著作权的行为

侵害著作权的行为包括著作权民事侵权行为、行政违法行为和刑事犯罪行为。

我国《著作权法》规定的著作权民事侵权行为包括如下类型：①未经著作权人许可，发表其作品的；②未经合作作者许可，将与他人合作创作的作品当作自己单独创作的作品发表的；③没有参加创作，为谋取个人名利，在他人作品上署名的；④歪曲、篡改他人作品的；⑤剽窃他人作品的；⑥未经著作权人许可，以展览、摄制电影和以类似摄制电影的方法使用作品，或者以改编、翻译、注释等方式使用作品的，《著作权法》另有规定的除外；⑦使用他人作品，应当支付报酬而未支付的；⑧未经电影作品和以类似摄制电影的方法创作的作品、计算机软件、录音录像制品的著作权人或者与著作权有关的权利人许可，出租其作品或者录音录像制品的，《著作权法》另有规定的除外；⑨未经出版者许可，使用其出版的图书、期刊的版式设计的；⑩未经表演者许可，从现场直播或者公开传送其现场表演，或者录制其表演的；⑪其他侵犯著作权以及与著作权有关的权益的行为。

侵害著作权的行为，如果同时损害公共利益，则构成著作权行政违法行为；情节严重的，构成刑事犯罪行为。我国《著作权法》《信息网络传播权保护条例》《著作权行政处罚实施办法》《刑法》等法律法规规定了著作权行政违法行为、刑事犯罪行为。

（二）侵害著作权的法律责任

与侵害著作权的行为相对应，侵害著作权的法律责任也包括民事责任、行政责任和刑事责任。侵害著作权的民事责任包括停止侵害（禁令救济）、赔偿损失、消除影响、赔礼道歉等，也包括没收违法所得、侵权复制品以及进行违法活动的财物。行政责任包括：警告；罚款；责令停止侵权行为；没收违法所得；没收、销毁侵权复制品；没收主要用于制作侵权复制品的材料、工具、设备等。刑事责任主要包括有期徒刑、拘役、罚金等。

二、著作权侵权的判定标准

著作权侵权判定的标准是"接触+实质性相似"。只有满足"接触"要件，才能排除独立创作的可能性；只有满足"实质性相似"要件，被控侵权作品对权利作品的利用才构成应受著作权法调整的不当利用。这一标准的确立有利于在保护著作人权利的同时，促进未来作品的创作，实现利益平衡。

（一）"接触"的判定标准

"接触"指的是被控侵权作品的创作者在创作阶段存在对权利作品的接触。如果仅仅是接触权利作品创作过程中所需的素材，如特定的真人故事，则不满足"接触"要件。"接触"既可以是实际接触，也可以基于推定，即存在接触的可能性。对于接触与否的判断，一般需结合作品发表时间、作品传播渠道、原被告之间的关系、原被告作品的相似之处及相似程度等，综合判断。例如，如果权利作品中较为明显的错误信息在被控侵权作品中出现，而这一错误在通常情况下可以避免，则可推定存在接触。

（二）"实质性相似"的判定标准

"实质性相似"是对权利作品与被控侵权作品之间相似程度的法律判断。实质性相似首先应当是独创性部分的相似，如果两部作品的相似之处不受著作权法保护，则不构成实质性相似。实质性相似需要从相似的数量和质量两个维度进行评判。对于情节轻微、未对作品正常使用产生实质不利影响的，一般不宜认定为侵权。比较法上常用的实质性相似判定方法包括"普通观察者测试法""内外部测试法""抽象—过滤—比对法"等。

三、著作权法上的直接侵权与间接侵权

（一）共同侵权理论

共同侵权是一种特殊的侵权样态，是指二人或二人以上共同侵害他人合法权益的情况。共同侵权的成立一般需要满足如下条件：①侵权主体必须为两人或两人以上；②行为人之间存在共同故意或者共同过失；③造成同一损害结果；④共同侵害行为是造成损害结果的共同原因。共同侵权行为的行为人就损害结果承担连带责任。

（二）直接侵权

著作权直接侵权行为，是指未经授权直接行使著作权人享有的专有权利的行为。衡量一种行为是否构成直接侵权，应考察该行为是否受著作权人专有权利的控制，并判断行为人是否获得合法授权，以及行为是否符合合理使用、法定许可等权利限制情形。

（三）间接侵权

著作权间接侵权行为，是指行为虽不构成著作权直接侵权，但是与直接侵权行为之间存在一定的联系，而且对损害结果具有原因力的一种侵权样态。教唆侵权与帮助侵权是著作权间接侵权行为的两种情形。一般来说，间接侵权的成立需要以存在直接侵权行为为条件。实践中存在争议的是，当教唆、帮助的行为享受合理使用豁免时，是否可以构成间接侵权。对于这一问题，考生可以结合著作权法基本原理及理念，参考专利间接侵权"独立说"与"从属说"的争论，提出自己的观点。

1. 教唆侵权

根据我国《侵权责任法》的规定，教唆他人实施侵权行为的，应当与行为人承担连带责任。教唆是一种侵权诱导行为。以提供网络服务为例，网络服务提供者以言语、推介技术支持、奖励积分等方式诱导、鼓励网络用户实施侵害信息网络传播权行为的，人民法院应当认定其构成教唆侵权行为。

2. 帮助侵权

根据我国《侵权责任法》的规定，帮助他人实施侵权行为的，应当与行为人承担连带责任。帮助侵权的成立以行为人明知或者应知存在直接侵权行为为前提，而且需

要行为人从事以工具、场所、服务等条件帮助侵权的行为。同样以网络服务为例，认定网络服务提供者是否构成"应知"，人民法院应当根据网络用户侵权的具体事实是否明显，综合考虑以下因素：①基于网络服务提供者提供服务的性质、方式及其引发侵权的可能性大小，应当具备的管理信息的能力；②传播的作品、表演、录音录像制品的类型、知名度及侵权信息的明显程度；③网络服务提供者是否主动对作品、表演、录音录像制品进行了选择、编辑、修改、推荐等；④网络服务提供者是否积极采取了预防侵权的合理措施；⑤网络服务提供者是否设置便捷程序接收侵权通知并及时对侵权通知作出合理的反应；⑥网络服务提供者是否针对同一网络用户的重复侵权行为采取了相应的合理措施；⑦其他相关因素。

3. 避风港原则与侵权豁免

随着人类社会步入网络时代，为实现促进网络服务高质量、多元化发展与保护著作权人权利之间的平衡，避风港原则应运而生。避风港属于免责条款，而不是归责条款；对于不满足避风港适用条件的网络服务商，其是否构成侵权仍需结合侵权责任成立的要件来判定。

根据《信息网络传播权保护条例》的规定，满足下述条件的网络服务提供者无须承担赔偿责任。

（1）网络接入服务提供者未选择并且未改变所传输的作品、表演、录音录像制品，且向指定的服务对象提供该作品、表演、录音录像制品，并防止指定的服务对象以外的其他人获得。

（2）系统缓存服务提供者未改变自动存储的作品、表演、录音录像制品，不影响提供作品、表演、录音录像制品的原网络服务提供者掌握服务对象获取该作品、表演、录音录像制品的情况，且在原网络服务提供者修改、删除或者屏蔽该作品、表演、录音录像制品时，根据技术安排自动予以修改、删除或者屏蔽的。

（3）信息存储空间服务提供者同时满足如下条件的：①明确标示该信息存储空间是为服务对象所提供，并公开网络服务提供者的名称、联系人、网络地址；②未改变服务对象所提供的作品、表演、录音录像制品；③不知道也没有合理的理由应当知道服务对象提供的作品、表演、录音录像制品侵权；④未从服务对象提供作品、表演、录音录像制品中直接获得经济利益；⑤在接到权利人的通知书后，删除权利人认为侵权的作品、表演、录音录像制品。

（4）网络搜索链接服务提供者在接到权利人的通知书后，按照规定断开与侵权的作品、表演、录音录像制品的链接，且不存在明知或者应知所链接的作品、表演、录音录像制品侵权的情形的。

四、著作权侵权的救济

(一) 民事救济

1. 禁令

禁令是最常见的针对侵权行为的民事救济方式。对于正在实施的侵害著作权、邻接权的行为，被侵权人有权要求法院责令侵权人立即停止侵权行为，无论侵权人是否具有主观故意或者过失。禁令分为临时禁令和永久禁令。在人民法院判决确认侵权成立之前，责令停止侵权有一定的不确定性，可能因原告败诉而被撤销，因此称作临时禁令；人民法院确认侵权成立后颁发的禁令为永久禁令。如果停止侵权将有悖于社会公共利益，造成当事人之间重大的利益失衡，或者无法执行，可以不判决停止侵权，而采取更充分的赔偿或者经济补偿等替代性措施。

临时禁令是一种行为保全措施。我国《著作权法》规定，著作权人或者与著作权有关的权利人有证据证明他人正在实施或者即将实施侵犯其权利的行为，如不及时制止将会使其合法权益受到难以弥补的损害的，可以在起诉前向人民法院申请采取责令停止有关行为和财产保全的措施。近年来，司法实践中临时禁令的适用开始增多，亦有学者提出了"有侵权就有不可弥补的损害就有禁令救济"的积极的知识产权行为保全规则，这些都体现出我国加大知识产权保护力度的整体态势。为有效规范临时禁令的适用，《最高人民法院关于审查知识产权纠纷行为保全案件适用法律若干问题的规定》对临时禁令的管辖、申请与审查程序、适用条件、时限要求、申请错误的认定等进行了规定。

实践中，还存在一种特殊的临时禁令，适用于电子商务平台。根据我国《电子商务法》，电子商务平台经营者在接到权利人发出的合格侵权通知后，应及时采取必要措施，并将该通知转送平台内经营者；平台内经营者接到转送的通知后，可以向电子商务平台经营者提交不存在侵权行为的声明；电子商务平台经营者在转送声明到达知识产权权利人后15日内，未收到权利人已经投诉或者起诉通知的，应当及时终止所采取的措施。疑似侵权商品在上述15日内的下架状态与施加临时禁令效果相仿，这种未经人民法院裁决而施加临时禁令的做法是否可取，值得深入分析。

关于停止侵权判决的效力，根据《最高人民法院关于适用〈中华人民共和国民事诉讼法〉的解释》第521条的规定，在执行终结六个月内，被执行人或者其他人对已执行的标的有妨害行为的，人民法院可以依申请排除妨害。根据这一规定，在执行终结六个月后发生的妨害行为构成新的侵权行为，应当通过另诉解决。

2. 侵权物品的处置

侵权物品的处置，是一种较为特殊的著作权民事救济方式，其本质上属于民事制裁。根据我国《著作权法》第52条，人民法院审理案件，对于侵犯著作权或者与著作权有关的权利的,可以没收违法所得、侵权复制品以及进行违法活动的财物。对侵权物品的处置与否属于人民法院自由裁量权的范围,并非基于当事人的请求而采取。对侵权物品的处置有助于制止重复侵权,符合我国知识产权严保护的大趋势。

3. 损害赔偿

损害赔偿是一种较为普遍适用的带有财产内容的民事救济方式。损害赔偿额的计算方式如下:首先,侵害著作权或者与著作权有关的权利的,侵权人应当按照权利人的实际损失给予赔偿。权利人的实际损失,可以根据权利人因侵权所造成复制品发行减少量或者侵权复制品销售量与权利人发行该复制品单位利润乘积计算。发行减少量难以确定的,按照侵权复制品市场销售量确定。其次,如果权利人的实际损失难以计算的,可以按照侵权人的违法所得给予赔偿。如果权利人就侵权人的违法所得提供了初步证据,而与侵权行为相关的账簿、资料主要由侵权人掌握,且侵权人拒不提供或者提供虚假的账簿、资料,人民法院可以根据权利人的主张和提供的证据认定违法所得的数额。再次,权利人的实际损失或者侵权人的违法所得均不能确定的,由人民法院根据侵权行为的情节,判决给予50万元以下的赔偿。人民法院在确定赔偿数额时,应当考虑作品类型、合理使用费、侵权行为性质、后果等情节综合确定。赔偿数额还应当包括权利人为制止侵权行为所支付的合理开支,这一合理开支包括权利人或者委托代理人对侵权行为进行调查、取证的合理费用,以及符合国家有关部门规定的律师费用。

目前,我国著作权损害赔偿仍然主要适用填平原则。在《著作权法》第三次修订时,学者与实务界就引入惩罚性赔偿制度基本达成共识,未来我国的著作权损害赔偿制度将兼具补偿性和惩罚性,更好地实现对恶意侵权的震慑。

4. 其他救济

对于侵犯著作权人的发表权、署名权、修改权、保护作品完整权,侵犯表演者的表明表演者身份的权利、保护表演形象不受歪曲的权利的,可要求侵权人承担赔礼道歉、消除影响的民事责任。确定赔礼道歉的方式、范围,应当考虑著作人身权及表演者人身权受侵害的方式、程度等因素,并应当与侵权行为造成损害的影响范围相适应。

(二)行政救济

著作权行政救济具有程序简便、高效、救济力度强等特点,能够弥补民事救济维权周期长、损害赔偿额较低的局限。现阶段我国实行著作权行政保护和司法保护相结合的"双轨制"具有必要性。

1. 受行政处罚的行为

根据我国《著作权法》,以下著作权民事侵权行为在损害公共利益的情况下,构成行政违法:①未经著作权人许可,复制、发行、表演、放映、广播、汇编、通过信息网络向公众传播其作品的,《著作权法》另有规定的除外；②出版他人享有专有出版权的图书的；③未经表演者许可,复制、发行录有其表演的录音录像制品,或者通过信息网络向公众传播其表演的,《著作权法》另有规定的除外；④未经录音录像制作者许可,复制、发行、通过信息网络向公众传播其制作的录音录像制品的,《著作权法》另有规定的除外；⑤未经许可,播放或者复制广播、电视的,《著作权法》另有规定的除外；⑥未经著作权人或者与著作权有关的权利人许可,故意避开或者破坏权利人为其作品、录音录像制品等采取的保护著作权或者与著作权有关的权利的技术措施的,法律、行政法规另有规定的除外；⑦未经著作权人或者与著作权有关的权利人许可,故意删除或者改变作品、录音录像制品等的权利管理信息的,法律、行政法规另有规定的除外；⑧制作、出售假冒他人署名的作品的。

除上述《著作权法》中明确列举的行为之外,下述行为也构成行政违法：①通过信息网络向公众提供明知或者应知未经权利人许可而被删除或者改变权利管理电子信息的作品、表演、录音录像制品的；②故意制造、进口或者向他人提供主要用于避开、破坏技术措施的装置或者部件,或者故意为他人避开或者破坏技术措施提供技术服务的；③通过信息网络提供他人的作品、表演、录音录像制品,未指明作品、表演、录音录像制品的名称或者作者、表演者、录音录像制作者的姓名（名称）,或者未支付报酬,或者未依照《信息网络传播权保护条例》的规定采取技术措施防止服务对象以外的其他人获得他人的作品、表演、录音录像制品,或者未防止服务对象的复制行为对权利人利益造成实质性损害的；④为扶助贫困通过信息网络向农村地区提供作品、表演、录音录像制品超过规定范围,或者未按照公告的标准支付报酬,或者未在提供前公告作品、表演、录音录像制品的名称和作者、表演者、录音录像制作者的姓名（名称）以及报酬标准的,或者在权利人不同意提供其作品、表演、录音录像制品后未立即删除的；⑤网络服务提供者无正当理由拒绝提供或者拖延提供涉嫌侵权的服务对象的姓名（名称）、联系方式、网络地址等资料的；⑥未经软件著作权人许可,出租著作权人的软件,或者转让、许可他人行使著作权人的软件著作权的；⑦其他有关著作权法律、法规、规章规定的应给予行政处罚的违法行为。

2. 行政处罚的程序

除《行政处罚法》规定的适用简易程序的情况外,著作权行政处罚适用《行政处罚法》规定的一般程序。对于适用一般程序查处的违法行为,著作权主管部门可以自行决定立案查处,或者根据有关部门移送的材料决定立案查处,也可以根据被侵权人、利害关系人或者其他知情人的投诉或者举报决定立案查处。著作权主管部门应当在收到所有投诉材料之日起15日内,决定是否受理并通知投诉人。不予受理的,应当书面告知理由。立案时应当填写立案审批表,同时附上相关材料,包括投诉或者举报材料、上级著作权主管部门交办或者有关部门移送案件的有关材料、执法人员的检查报告等,由本部门负责人批准,指定两名以上办案人员负责调查处理。执法人员在执法过程中,发现违法行为正在实施，情况紧急来不及立案的，可以采取下列措施：①对违法行为予以制止或者纠正；②对涉嫌侵权制品、安装存储涉嫌侵权制品的设备和主要用于违法行为的材料、工具、设备等依法先行登记保存；③收集、调取其他有关证据。执法人员应当及时将有关情况和材料报所在著作权主管部门，并于发现情况之日起7日内办理立案手续。

立案后，办案人员应当及时进行调查，并要求法定举证责任人在著作权主管部门指定的期限内举证。办案人员取证时可以采取下列手段收集、调取有关证据：①查阅、复制与涉嫌违法行为有关的文件档案、账簿和其他书面材料；②对涉嫌侵权制品进行抽样取证；③对涉嫌侵权制品、安装存储涉嫌侵权制品的设备、涉嫌侵权的网站网页、涉嫌侵权的网站服务器和主要用于违法行为的材料、工具、设备等依法先行登记保存。对先行登记保存的证据，应当在交付证据先行登记保存通知书后7日内作出下列处理决定：①需要鉴定的，送交鉴定；②违法事实成立，应当予以没收的，依照法定程序予以没收；③应当移送有关部门处理的，将案件连同证据移送有关部门处理；④违法事实不成立，或者依法不应予以没收的，解除登记保存措施；⑤其他有关法定措施。

调查终结后，著作权主管部门拟作出行政处罚决定的，应当由本部门负责人签发行政处罚事先告知书，告知当事人拟作出行政处罚决定的事实、理由和依据，并告知当事人依法享有的陈述权、申辩权和其他权利。行政处罚事先告知书应当由著作权主管部门直接送达当事人，当事人应当在送达回执上签名、盖章。当事人拒绝签收的，由送达人员注明情况，把送达文书留在受送达人住所，并报告本部门负责人。著作权主管部门也可以采取邮寄送达方式告知当事人。无法找到当事人时，可以以公告形式告知。当事人要求陈述、申辩的，应当在被告知后7日内，或者自发布公告之日起30日内提出。办案人员应当充分听取当事人的陈述、申辩意见，复核当事人提出的事实、理由和证据，并提交复核报告。著作权主管部门不得因当事人申辩加重处罚。著作权主管部门负责人应当对案件调查报告及复核报告进行审查，并根据审查结果分别作出下列处理决定：①确属应当予以行政处罚的违法行为的，根据侵权人的过错程度、侵权时间长短、侵权范围大小及损害后果等情节，予以行政处罚，并制作行政处罚决定书；②违法行为轻微并及时纠正，没有造成危害后果的，制作不予行政处罚通知书；③违法事实不成立的，不予行政处罚，并制作调查结果通知书；④违法行为涉嫌构成犯罪的，应当制作涉嫌犯罪案件移送书，移送司法部门处理。

当事人收到行政处罚决定书后，应当在行政处罚决定书规定的期限内予以履行。当事人申请行政复议或者提起行政诉讼的，行政处罚不停止执行。著作权主管部门作出较大数额罚款决定或者法律、行政法规规定应当听证的其他行政处罚决定前，应当告知当事人有要求举行听证的权利。

3. 行政处罚的方式

著作权行政处罚的方式主要包括警告、罚款、没收违法所得、没收侵权制品、没收安装存储侵权制品的设备以及没收主要用于制作侵权制品的材料、工具、设备等，还包括法律、法规、规章规定的其他行政处罚。

著作权主管部门作出罚款决定时，罚款数额依照《中华人民共和国著作权法实施条例》《计算机软件保护条例》《信息网络传播权保护条例》的相应规定确定。对当事人的同一违法行为，其他行政机关已经予以罚款的，著作权主管部门不得再予罚款。

违法行为情节严重的，著作权主管部门可以没收主要用于制作侵权制品的材料、工具、设备等。具有下列情形之一的，属于"情节严重"：①违法所得数额（即获利数额）二千五百元以上的；②非法经营数额在一万五千元以上的；③经营侵权制品在二百五十册（张或者份）以上的；④因侵犯著作权曾经被追究法律责任，又侵犯著作权的；⑤造成其他重大影响或者严重后果的。没收的侵权制品应当销毁，或者经被侵权人同意后以其他适当方式处理。销毁侵权制品时，著作权主管部门应当指派两名以上执法人员监督销毁过程，核查销毁结果，并制作销毁记录。对没收的主要用于制作侵权制品的材料、工具、设备等，著作权主管部门应当依法公开拍卖或者依照国家有关规定处理。

(三) 刑事救济

1. 著作权犯罪的构成要件

著作权犯罪主要包括侵犯著作权罪和销售侵权复制品罪，构成要件如下。

犯罪主体：两罪的主体均为一般主体，包含单位主体和个人主体。

犯罪主观方面：需满足故意和以营利为目的两项条件。除销售外，具有下列情形之一的，可以认定为"以营利为目的"：①以在他人作品中刊登收费广告、捆绑第三方作品等方式直接或者间接收取费用的；②通过信息网络传播他人作品，或者利用他人上传的侵权作品，在网站或者网页上提供刊登收费广告服务，直接或者间接收取费用的；③以会员制方式通过信息网络传播他人作品，收取会员注册费或者其他费用的；④其他利用他人作品牟利的情形。

犯罪客体：著作权或者邻接权。

犯罪客观方面：对于侵犯著作权罪，指的是未经著作权人或者邻接权人许可的以下行为：①复制发行其文字作品、音乐、电影、电视、录像作品、计算机软件及其他作品的；②出版他人享有专有出版权的图书的；③复制发行其制作的录音录像制品的；④制作、出售假冒他人署名的美术作品的。其中，"发行"包括总发行、批发、零售、通过信息网络传播以及出租、展销等活动，侵权产品的持有人通过广告、征订等方式推销侵权产品的，也构成"发行"。对于销售侵权复制品罪，指的是销售上述侵权复制品的行为。两罪的构成以满足一定的违法数额要件或者情节要件为前提，具体参见《刑法》及其配套司法解释。

2. 著作权刑事诉讼程序

著作权刑事诉讼程序适用《刑事诉讼法》及相关司法解释的规定。对于被害人有证据证明对被告人侵犯自己著作权的行为应当依法追究刑事责任,而公安机关或者人民检察院不予追究被告人刑事责任的案件,可以提起自诉。人民法院依法受理侵犯知识产权刑事自诉案件,对于当事人因客观原因不能取得的证据,在提起自诉时能够提供有关线索,申请人民法院调取的,人民法院应当依法调取。

在办理侵犯知识产权刑事案件时,对于著作权主管部门依法收集、调取、制作的物证、书证、视听资料、检验报告、鉴定结论、勘验笔录、现场笔录等,经公安机关、人民检察院审查,人民法院庭审质证确认,可以作为刑事证据使用;对于著作权主管部门制作的证人证言、当事人陈述等调查笔录,公安机关认为有必要作为刑事证据使用的,应当依法重新收集、制作。

3. 著作权犯罪的刑事责任

对于构成侵犯著作权罪的情形,违法所得数额较大或者有其他严重情节的,处3年以下有期徒刑或者拘役,并处或者单处罚金;违法所得数额巨大或者有其他特别严重情节的,处3年以上7年以下有期徒刑,并处罚金。对于构成销售侵权复制品罪的情形,违法所得数额巨大的,处3年以下有期徒刑或者拘役,并处或者单处罚金。罚金数额一般在违法所得的1倍以上5倍以下,或者按照非法经营数额的50%以上1倍以下确定。

对于侵犯著作权罪和销售侵权复制品罪,符合《刑法》规定的缓刑条件的,依法适用缓刑。但是,有下列情形之一的,一般不适用缓刑:①因侵犯知识产权被刑事处罚或者行政处罚后,再次侵犯知识产权构成犯罪的;②不具有悔罪表现的;③拒不交出违法所得的;④其他不宜适用缓刑的情形。

第五节 我国著作权行政管理

一、著作权行政管理概述

(一)著作权行政管理的概念

著作权行政管理,是国家著作权主管部门运用行政权力对著作权事务进行管理,调整文化教育、新闻出版、广播影视、科学技术等领域涉及的著作权问题。良好的著作权行政管理有助于保护著作权人的权益,维护公共利益,促进著作权产业的发展。

(二)著作权行政管理的主要内容

著作权行政管理的主要内容包括与著作权法实施相关的管理、著作权涉外工作的管理以及其他著作权事务的管理。与著作权法实施相关的管理，包括制定著作权管理的规章、开展著作权登记与备案、监管著作权集体管理组织、法定许可管理、查处著作权案件、著作权纠纷的调解等工作。著作权涉外工作的管理包括国际著作权条约的实施、监管外国作品著作权认证及作品自愿登记工作、处理涉外以及涉港澳台著作权关系、监督涉外著作权展会活动、查处涉外著作权案件等工作。其他著作权事务的管理主要包括为实施著作权战略所需进行的管理、著作权领域的公共服务、文化和宣传教育，还包括著作权先进集体、个人以及示范园区的评选等工作。

二、我国著作权行政管理机构及其沿革

（一）我国著作权行政管理机构的沿革

1985年，文化部呈报国务院，建议在文化部设立国家版权局。1985年，国务院批复同意文化部的建议；同时决定将文化部原出版局改称国家出版局。国家出版局与国家版权局为一个机构、两块牌子。1987年1月，国务院决定撤销文化部所属国家出版局，设立直属国务院的新闻出版署，保留国家版权局，继续保持一个机构、两块牌子的形式。2001年，新闻出版署（国家版权局）升格为正部级单位，改称新闻出版总署（国家版权局），仍为一个机构、两块牌子。2013年3月，全国人大十二届一次全体会议批准《国务院机构改革和职能转变方案》和《国务院关于机构设置的通知》（国发〔2013〕14号），将新闻出版总署、广电总局的职责整合，组建国家新闻出版广电总局，加挂国家版权局牌子。2018年3月，中共中央印发《深化党和国家机构改革方案》，明确指出，"为加强党对新闻舆论工作的集中统一领导，加强对出版活动的管理，发展和繁荣中国特色社会主义出版事业，将国家新闻出版广电总局的新闻出版管理职责划入中央宣传部。中央宣传部对外加挂国家新闻出版署（国家版权局）牌子"。2018年4月16日，国家版权局正式揭牌。

（二）国家著作权主管部门

国家著作权主管部门为国家版权局，主管全国的著作权管理工作。国家版权局在著作权管理方面的主要职责包括：①起草著作权管理的法律法规草案，制定著作权管理的规章并组织实施；②组织查处有重大影响的著作权侵权案件和涉外侵权案件，负责处理涉外著作权关系和有关著作权国际条约应对事务；③组织开展著作权对外交流与合作的有关工作。此外，国家版权局还承担多项出版管理职能。

中国版权保护中心是国家新闻出版署、国家版权局直属事业单位，是我国唯一的计算机软件著作权登记、著作权质权登记机构。中国版权保护中心的主要服务项目包括国内外著作权登记、数字版权服务、版权鉴定、版权咨询、软件著作权登记信息分析、版权法律服务、面向产业的版权咨询服务、作品保管、版权培训与宣传等。

(三) 地方著作权主管部门

我国地方著作权主管部门指的是各省、自治区、直辖市设立的著作权主管部门。地方著作权主管部门的主要职责包括在管辖范围内指导著作权自愿登记工作、组织开展企业版权知识培训、组织开展软件正版化工作、组织著作权的咨询服务工作、指导监督著作权中介组织的工作等。根据我国《行政处罚法》《国务院关于进一步推进相对集中行政处罚权工作的决定》，我国有些地区的著作权行政执法权由文化市场综合行政执法机构统一行使。与此同时，也有部分实施专利权、商标权、著作权"三合一"管理的地区由市场监督管理部门实施著作权行政执法权。

(四) 我国著作权行政管理的价值取向

在我国，著作权行政管理体制长期附属于新闻出版体制之下，著作权也被认为与新闻传播、文化控制、伦理道德乃至意识形态相关，新一轮国家机构改革更强化了这一趋势。我国著作权行政管理在强调保护著作权、维护竞争秩序的同时，也十分重视对著作内容的舆论管控。这也是我国未采取"三合一"体制的重要原因之一。

著作权行政管理和社会管理，是我国著作权保护体系的重要组成部分，二者相互依存，不可偏废。在强调行政管理时，不能忽视社会管理的作用，应当对社会管理加以扶植、制定政策、加强指导。

三、国家著作权发展战略

著作权对著作权人而言是有价值的资产，对于国家也是重要的战略资源。完善著作权制度、促进版权产业的发展、实现著作权国际发展战略，是我国知识产权战略的重要组成部分。我国著作权主管部门应当积极配合并服务于国家著作权发展战略。

(一) 意识形态与版权产业发展

国家著作权发展战略的落实，需要处理好意识形态与版权产业发展的关系。既要发挥市场在版权产业发展中的基础性作用，也要注重意识形态对版权产业发展的引领作用；要避免版权产业发展中感性欲望的泛化、主体人格的异化和人文精神价值的消解等由过度市场化带来的弊端。

(二) 文化体制与版权产业发展

文化产业主要包含以文化为核心内容而进行的创作、生产、传播、展示文化产品和提供文化服务的产业，以及文化辅助生产和中介、文化装备生产和文化消费终端生产等产业。作为文化产业的重要组成部分，版权产业的发展需要以文化体制创新为依托。近年来，我国在进一步深化文化体制改革方面出台了一系列政策性文件，从财政税收、投融资、资产处置、工商管理、考评机制等方面制定了有利于版权产业发展的举措，这些举措应当进一步推广，从而为增强全社会创造活力奠定更为坚实的基础。

(三) 内容创新与文娱产业发展

新媒体的发展丰富了作品传播渠道，为优质作品的收益变现提供了更多的可能性。但是，若没有著作权制度保驾护航，盗版的猖獗将损害创作者的创作热情，并造成遏制内容创新、破坏文娱产业竞争秩序的恶果。在国家著作权战略中，为文娱产业有序竞争树立规则是至关重要的一环，这既需要平衡创作主体与传播主体的利益，也需要进一步思考通过著作权制度的完善实现内容创新收益回馈创作者的具体路径。

(四) 我国著作权国际发展战略

版权资源是国际贸易中的一项重要资源，我国著作权国际发展战略的实现应以发挥版权资源优势为依托。在经济层面，应当倡导公平合理的国际版权贸易秩序，促进版权资源优势向经济优势转化。在文化层面，应当考虑将著作权国际发展战略与建设社会主义文化强国相结合的实现路径，促进展现中华文化独特魅力、反映当代中国价值观念的作品的创作和海外传播，提升国家文化软实力和国际话语权。

四、企业著作权发展战略

(一) 企业著作权管理

企业著作权管理，是指企业运营中所展开的一切与著作权相关的活动的总称，主要包括企业著作权侵权预防、著作权登记、著作权交易、著作权维权、著作权信息管理系统的建立与维护等。企业著作权管理对降低企业著作权侵权风险、保护企业著作权、促进企业可持续发展具有重要的作用。企业应将著作权管理工作提升至战略高度，从产业角度对著作权管理工作展开通盘考量，提高版权意识，明确各部门的版权管理职责，通过各部门之间的信息沟通与协调配合，实现著作权全链条管控。

(二) 企业著作权侵权预防

企业著作权侵权预防对于降低企业运营中的著作权侵权风险至关重要。为建立有效的企业著作权风险控制制度，企业版权合规部门应对业务部门进行必要的法律培训，对企业生产链各环节潜在的著作权侵权风险进行充分提示，要求业务部门就存在风险的情况及时进行咨询，以尽早获得授权或者替换掉侵权元素，实现著作权侵权的源头控制和及时补救。

(三) 企业著作权登记

著作权登记是确定作品著作权人、作品完成时间的初步证据，对于企业投融资和维权等活动的展开具有重要的作用。对于员工完成的作品，企业是否能以自己的名义进行登记，取决于作品是否满足《著作权法》规定的相应条件。企业开展著作权登记工作应注重创作生产部门与版权合规部门之间的合作，对创作完成的作品及时、全面地进行著作权登记。对于时间戳、区块链等有助于著作权确权的新技术，企业也应积极探索，并密切关注司法实践中的态度。

（四）企业著作权交易

企业著作权交易主要指的是企业以著作权资产为标的展开的交易活动，包括著作权使用许可、转让、质押、融资等。通过著作权交易，企业能够降低侵权风险，盘活著作权资源、实现著作权资源效益最大化。但是，错误的交易决策也会使企业蒙受损失，因此，企业需要对交易权限进行管控。著作权交易需要业务部门与版权合规部门共同参与，其中，业务部门主要从市场层面评估交易的可行性，版权合规部门主要从法律层面审核交易链条的完整性，降低交易风险，确定交易双方的权利义务。著作权交易并非一劳永逸，企业需要对著作权交易后的作品状态进行实时跟进，做出相应的策略调整。企业对著作权交易的规划应当长远，建立常态化、有序化、规模化的著作权资源开发体系。

（五）企业著作权维权

企业著作权维权是确保著作权资源保值增值的重要手段。对于核心版权资源，企业应当建立常态化维权机制，定期开展侵权排查活动，并视侵权方式、企业与侵权人的关系、侵权严重程度等，采取发出侵权警告函、平台投诉、侵权诉讼、行政举报或者投诉、检举犯罪等措施。企业著作权维权工作以法律部门为主导，业务部门和技术部门应在事实收集、技术事实的确认等方面提供协助。

（六）企业著作权信息管理系统的建立与维护

企业著作权信息管理系统是企业实现著作权管理效率化的关键。企业应当对版权资源进行全盘梳理，引入技术手段实现版权管理系统的提升。总的来说，企业著作权信息管理系统应当实现两方面的功能：①信息记录及提示。通过系统全面记录著作权权属、授权使用信息、维权信息等，实现权利到期提示，著作权维权状态的实时更新。②版权数据分析功能。大数据分析有助于企业研判著作权交易的趋势，进而制定更为完善的交易策略。大数据也能够帮助企业精准定位侵权多发平台，提升侵权监测的效率，实现对侵权行为的有效打击。

第六节　著作权国际保护

一、著作权国际保护及其新发展

早期的著作权制度具有严格的地域性，随着国际贸易和传播媒介的发展，作品跨地域传播日渐成为常态，对地域性的严格坚持已无法满足保护本国著作权人利益、拓宽海外市场并获取利益的需求，著作权国际保护日渐兴起。著作权国际保护的方式主要有两种：一是通过互惠原则提供对等保护；二是通过双边或者多边条约的规定提供保护。目前国际上主要的有关著作权国际保护的公约包括《伯尔尼保护文学和艺术作品公约》（简称《伯尔尼公约》）、《罗马公约》《世界知识产权组织版权条约》（简称WCT）、《世界知识产权组织表演和录音制品条约》（简称WPPT）、《视听表演北京条约》（简称BTAP）等。其中，WCT与WPPT又被合称为"互联网条约"。除此之外，《TRIPs协定》也有关于著作权保护的内容。随着以《全面与进步跨太平洋伙伴关系协定》（简称CPTPP）以及《欧日经济伙伴关系协定》（简称EPA）为代表的超大自贸区贸易协定的出现，著作权国际保护标准上升到新的高度。

（一）《伯尔尼公约》的主要内容

《伯尔尼公约》是著作权国际保护最重要、最基本的国际公约。《伯尔尼公约》签订于1886年，生效于1887年，历经多次修订。中国于1992年10月15日加入《伯尔尼公约》，适用经1971年修订后的巴黎文本。

《伯尔尼公约》巴黎文本对国民待遇原则、独立保护原则、自动保护原则等著作权国际保护的基本原则作出了规定，并引入了"起源国"概念，作为区分保护的标准。具言之，作者在作品起源国以外的成员方中享有各国法律现在给予和今后可能给予其国民的权利，以及本公约特别授予的权利；作品在起源国享有的保护由该国法律规定，非起源国国民的作者在该国应享有与该国作者相同的权利。关于作品起源国的确定，详见《伯尔尼公约》第5条的规定。

《伯尔尼公约》巴黎文本在构成作品的客体、应享有的权利及保护期等方面，规定了最低保护标准，具体包括：①作品应当包括文学、科学和艺术领域的任何成果，无论其表现形式或者方式如何；②除非作出符合本公约要求的保留，或者满足本公约规定的限制或者例外条款，各成员方应赋予著作权人下列权利：翻译、改编、公开表演及公开传输该表演、朗诵、广播、复制、摄制作品的排他性权利，以及标明作者身份的权利和保护作品完整权等精神权利；③规定了版权保护期限的一般条款，即作者有生之年加上死后50年，并针对匿名或者假名作品、电影作品、摄影作品和实用艺术作品的保护期作了特别规定。此外，公约还规定了权利保护的限制与例外条款，包括在复制权的例外和限制判定中引入"三步检验法"，并赋予了发展中国家实施强制许可的权利，使这些国家可以教育为目的对受保护的作品进行翻译和复制，等等。

(二)《罗马公约》的主要内容

《罗马公约》于1961年签订于罗马，其为表演者、录音制作者、广播组织提供邻接权保护。目前我国尚未加入该公约。

《罗马公约》规定了国民待遇原则。对于表演者而言，享受国民待遇的前提是满足如下3个条件之一：①表演发生在公约成员方内；②表演被录制在受公约保护的录音制品上；③表演在受公约保护的广播节目中播放。对于录音制作者而言，享受国民待遇的前提是满足如下条件之一：①录音制作者是公约成员方国民（国民标准）；②首次录制在公约成员方完成（录制标准）；③首次发行在公约成员方进行（发行标准）。成员方可以对录制标准和发行标准提出保留。对于广播组织而言，享受国民待遇的前提是其总部设在公约成员方，或者广播节目由设在公约成员方的发射台播放。成员方可以声明它只保护其总部设在另一个缔约方，并从设在该同一缔约方的发射台播放的广播组织的广播节目。

根据《罗马公约》，表演者享有禁止固定、录制其现场表演的权利，禁止向公众广播或者传播其现场表演的权利，以及在如下情形下禁止复制载有其表演的固定或者录音制品的权利：①最初的固定未经表演者同意；②复制行为违背了当初表演者同意的目的；③虽然法律许可特定目的录制，比如私人使用，但该录制后来被用于其他目的。对于已将表演录制并商业发行的录音制品的广播或者向公众传播，表演者享有获得报酬的权利。录音制作者享有禁止复制其录音制品的权利，以及从广播和向公众传播行为中获得合理报酬的权利。广播组织享有禁止转播、录制、复制其广播节目的权利，以及禁止在收门票的公共场所向公众传播电视节目的权利。《罗马公约》规定的保护期限至少为20年。

(三)"互联网条约"的主要内容

WCT是《伯尔尼公约》的专门协定，于1996年签署，于2002年生效。WCT主要涉及数字环境下作品和作品作者的保护。WCT不与除《伯尔尼公约》以外的条约有任何关联，其任何内容均不得减损成员方相互之间依照《伯尔尼公约》已承担的现有义务。WCT的主要内容包括：①新增了计算机程序、数据库两项受著作权法保护的客体；②新增了发行权、出租权并对其适用范围进行了限制，规定了更广泛地向公众传输的权利；③将《伯尔尼公约》中适用于复制权的"三步检测法"扩展到了作者的所有权利；④取消了对摄影作品适用较短保护期的规定；⑤新设对技术措施和权利管理信息的保护；⑥明确规定成员方有采取必要措施以确保条约适用的义务。

WPPT 于 1996 年由 WIPO 通过，于 2002 年生效，主要涉及两种受益人的知识产权，特别是在数字环境中的知识产权：①表演者（演员、歌唱家、音乐家等）；②录音制作者（最先将声音录制下来并负有责任的自然人或法人）。WPPT 援引《罗马公约》确定受保护的条件，其国民待遇标准适用《罗马公约》的规定。

根据 WPPT，表演者对其以录音制品录制的表演享有复制权、发行权、出租权和提供权；对于未录制的现场表演享有广播权、向公众传播的权利（表演已属广播表演的除外）、录制权。WPPT 还是第一个赋予表演者精神权利的国际公约，其赋予了表演者承认其系表演者的权利，以及反对任何将有损表演者名声的歪曲、篡改或者其他修改的权利。录音制作者就其录音制品享有复制权、发行权、出租权和提供权。WPPT 赋予的经济权利保护期至少为 50 年。

WPPT 规定的其他主要内容还包括：对于将为商业目的发行的录音制品直接或者间接地用于广播或者用于对公众的任何传播，表演者和录音制作者享有获得一次性公平报酬的权利，但成员方可以以保留的方式拒绝这一权利，其他成员方可以拒绝将国民待遇给予作出保留的成员方；成员方可将其国内立法中为著作权规定的限制或者例外适用于表演者和录音制作者的权利，只要符合"三步检验法"；成员方应采取适当的措施保护技术措施和权利管理信息。

(四)《TRIPs 协定》著作权部分的主要内容

《TRIPs 协定》于 1994 年 4 月在斯德哥尔摩签订，它是关税及贸易总协定乌拉圭回合贸易谈判的产物之一，并由世界贸易组织负责执行。我国于 2001 年 12 月加入该协定。该协定规定了国民待遇原则和最惠国待遇原则，为知识产权的保护设定了全球性的最低标准，并包含了执法与争端解决的实质性条款。

《TRIPs 协定》在著作权部分延续了《伯尔尼公约》的规定，要求成员方遵守《伯尔尼公约》1971 年巴黎文本中第 1~21 条及其附录的规定，仅精神权利除外。在《伯尔尼公约》的基础之上，《TRIPs 协定》新增了关于计算机软件、数据汇编的规定，规定了电影作品和计算机软件作品的出租权，并规定了权利保护的例外和限制判定的"三步检验法"。关于邻接权，《TRIPs 协定》的规定主要如下：①对于表演者，成员方应赋予其授权将表演录制在录音制品之上以及复制该录音制品的权利，以及授权通过无线广播方式播出以及向公众传播其现场表演的权利；②录音制作者应享有授权复制其录音制品的权利；③广播组织应享有授权录制以及复制录制品、以无线广播方式转播以及将其电视广播向公众传播的权利。对于上述邻接权规定，成员方可在《罗马公约》允许的限度内规定条件、限制、例外和保留。《TRIPs 协定》还规定，对于出租录音制品的行为，录音制作者以及按照各成员方法律确定的录音制品的其他权利人享有出租权，或者就录音制品的商业性出租获得公平报酬的权利。

(五)《视听表演北京条约》的主要内容

《视听表演北京条约》由 2012 年 6 月 20 日至 26 日在北京举行的保护音像表演外交会议通过,于 2020 年 4 月 28 日正式生效。本条约涉及表演者对视听表演的知识产权。

根据本条约,表演者对其以视听录制品录制的表演,享有复制权、发行权、出租权和提供权;表演者对其为录制的现场表演,享有广播权(转播的情况除外)、向公众传播的权利(除非表演已属广播表演)、录制权。本条约还规定表演者享有精神权利,即要求承认其系表演者的权利(除非使用表演的方式决定可省略不提其系表演者),以及反对任何将有损表演者声誉的歪曲、篡改或者其他修改的权利,但同时应对视听录制品的特点予以考虑。

本条约规定,表演者应享有授权广播和向公众传播其以视听录制品录制的表演的权利。但是,缔约各方可以通知,它们将规定一项对于以视听录制品录制的表演直接或者间接地用于广播或者向公众传播获得合理报酬的权利,以代替授权的权利。任何缔约方均可以限制这一权利,或者在其对本条约作出保留的情况下拒绝这一权利。在某缔约方作出保留的情况下,并在这一范围之内,其他缔约方可以拒绝将国民待遇给予作出保留的缔约方。

关于权利的转让,本条约规定,缔约方可以在其国内法中规定,表演者一旦同意表演的视听录制,上述专有权即转让给视听录制品的制作者(除非表演者与制作者之间的合同有相反规定)。不依赖于这种权利的转让,国内法或者具有个人性质、集体性质或者其他性质的协议可以规定,表演者有权依照本条约的规定,因表演的任何使用而获得使用费或者合理报酬。

(六)超大自贸区著作权国际保护的新发展

以 CPTPP、EPA 为代表的超大贸易区的自由贸易协定,将著作权国际保护标准推向新的高度。

EPA 将作者、录音制作者的保护期延长为 70 年,规定缔约方应就艺术作品追续权保护交流意见和信息,并提倡缔约方在集体管理领域开展合作,以提高集体管理组织的透明度,消除对不同权利人的差别待遇。

自美国退出后,CPTPP 搁置了 TPP(即《跨太平洋伙伴关系协定》)中过于"美国化"的条款,这些条款包括:将著作权保护期延长为 70 年、对规避控制接触的技术措施的行为追究民事和行政责任、对违反权利管理信息保护规定的行为追究民事和行政责任、就违反加密卫星信号保护规定的行为追究民事和刑事责任、提升网络服务提供者的注意义务等。这些条款既有美国特殊利益的体现,也不乏对新技术带来的利益分配问题的正当考虑,能够在一定程度上反映著作权国际保护的新趋势。

二、著作权国际保护的基本原则

（一）独立保护原则

独立保护原则是著作权国际保护的一项基本原则。总的来说，著作权国际保护制度的发展并未从根本上突破著作权制度的地域性，其主要是为了推动作品国际交流与传播而为成员方提供的著作权保护施加一定的最低标准，并未形成一部统一的"国际著作权法"。因此，对外国公民创作的作品所提供的保护，在很大程度上仍是由该国著作权法律所规定的。《伯尔尼公约》第5条规定："除本公约条款外，保护的程度以及为保护作者权利而向其提供的补救方法完全由被要求给以保护的国家的法律规定。"此即为独立保护原则的典型体现。

（二）自动保护原则

自动保护原则，是关于著作权国际保护的又一项基本原则。根据《伯尔尼公约》第5条的规定，自动保护原则指的是著作权法上规定的权利的享有和行使无须履行任何手续，也无论作品起源国是否存在保护。无须履行任何手续，既包括无须注册、登记、交存作品复制件，也包括无须在作品原件或者复制件上加注著作权标识。自动保护原则并不排斥一国在本国法律中要求以某种形式固定作为受著作权法保护的条件，也不排斥一国在本国法律中将形式要件的取得作为在诉讼中获得律师费、法定赔偿的前提条件。

（三）国民待遇原则

国民待遇原则，是指一国应将其现在给予和今后可能给予本国国民的著作权保护给予其他国民。《TRIPs协定》《伯尔尼公约》、WPPT等均规定了国民待遇原则。《伯尔尼公约》对国民待遇适用的是"作者国籍"和"作品国籍"双重国籍标准，但该公约规定的国民待遇并不适用于公约规定的所有权利。例如，对于追续权，只有在作者本国法律承认这种保护的情况下，才可以在其他成员方内要求保护。WPPT的国民待遇原则适用范围较为有限，仅适用于该条约所专门授予的专有权以及获得合理报酬的权利。

（四）最低保护标准原则

最低保护标准原则，是指一国给予其他成员方国民的著作权保护应当满足国际公约规定的最低保护标准，这些标准主要包括权利保护客体、权利取得方式、权利内容、权利保护期、权利限制等。最低保护标准意味着各国仍可以赋予其他成员方国民更宽泛的著作权保护。

最低保护标准原则是对国民待遇原则的重要补充。国民待遇原则是在承认各国著作权制度差异性的前提下，实现成员方著作权制度之间的协调，但在一国著作权保护水平较低的情况下，即使赋予国民待遇原则，也无法对另一成员方国民的著作权提供有效保护。最低保护标准原则有助于弥补这一缺陷，使各成员方在著作权保护水平方面实现一定程度的统一，这对于促进各国在文学、艺术、科学方面开展国际交流具有十分重要的意义。

三、著作权国际保护与我国著作权制度的适应性

（一）全球化视野下我国著作权制度的构建

1990年，我国《著作权法》颁布之时，世界上已有诸多国家建立了较为成熟的著作权保护体系，并就著作权保护的基本原则和惯例达成了一系列共识。这些共识性的规定集中体现在《伯尔尼公约》中，并为我国所借鉴。我国著作权制度的两次修正也是为了适应著作权国际保护的新趋势。

（二）著作权国际保护态势与我国著作权保护状况的适应性

著作权国际保护始终处于动态发展之中。一方面，新近签署的双边、复边国际条约在著作权保护部分呈现出权利扩张、保护期延长、执法标准提升等趋势；另一方面，著作权人与作品传播者、使用者就新兴技术引发的利益分配的争议仍在持续，反著作权保护、促进知识共享的呼声亦未停歇。总的来看，目前著作权国际保护领域的主要争议体现在网络服务提供者的注意义务、网络时代广播组织权利的保护，邻接权客体、表演者和录音制作者对录音制品广播的禁止权与获益权，技术措施的保护、权利保护期、合理使用的适用范围、集体管理制度的改革等方面。考生应当积极关注著作权国际保护的最新动态，从制度与执法两个层面，分析我国著作权保护状况的适应性。

（三）后TRIPs时代我国著作权国际战略

后TRIPs时代是更高保护标准的国际知识产权协议相继出炉的时代，也是知识产权领域"南北对抗"、发展中国家赶超的时代。我国《著作权法》第三次修改呈现出产业驱动的特点，标志着我国著作权制度变革的动力从外部转向内部，与之相应，我国著作权国际战略也应当进行一定的调整。随着我国经济的发展及国际地位的提高，我国应当逐步摆脱在著作权保护中被动接受的局面，积极参与各种国际著作权合作，倡导符合我国著作权产业利益、发展中国家利益的国际著作权保护规则，促进国际著作权贸易的公平化。

四、中美知识产权纠纷中的著作权问题

(一) 中美贸易摩擦及其知识产权纠纷

改革开放以来,中国知识产权制度的演进基本上没有离开过中美互动。中美第一次知识产权争端发生于 1991 年,以双方于 1992 年签署《中美政府关于保护知识产权的谅解备忘录》,要求中国改进知识产权制度告终。中美第二次知识产权争端发生于 1994 年,诱因为中国较为落后的知识产权执法状况,双方于 1995 年达成协议,并以《有效保护及实施知识产权的行动计划》作为附件。中美第三次知识产权争端围绕中国如何执行 1995 年双方签订的协议而展开,因 1996 年新协议的签订而结束。1996 年签订的协议明确了中国对 1995 年协议的履行状况以及将会进一步采取的措施,主要包括改善音像制品、电影和计算机软件等知识产权产品的市场准入。自 2007 年起,《特别 301 报告》关注的重点主要是中国的知识产权执法程序和执法效果、商业秘密保护、技术转让规定、自主创新政策等内容。

(二) 历次中美知识产权纠纷中的著作权问题

中美知识产权纠纷中的著作权问题,集中体现在各年度《特别 301 报告》中。例如,1991 年的报告主要提出了两方面的问题:一是中国未能对发表于中国境外的美国作品提供保护,二是中国版权保护水平过低。1996 年报告指出中国对音像和计算机软件作品零售市场著作权保护不力。2007 年及其之后的报告在著作权方面主要关注犯罪门槛、赔偿额度、互联网盗版、软件正版化等问题。中美双方于 2020 年 1 月 15 日签署的《中华人民共和国政府和美利坚合众国政府经济贸易协议》对上述问题进行了回应,协议要求双方规定足以阻遏未来知识产权窃取或侵权的民事救济和刑事处罚,采取有效、迅速的行动制止网络环境下的侵权,以及确保所有政府机构以及政府拥有或控制的实体均安装和使用经许可的软件。

(三) 新技术发展对中美著作权纠纷的影响

著作权制度的每一次变革,都与新技术发展带来的利益分配新格局息息相关。各国版权产业发展状况、国内利益团体博弈样态、意识形态、文化基础等方面的差异,决定了各国著作权制度变革方向的差异,冲突在所难免。以人工智能、区块链、虚拟现实等为代表的新技术,对现有的著作权客体、主体、权利内容、侵权责任、权利限制等制度提出了挑战,这也将为中美著作权制度博弈开辟新战场。对于由新技术引发的著作权保护新趋势,以及由此引发的中美博弈,考生也应持续关注。

第九章 地理标志

CHAPTER 9

世界贸易组织将地理标志纳入知识产权保护范畴后，地理标志越来越受到世界各国的普遍重视。地理标志能够引起人们如此重视的一个重要原因，是地理标志背后蕴藏着巨大的经济利益，这一点在国家间的进出口贸易中尤为突出。

第一节 地理标志专用权的取得

一、地理标志专用权的申请主体

（一）以地理标志产品保护的申请主体

申请保护地理标志产品，分为国内地理标志产品和国外地理标志产品。

第一，国内地理标志产品保护的申请主体，在原则上要求是该申请地理标志产品的持有人，包括经营者、行政管理部门、行业协会等组织或其集合。我们在地理标志的权利特征中已经提到，该权利是属于全体生产者的知识产权，不是为个人所有的，因此对地理标志产品的保护是一种集体性的保护。也正是因为如此，地理标志产品的申请人必须要由该地区的政府来指定或认定，并征求相关部门的意见。按照相关规定，我国可以提出地理标志产品保护申请的主体主要有三类：一是当地县级以上人民政府指定的地理标志产品保护申请机构；二是人民政府认定的协会，一般为行业协会、商会等社会团体；三是人民政府认定的企业，即生产或经营该产品的企业或企业的集合。

第二，根据国家知识产权局印发的《国外地理标志产品保护办法》第2章第7条和第8条的相关规定，国外地理标志产品在华保护，由该产品所在原产国或地区地理标志保护的原申请人申请，经原产国或地区地理标志主管部门推荐，向国家知识产权局提出。国外地理标志产品在华保护申请人可以指定其在华机构作为在华保护工作的联系人，也可商请原产国或地区官方驻华代表机构工作人员作为在华保护工作的联系人或指定代理人。

（二）以证明商标或集体商标注册的地理标志的申请主体

以证明商标或集体商标注册的地理标志的申请主体也同样分为国内地理标志的申

请主体和国外地理标志的申请主体。

第一，一般来说，以集体商标注册的国内地理标志的申请主体以团体、协会或社会其他组织为主。此外，该团体、协会或其他组织的组成人员原则上应当都来自该地理标志标识的地区范围内；而以证明商标注册的地理标志的申请主体往往是具有一定监督和检测能力的专业机构。

第二，外国人或者外国企业希望在华申请以地理标志作为集体商标、证明商标注册的，申请人应提供经认证的地理标志以其名义在其原属国受法律保护的证明。

二、地理标志申请程序

地理标志的申请程序对于国内地理标志产品和国外地理标志产品是不同的，下面将分别从国内与国外两方面进行介绍。

（一）国内地理标志产品申请程序

第一，地理标志申请。

国内地理标志产品保护申请，是要由有资格的申请人提出，并征求相关部门的意见，然后由省级知识产权局，分别负责对拟申请的地理标志产品的保护申请提出初审意见，并将相关文件和资料上报给国家知识产权局。

第二，地理标志审核批准。

省级知识产权局对收到的申请先进行形式审查。审查后合格的，再报国家知识产权局进行进一步的实质审查。审查均合格的，由国家知识产权局在政府网站等媒体上向社会发布受理公告；若是审查不合格，需要书面告知申请人。在国家知识产权局向社会发布受理公告后，若有关单位或有关人员对公告结果有异议，可以在公告后的2个月内向国家知识产权局提出。国家知识产权局按照地理标志产品的特点来设立相应的专家审查委员会，负责相关地理标志产品保护申请的技术审查工作。以上步骤之后，国家知识产权局将会组织专家审查委员会对没有异议或者有异议但被驳回的申请再一次进行技术审查，审查结果合格的，由国家知识产权局发布批准该产品获得地理标志产品保护的公告。

2019年12月全国将12个省市列为进行专用标志核准使用的试点城市，由省级知识产权部门对地理标志生产企业进行备案登记，发布专用标志公告。在试点省市内复核标准的申请人员可以向省级知识产权部门提出申请并提交以下材料：《地理标志产品专用标志使用申请书》、产地主管部门出具的产品产自特定地域范围的证明、指定的质量检验机构出具的检验报告。

对于不处于试点城市的合格申请人，需要提交的材料有：

1）有关地方政府关于规定地理标志产品产地范围的建议。

2）有关地方政府成立申请机构或认定协会、企业作为申请人的文件。

3) 地理标志产品的证明材料。

4) 拟申请的地理标志产品的技术标准。

其中,相关的证明材料中主要包括:

1) 地理标志产品保护申请书。

2) 产品名称、类别、产地范围及地理特征的说明。

3) 产品的理化、感官等质量特色及其产地的自然因素和人文因素之间关系的说明。

4) 产品生产技术规范,包括产品加工工艺、安全卫生要求、加工设备的技术要求等。

5) 产品的知名度,产品生产、销售情况及历史渊源的说明。

(二) 国外地理标志产品申请程序

国外地理标志产品的申请主要有以下几个步骤:

1) 申请准备,提交规定的申请书件和材料。

2) 按照国际商标注册申请书填写具体要求。

3) 领取证件。

4) 注册后办理各种变更事项及异议申请。

其中,根据《国外地理标志产品保护办法》的相关规定,需要注意以下几点。

首先,国外地理标志产品在华保护申请需提供的中文书面材料有:

1) 国外地理标志产品在华保护申请书。

2) 申请人名称和地址、联系电话,在华联系人、地址和联系电话。

3) 在原产国或地区获准地理标志保护的官方证明文件原件及其经过公证的中文译本。

4) 原产国或地区地理标志主管机构出具的推荐文件,推荐该产品在华注册保护的官方文件原件及其经过公证的中文译本。

5) 原产国或地区地理标志主管机构出具的产地范围及其经过公证的中文译本。

6) 该产品的质量技术要求。

7) 检测报告:原产国或地区出具的,证明申请产品感官特色、理化指标的检测报告及其经过公证的中文译本。

8) 其他辅助证明资料等。

其次,国家知识产权局收到申请材料后,需要在30个工作日内组织对申请材料形式审查。形式审查的结论分为予以受理、需要补正和不予受理三种。予以受理的,国家知识产权局发布公报,并在其官方网站向社会公示;需要补正的,国家知识产权局向申请人书面反馈补正意见。申请人向国家知识产权局提交补正材料后,国家知识产权局重新组织形式审查;不予受理的,国家知识产权局向申请人发出不予受理的书面通知书。

最后，异议内容包括：异议人姓名、单位名称、联系方式，异议的原因及证据材料等。异议应当以中文书写，签字或签章有效。国家知识产权局收到异议后，及时将异议内容反馈给申请人。异议由异议双方协商解决，也可以由国家知识产权局组织异议双方协商解决；协商不定时，由国家知识产权局组织地理标志专家委员会审议后裁定。

三、地理标志产品保护与运用的实质性要求

（一）地理标志权的权利特征

地理标志，是用于表明商品地理来源的标志，主要包括地理名称，同时也包括由单词、短语、符号或象征图形构成的具有地理含义的其他标记。从本质上来理解，地理标志表明货物的原产地与来自这一原产地产品的特定的质量、声誉或其他特征有关联。

第一，地理标志权是一项特定的地区权利，即地方性专有权。不同于专利权、商标权、著作权等其他知识产权，地理标志权的权利主体更加泛化，最根本的原因就在于地理标志权的集体性。也正是因为其集体性，地理标志权在淡化了权利的私有性的同时强化了权利的公共性。

第二，地理标志权的所有者与使用者相分离。这一点并不难理解，由于地理标志权的权利主体是集体组织，我们可以理解为该权利是集体组织所拥有的一项专有权，而往往它也仅具有较为模糊的象征意义。那么对于集体组织中的个人成员来讲，该权利只能是一种使用权，但同时它也将受到相关法律的保护。

第三，地理标志权的存续原则上无时间限制。回到地理标志的概念，由于地理标志只与特定地区的相应商品的特定质量、声誉或其他特征相关，因此只要这些关联性的内容依然存在，那么与其相应的地理标志权就可以一直存续下去，并无时间上的限制。

第四，地理标志权与单纯的地理标志不具有唯一对应性。地理标志权虽然与地理标志相关，但其出发点还是更关注相关的产品。举个简单的例子，在同一地域中的不同产品，可能它们的地理区域或者地理标志是相同的，但是却可能出现许多可以独立存在的地理标志权。

第五，地理标志权的处分受到限制。由于地理标志权与相关地区及其产品紧密相关，因此地理标志权的所有者与使用者往往是该地理区域之内的组织或者个体成员。因此，地理标志权的转让或转移相较于专利权、商标权或著作权等其他知识产权来说必然会受到更多的限制。

第六，地理标志权是自动产生的，不以行政确权为前提。我们可以通过比较地理

标志权和商标权,来探讨研究地理标志权是否以行政确权为前提。从相同点出发,地理标志与商标两者都是属于"标识性标志",用来帮助区分商品和服务,但是它们从本质上来说是完全不同的。商标权是人为创设的,但是地理标志权则是基于特定的地理、经济、文化、历史等因素自然形成的使消费者对来源于特定地理区域的产品所形成的一种广泛的认知。这一认知形成的过程可以理解为地理标志的自然属性,而行政确权仅仅是为其提供保护,并不是用于创设这一权利。

(二)地理标志保护与运用的实质性要求

2019年,在全国知识产权局局长会议上,申长雨局长提出要实施地理标志运用促进工程,要求要聚焦地理标志发展问题,加强载体融合和资源整合,提高知识产权运用综合效能,明确重点任务和举措,大力推动地方特色经济高质量发展。2019年8月,国家知识产权局印发《地理标志运用促进工程实施方案》,正式实施该工程,这也为地理标志产品保护与运用提出了实质性要求。主要有以下几点:

第一,认识地理标志运用促进工程的重要性。实施地理标志运用促进工程是贯彻党中央、国务院决策部署,是当前知识产权强国建设的一项重要任务,是提高知识产权运用综合效能,推动地方特色经济高质量发展的一项重要工作,也是实施乡村振兴战略、助力打赢扶贫攻坚战的一项重要举措。只有真正认识到了其重要性,才能最大限度地完成其保护的实质性要求。

第二,抓好地理标志运用促进工程的组织实施工作。要运用促进工程实施方案的政策解读和宣传指导,加快推动工程实施落地。一方面,要选择一批地理标志优势地区,要加强重点引导和资金支持,开展地理标志运用促进工程项目申报;另一方面,也要聚焦地理标志助力精准扶贫,重点支持西部地区脱贫攻坚。总之,要充分发挥好中央财政资金扶持作用,对项目实施加大投入。

第三,加强对地理标志运用促进工作的组织领导。有关部门单位、各省(区、市)知识产权局需要高度重视地理标志运用促进工作,将其纳入本部门单位重点工作,加强规划政策引导,优化服务改革,确保各项工作有力推进,要进一步加强对地方地理标志运用促进工作的统筹指导。只有高层和有关部门对地理标志运用给予了足够的重视,才能在全社会营造一种良好的氛围,带动全社会一起推动相关工作。

(三)地理标志的有效运用途径

从某种程度上来讲,地理标志的大众认可程度比专利权、商标权等其他类别的知识产权更高。生活中许多产品都带有地理标志的标签,人们也在生活中有意无意地使用着这些地理标志。然而,目前地理标志存在的最突出的问题就是重注册、轻运用,而地理标志的运用才是关键所在。以2018年为例,中国地理标志的注册量是8507件,位列世界第三,而地理标志的诉讼量却极低。其原因主要有两个:一是地理标志自身的问题。地理标志是一种集体性权利，权利的归属不清晰，导致人们对地理标志的使用意愿也随之降低。二是地理标志管理体制的问题。地理标志的管理涵盖的部门非常复杂，且管理范围不够明确，这种管理模式导致地理标志的运用效益很难考量。

为解决这些问题，更好地通过地理标志运用来促进经济发展，有四个方面的解决途径：

第一，完善和加强地理标志立法和体系建设。我国是地理标志资源富集型国家，地理标志作为我国的优势知识产权，加强其保护在很大程度上有助于我国在知识产权国际合作中取得优势地位。但是，在《商标法》体系下，用证明商标和集体商标进行地理标志的保护必然会存在问题，因此在立法方面，进行地理标志单独立法或者制定相关地理标志保护条例势在必行。

第二，开展经济调研，进一步探索地理标志的作用，最大限度地利用地理标志蕴藏着的巨大经济潜力。理论上讲，地理标志在价值链运转过程中，会对商品的附加值产生影响，从而对经济、就业产生影响，我们需要进行深层次的调研，将这种作用客观地展现出来，明确地理标志工作中应该加强哪些环节，推动地理标志能够实证地促进经济发展。

第三，要勇于打破壁垒，实现知识产权的综合运用。我们要努力做到打通知识产权创造、运用、保护、管理和服务全链条，从真正意义上将专利、商标、地理标志等衔接起来，发挥组合效应，这样不仅对地理标志保护的运用有极大的促进作用，也将助力整个知识产权行业的发展，从而通过该领域来推动我国经济的发展。

第四，强化与产业发展和中小企业发展相结合。2020年由于疫情的影响，原本就步履维艰的中小企业面临着更大的挑战。那么，对地方来讲，将中小企业发展与地理标志产品相结合，是促进中小企业发展的重要方式之一。而地理标志产品要实现长久发展，品质的保证是重中之重。两者是相辅相成的，因此中小企业更要注重技术驱动，制定强化标准，这样才能不断扩大地理标志产品的影响力，而自身也会随之成长，逐渐形成地方支柱产业。

四、作为证明商标或者集体商标注册的地理标志权利的取得、使用与管理

《集体商标、证明商标注册和管理办法》对证明商标或者集体商标注册的地理标志权利的取得、使用与管理分别作了相应的规定。

（一）以证明商标、集体商标注册的地理标志权利的取得

申请以地理标志作为集体商标注册的，应当附送主体资格证明文件并应当详细说明其所拥有的或者其委托的机构拥有的专业技术人员、专业检测设备等情况，以表明其具有监督使用该地理标志商品的特定品质的能力；申请以地理标志作为证明商标注册的，应当附送主体资格证明文件并应当详细说明其所拥有的或者其委托的机构拥有

的专业技术人员、专业检测设备等情况，以表明其具有监督该证明商标所证明的特定商品品质的能力。此外，申请以地理标志作为集体商标、证明商标注册的，还应当附送管辖该地理标志所标示地区的人民政府或者行业主管部门的批准文件。外国人或者外国企业申请以地理标志作为集体商标、证明商标注册的，申请人应当提供该地理标志以其名义在其原属国受法律保护的证明。

(二) 证明商标、集体商标注册的地理标志权利的使用与管理规则

集体商标的使用管理规则一般包括以下几个方面：一是使用该集体商标的宗旨；二是使用该集体商标的商品的品质；三是使用该集体商标的手续；四是使用该集体商标的权利、义务；五是成员违反其使用管理规则应当承担的责任；六是注册人对使用该集体商标商品的检验监督制度。

对于证明商标而言，其管理规则也应该包括以下几个方面：一是使用该证明商标的宗旨；二是该证明商标证明的商品的特定品质；三是使用该证明商标的条件；四是使用该证明商标的手续；五是使用该证明商标的权利、义务；六是使用人违反该使用管理规则应当承担的责任；七是注册人对使用该证明商标商品的检验监督制度。

五、地理标志专用标志的合法使用

2020年4月3日，国家知识产权局发布《地理标志专用标志使用管理办法（试行）》（简称《办法》），这标志着我国地理标志专用标志实现了统一，为我国建立地理标志统一认定制度下的保护模式打下重要的基础，切实做到了有法可依，必将进一步提升我国地理标志保护水平。

多年来，我国并没有一套独立的地理标志专用的法律法规体系，这在给消费者对地理标志产品进行识别带来很大困扰的同时，也增加了部分生产者的运营成本，这些都非常不利于整个市场的健康运作，同时，没有明确的法律指向，毫无疑问也加大了地理标志监管执法工作人员的工作难度。该《办法》的出现，解决了消费者、生产者和执法者在该领域的困扰，对统一地理标志监管保护具有积极作用，有助于在全社会形成保护地理标志的良好氛围。

《办法》从以下几个方面规范了专用标志的使用和管理。

第一，它明确了专用标志的官方标志属性。制定发布地理标志专用标志使用管理要求将由国家知识产权局负责统一完成，不符合该《办法》规定且未经国家知识产权局同意的个人和组织，将无权使用与专用标志相同或近似的标志。

第二，它明确了使用人的义务。拥有使用权的个人和组织必须是经公告核准使用地理标志产品专用标志的生产者或者经公告地理标志已作为集体商标注册的注册人的集体成员，从源头上保证了使用人的身份合法。对于合法的使用人，应当遵循诚实信用原则，按照相关标准、管理规范和使用管理规则组织生产地理标志产品，保证使用

专用标志的地理标志产品严格按照统一的标准、规范或规则生产,确保产品的特定品质。

第三,它明确了使用要求。使用人应按要求规范标示地理标志专用标志,标注统一社会信用代码,这将为地理标志监管执法提供更加直观的判断依据,进一步提高地理标志保护执法水平,也将有助于加强社会监督。

第四,它明确了使用监管责任。一方面,针对消费者,未经公告擅自使用或伪造地理标志专用标志的,或使用可能误导消费者的文字或图案标志致使消费者将该产品误认为地理标志,知识产权管理部门及相关执法部门依照法律法规和相关规定进行调查处理。另一方面,该《办法》也鼓励省级知识产权管理部门将地理标志专用标志使用和日常监管信息通过地理标志保护信息平台向社会公开,做到阳光行政。

在未来,国家知识产权局也将组织各地积极稳妥推进地理标志专用标志的更换工作,进一步严格规范地理标志专用标志申报的审核程序和要求,加强专用标志使用的日常监督管理和动态管理,不断提升地理标志保护水平,促进经济高质量发展。

第二节 地理标志的保护

一、地理标志产品的保护

(一) 侵权行为

在对地理标志产品进行保护之前,必须认识到哪些行为将被定义为侵权行为,这将为消费者、生产者和执法人员都带来极大的便利。认定侵犯地理标志权利人权利的行为主要有以下三类:

第一,擅自使用或伪造地理标志名称及专用标志的行为。这是指没有获得地理标志保护、不享有地理标志权的经营者,擅自使用已被核准的地理标志名称、专用标志,或者伪造专用标志的行为。

第二,不符合地理标志产品标准和管理规范要求而使用该地理标志产品的名称的行为。这主要是指地理标志产品保护区域内的生产者生产的同种产品,虽然是在保护区域生产的同种产品,但因其产品不符合地理标志产品标准和管理规范要求而未被准予使用专用标志,但该经营者却擅自使用该地理标志名称。

第三,使用与专用标志相近、易产生误解的名称或标识及可能误导消费者的文字或图案标志,使消费者将该产品误认为地理标志保护产品的行为。不同于前两类侵权行为,它虽然没有使用被核准的地理标志产品名称、专用标志,但其以方案或图案等方式所使用的名称、专用标志与地理标志产品的名称、地理标志相近,易被误认为是地理标志产品。

(二) 保护和监督

根据规定，各地知识产权机构都将依法对地理标志保护产品实施保护。对于侵权行为，知识产权行政管理部门将依法进行查处。同时，社会团体、企业和个人可监督、举报。

除此之外，各地知识产权机构还可以从源头上对产品进行保护和监督。各地知识产权机构对地理标志产品的产地范围，产品名称，原材料，生产技术工艺，质量特色，质量等级、数量、包装、标识，产品专用标志的印刷、发放、数量、使用情况，产品生产环境、生产设备，产品的标准符合性等方面进行日常监督管理。

另外，获准使用地理标志产品专用标志资格的生产者，未按相应标准和管理规范组织生产的，或者在 2 年内未在受保护的地理标志产品上使用专用标志的，国家知识产权局将注销其地理标志产品专用标志使用注册登记，停止其使用地理标志产品专用标志并对外公告。

二、作为地理标志保护中的通用名称的判定

在《地理标志保护中的通用名称判定指南》中，通过对地理标志通用名称判定的方式来进行对证明商标或集体商标注册的地理标志的保护。涉及地理标志保护的通用名称是指虽与某产品最初生产或销售的地点、地区或国家相关，但在我国已成为产品常用的名称。该名称在我国用以指代特定生产方法、特定规格、特定质量、特定类型或特定类别的产品。所以，拟申请保护的地理标志在我国不得属于通用名称。如果以组合名称形式申请地理标志的，组合名称中的单独组成部分属于或演变为通用名称，则该部分不受地理标志保护。在我国已获保护的地理标志演变为通用名称的，可依照有关程序撤销。在作出地理标志保护公告或行政裁决结论时，应依照规定，对组合名称中不予保护的部分予以公示。

判定与地理标志有关的通用名称是否成立时，应综合考虑以下要素：①名称在我国法律法规、国家标准或行业标准等规范中作为产品特定类型、类别使用的情况；②名称在我国出版发行的字典、辞典、工具书、报刊中的使用情况以及在我国互联网站的使用情况；③名称所指产品在我国市场生产、销售和流通时的使用情况；④名称所指产品在原产地之外，以不误导公众货物产地的方式进行生产的情况及其在我国开展贸易的情况；⑤其他可能造成该名称成为通用名称的因素。

三、最高人民法院《关于审理商标授权确权行政案件若干问题的规定》中对地理标志保护的规定

最高人民法院《关于审理商标授权确权行政案件若干问题的规定》（简称《规定》）中就地理标志保护问题，涉及以下几个方面：

《规定》第17条规定，地理标志利害关系人依据《商标法》第16条主张他人商标不应予以注册或者应予无效，如果诉争商标指定使用的商品与地理标志产品并非相同商品，而地理标志利害关系人能够证明诉争商标使用在该产品上仍然容易导致相关公众误认为该产品来源于该地区并因此具有特定的质量、信誉或者其他特征的，人民法院予以支持。如果该地理标志已经注册为集体商标或者证明商标，集体商标或者证明商标的权利人或者利害关系人可选择依据该条或者另行依据《商标法》第13条、第30条等主张权利。

其中，涉及地理标志保护的关键问题如下：

第一，什么是利害关系人。利害关系人和权利人，在中国大多数的地理标志都有地理标志组织，这些组织主要是社团、协会等，当然有些地域的地理标志没有这些社团和协会，这种情况下这个地理标志的产品的生产加工者、市场经营者也可以作为利害关系人提出相关的主张。

第二，什么是并非相同的商品。如一个标志是该代表产品的原产地名称，且在当地已经得到了保护，但是却在其他国家被用在了其他并非相同的产品上。那么考虑到标志本身在原产地的保护强度，加上不同产品与服务之间的差异程度，人民法院会认为即使该标志共存于市场上，也不会误导公众。

第三，地理标志作为近似性对比。现行的观点是，如果普通商标申请在前，地理标志注册在后，这种情况应该考虑地理标志的一些客观情况以及知名度、显著性、相关公众的认知等因素判断是否混淆；如果普通商标申请在后，可以从是否攀附地理标志知名的角度，以及是否容易造成相关公众对于商品（服务）产生混淆的角度给予判断。

第四，地理标志的跨类保护。理论上，如果普通商标在先构成驰名商标，也可以跨类保护，阻却地理标志商标的注册使用。但需要考虑的是，跨类保护是对地理标志商标专用权的一种限制，而不是对地理标志本身的一种限制。这种情况强调的是地理标志作为独立权利客体，若不是商标性使用，仅作地理标志指示性使用，一般不因普通驰名商标阻碍而受到限制。

四、地理标志保护存在的主要问题

由于地理标志保护仍然处于起步阶段，在保护过程中还存在一些问题，主要表现在以下几个方面。

第一，地理标志与商标权的冲突。地理标志与商标权在某些作用上起到了较为类似的作用，且地理标志的保护模式暂时还是使用商标权保护的模式，因此两个权利的关系还是非常密切的，那么现在要对地理标志进行独立的保护，必然会引起与商标权之间的冲突。冲突主要表现在因商标法中对善意注册的在先权利进行保护，大量已经取得商标注册的含有地理标志的普通商标依然存在。这些普通商标与地理标志并非都有直接联系，其产品也并非与真正地理标志所标示区域生产的产品质量相符，但两者同受保护。这两种可对消费者造成认知混淆的标识的同时使用，使得这两项权利的行使在实践中纠纷不断。同时，有些已经被注册为普通商标的地理标志又根据《地理标志产品保护规定》获得了地理标志产品保护，这样就会出现某些产品同时有普通商标和地理标志产品保护的现象。如果二者属于同一主体通常不会出现问题，但若二者分别属于不同主体时就会产生矛盾和冲突。

第二，集体商标、证明商标保护与地理标志产品保护之间不协调。集体商标、证明商标与地理标志产品保护之间的矛盾的根源在于中国目前对于地理标志保护实施的所谓"双轨制"保护模式，这样，同一地理名称可能同时受到《商标法》和《地理标志产品保护规定》的保护，这会形成法律适用的冲突。

第三，地理标志产品缺乏质量控制。地理标志产品应该是质优产品，其生产加工应符合有关的工艺和标准。生产地理标志产品的企业应该注重特色和质量，而不是盲目地扩大产量忽视质量。但目前我国有许多企业只顾眼前利益，忽视产品的特色和质量。

第四，我国地理标志缺乏国际保护。我国政府和企业对地理标志的保护大多局限于国内市场，国外市场的地理标志产品已经被严重侵害，如在俄罗斯，许多外国生产的"中国茶"被摆在柜台上堂而皇之地出售，使俄罗斯的消费者难辨真假，严重损害了我国地理标志的声誉。

五、地理标志保护发展趋势

目前，我国正在构建对地理标志进行系统保护的机制。我国是一个疆域辽阔、资源丰富的大国，享誉全国乃至驰名世界的名特优产品众多，因此，在未来对地理标志保护方面必然会成为一个重中之重的话题。我们可以从以下几个方面来入手。

第一，制定《中华人民共和国地理标志保护法》。根据《TRIPs协定》的精神，在本国不予保护的地理标志在国际上也得不到保护。中国已经加入了世界贸易组织，而当前我国对本国地理标志的保护和立法情况，还远远不能适应加入世界贸易组织后地理标志保护的迫切需要。那么，鉴于地理标志巨大的经济价值和地理标志作为我国知识产权的优势，可以通过专门的立法来进行全方面、系统的保护。

第二，成立保护地理标志的专门机构。如法国拥有独立的保护地理标志的专门机构，我国可以加以借鉴，成立专门的地理标志保护机构，可以在国家知识产权局下设立一个专门的地理标志保护委员会，直接负责地理标志的审核、注册、使用管理和监督工作，并可以直接解决各种纠纷、协助司法机关人员制止和制裁对地理标志的盗用和滥用现象等，也可以直接对不正当使用的外国生产经营者提起诉讼。

第三，制定保护地理标志的地方立法和部门规章。由于我国幅员辽阔，各地的具体经济、文化、历史情况都不同甚至差异较大，那各地可以在不违背国内法基本原则的基础上，允许各相关部门结合当地的实际情况来制定相应的部门规章和地方法规，从而将地理标志的管理一起纳入一个完整的法律体系中。

第四，制定严格的地理标志的质量监督制度。使用地理标志的商品不仅应符合其地域条件，更应该符合其传统的特色和质量要求。因此，要对使用地理标志的商品加以更加严格的管理和监督。其中，可以考虑由负责地理标志保护的专门机构来具体制定有关产品的质量、特征等方面的国家标准，同时也可以负责对产品使用的全过程的监督。

第三节　地理标志海外保护实务

地理标志已作为独立的知识产权形态被世界各国最终接受和认可，这个历史过程离不开4个国际条约。它们分别是1883年《巴黎公约》、1891年《制止商品产地虚假或欺骗性标记马德里协定》（以下简称《马德里协定》）、1958年世界知识产权组织《保护原产地名称及其国际注册里斯本协定》（以下简称《里斯本协定》）和1994年《TRIPs协定》。世界知识产权组织负责对前三者的管理和执行；世界贸易组织负责对《TRIPs协定》的管理和执行。

一、世界知识产权组织地理标志保护机制

（一）《巴黎公约》

《巴黎公约》于1883年缔结，并于1990年在布鲁塞尔修订，1911年在华盛顿修订，1925年在海牙修订，1934年在伦敦修订，1958年在里斯本修订，1967年在斯德哥尔摩修订，并于1979年修正。1984年11月14日，第六届全国人大常委会第八次会议决定，中华人民共和国加入《巴黎公约》（1967年斯德哥尔摩文本），同时声明：中华人民共和国对《巴黎公约》第28条第1款予以保留，不受该款约束。

《巴黎公约》是由世界知识产权组织管理的，其实质性条款主要有3条，包括了国民待遇、优先权和共同规则。同时，它也是第一个为地理标志提供国际保护的公约。《巴黎公约》适用于最广义的工业产权。《巴黎公约》第1条第2款规定："工业产权的保护对象有专利、实用新型、外观设计、商标、服务标记、厂商名称、货源标记或原产地名称和制止不正当竞争。"《巴黎公约》将"货源标记"（indication of source）和"原产地名称"（appellations of origin）作为知识产权独立形态予以保护。《巴黎公约》第10条规定了保护义务，要求对标有虚伪的货源或生产者标记的商品在输入时予以扣押。

对于《巴黎公约》中对于地理标志的相关规定，当时的国家工商行政管理总局于

1989年便履行了《巴黎公约》对原产地名称保护的有关国际义务。1989年10月26日国家工商行政管理总局发文通知，要求我国企业、事业单位和个体工商户以及在中国的外国企业不得在酒类商品上使用"Champagne"或"香槟"（包括大香槟、小香槟、女士香槟）字样。

(二)《马德里协定》

1891年，部分巴黎公约成员方签署了《马德里协定》，创始缔约方主要包括法国、西班牙、瑞士和英国等欧洲国家，美国未加入该协定。协定对《巴黎公约》（1883年）的成员方开放。协定于1891年缔结，1911年在华盛顿修订，1925年在海牙修订，1934年在伦敦修订，1958年在里斯本修订，并于1967年在斯德哥尔摩修订。目前，我国没有加入该协定。

根据该协定的规定，凡带有虚假或欺骗性产地标记、直接或间接把缔约方之一或该缔约方的一个地方标为原产国或原产地的商品，必须在进口时予以扣押或禁止其进口，或对其进口采取其他行动和制裁手段。

(三)《里斯本协定》

《里斯本协定》于1958年缔结，1967年在斯德哥尔摩修订，并于1979年修正。《里斯本协定》建立了联盟，联盟设有大会。联盟中凡至少遵守斯德哥尔摩文本行政条款和最后条款的成员均为大会成员。协定对《巴黎公约》的成员方开放。

《里斯本协定》是第一个对原产地名称提供专门保护的多边协定。《里斯本协定》给出了原产地名称的定义，第2条规定："一个国家、地区或地方的地理名称，用于指示一项产品来源于该地，其质量或特征完全或主要取决于地理环境，包括自然和人为因素。"该定义中，我们可以对原产地名称进行新的解读。首先，原产地名称应当是一个国家、地区或地方的地理名称。地理名称既可以是行政区划的名称，也可以是山川、丘陵、盆地、高原、湖泊、河流、海洋等的名称，有明确的地理指向性，有确定的地域范围。其次，原产地名称须用于命名原产于来自特定地域的具体产品。地理名称专有指代产自特定地域的产品，这是原产地名称的声誉要求。最后，原产地名称要求产品所具有的质量或特征，必须完全或基本上归因于产品原产地的地理环境。产品与原产地的地理环境存在关联性，地理环境一方面是由一系列自然因素决定的，例如土壤、气候等；另一方面是由一系列人为因素决定的，例如，在产品产地所使用的传统知识或技艺。

在注册体系方面，世界知识产权组织国际局根据有关缔约方主管机关提出的请求进行原产地名称注册，它设立了原产地名称国际注册簿，并将注册通知其他缔约方，以防止假冒和仿冒，即使使用译名或附加"类""式"等字样也不可，而且只要在原属国继续受到保护，便不得被视为通用名称。

二、世界贸易组织地理标志保护机制

世界贸易组织建立于 1995 年 1 月 1 日，截至 2019 年 12 月，世界贸易组织目前拥有 164 个成员，管理全世界 98% 的贸易。《TRIPs 协定》首次将知识产权规则纳入多边贸易体系，是当今国际社会最具影响力的多边知识产权协定。《TRIPs 协定》共 7 部分，设置了 73 条，知识产权的类型具体包括版权与邻接权、商标、地理标志、工业设计、专利、集成电路布图设计和未披露的信息。该协定第一次提出了地理标志的定义，并建立了地理标志保护的国际标准，《TRIPs 协定》建立了第一个全球性的地理标志保护体系。

《TRIPs 协定》第 22 条第 1 款规定："地理标志（Geographical Indications），是指识别一货物来源于一成员领土或该领土内一地区或地方的标志，该货物的特定质量、声誉或其他特性主要归因于其地理来源。"此外，《TRIPs 协定》为葡萄酒和烈酒提供了更高水平的保护，即使在没有误导公众的风险的情况下，也提供地理标志保护。

2001 年 11 月 10 日，中华人民共和国加入世界贸易组织。中国政府在《中国加入工作组报告书》第 5 章"与贸易有关的知识产权制度"中发表了相关声明，中国代表表示，原国家工商行政管理总局和中华人民共和国国家质量监督检验检疫总局的有关规章对地理标识，包括原产地名称，提供了部分保护。一些工作组成员注意到中国在保护地理标识方面取得的进展，重申中国立法与《TRIPs 协定》（第 22~24 条）所规定的义务相一致的重要性。我国现行的保护地理标志产品的法律法规包括《民法总则》《商标法》《商标法实施条例》《集体商标、证明商标注册和管理办法》《地理标志产品保护规定》《国外地理标志产品保护办法》等均与《TRIPs 协定》相一致。

三、世界主要国家和地区的地理标志保护制度

世界各国开始注重对地理标志予以充分的立法保护，以国际条约中的规定作为基本准则，世界各国开始在立法工作中注重对地理标志的保护。

然而，各国的地理环境、经济水平、法律制度等并不相同甚至差异很大，这也使得地理标志对各国的意义有所不同。因此，各国在立法工作中对地理标志保护所做的法律保护也存在较大的差异，各国在地理标志保护模式的选择上也不尽相同。总的来说，各国在对地理标志的立法和保护上主要采取以下三种模式：

（一）专门立法保护

由于地理标志具有独特的自然属性和特征性质，所以世界上许多国家在确定对地理标志保护模式的时候往往会结合自身的地理环境、经济水平、历史因素、法律制度等，制定最符合自身国情的有关地理标志保护的专门法律，来对地理标志进行全面和系统的保护。最具代表性的法律就是法国于 1919 年颁布的《原产地标志保护法》，它

最先确立了原产地命名制度。到目前为止，法国对原产地名称的保护已经形成了一个系统的、严密的法律体系，在法国的地理标志保护工作中发挥着极其重要的作用。其中值得一提的是，本法规定，设立国家原产地名称局，该机构隶属于法国农业部，专门负责原产地名称的认定和管理工作。在相关的认定程序上，申请认定的原产地名称必须首先向国家原产地名称局提出申请，经过这一前置程序后最终提交农业部进行审核。

（二）商标法保护

这是一种绝大多数国家普遍采用的保护方式，将地理标志作为一种特殊的商标在商标法中进行保护，比较具有代表性的国家有英国、美国、澳大利亚等。

将地理标志纳入商标法的保护领域内，有两点好处：第一，从国家政府执法层面出发，这种模式能够充分利用行政权力介入商标侵权等私权纠纷，可以更好地解决矛盾；第二，从民众的角度出发，民众对商标的熟悉程度较高，因此也将更容易接受地理标志。

以美国为例，美国在《商标法》中规定，地理标志可以作为集体商标或者证明商标获准注册，进而进入《商标法》的保护领域，并且只有经过证明商标所有人的授权，才能在其商品或者服务上使用该证明商标。证明商标在美国以三种形式存在：①证明商品或服务来源于某一特定地区的商标；②证明商品或者服务符合某种特定的质量、原料或者制造方法的标准的商标；③证明商标的制造者或者服务的提供者必须要符合一定的标准或者属于某一协会或组织的商标，这是对主体的限制。那么从以上规定也可以看出，根据美国《商标法》的规定，并非只有地理标志可以注册为证明商标，证明商标也并非只针对地理标志的专门保护。

（三）反不正当竞争法保护

将地理标志保护纳入《商标法》保护的模式和范围会存在一些弊端，因此一些国家也在寻找新的模式来解决这些问题。回到商标保护模式中，我们发现侵权的行为发生主要是侵权人假冒、仿冒注册商标或者销售带有假冒、仿冒注册商标的商品，从而侵犯商标注册权人的合法权益，该行为在市场上一经扩散与蔓延，严重破坏了公平竞争的市场秩序，这种假冒、仿冒的行为就构成了不正当竞争的表现形式，因此很多国家将地理标志的保护纳入反不正当竞争法的框架之内。

以日本为例，日本在1934年就颁布了《反不正当竞争法》，其中就规定了对假冒、仿冒原产地名称或者容易导致误认产品产地的行为均予以明令禁止，利益相关人、其他受到该行为影响的从事正当竞争活动的市场竞争者乃至消费者，都能够运用权利禁止此类不正当行为的发生。可以理解，将地理标志纳入反不正当竞争法的范畴进行保护，其目的主要是维护市场的正常秩序和保护消费者的合法权益，通过国家干预以及一系列经济手段来达到维护市场秩序的目的,其性质本质上属于反不正当竞争的行为。

四、中国地理标志海外保护的实践

中国地理标志在海外的保护现状并不理想,仍存在着许多地理标志侵权的现象,严重影响了许多中国企业以及该地理标志所在地区的经济发展情况。虽然我国地理标志的数量位居世界第二位,但是我国地理标志相关的商品在世界范围内的知名度不高。很多国内地理标志权利人不重视地理标志的保护,也不知道运用法律武器进行确权,对自己区域的地理标志被外国人淡化、假冒、抢注,只能无可奈何。

但是近年来,我国对地理标志的保护开始给予足够的重视。1985年,我国正式加入《巴黎公约》,开始履行承担保护原产地名称的国际义务。2001年,中国加入世界贸易组织,履行保护地理标志知识产权的承诺。2008年6月5日,国务院发布《国家知识产权战略纲要》,为包括地理标志在内的知识产权事业发展指明了方向。

2011年,"中欧地理标志保护与合作协定谈判"正式启动,经历了22个轮磋商,历时8年。在2019年,我国发布了《关于结束中华人民共和国政府与欧洲欧盟地理标志保护与合作协定谈判的联合声明》,同年,在中国国家主席习近平和法国总统马克龙的共同见证下,《中国国家知识产权局与法国农业和食品部、法国国家原产地和质量管理局关于农业和食品地理标志合作的议定书》在北京人民大会堂正式签署。中欧双方设定了高水平的保护规则,并在附录中纳入275项各自地区特色的地理标志产品,包括欧洲的葡萄酒、烈酒、奶制品和肉制品等,也包括我国的白酒、黄酒、茶叶、调味品、中药材、果品等。此外,协定还对我国的手工艺品地理标志给予了特别关注。中欧地理标志协定是中国对外商签的第一个全面的、高水平的地理标志双边协定,充分显示了中国政府继续深化改革、扩大开放和保护知识产权的坚定决心。中欧地理标志协定是新时代推动我国高质量发展的内在要求,是知识产权强国建设的具体体现,有利于促进扩大知识产权领域对外开放,有利于维护内外资企业合法权益。

第十章 商业秘密

第一节 商业秘密概述

一、商业秘密的定义、特点和构成要件

（一）商业秘密的定义和特点

1. 商业秘密的定义

商业秘密，也称为营业秘密、行业秘密、业务秘密等。根据《反不正当竞争法》第9条第3款的规定，商业秘密是指不为公众所知悉、具有商业价值并经权利人采取相应保密措施的技术信息、经营信息等商业信息。

2. 商业秘密的特点

商业秘密在外延上主要包括技术秘密和经营秘密两大类。对于经营者而言，商业秘密是重要的财产形式。商业秘密能为权利人带来现实的或潜在的经济利益或竞争优势，如产品配方、制作方法、管理诀窍、客户名单、货源情报、招标的标底和标书等，都具有现实或潜在的商业价值。并且，这种商业价值可予以经济评价。此外，商业秘密还可以成为市场交易的标的，权益可以移转。所以，商业秘密完全具备私法上财产权的特征和属性。我国《民法典》第123条明确把商业秘密作为知识产权的客体形式。作为知识产权的一种类型，商业秘密具有以下特点：

（1）商业秘密不要求绝对完整。商业秘密并不要求是一项绝对完整的技术方案，但申请专利的技术方案要求必须是完整的技术方案。所谓"完整"，是指技术方案必须能够实施，具有产业实施的潜在可能性，可以达到一定效果并具有可重复性，即我国专利法上的实用性。

（2）商业秘密具有秘密性。商业秘密必须是非公开的、不为公众所知悉的信息。但申请专利的技术方案必须要公开。"以公开换授权"，是专利权的最主要特征之一。

（3）商业秘密的排他性较弱。商业秘密的保密性特征，使大多数人都无法尽到避让的义务，因此商业秘密不应获得绝对的排他效力。但专利权是绝对权，义务人是不特定的，具有绝对的排他性。

（4）商业秘密的程序性要求较低。商业秘密获得法律保护并不需要经过法定的程序，只要符合在秘密性、价值性和保密性方面的要求即可获得保护。但专利权是以技术公开为代价的，必须要经过法定的程序进行申请并经过审查后才能取得。

（5）商业秘密的保护期限不具有法定性。商业秘密的保护期限是由保密措施决定的。只要保密措施做得足够好，便可以享有无限期的保护。但专利权具有法定的保护期限，发明专利权的期限为20年，实用新型专利权和外观设计专利权的期限为10年。

（二）商业秘密的构成要件

1. 秘密性

（1）秘密性的含义。秘密性，又称为"非公知性"，它是指商业秘密应当是非公开的、不为公众所知悉的信息。所谓"公众"，在法律上一般是指不相关技术或经济领域的人员。秘密性也是商业秘密具有价值的基础。如果一项商业秘密被公开，则无论其具有多大的技术或者经营价值，任何人都可以免费地、自由地使用。当然，如果商业秘密的公开是他人采取不合法手段造成的，则披露者应依法承担相应的法律责任。

（2）秘密性的判断。商业秘密的"秘密性"是"相对的"而不是"绝对的"。所谓"秘密"，并非指任何人都不知。特定范围内的特定人员知悉，并不影响商业秘密的秘密性。例如，单位职工在履行职务过程中为实施商业秘密而知悉；企业许可他人使用其商业秘密，并与之签订保密协议；参加成果鉴定被鉴定专家知悉等，均不会导致商业秘密丧失秘密性。

《最高人民法院关于审理不正当竞争民事案件应用法律若干问题的解释》第9条第1款规定，有关信息不为其所属领域的相关人员普遍知悉和容易获得，应当认定为反不正当竞争法规定的"不为公众所知悉"。同时，为明确"不为公众所知悉"的内涵和外延，第9条第2款进一步规定了可以认定有关信息不构成不为公众所知悉的情形：①该信息为其所属技术或者经济领域的人的一般常识或者行业惯例；②该信息仅涉及产品的尺寸、结构、材料、部件的简单组合等内容，进入市场后相关公众通过观察产品即可直接获得；③该信息已经在公开出版物或者其他媒体上公开披露；④该信息已通过公开的报告会、展览等方式公开；⑤该信息从其他公开渠道可以获得；⑥该信息无须付出一定的代价而容易获得。

2. 价值性

（1）价值性的含义。价值性，是指商业秘密具有确定的应用价值，能为权利人带来现实的或者潜在的经济利益或者竞争优势。商业秘密具有商业价值，也是权利人追求商业秘密保护的目的。

（2）价值性的判断。商业秘密的"价值性"是指信息具有客观的商业价值，但不能以权利人"主观上认为有价值"来确定。《最高人民法院关于审理不正当竞争民事案件应用法律若干问题的解释》第10条规定，有关信息具有现实的或者潜在的商业价值，能为权利人带来竞争优势的，应当认定为反不正当竞争法规定的"能为权利人带来经济利益、具有实用性"。

商业秘密的价值性通常由其在实际中的可应用性体现出来。商业秘密本身凝聚了在实践中付出的投资和辛劳，其付诸实施能够为权利人带来经济利益或取得市场竞争优势。经济利益，一般是指与商业秘密的获取、使用、披露有关的经济利益，其可以用权利人的经济损失来表现，包括直接损失和间接损失、现实损失和潜在损失。市场竞争优势，一般是指市场竞争中的强势地位，它是价值性的另一种表述，是价值性的最根本体现，也是权利人追求商业秘密保护的最根本目的。并且，商业秘密的价值性可以是现实的，也可以是潜在的，可以是高价值的，也可以是低价值的。但是，无论是低价值的信息，还是尚未实现经济利益的信息，都可以构成商业秘密。

3. 保密性

（1）保密性的含义。保密性，是指权利人采取的与商业秘密保护相适应的合理的保密措施。采取保密措施是信息作为商业秘密获得法律保护的必要条件。这种措施应当是技术信息的合法拥有者根据有关情况采取的合理措施，从而在正常情况下可以使该信息得以保密。

通常而言，这种措施至少能够使交易对方或者第三人知道权利人有对相关信息保密的意图，或者至少能够使一般经营者以正常的注意力即可得出类似的结论。保密措施通常包括技术手段和制度手段，前者如设置密码、采取监控等；后者如签订保密协议、制定保密规章等。

（2）保密性的判断。《最高人民法院关于审理不正当竞争民事案件应用法律若干问题的解释》第11条规定，权利人为防止信息泄露所采取的与其商业价值等具体情况相适应的合理保护措施，应当认定为反不正当竞争法规定的"保密措施"。人民法院应当根据所涉信息载体的特性、权利人保密的意愿、保密措施的可识别程度、他人通过正当方式获得的难易程度等因素，认定权利人是否采取了保密措施。

采取保密措施不要求是绝对的、无懈可击的，只要是合理的、适当的即可。为此，《最高人民法院关于审理不正当竞争民事案件应用法律若干问题的解释》第11条第3款规定，具有下列情形之一，在正常情况下足以防止涉密信息泄露的，应当认定权利人采取了保密措施：①限定涉密信息的知悉范围，只对必须知悉的相关人员告知其内容；②对于涉密信息载体采取加锁等防范措施；③在涉密信息的载体上标有保密标志；④对于涉密信息采用密码或者代码等；⑤签订保密协议；⑥对于涉密的机器、厂房、车间等场所限制来访者或者提出保密要求；⑦确保信息秘密的其他合理措施。

凡是符合上述三个构成要件的技术信息、经营信息等商业信息，均可以构成商业秘密。商业秘密中的技术信息，也被称作技术秘密，是指以设计图纸（含草图）、技术资料、试验数据、工业配方、工艺流程、制作方法、技术情报等形式体现的制造某种产品或应用某项工艺的信息。商业秘密中的经营信息，也被称作经营秘密，是指以管理诀窍、客户名单、货源情报、产销策略、招投标中的标底及标书内容等形式体现的与采购、经营、销售、投资、分配、人事、财务等相关的非技术类秘密。

在认定是否侵犯商业秘密的过程中，以上三个构成要件也可以从不同侧面证明侵犯商业秘密行为人的恶意。秘密性降低了他人善意获取的可能性。价值性说明商业秘密能够产生经济利益；权利人采取保密措施，反映出权利人意图控制这种利益。综合这些因素就可以认定，侵犯人违背了他人的商业意愿，侵占了他人的合法利益，造成了他人的经济损失，因而完全符合侵权行为的本质。

二、商业秘密管理制度的制定

(一) 明确商业秘密管理的目标和模式

1. 管理目标

商业秘密管理的目标是防范法律风险、维护竞争优势。一般而言，商业秘密管理要结合权利人自身的发展战略、行业特点、市场地位、研发体系、成果形式、人员流动等方面的要素，综合设定科学合理的管理目标。在法律风险防范方面，既要防止权利人自身的合法权益被他人侵犯，也要防止侵犯他人的合法权益。但是，归根结底，商业秘密管理的目的是维护权利人的竞争优势地位，提高权利人的市场竞争力。

2. 管理模式

商业秘密权利人应当根据自身的经营模式、企业战略、发展规划、研发重点、市场地位和竞争优势，制定和调整商业秘密管理模式。通常可采用的商业秘密管理模式包括：项目式管理、过程式管理、部门式管理、人员式管理等。

(二) 明确商业秘密管理的范围和措施

1. 管理范围

确定商业秘密管理的范围，即界定商业秘密的外延。其目的是把存在于单位内部各部门、各流程和各环节中符合商业秘密构成要件的商业信息识别出来，形成"商业秘密管理清单"，从而为制定有针对性的商业秘密管理措施奠定基础。

一般而言，商业秘密管理范围包括以下方面：

（1）产品及配方。新产品在尚未申请专利或投放市场之前，都可能是商业秘密；有些产品即便进入市场，其中的产品成分和构成方式也可能是商业秘密。配方包括工业配方、化学配方、药品配方等，也都是商业秘密的常见表现。

（2）工艺流程。产品制造的工艺程序，特别是生产操作中的具体知识和经验等，都可能是商业秘密。许多技术诀窍即属于此类典型的商业秘密。

（3）设计图纸。产品的设计图纸、模具图纸以及设计草图等，都是重要的商业秘密形式。

（4）研发资料。记载新技术研制开发活动内容的各类材料，包括会议纪要、试验数据、实验结果、技术改进记录、检验方法等，都可能是商业秘密。

（5）财务信息。企业内部财务和会计报表，除依法向外披露的以外，都属于商业秘密的范畴。

（6）战略规划。企业的长期战略、内部运作与营销计划等规划性文件，也属于商业秘密。

（7）客户情报。客户名单等情报是商业秘密中重要的经营信息。

此外，其他与企业竞争力和市场优势地位有关的商业信息，例如管理方法、商业模式、改制上市、并购重组、产权交易、投融资决策、招投标事项、产购销策略、资源储备、供货渠道、销售计划、价格方案、分配方案、计算机软件等，经企业采取保密措施的信息，都应当是商业秘密。

2. 管理措施

采取合理的保密措施，是商业秘密的构成要件之一。因此，站在商业秘密管理的角度，制定保密措施是商业秘密管理的重要内容。通常而言，管理措施可以从以下几个方面入手：

（1）物理性措施。物理性措施是商业秘密管理的最基本措施，主要包括：①厂区安全管理；②重点保密区域（如生产车间、技术室、检测室、研究室、资料室等）的隔离；③门卫制度；④废弃物的规范处理等。

（2）规章性措施。规章性措施包括：建立保密规章，明确商业秘密管理的范围、主体及责任；对商业秘密的申报、审查与分类进行规范性管理；制定保密义务、责任和处罚措施等，将之写入《职工守则》，并加强对职工保密意识的教育宣传与培训。

（3）协议性措施。协议性措施主要是指与接触或容易接触商业秘密的主体签订保密协议。包括：①与单位职工签订保密协议。保密协议既可以是劳动合同中的保密条款，也可以是一份单独的保密协议。②与外部主体签订保密协议。外部主体主要是指在企业经营或商务活动过程中，可能接触到企业商业秘密的外部机构或人员等主体，包括业务协作方、技术开发合同方、技术服务方、联营合营方等。

（4）文件管理。商业秘密文件主要是指文字、图片、视频等记录商业秘密信息的载体。管理措施主要包括文件密级的划分和标注。例如，根据披露会使单位经济利益受损害的程度，可以确定为核心商业秘密、普通商业秘密两级，并在设定保密期限后在秘密载体上作出明显标志。标志可由权属（单位规范简称或者标志等）、密级、保密期限三部分组成。此外，商业秘密文件的收发、保管、流转、查阅复制、销毁等也要进行规范化管理。

(三) 明确商业秘密管理的机构和职责

1. 管理机构

商业秘密管理的有效进行离不开良好的组织管理模式。单位可以新建负责商业秘密管理的专门机构，也可以指定原有部门如法务部、知识产权部或者其他综合部门负责。小微企业或者商业秘密相对较少的企业，也可以不设部门而是指定专门人员来负责管理。

2. 管理职责

无论采取何种组织管理模式，都应当赋予商业秘密管理机构以统一管理权，并明确商业秘密管理机构的管理职责，具体包括：负责统一贯彻国家有关法律、法规和规章，落实上级保密机构、部门的工作要求，研究决定单位商业秘密管理工作的相关事项，如制定保密规章、制度以及保密协议等管理文件。此外，还要依法组织开展商业秘密保护教育培训、保密检查、保密技术防护和泄密事件查处等工作，当单位商业秘密被侵犯时，还要及时采取补救措施等。

三、商业秘密相关合同的起草

(一) 保密协议

1. 保密协议概述

保密协议，是指当事人双方约定，就特定范围内的商业秘密，不得披露、使用或者允许他人使用的协议。负有保密义务的当事人，违反约定将保密范围内的商业信息披露、使用或者允许他人使用的，要承担相应的法律责任。

《劳动合同法》第23条第1款规定："用人单位与劳动者可以在劳动合同中约定保守用人单位的商业秘密和与知识产权相关的保密事项。"因此，双方签订保密协议的形式，既可以是劳动合同中的保密条款，也可以是一份单独的保密协议。但不管选择哪种形式，都应当以书面的形式约定。保密协议的约定应该明确、具体、清楚，协议内容一般包括保密范围、保密义务、保密期限、违约责任等。保密协议可以分为单方保密协议和双方保密协议。单方保密协议是指只有一方当事人负有保密义务的协议。

签订保密协议是商业秘密的重要管理措施，也是判断商业秘密权利人是否采取合理保密措施的重要因素。在商业实践中，通常采用的保密协议主要包括与单位职工签订的保密协议以及与外部主体签订的保密协议。外部主体主要是指业务协作方、技术开发合同方、技术服务方、联营合营方等。

2. 与单位职工签订的保密协议

(1) 与单位职工签订的保密协议的起草要点。与单位职工签订保密协议的目的是防止单位职工将单位的商业秘密披露、使用或者允许他人使用。这类保密协议既可以是劳动合同中的保密条款，也可以是与职工签订的单独的保密协议，一般应采用书面形式。

需要签订保密协议的职工范围主要是接触或者容易接触商业秘密的职工，通常是单位的高级管理人员、高级技术人员和其他负有保密义务的人员等。

法律对保密协议约定的保密期限没有明确的限制。因此，保密期限可以是长期的。单位可以在保密协议中约定，不仅在劳动合同存续期间，而且在劳动合同变更、解除或者终止后，直至商业秘密公开时为止，职工都不得披露、使用或者允许他人使用单位的商业秘密。

(2) 与单位职工订立的保密协议的主要条款。保密协议的内容由当事人约定，一般包括以下条款：①保密的主体；②保密信息的范围；③保密的期限；④当事人的权利义务；⑤违约责任；⑥争议解决的办法等。

3. 与外部主体订立的保密协议

(1) 与外部主体订立的保密协议的起草要点。单位在经营管理或者商务活动过程中，不可避免地要与外部机构或人员建立交易关系，例如技术开发咨询或者中介服务等，对于那些接触或容易接触到单位商业秘密的主体，应当与之签订保密协议。该类保密协议既可以是主交易合同（例如买卖合同、承揽合同、委托合同等）中的保密条款，也可以是一份单独签订的保密协议，协议一般应采用书面形式。

(2) 与外部主体订立的保密协议的主要条款。与外部主体订立的保密协议同单位与职工订立的保密协议内容往往不尽相同。以单独签订的保密协议为例，一般包括以下条款：①与主交易合同的关系；②保密的具体内容与明细范围；③保密的期限；④保密的措施或方式；⑤当事人的权利义务；⑥违约责任；⑦争议解决的办法等。

(二) 竞业限制合同

1. 竞业限制合同概述

为了更好地保护商业秘密，有的用人单位与职工订立合同，要求后者在离职后一定期限内不得在生产同类产品、经营同类业务或有其他竞争关系的单位任职，也不得自己生产与原单位有竞争关系的同类产品或经营同类业务，这种合同被称为"竞业限制合同"。

针对竞业限制合同，《劳动合同法》第 23 条第 2 款明确规定，"对负有保密义务的劳动者，用人单位可以在劳动合同或者保密协议中与劳动者约定竞业限制条款"。但是，根据《劳动合同法》第 24 条第 1 款的规定，竞业限制的人员限于用人单位的高级管理人员、高级技术人员和其他负有保密义务的人员。

用人单位应当在竞业限制期限内按月给予竞业限制的职工以经济补偿。根据《最高人民法院关于审理劳动争议案件适用法律若干问题的解释（四）》第 6 条第 1 款规定，经济补偿的标准是职工自劳动合同解除或终止前十二个月平均工资的 30%；第 2

款规定，前款规定的月平均工资的30%低于劳动合同履行地最低工资标准的，按照合同履行地最低工资标准支付。

2. 竞业限制合同的起草要点

竞业限制合同可以在与职工签订劳动合同时一并签订，也可以在职工任职期间、离职或退休时签订。竞业限制合同既可以是劳动合同或者保密协议中的竞业限制条款，也可以是单独签订的竞业限制合同，一般应采用书面形式。

根据《劳动合同法》第24条的规定，竞业限制的范围、地域、期限由用人单位与竞业限制的人员约定，竞业限制的约定不得违反法律、法规的规定。

竞业限制的期限由双方自由协商确定，但其约定必须在法律规定的幅度范围内。根据《劳动合同法》第24条的规定，在解除或者终止劳动合同后，前款规定的人员到与本单位生产或者经营同类产品、从事同类业务的有竞争关系的其他用人单位，或者自己开业生产或者经营同类产品、从事同类业务的竞业限制期限，不得超过2年。因此，竞业限制的期限，最长不得超过2年。用人单位在和职工签订竞业限制合同时，应当将竞业限制的期限限定在职工与用人单位解除或者终止劳动合同后2年以内，否则，超出法定期限部分的竞业限制期限对职工没有拘束力，这也是为了避免对职工的择业自由造成不适当的限制。

3. 竞业限制合同的主要条款

竞业限制合同中一般包括以下条款：①对有竞争关系的其他用人单位的描述；②竞业限制的范围；③竞业限制的地域；④竞业限制的期限；⑤经济补偿的标准与支付方式；⑥合同解除的条件；⑦违约责任；⑧争议解决的办法等。

(三) 技术秘密合同

1. 技术秘密合同概述

技术秘密合同是一类合同的统称，主要包括技术秘密开发合同、技术秘密转让合同和技术秘密许可合同。

技术秘密开发合同，是指当事人之间就新技术、新产品、新工艺或者新材料及其系统的研究开发所形成的技术秘密成果订立的合同。技术秘密开发合同包括技术秘密委托开发合同和技术秘密合作开发合同。技术秘密开发合同应当采用书面形式。

技术秘密转让合同，是指技术秘密的权利人将技术秘密成果的所有权让与他人所订立的合同。技术秘密转让合同应当采用书面形式。

技术秘密许可合同，是指技术秘密的权利人许可他人使用其技术秘密成果所订立的合同。

2. 技术秘密合同的起草要点

在技术秘密合同中，需要对作为合同标的的技术秘密成果尽可能准确、全面地予以描述。技术秘密成果包括但不限于设计图纸（含草图）、技术资料、试验数据、工业配方、工艺流程、制作方法、技术情报等形式体现的制造某种产品或应用某项工艺的信息。

技术秘密合同中对履行内容的约定，一般应根据技术秘密合同的类型来确定，如在技术秘密开发合同中，履行内容通常包括：技术秘密开发的计划、进度、期限和技术成果的交付、合同经费的数额及其支付方式或分担比例、技术设备、资料和原始数据的提供及其权属约定、技术开发失败的风险责任约定等。在技术秘密转让合同中，可以约定让与人和受让人转让技术秘密的范围，但不得限制技术竞争和技术发展。在技术秘密许可合同中，履行内容往往要包括许可使用的期限、地域及方式等。

保密条款是技术秘密合同中特别重要的约定内容。由于技术秘密合同的标的是各种形式的技术秘密，一旦公开，将给权利人带来不可估量的损失，因此在合同中应当对需要保密的技术情报和资料的事项、范围、期限、责任等作出明确的约定。例如，在技术秘密开发合同中，一般只有研发人员才了解该技术秘密成果的具体特性和应用价值。因此，需要明确约定研发人员不得向第三者披露技术秘密。在技术秘密转让合同和技术秘密许可合同中，让与人与受让人都应当承担保密义务。对此，《合同法》第347条明确规定："技术秘密转让合同的让与人应当按照约定提供技术资料，进行技术指导，保证技术的实用性、可靠性，承担保密义务"。第348条规定："技术秘密转让合同的受让人应当按照约定使用技术，支付使用费，承担保密义务"。同时，《合同法》第351条和第352条中都规定，技术秘密转让合同的让与人和受让人违反约定的保密义务的，应当承担违约责任。

此外，在技术秘密合同中还应该明确约定技术秘密成果的权益安排。例如，在技术秘密开发合同中应约定技术秘密成果的归属与分享，在技术秘密转让合同和技术秘密许可合同中应约定技术秘密后续改进的技术成果的分享办法等重要事项。

3. 技术秘密合同的主要条款

《合同法》第324条规定，技术合同的内容由当事人约定，一般包括以下条款：①项目名称；②标的的内容、范围和要求；③履行的计划、进度、期限、地点、地域和方式；④技术情报和资料的保密；⑤风险责任的承担；⑥技术成果的归属和收益的分成办法；⑦验收标准和方法；⑧价款、报酬或者使用费及其支付方式；⑨违约金或者损失赔偿的计算方法；⑩解决争议的方法；⑪名词和术语的解释。与履行合同有关的技术背景资料、可行性论证和技术评价报告、项目任务书和计划书、技术标准、技术规范、原始设计和工艺文件，以及其他技术文档，按照当事人的约定可以作为合同的组成部分。

在具体适用时，应当根据技术秘密开发合同、技术秘密转让合同以及技术秘密许可合同的不同特点和风险点，结合商业实践的实际情况和当事人的实际需求予以选择或调整。

第二节 侵犯商业秘密行为

一、侵犯商业秘密行为概述

1. 侵犯商业秘密行为的概念

侵犯商业秘密的行为，是指行为人违反法律规定，以不正当手段侵犯他人的商业秘密，给商业秘密的权利人造成损失的行为。

2. 侵犯商业秘密行为的构成

某项行为是否构成对商业秘密的侵犯，可以从行为主体、行为人的主观要件、侵犯客体和行为表现等方面进行分析判断。行为主体是市场上的经营者或非经营者；行为人的主观要件是指行为人主观上要有过错；侵犯客体意味着有关行为给权利人造成了损害；行为表现是指行为人客观上实施了法律规定的不正当竞争行为。

二、侵犯商业秘密行为的构成要件

（一）侵犯的主体

1. 侵犯的主体的含义

侵犯的主体是指侵犯商业秘密的行为人，包括经营者和非经营者。

2. 侵犯主体的判断

根据《反不正当竞争法》第2条第3款的规定，本法所称的经营者，是指从事商品生产、经营或者提供服务（以下所称商品包括服务）的自然人、法人和非法人组织。其中的"从事"应理解为行为标准，而不是身份标准，即不应将"经营者"限制解释为以商品经营或营利性服务为业的主体，更不能将主体是否具有营业执照作为能否构成侵犯的主体的条件。并且，这里的"商品生产、经营或者提供服务"不应等同于"营利"行为。相反，只要实施了市场交易行为均可以构成此处所指的"经营者"。亦言之，参与市场交易的非营利性机构也可能构成"经营者"。

此外，《反不正当竞争法》第9条第1款规定："经营者不得实施下列侵犯商业秘密的行为：……"似乎只有"经营者"才能成为侵犯商业秘密的主体。但第9条第2款同时又规定："经营者以外的其他自然人、法人和非法人组织实施前款所列违法行为的，视为侵犯商业秘密。"可见，非经营者也可以成为侵犯商业秘密的行为主体。

在实践中，商业秘密权利人的职工违反合同约定或者违反权利人保守商业秘密的要求，侵犯商业秘密的情形时有发生。此时，职工作为自然人，虽非经营者，但也要承担法律责任。

(二) 侵犯的主观方面

1. 侵犯的主观方面的含义

侵犯的主观方面是指行为人实施侵犯商业秘密行为时的主观心理状态。主观心理状态体现为故意或者过失。

反不正当竞争法的目的在于制止恶意的竞争行为,因此,不正当竞争行为的认定必须要考虑行为人的主观心理状态。在法理上,不正当竞争行为在性质上属于侵权行为。侵权行为,正是出于故意或者过失而导致他人人身或财产损害的行为。因此,在认定侵犯商业秘密的行为时,必须要证明被告的过错。

2. 侵犯的主观方面的判断

根据《反不正当竞争法》第9条的规定,有些侵犯商业秘密的行为属于故意侵权,如以盗窃、贿赂、欺诈、胁迫、电子侵入等不正当手段侵犯商业秘密的行为,有些行为则属于过失侵权,如由于疏忽大意导致不经意间把商业秘密披露给了不相关的公众。

(三) 侵犯的客体

1. 侵犯的客体的含义

侵犯商业秘密的客体是指权利人对其商业秘密所享有的财产利益以及与此相关的商业自由和诚实竞争者的利益。

2. 侵犯的客体的判断

侵犯商业秘密的行为属于不正当竞争行为。不正当竞争行为必然违反了诚实的商业习惯。所谓诚实的商业习惯,是指市场交易实践中积累形成的善良风俗,它是在长期的商业交易活动中被交易主体所普遍认可并遵循的市场伦理道德。作为法律标准的"诚实商业习惯",既包含一般性的原则标准,也包含一些成熟的、公认的类型化规则。在原则标准方面,必须考虑社会的伦理道德标准,还包括市场交易中具有正常思维的主体的判断识别力,例如,尊重其他竞争者的商业信誉、不得恶意侵占其他竞争者的经营成果等。

市场竞争虽然是一种追逐利益的行为,但在实现自我利益的同时还必须以适度照顾他人的利益为前提,这种利益的互相节制和照顾本来就是市场交易习惯的内在组成。例如,对商业信息采取保密措施就体现了经营者对商业模式的一种主动选择,这是商业自由的体现。因此,对商业秘密进行保护,就在事实上把"尊重他人的商业选择自由"确立为一种诚实的商业习惯。所以,侵犯商业秘密的行为,既侵害了权利人对其商业秘密所享有的财产利益,也侵害了与此相关的商业自由和诚实竞争者的利益。

(四) 侵犯的客观表现

1. 侵犯的客观表现的含义

侵犯商业秘密的客观表现是指行为人违反法律规定,以不正当手段侵犯他人商业秘密的行为。

2. 侵犯的客观表现的判断

侵犯商业秘密行为的类型一般由保护商业秘密的法律直接规定。判断某一行为是否构成对商业秘密的侵犯,关键是要界定不正当手段并排除合法行为。如果是出于正当的非商业目的的需要,在特殊情况下披露商业秘密的行为,则不具有违法性。例如,出于诉讼程序的需要而披露等。

三、侵犯商业秘密行为的表现形式

(一) 非法获取商业秘密的行为

1. 非法获取商业秘密行为的含义

非法获取商业秘密的行为,是指出于不正当的商业目的,采取盗窃等不正当手段获取他人商业秘密的行为。

2. 非法获取商业秘密行为的情形

非法获取商业秘密的行为具体包括:①以盗窃、贿赂、欺诈、胁迫、电子侵入或者其他不正当手段获取他人的商业秘密。盗窃、电子侵入是直接非法获取他人商业秘密的方式,通常是指窃取载有或者存储他人商业秘密信息的物质载体或者电子载体。贿赂、欺诈、胁迫等是间接非法获取他人商业秘密的方式,通常是指诱使或者迫使知悉商业秘密者披露秘密。其他不正当手段可以包括雇佣商业间谍刺探、暗中安装监控设备等立法难以穷尽的手段。②教唆、引诱、帮助他人违反保密义务或者违反权利人有关保守商业秘密的要求,非法获取他人的商业秘密。③第三人明知或者应知商业秘密是以不正当手段获取的,仍然获取该商业秘密。

(二) 非法披露商业秘密的行为

1. 非法披露商业秘密行为的含义

非法披露商业秘密的行为,是指通过合法或者非法手段获取商业秘密后,出于不正当的目的,未经授权披露他人商业秘密的行为。

2. 非法披露商业秘密行为的情形

非法披露商业秘密的行为具体包括:①以盗窃、贿赂、欺诈、胁迫、电子侵入或者其他不正当手段获取他人商业秘密的行为人将该商业秘密非法披露给他人;②从合法途径获取商业秘密的行为人，违反保密义务或者违反权利人有关保守商业秘密的要求，将该商业秘密非法披露给他人；③第三人明知或者应知其所掌握的商业秘密是以不正当手段获取的，仍然将该商业秘密披露给他人。

(三) 非法使用商业秘密的行为

1. 非法使用商业秘密行为的含义

非法使用商业秘密的行为，是指没有合法根据擅自使用他人商业秘密的行为。

2. 非法使用商业秘密行为的情形

非法使用商业秘密的行为具体包括：①以不正当手段获取商业秘密的行为人自己使用或者允许他人使用该商业秘密；②从合法途径获取商业秘密的行为人，违反保密义务或者违反权利人有关保守商业秘密的要求，擅自使用或者允许他人使用该商业秘密，例如，单位技术人员跳槽后将原单位的商业秘密带到新单位使用；③第三人明知或者应知其所掌握的商业秘密是以不正当手段获取的，仍然使用该商业秘密。

第三节 侵犯商业秘密行为的法律责任

一、侵犯商业秘密行为的救济方式

(一) 民事救济

1. 民事救济的含义

商业秘密具有财产权的属性，侵犯商业秘密的行为属于民事侵权，因此民事救济是商业秘密的首要保护方式。它是指商业秘密权利人的利益受到侵害后，为了弥补其所遭受的利益损失而采取的民事补救措施。

2. 民事救济的要点

商业秘密的民事救济以反不正当竞争法的保护为主，通过制止侵权、追究损害赔偿责任等方式来保护商业秘密权利人的利益。同时，也辅以合同法、民事诉讼法、劳动法等相关立法予以保护。

(二) 行政救济

1. 行政救济的含义

侵犯商业秘密的行为不仅损害了其他经营者的合法权益，而且损害了社会公共利益，触犯了国家行政管理法规，因而可以采取行政措施进行救济。行政救济是以国家公权力制止侵犯商业秘密的行为，具有高效、便捷、低成本等特点。

2. 行政救济的要点

商业秘密的行政救济主要包括行政检查、行政处罚、采取行政强制措施等方式。市场监督管理部门可以根据侵犯商业秘密行为的性质、主观恶性、危害后果等情节决定采取何种救济措施。既可以单独适用其中一种，也可以合并适用其中几种。

(三) 刑事救济

1. 刑事救济的含义

侵犯商业秘密的行为给权利人造成重大损失的，可以采取刑事救济的途径，即依法追究侵犯商业秘密行为人的刑事责任。刑事救济是保护商业秘密最严厉的手段，对于制裁和预防侵犯商业秘密行为具有重要的作用。

2. 刑事救济的要点

商业秘密的刑事救济途径包括公诉和自诉。公诉是指人民检察院对犯罪嫌疑人的犯罪行为向人民法院提起诉讼，要求人民法院通过审判确定犯罪事实，惩罚犯罪人的诉讼活动。自诉是指被害人及其法定代理人、近亲属为追究被告人的刑事责任，直接向人民法院提起诉讼，并由人民法院直接受理的诉讼活动。

二、侵犯商业秘密行为的法律责任类型及后果

(一) 民事责任

1. 民事责任的含义

侵犯商业秘密行为应承担的民事责任，是指由于侵犯商业秘密的行为人实施了民事违法行为所应承担的不利法律后果。侵犯商业秘密行为的民事责任在构成要件上与一般侵权行为相同，适用过错责任原则。

2. 民事责任的形式

侵犯商业秘密行为的民事责任形式主要包括停止侵害和损害赔偿。

(1) 停止侵害。承担停止侵害责任的前提是：侵犯商业秘密的行为正在发生或即将发生。即将发生的侵犯商业秘密的行为必须具有现实的可能性，而不能是主观想象的。由于商业秘密具有秘密性，停止侵害的首要内容是禁止侵害人披露该商业秘密，否则将为商业秘密权利人带来无法弥补的损失。除了禁止披露外，停止使用商业秘密的行为也是停止侵害的内容之一。《最高人民法院关于审理不正当竞争民事案件应用法律若干问题的解释》第16条规定："人民法院对于侵犯商业秘密行为判决停止侵害的民事责任时，停止侵害的时间一般持续到该项商业秘密已为公众知悉时为止。依据前款规定判决停止侵害的时间如果明显不合理的，可以在依法保护权利人该项商业秘密竞争优势的情况下，判决侵权人在一定期限或者范围内停止使用该项商业秘密。"

（2）损害赔偿。损害赔偿责任适用于受害人因侵犯商业秘密行为遭受损害的情形。根据侵权责任法，损害赔偿适用完全赔偿原则，即赔偿额等于损失额。但在实践中，损失数额往往难以直接证明，于是法律采取了推定技术，推定侵权人因侵权所获得的利益，即受害人遭受的损失。《反不正当竞争法》第17条第3款规定："因不正当竞争行为受到损害的经营者的赔偿数额，按照其因被侵权所受到的实际损失确定；实际损失难以计算的，按照侵权人因侵权所获得的利益确定。"

并且，根据《反不正当竞争法》第17条第4款的规定，对于恶意侵犯商业秘密的行为，还可以适用惩罚性赔偿，即"经营者恶意实施侵犯商业秘密行为，情节严重的，可以在按照上述方法确定数额的一倍以上五倍以下确定赔偿数额"。此外，《最高人民法院关于审理不正当竞争民事案件应用法律若干问题的解释》第17条规定："确定反不正当竞争法第十条规定的侵犯商业秘密行为的损害赔偿额，可以参照确定侵犯专利权的损害赔偿额的方法进行；……因侵权行为导致商业秘密已为公众所知悉的，应当根据该项商业秘密的商业价值确定损害赔偿额。商业秘密的商业价值，根据其研究开发成本、实施该项商业秘密的收益、可得利益、可保持竞争优势的时间等因素确定。"

在司法实践中，商业秘密权利人或者利害关系人认为其合法权益受到不正当竞争行为侵害的，可以向人民法院提起商业秘密侵权之诉，要求侵害人即被告停止侵害并赔偿损失。利害关系人主要是《最高人民法院关于审理不正当竞争民事案件应用法律若干问题的解释》第15条所规定的主体，即"对于侵犯商业秘密行为，商业秘密独占使用许可合同的被许可人提起诉讼的，人民法院应当依法受理。排他使用许可合同的被许可人和权利人共同提起诉讼，或者在权利人不起诉的情况下，自行提起诉讼，人民法院应当依法受理。普通使用许可合同的被许可人和权利人共同提起诉讼，或者经权利人书面授权，单独提起诉讼的，人民法院应当依法受理"。

当事人指控他人侵犯其商业秘密的，还应当对其商业秘密符合法定构成要件、对方当事人的信息与其商业秘密相同或者实质相同以及对方当事人采取不正当手段的事实负举证责任。《反不正当竞争法》第32条第1款规定："在侵犯商业秘密的民事审判程序中，商业秘密权利人提供初步证据，证明其已经对所主张的商业秘密采取保密措施，且合理表明商业秘密被侵犯，涉嫌侵权人应当证明权利人所主张的商业秘密不属于本法规定的商业秘密。"

（二）行政责任

1. 行政责任的含义

侵犯商业秘密行为的行政责任，是指由于侵犯商业秘密的行为人违反了行政法律规定而应承担的法律责任。侵犯商业秘密的行为不仅损害了其他经营者的合法权益，而且损害了社会公共利益，触犯了国家行政管理法规，因而，对于较为严重的侵犯商业秘密行为，可以追究相应的行政责任。《反不正当竞争法》和《关于禁止侵犯商业秘密行为的若干规定》都规定了相应的行政责任。

2. 行政责任的形式

目前，我国负责制止不正当竞争的监督检查部门是市场监督管理部门。侵犯商业秘密行为的行政责任形式主要包括：责令停止侵权；没收违法所得；罚款等。可以根据侵犯商业秘密行为的性质、主观恶性、危害后果等情节决定采取何种救济措施。既可以单独适用其中一种，也可以合并适用其中几种。

《反不正当竞争法》第21条规定："经营者以及其他自然人、法人和非法人组织违反本法第九条规定侵犯商业秘密的，由监督检查部门责令停止违法行为，没收违法所得，处十万元以上一百万元以下的罚款；情节严重的，处五十万元以上五百万元以下的罚款。"

此外，《关于禁止侵犯商业秘密行为的若干规定》也规定了相关的行政处理措施，即对侵权物品可以作如下处理：①责令并监督侵权人将载有商业秘密的图纸、软件及其他有关资料返还权利人；②监督侵权人销毁使用权利人商业秘密生产的、流入市场将会造成商业秘密公开的产品，但权利人同意收购、销售等其他处理方式的除外。

当事人对行政决定不服的，可以依法申请行政复议或者提起行政诉讼。

(三) 刑事责任

1. 刑事责任的含义

所谓侵犯商业秘密行为的刑事责任，是指侵犯商业秘密的行为人触犯了刑事法律而应当承担的法律后果。刑事责任的具体量刑标准规定在《刑法》当中。

2. 刑事责任的形式

我国《刑法》第219条对侵犯商业秘密罪作了明文规定，即侵犯商业秘密的行为给商业秘密的权利人造成重大损失的，处三年以下有期徒刑或者拘役，并处或者单处罚金；造成特别严重后果的，处三年以上七年以下有期徒刑，并处罚金。此外，根据《刑法》第220条的规定，单位犯侵犯商业秘密罪的，对单位判处罚金，并对其直接负责的主管人员和其他直接责任人员，依照《刑法》第219条的规定处罚。

2004年颁布的《最高人民法院、最高人民检察院关于办理侵犯知识产权刑事案件具体应用法律若干问题的解释》第7条进一步明确，实施《刑法》第219条规定的行为之一，给商业秘密的权利人造成损失数额在五十万元以上的，属于"给商业秘密的权利人造成重大损失"，应当以侵犯商业秘密罪判处三年以下有期徒刑或者拘役，并处或者单处罚金。给商业秘密的权利人造成损失数额在二百五十万元以上的，属于《刑法》第219条规定的"造成特别严重后果"，应当以侵犯商业秘密罪判处三年以上七年以下有期徒刑，并处罚金。

三、侵犯商业秘密的抗辩事由

(一) 自主研发

1. 自主研发的含义

自主研发是指开发者通过自身的投资和辛劳而开发研制出的智力成果。独立开发者如果研制出与商业秘密相同的智力成果，属于善意偶合。《最高人民法院关于审理不正当竞争民事案件应用法律若干问题的解释》第 12 条第 1 款规定，通过自行开发研制方式获得的商业秘密，不认定为侵犯商业秘密的行为。

2. 自主研发的认定

实践中，认定自主研发通常要考虑以下因素：一是自主研发信息所形成的文件资料，如设计草图、研发资料以及研发人员的证人证言等；二是证明自主研发成功的时间早于其接触到商业秘密的时间。

(二) 反向工程

1. 反向工程的含义

反向工程，是指第三人以合法技术手段取得载有商业秘密的产品，对其进行拆解、检验、分析，从而还原出商业秘密中的技术信息。《最高人民法院关于审理不正当竞争民事案件应用法律若干问题的解释》第 12 条明确规定，通过反向工程方式获得的商业秘密，不认定为侵犯商业秘密的行为。该条所称的"反向工程"是指"通过技术手段对从公开渠道取得的产品进行拆卸、测绘、分析等而获得该产品的有关技术信息"。

2. 反向工程的认定

反向工程作为一种技术行为，性质上属于中性行为，在法律上既不必然合法，也不必然违法。所以，反向工程是否合法，不在于反向工程行为本身，而在于反向工程是否符合以下两个条件：

（1）作为技术还原基础的产品或服务，是通过合法方式取得的，例如，从公开渠道购买获得的相关产品。在法理上，从公开市场购买后，权利人即取得了产品的物权，那么，对自己的物品进行解剖和分析，属于物权人应有的权利。此外，还可以通过其他合法途径取得，例如，产品所有权的转让和赠与等。

（2）从事反向工程的技术人员与商业秘密权利人之间没有订立禁止反向工程的合同。如果反向工程的对象是合法购买的产品，但购买者承担了不进行反向工程的合同义务，这时虽然得到了产品的所有权，但是囿于合同约定的限制，购买者仍然丧失进行反向工程的权利。如果进行反向工程，就违反了合同义务，要承担相应的法律责任。但是，即便反向工程的对象是合法购买取得的产品，并且购买者也没有承担不进行反向工程的合同义务，此时反向工程也不必然合法。例如，某单位雇用与商业秘密权利人订有保密协议的跳槽人员，让其对公开销售的含有商业秘密的产品进行反向工程，该反向工程行为属于违反保密协议的行为，依然是违法的。

(三) 其他事由

1. 从合法途径取得使用权

当商业秘密被转让或许可后，受让人或被许可人即取得了该商业秘密的合法使用权，可以对抗侵权指控。不过，如果被许可人不遵守许可协议约定的条件，则仍可能构成对该被许可商业秘密的侵犯。

2. 因所有人自身原因而获悉后使用

若因权利人自身原因而导致商业秘密的内容被公开，他人通过合法途径知悉并使用该商业秘密的，不构成对该商业秘密的侵犯。

3. 因公共利益限制而有权使用

在国家出现紧急状态或者非常情况时，或者为了公共利益的需要，在特殊情况下使用商业秘密的行为，也不具有违法性。例如，市场监督管理部门为了食品安全监督管理工作以及食品安全突发事件应对工作的需要，对企业的产品配方、生产工艺等商业秘密予以使用；市场监督管理部门、相关单位以及参与药品注册工作的人员，在药品注册过程中对申请人提交的技术秘密和实验数据等商业秘密进行使用等，均不构成对该商业秘密的侵犯。

第十一章 CHAPTER 11
集成电路布图设计、植物新品种及遗传资源等

第一节 集成电路布图设计专有权

通过多年的创新发展，我国集成电路产业发展体制机制创新取得明显成效，建立了与产业发展规律相适应的融资平台和政策环境。当前，集成电路产业与国际先进水平的差距逐步缩小，企业可持续发展能力大幅增强。移动智能终端、网络通信、云计算、物联网、大数据等重点领域集成电路设计技术达到国际领先水平，产业生态体系初步形成。封装测试技术达到国际领先水平，关键装备和材料进入国际采购体系，基本建成技术先进、安全可靠的集成电路产业体系。

随着我国集成电路产业的发展，集成电路布图设计专有权的创造质量、保护效果、运用效益得到进一步提升。

一、集成电路布图设计的创新

国家实施创新驱动发展战略，引导集成电路布图设计创新。我国要强化集成电路企业技术创新主体地位，加大集成电路研发力度，结合国家科技重大专项实施，突破一批集成电路关键技术，协同推进机制创新和商业模式创新。同时，对创新成果要按照《集成电路布图设计保护条例》的规定获得法律确权。

（1）强化集成电路企业的创新能力建设。近年来，国家着力发展集成电路设计业，加速发展集成电路制造业，提升先进封装测试业发展水平，集成电路关键装备和材料有了很大突破。行业要引导集成电路企业在"芯片设计—芯片制造—封装测试—装备与材料"全产业链布局，在此基础上协同发展，进而构建"芯片—软件—整机—系统—信息服务"生态链。同时，推动形成集成电路产业链、生态链上下游企业协同创新体系，支持产业联盟发展。鼓励有条件的集成电路企业成立集成电路技术研究机构，联合科研院所、高校开展竞争前共性关键技术研发，增强产业可持续发展能力。

（2）树立集成电路布图设计的高质量创造目标。国家知识产权局统计数据显示，2019年，共收到集成电路布图设计登记申请8319件，同比增长87.7%，集成电路布图设计发证6614件，同比增长73.4%。这在一定程度上反映了我国集成电路设计企业设计水平的提高和整体实力的增强。如前所述，我国集成电路布图设计数量逐年增加，

同时，要注重提升集成电路布图设计质量，才能高效地参与国际竞争。

（3）提高集成电路布图设计的审查质量和审查效率。我国对集成电路布图设计审查实行初审制度，申请初审主要是对布图设计申请材料和其他手续的审查。要加强对布图设计申请材料的审查，包括对布图设计登记申请表、布图设计复制件或者图样及其目录、集成电路样品、代理事项及其他文件等审查，同时缩短审查周期，使得审查质量显著提升。

（4）明确集成电路布图设计专有权的归属与利益分配。除因涉及国家安全、国家利益和重大社会公共利益而在项目任务书或者合同中另有约定的以外，承担国家、单位项目获得的集成电路布图设计专有权由承担任务的单位享有。单位可根据国家有关规定赋予科研人员集成电路布图设计职务科技成果所有权或长期使用权；单位与科研人员进行集成电路布图设计职务科技成果所有权分割的，要按照权利义务对等原则，明确各自承担的费用与获得的收益分配，由科研人员个人承担的费用不得使用财政经费支付。

二、集成电路布图设计专有权的保护

从法律意义上讲，集成电路布图设计保护是指法律赋予有独创性的集成电路的布图设计以专有权利，即集成电路布图设计专有权。集成电路布图设计专有权的保护客体应是布图设计，具体而言是为制作半导体集成电路而设计的元件和线路的三维配置。

2019年11月，中共中央办公厅、国务院办公厅印发的《关于强化知识产权保护的意见》（以下简称《意见》）指出，完善新业态新领域保护制度。针对新业态新领域发展现状，研究加强专利、商标、著作权、植物新品种和集成电路布图设计等的保护。根据《意见》的精神，应该牢固树立保护集成电路布图设计专有权就是保护创新的理念，坚持严格保护、统筹协调、重点突破、同等保护，不断改革完善保护体系，综合运用法律、行政、经济、技术、社会治理手段强化保护，促进保护能力和水平整体提升。

（1）完善集成电路布图设计严格保护制度。①确立集成电路布图设计严保护政策导向和法律规制。为了保护集成电路布图设计专有权，鼓励集成电路技术的创新，促进科学技术的发展，2001年制定《集成电路布图设计保护条例》及其《集成电路布图设计保护条例实施细则》。随着我国集成电路的快速发展，考虑中美贸易摩擦等国际形势，我国必须要强化集成电路保护制度约束，确立集成电路布图设计严保护政策导向和法律规制。②加大侵权假冒行为惩戒力度。强化民事司法保护，有效执行惩罚性赔偿制度，在集成电路布图设计领域引入侵权惩罚性赔偿制度，大幅提高侵权法定赔偿额上限，加大损害赔偿力度。③严格规范证据标准。制定完善行政执法过程中的集成电路布图设计侵权判断标准。规范司法、行政执法、仲裁、调解等不同渠道的证据标准。推进行政执法和刑事司法立案标准协调衔接，完善案件移送要求和证据标准，制

定证据指引，顺畅行政执法和刑事司法衔接。

（2）构建集成电路布图设计大保护工作格局。①建立健全社会共治模式的大保护工作格局。培育和发展仲裁机构、调解组织和公证机构，完善集成电路布图设计仲裁、调解、公证工作机制。鼓励集成电路行业协会建立集成电路布图设计保护自律和信息沟通机制。②加强专业技术支撑。在集成电路布图设计行政执法案件处理和司法活动中引入技术调查官制度，协助行政执法部门、司法部门准确高效认定技术事实。

（3）突破集成电路布图设计专有权快保护关键环节。①优化授权、确权、维权衔接程序。加强集成电路布图设计审查能力建设，进一步压缩审查周期。提高集成电路布图设计审查质量，强化源头保护。健全行政确权、公证存证、仲裁、调解、行政执法、司法保护之间的衔接机制，加强信息沟通和共享，形成各渠道有机衔接、优势互补的运行机制，切实提高维权效率。②推动集成电路布图设计简易案件和纠纷快速处理。建立重点关注市场名录，针对电商平台、展会、专业市场、进出口等关键领域和环节构建行政执法、仲裁、调解等快速处理渠道。③加强集成电路布图设计专有权快保护机构建设。在各地布局建设的一批知识产权保护中心中，建立集成电路布图设计专有权案件快速受理和科学分流机制，提供快速审查、快速确权、快速维权"一站式"纠纷解决方案。加快重点技术领域集成电路布图设计专有权审查授权、确权和维权程序。推广利用调解方式快速解决纠纷，高效对接行政执法、司法保护、仲裁等保护渠道和环节。

（4）塑造集成电路布图设计专有权同保护优越环境。①共享集成电路布图设计审查结果。充分发挥知识产权制度对促进共建"一带一路"的重要作用，支持共建国家加强能力建设，推动其共享集成电路布图设计审查结果。②加强海外维权援助服务。完善海外集成电路布图设计专有权纠纷预警防范机制，加强重大案件跟踪研究，建立国外集成电路布图设计专有权法律法规修改变化动态跟踪机制，及时发布风险预警报告。开展海外集成电路布图设计专有权纠纷应对指导，构建海外纠纷协调解决机制。建立海外维权专家顾问机制，有效推动我国集成电路布图设计专有权权利人合法权益在海外依法得到同等保护。

三、集成电路布图设计专有权的管理与运用

1. 集成电路布图设计专有权高效管理

集成电路布图设计专有权高效管理主要是建立管理制度科学、分级管理合理、管理信息化水平较高的体制机制。

（1）集成电路布图设计专有权的管理制度建设。配备与集成电路布图设计专有权业务规模相适应、满足工作实际需要的专职管理人员。完善知识产权管理制度，夯实工作基础，推动集成电路布图设计专有权与专利、技术秘密等集中管理。在集成电路关键核心技术研发、重要成果转移转化过程中，配备集成电路布图设计专有权工作专员。

（2）集成电路布图设计专有权的分级管理。①制定集成电路布图设计专有权评价

标准。综合技术、法律、市场等因素，制定符合集成电路行业特点的集成电路布图设计专有权质量评价办法和评价标准。②分级动态管理集成电路布图设计专有权。根据对主营业务的影响程度，对集成电路布图设计专有权进行分级管理并动态调整。③梳理并合规处置集成电路布图设计专有权。定期梳理存量集成电路布图设计专有权，及时合规处置低价值集成电路布图设计专有权。

（3）集成电路布图设计专有权管理信息化建设。①搭建信息化管理平台。通过搭建信息化管理平台，可以跟踪研发人员的布图设计成果进度，还可以管理现有布图设计权，跟踪布图设计权的登记、变更、转让、许可和维权保护情况，同时还可以快捷统计数据，并为设计人员提供查询通道，实现集成电路布图设计专有权申请、变更、使用和保护管理等业务流程化和规范化。②建立集成电路布图设计专有权专业数据库。通过专业数据库，可以便于评价、分析、研究受保护的集成电路布图设计专有权，并在此基础上，创作出具有独创性的集成电路布图设计；或者据此进行复制或者将其投入商业利用，这样可以加大信息集成力度，提高综合研判能力。③建立集成电路布图设计专有权竞争情报分析和信息共享机制，支撑经营决策、集成电路技术研发和市场开拓。

2. 集成电路布图设计专有权的有效运用

转让、许可和质押是集成电路布图设计专有权的主要有效利用方式。

（1）集成电路布图设计专有权转让。所谓集成电路布图设计专有权转让，是指集成电路布图设计专有权人在有效期内，通过订立合同的方式，将其集成电路布图设计复制权或商业利用权让予他人。《集成电路布图设计保护条例》第22条规定，布图设计权利人可以将其专有权转让他人使用其布图设计。布图设计专有权发生转移的，当事人应当凭有关证明文件或者法律文书向国家知识产权局办理著录项目变更手续。

（2）集成电路布图设计专有权许可。根据《集成电路布图设计保护条例》第22条的规定，布图设计权利人可以将其专有权许可他人使用其布图设计。布图设计实施许可合同备案业务中的许可类型包括独占实施许可、排他实施许可和普通实施许可三类。独占实施许可是指许可人在约定许可实施布图设计的范围内，将该布图设计仅许可给被许可人实施，许可人依约定不得实施该布图设计。排他实施许可是指许可人在约定许可实施布图设计的范围内，将该布图设计仅许可给被许可人实施，但许可人依约定可以自行实施该布图设计。普通实施许可是指许可人在约定许可实施布图设计的范围内许可他人实施该布图设计，并且可以自行实施该布图设计。当事人对布图设计实施许可类型没有约定或者约定不明确的，推定为普通实施许可。

（3）集成电路布图设计专有权质押。鼓励扩大知识产权质押融资覆盖面，探索集成电路布图设计专有权质押融资。在积极发展集成电路技术时，要针对集成电路企业融资难问题，探索集成电路布图设计专有权质押融资，推动风险补偿、补贴贴息等各类质押融资扶持政策向集成电路创新主体企业倾斜，降低融资成本；借鉴专利质押融资形成的模式，探索银行、保险、担保、基金等多方参与的集成电路布图设计专有权质押融资风险分担机制，分担融资风险；认真了解企业集成电路布图设计专有权融资需求，积极搭建银企对接平台，畅通融资渠道。逐步扩大集成电路布图设计专有权质押融资规模，与其他知识产权质押融资保持同步年度增长。在集成电路布图设计专有权质押关系中，出质人应是布图设计登记簿中记载的布图设计权利人。如果一项布图设计专有权为多人共有，则出质人应为全体权利人，当事人有约定的情形除外。质权人应为具备民事权利能力和民事行为能力的民事主体。以布图设计专有权出质的，出质人与质权人应订立书面质押合同。布图设计专有权质押合同可以是单独订立的合同，也可以是主合同中的担保条款。出质人与质权人订立布图设计专有权质押书面合同后，应共同向国家知识产权局办理布图设计专有权质押登记手续。

（4）集成电路布图设计专有权的其他运用方式。主要通过知识产权金融方式运用，①集成电路布图设计专有权作价入股。在确定评估价值的基础上，可以通过对集成电路布图设计专有权作价入股等方式，推进高校、科研院所的集成电路布图设计技术成果、科研人才等要素向集成电路企业流动。②集成电路布图设计专有权保险、拍卖。以探索集成电路布图设计专有权保险、拍卖等方式扩大运用的范围。③探索集成电路布图设计专有权证券化。可以探索以集成电路布图设计专有权与专利、商标等知识产权组合作为基础资产，实施知识产权证券化，以知识产权的未来预期收益为支撑，发行可以在市场上流通的证券进行融资。

第二节 植物新品种权

一、植物品种的创新

（1）植物新品种的选育创新。高质量植物新品种的选育步骤如下：①确定高质量的育种目标，即培育的植物新品种将具备哪些优良特性。②根据育种目标进行种质资源的收集与发掘和技术分析。如高产育种要选择具有高产基因的种质材料，而抗病育种需要选择具有优质抗原的原始材料。③培育出一批主要农林作物优质超高产新品种。通过从优质资源中选择可利用基因的种质材料进行亲本组配和采取适当的育种技术，如杂交、诱变等创造新变异，对这些变异类型采取合理正确的处理、选择、鉴定和评比，把适合育种目标的个体通过适当的技术手段固定保留下来，育成符合育种目标要求的植物新品种。授权品种中涌现出郑单958、扬两优6号、济麦22、中黄13等优质超高产新品种，推动了品种更新换代，良种在农业科技贡献率中的比重达到45%，为我国现代种业发展奠定了坚实的基础。④育成的新品种在推向生产前还必须经过品种审定机构的审定。例如，2018年4月，国家林业和草原局组织相关专家，对南京某高校申报的海棠和枫香新品种分别进行了现场实审,"紫蝶儿"等9个海棠新品种和"国庆"1个枫香新品种通过了审定。这些新品种创新性特征显著、观赏价值高,其中6个海棠新品种为重瓣花品种,色系丰富,花量繁茂,"国庆"枫香为秋季红叶观赏品种,秋季红叶时间早(9~10月),比普通枫香提前1~2个月。

(2)植物新品种测试。植物新品种是经过人工培育的或者对发现的野生植物加以开发,具备新颖性、特异性、一致性和稳定性并有适当命名的植物品种。植物新品种测试是指对植物新品种特异性(Distinctness)、一致性(Uniformity)和稳定性(Stability)的测试(简称DUS测试)。测试的结果是要通过观测申请品种与近似品种的有关性状的表达状态,并进行有关测试数据分析和比较,得出某品种是否具有特异性、一致性和稳定性的评价。DUS测试是申请品种授权前进行实质审查的重要步骤,其结论也是授予植物新品种权的必要条件。①提升植物新品种审查和测试技术。我国《种子法》规定,特异性、一致性和稳定性是品种应具备的基本条件,DUS测试是品种管理的技术依据之一。我国目前已建成包括1个DUS测试中心、27个DUS测试分中心、3个DUS专业测试站的测试体系,基本满足我国农业植物品种DUS测试需求。但由于我国的DUS测试体系与国际先进的测试站相比差距较大。特别是在先进设施设备及机械化、智能化工具的应用上基本还处于空白状态,大量测试工作依赖人工。未来的测试体系建设要对标国际先进水平,提高建设标准,建成设施设备现代化、田间耕作机械化、性状观测智能化、数据分析自动化的DUS测试机构,为农业植物新品种保护、品种审定和登记制度提供技术支撑。②推进测试指南形成农业行业标准。测试指南是开展植物DUS测试的技术基础,是判定新品种的标准。需要听取育种者、种植者、专家等相关行业的意见,制定规范化和标准化的测试指南及流程,形成更多的农业行业标准,保证植物新品种测试的科学性和准确性。

(3)育种创新成果转化为植物新品种权。培育高质量的育种创新成果是植物新品种的重要源泉,但是仍需提高育种单位及农民的植物新品种保护意识,只有申请了品种权保护,加快优良品种的推广应用,育种单位及农民的权益才能得到更好的保障,在育种上的投入才能得到更多的回报。培育的育种创新成果更需要获得法律赋予的权利保护,才能确保育种创新成果的有效利用,所以育种创新成果的确权是科技工作者和管理部门应高度关注的问题。

为了保护植物新品种权,鼓励培育和使用植物新品种,促进农业、林业的发展,我国1997年10月1日开始实施《中华人民共和国植物新品种保护条例》(以下简称《植物新品种保护条例》),保护育种创新成果,推动育种创新成果转化为植物新品种权。《植物新品种保护条例》的实施,为育种创新成果转化为植物新品种权创造了良好的法制环境。据统计,目前我国水稻、玉米、小麦、棉花、大豆五大主要农作物70%以上的主导品种都申请了品种权保护,推广面积占其主导品种推广总面积的80%,品种保护为保障我国粮食安全做出了重要贡献。截至2019年,我国共授予农业植物新品种2288件、林业植物新品种439件。

（4）植物新品种权的权利归属。①职务育种和非职务育种的权利归属。第一，职务育种的权利归属。所谓职务育种，是指职工执行本单位工作任务的育种行为，或者主要是职工利用本单位的物质条件所完成的育种行为。《植物新品种保护条例实施细则》（农业部分）第7条规定，执行本单位任务所完成的职务育种是指下列情形之一：在本职工作中完成的育种；履行本单位交付的本职工作之外的任务所完成的育种；退职、退休或者调动工作后，3年内完成的与其在原单位承担的工作或者原单位分配的任务有关的育种。本单位的物质条件是指本单位的资金、仪器设备、试验场地以及单位所有的尚未允许公开的育种材料和技术资料等。我国《植物新品种保护条例》第7条规定，执行本单位的任务或者主要是利用本单位的物质条件所完成的职务育种，植物新品种的申请权属于该单位。申请被批准后，品种权属于该单位。第二，非职务育种的权利归属。所谓非职务育种，是指育种人完全独立依靠自己的智力劳动以及资金、仪器设备、育种材料、试验场地等物质条件所完成的育种。我国《植物新品种保护条例》第7条规定，非职务育种，植物新品种的申请权属于完成育种的个人。申请被批准后，品种权属于申请人。②委托育种或者合作育种的权利归属。委托育种，即以合同方式委托他人完成的育种。合作育种是指两人或两人以上共同完成的育种。委托育种或者合作育种的权利归属，我国采取合同优先的原则，即完全按照合同约定来确定委托育种或者合作育种的权利归属。合同没有约定的，权利归育种单位或个人。我国《植物新品种保护条例》第7条规定，委托育种或者合作育种，品种权的归属由当事人在合同中约定；没有合同约定的，品种权属于受委托完成或者共同完成育种的单位或者个人。

二、植物新品种权的保护

二十多年来，我国农业、林业植物新品种保护事业取得长足发展，法律制度框架基本建立，审查测试体系逐步健全，维权执法不断加强，国际交流合作日益深化。面对我国植物新品种保护存在的大而不强、多而不优、保护力度不够、侵权成本较低、维权手段较少等新问题，亟须构建植物新品种保护"严保护、大保护、快保护、同保护"新格局。

（1）完善植物新品种权法规制度。1999年4月23日我国正式加入"国际植物新品种保护联盟"（International Union for the Protection of New Varieties of Plants，简称UPOV）1978年文本，为承诺履行该联盟公约义务，按照UPOV公约精神，结合实际，我国于1997年10月1日起施行《植物新品种保护条例》，1999年6月16日和8月10日，《植物新品种保护条例实施细则（农业部门）》和《植物新品种保护条例实施细则（林业部分）》也已经分别发布施行。农业农村部、国家林业和草原局按照职责分工，已从1999年4月23日起受理国内外植物新品种权申请，并已对符合条件的申请授予了植物新品种权。之后我国先后出台了《农业部植物新品种复审委员会审理规定》

《林业植物新品种保护行政执法办法》《国家林业局办公室关于严厉打击侵犯植物新品种权行为的通知》《农业植物品种命名规定》等规章,《最高人民法院关于审理侵犯植物新品种权纠纷案件具体应用法律问题的若干规定》等司法解释,累计发布 11 批农业植物新品种保护名录,保护植物属(种)191 个;2015 年修订《种子法》,将植物新品种保护内容单列入"第四章　新品种保护",提升了品种权的法律地位。

为了适应植物新品种"严保护"形势的需要,第一,要加快推动《植物新品种保护条例》和相关制度修订进程。要研究建立实质性派生品种制度,探索实施实质性派生品种制度试点;全面放开保护名录、延长保护期限等,不断提升植物新品种保护水平;加大品种保护信息公开力度。第二,植物新品种行政管理部门要开展重点作物重点品种维权试点,加强与司法部门维权合作,探索植物新品种权保护的有效方式。植物新品种管理部门应联合最高人民法院知识产权法庭,开展品种权行政执法和司法审判人员轮训。第三,确定植物新品种权领域严重失信行为。为落实《国务院关于印发社会信用体系建设规划纲要(2014—2020 年)的通知》《国务院关于新形势下加快知识产权强国建设的若干意见》《中共中央　国务院关于完善产权保护制度依法保护产权的意见》《国务院关于建立完善守信联合激励和失信联合惩戒制度加快推进社会诚信建设的指导意见》《国家发展改革委　人民银行关于加强和规范守信联合激励和失信联合惩戒对象名单管理工作的指导意见》等有关文件要求,建立植物新品种申请人承诺机制,推进品种权信用体系建设,推动将品种权纳入知识产权严重失信主体联合惩戒清单,明确联合惩戒对象为植物新品种权领域严重失信行为的主体实施者,确定植物新品种权领域严重失信行为。

(2)构建植物新品种保护的技术支撑体系。除了实施法律规制外,还需要构建技术支撑体系,加强技术队伍建设,加强植物新品种保护。多年来,我国大力开展测试新技术研究,发布了测试指南标准 250 多项。设立了繁殖材料保藏中心,在全国主要生态区建立 1 个植物新品种测试中心、27 个测试分中心和 3 个专业测试站。定期开展测试技术培训,直接培训人员超过 1 万人次,间接培训人员超过 10 万人次,培养了一支担当能力强的专业测试队伍。成立了中国种子协会植物新品种保护专业委员会等行业组织,引导 60 多家中介服务机构开展品种权代理、展示、交易、维权等服务。

为了适应新技术时代对植物新品种"大保护"的需求,还需要加强技术支撑体系建设。①建立和完善种质资源库数据库。种质资源是用以培育植物新品种的原始材料,包括遗传育种领域内一切具有一定种质或基因的生物类型。需要把凡能用于育种目的的生物体均可以归入种质资源。只有强大全面的种质资源,才能为亲本组配、创造产生变异类型打下基础。②完善植物新品种权数据库。推进向社会公众及时有效提供有关品种权的公共信息服务,实现品种权申请、审查、测试、授权和信息披露的数字化。③完善植物新品种在线申报系统。随着种业大数据平台建设的持续推进,研制完成品种权在线申请系统,为申请人提供便捷高效的服务。④建立网格化的植物新品种测试中心。为做好 DUS 测试工作，除在全国建立 1 个植物新品种测试总中心外，继续在各地设立若干 DUS 测试分中心，并培养一支能力较强的专业测试队伍，保障分中心的专业服务。强化 DUS 测试质量控制和自主测试的技术指导，探索第三方 DUS 测试。⑤设置植物新品种保护受理办事处。除了在农业农村部科技发展中心设立植物新品种保护受理大厅外，在部分条件成熟的省市设立植物新品种保护受理办事处，实行受理、初审、咨询等服务。

（3）加强行政维权执法，营造良好的种业营商环境。①加强植物新品种复审。国家成立了农业农村、林业和草原植物新品种复审委员会，负责审理植物新品种保护办公室在初步审查和实质审查程序中驳回品种权申请的复审请求，负责审理无效宣告和品种更名请求，依据职权宣告品种权无效，以及对授权品种予以更名。②实施行政执法。林业和草原行政主管部门对未经品种权人许可，生产、繁殖或者销售该授权品种的繁殖材料的，出于商业目的将该授权品种的繁殖材料重复用于生产另一品种的繁殖材料的，假冒授权品种的，销售授权品种未使用其注册登记的名称的等侵犯林业植物新品种权行为实施行政执法，县级以上农业农村行政主管部门均设立了植物新品种保护行政执法机构，并与最高人民法院、北京知识产权法院、上海知识产权法院、广州知识产权法院等司法部门有效衔接。③维权打假、品种权执法专项行动。多年来持续开展维权打假专项行动、品种权执法专项检查、制种基地督查等工作，侵权案件减少36%；审理"利合228""龙聚1号"等品种权复审案件，发布植物新品种保护十大典型案例，进一步优化了种业营商环境。

为了适应"快保护"的发展新形势，不断营造良好的种业营商环境，要加快分子鉴定等新技术研究应用，加大对侵权假冒行为的查处和执法力度。在各省知识产权保护中心设立植物新品种保护的快速机制，开展植物新品种快速预审、植物新品种权快速维权、植物新品种权保护协作，在条件成熟区域设立植物新品种权快速维权援助中心，专门开展植物新品种权快速维权工作。继续组织开展打假维权现场活动，遴选发布年度植物新品种保护十大案例，加强典型案例宣传警示，营造种业知识产权保护浓厚氛围。积极做好复审案件处理，提升复审质量与效率。

（4）加强国际合作交流。近年来，我国主动参与植物新品种保护国际事务，加强与国际组织的联络；启动植物品种权国际申请平台，为引进国外品种和国内品种"走出去"提供便利；积极发挥区域组织作用，对"澜湄国家"和中亚五国举办植物新品种保护国际培训，帮助"一带一路"沿线国家研究和建立植物新品种保护制度。

为进一步推进国际交流合作，适应"同保护"新形势，我国要积极参与国际事务，履行国际义务，同等保护国内外植物新品种权。要推动亚洲区域合作，加强与"一带一路"国家合作交流，为国内外育种者营造公平竞争的市场环境。同时，对国内外种子企业育种者植物新品种实行同保护，国内外种子企业和育种者既要遵守国际公约，同时也要遵守我国相关规定。中国企业"走出去"也应享受所在国家植物新品种权的同等保护待遇。

（5）制定植物新品种保护预警应急机制。植物新品种保护预警是指企业对可能发生的植物新品种权风险提前发布警告，以维护企业利益和最大限度减少损失的行为。植物新品种保护预警应急机制是指实现植物新品种权风险预测、告警和应对的制度体系。一般而言，植物新品种保护预警应急机制主要包括新品种信息收集机制、分析处理机制和告警机制。①新品种及品种权信息的检索和采集机制。采集植物新品种申请和授权信息，植物新品种争议的纠纷信息，品种相关法律法规，国家农业林业科技、投资活动中的品种权信息。②新品种权数据分析机制。通过建设新品种权预警分析软件，开展障碍品种筛选、建立新品种权指标体系；开展侵权判定、组织专家评估和分析，提供新品种权预警分析报告。③新品种权预警信息发布。使企业随时掌握国际上新品种技术发展状况和植物新品种权保护动态。④新品种权预警应对机制。根据新品种权预警分析报告、植物新品种技术发展状况、植物新品种权保护动态等制定相应对策。⑤新品种权预警信息反馈。进行后续跟踪，并对预警分析意见进一步修正。

三、植物新品种权的管理与运用

1. 国家植物新品种权管理体系

我国目前植物新品种行政管理体系由审批机关、复审机构和执法机构三部分组成。

（1）审批机关。我国农业农村、林业和草原行政部门（以下统称审批机关）按照职责分工共同负责植物新品种权申请的受理和审查并对符合本条例规定的植物新品种授予植物新品种权（以下称品种权）。这样我国关于植物新品种的行政管理就分为农业植物新品种和林业植物新品种两类，分别由农业农村部、国家林业和草原局进行管理。审批机关也分别由农业农村部、国家林业和草原局组成。因此，现在我国植物新品种在国家层面的行政管理体制是，农业农村部负责农业植物新品种的行政管理，国家林业和草原局负责林业植物新品种的行政管理，农业农村部为农业植物新品种权的审批机关，依照《条例》规定授予农业植物新品种权。农业农村部植物新品种保护办公室（以下简称品种保护办公室），承担品种权申请的受理、审查等事务，负责植物新品种测试和繁殖材料保藏的组织工作。国家林业和草原局依照《条例》和本细则规定受理、审查植物新品种权的申请并授予植物新品种权。国家林业和草原局植物新品种保护办公室负责受理和审查本细则第二条规定的植物新品种的品种权申请，组织与植物新品种保护有关的测试、保藏等业务，按国家有关规定承办与植物新品种保护有关的国际事务等具体工作。

（2）复审机构。审批机关设立植物新品种复审委员会，负责审理驳回品种权申请的复审案件、品种权无效宣告案件等。对审批机关驳回品种权申请的决定不服的，申请人可以自收到通知之日起3个月内，向植物新品种复审委员会请求复审。植物新品种复审委员会应当自收到复审请求书之日起6个月内作出决定，并通知申请人，涉及技术鉴定的时间不计入审查时限。农业农村部植物新品种复审委员会负责审理驳回品种权申请的复审案件、品种权无效宣告案件和新品种更名案件。该复审委员会依法独立行使审理权,并作出审理决定,其主要职责是:负责审理农业农村部植物新品种保护办公室在初步审查和实质审查程序中驳回品种权申请的复审请求;负责审理无效宣告和品种更名请求;依据职权宣告品种权无效,以及对授权品种予以更名。林业和草原植物新品种复审委员会由国家林业和草原局植物新品种保护相关部门、林业科研院所、高等院校的植物育种专家、栽培专家、法律专家和有关行政管理人员组成。该复审委员会下设林木组、经济林组、观赏植物组和竹藤组4个专业组和办公室。办公室为该复审委员会常设办事机构,设在国家林业和草原局科技发展中心。该复审委员会的主要职责是:负责受理被驳回的林业植物新品种权申请的复审请求,审查并作出决定;负责受理林业植物新品种权无效宣告的请求,审查并作出决定;负责受理林业植物新品种更名的请求,审查并作出决定。

(3) 执法机构。根据《植物新品种保护条例》规定将植物新品种侵权的行政处理和行政查处等行政执法权分别赋予了省级以上人民政府农业农村、林业和草原行政主管部门,县级以上人民政府农业农村、林业和草原行政主管部门。①省级以上人民政府农业农村、林业和草原行政主管部门对植物新品种侵权进行行政处理。《植物新品种保护条例》第39条规定,未经品种权人许可,以商业目的生产或者销售授权品种的繁殖材料的,品种权人或者利害关系人可以请求省级以上人民政府农业农村、林业和草原行政主管部门依据各自的职权进行处理,也可以直接向人民法院提起诉讼。省级以上人民政府农业农村、林业和草原行政主管部门依据各自的职权,根据当事人自愿的原则,对侵权所造成的损害赔偿可以进行调解。调解达成协议的,当事人应当履行;调解未达成协议的,品种权人或者利害关系人可以依照民事诉讼程序向人民法院提起诉讼。省级以上人民政府农业农村、林业和草原行政主管部门依据各自的职权处理品种权侵权案件时,为维护社会公共利益,可以责令侵权人停止侵权行为,没收违法所得和植物品种繁殖材料;货值金额5万元以上的,可处货值金额1倍以上5倍以下的罚款;没有货值金额或者货值金额5万元以下的,根据情节轻重,可处25万元以下的罚款。②县级以上人民政府农业农村、林业和草原行政主管部门对假冒授权品种的行政处理。《植物新品种保护条例》第40条规定,假冒授权品种的,由县级以上人民政府农业农村、林业和草原行政主管部门依据各自的职权责令停止假冒行为,没收违法所得和植物品种繁殖材料;货值金额5万元以上的,处货值金额1倍以上5倍以下的罚款;没有货值金额或者货值金额5万元以下的,根据情节轻重,处25万元以下的罚款。③由县、省级以上人民政府农业农村、林业和草原行政主管部门和对品种权侵权和假冒授权品种案件的行政查处。《植物新品种保护条例》第41条规定,省级以上人民政府农业农村、林业和草原行政主管部门依据各自的职权在查处品种权侵权案件和县级以上人民政府农业农村、林业和草原行政主管部门依据各自的职权在查处假冒授权品种案件时，根据需要，可以封存或者扣押与案件有关的植物品种的繁殖材料，查阅、复制或者封存与案件有关的合同、账册及有关文件。④县级以上人民政府农业农村、林业和草原行政主管部门对未使用其注册登记名称的行政处理。《植物新品种保护条例》第42条规定，销售授权品种未使用其注册登记的名称的，由县级以上人民政府农业农村、林业和草原行政主管部门依据各自的职权责令限期改正，可以处1000元以下的罚款。

2015年修订的《种子法》第73条规定："违反本法第二十八条规定，有侵犯植物新品种权行为的，由当事人协商解决，不愿协商或者协商不成的，植物新品种权所有人或者利害关系人可以请求县级以上人民政府农业农村、林业和草原主管部门进行处理，也可以直接向人民法院提起诉讼。"因此，新修订的《种子法》将对植物新品种侵权的调解和处理职权赋予了县级农业部门和林业部门。同时，为规范林业植物新品种保护行政执法行为，根据《种子法》《行政处罚法》《植物新品种保护条例》和《林业行政处罚程序规定》等相关法律法规章，2015年制定的《林业植物新品种保护行政执法办法》规定，林业植物新品种保护行政执法由主要违法行为地的县级以上林业行政主管部门管辖。国家林业和草原局科技发展中心（植物新品种保护办公室）负责林业植物新品种保护行政执法管理工作。从2019年5月公布的《中华人民共和国植物新品种保护条例修订草案（征求意见稿）》修改内容看，植物新品种侵权的行政处理和行政查处等行政执法权赋予了县级以上人民政府农业农村、林业和草原主管部门相应的行政职权。例如，有侵犯品种权行为的，由当事人协商解决，不愿协商或者协商不成的，品种权人或者利害关系人可以请求县级以上人民政府农业农村、林业和草原主管部门进行处理。

2. 完善企业植物新品种权管理体系

（1）强化植物新品种权机构和制度建设。企业要明确植物新品种权管理归口部门，配备与植物新品种业务规模相适应、满足工作实际需要的专职管理人员。完善植物新品种权管理制度。在农业、林业育种等关键核心技术研发、重要种业成果转移转化过程中，配备植物新品种权专门人员。

（2）实施植物新品种权分级管理。综合技术、法律、市场等因素，制订符合植物新品种行业特点的植物新品种权质量评价办法。根据对主营业务的影响程度，对植物新品种权进行分级管理并动态调整。

（3）提高植物新品种权管理信息化水平。搭建信息化管理平台，实现植物新品种权业务流程化和规范化。建立植物新品种权专业化数据库，加大信息集成力度，提高综合研判能力。建立竞争情报分析和信息共享机制，支撑经营决策、技术研发和市场开拓。

3. 植物新品种权高效运用

我国实行植物新品种保护制度的目的，不仅在于鼓励育种者培育出更多更好的植物新品种，保障育种者发明创造的合法权益，而且在于促进植物新品种的推广与应用，逐步实现植物新品种权高效运用，推动我国农业生产发展。品种权人享有国家法律赋予其的专有权，也有履行品种权推广和高效运用的义务，以便更好地促进农业科技和国民经济的发展。

（1）品种权人自己转化实施。根据《植物新品种保护条例》的规定，品种权人对自己获得的授权品种享有生产、销售授权品种繁殖材料和重复使用该授权品种繁殖材料生产另一种繁殖材料的权利。品种权人自己实施授权品种，就是品种权人自行组织生产、销售授权品种的繁殖材料，以及重复使用该授权品种繁殖材料生产另一种繁殖材料。

（2）植物新品种权许可实施。所谓许可实施，是指品种权人允许他人实施转化其品种权的行为。品种权人主要是通过签订实施许可合同等办法，允许他人有条件地为商业目的生产、销售和使用其授权品种的繁殖材料。许可他人实施其授权品种，只是使用权的有偿转让，而不是所有权的转让，所有权仍归品种权人所有，而被许可人只有在合同所规定范围内生产、销售或利用其授权品种的繁殖材料的权利，并应按合同履行相应义务。

（3）植物新品种权转让实施。所谓转让他人实施，是指品种权人转让其品种权予他人实施转化的行为。转让的品种权利发生转移，转让后品种权实施行为属于被转让人。我国《植物新品种保护条例》第9条规定："植物新品种的申请权和品种权可以依法转让。中国的单位或者个人就其在国内培育的植物新品种向外国人转让申请权或者品种权的，应当经审批机关批准。国有单位在国内转让申请权或者品种权的，应当按照国家有关规定报经有关行政主管部门批准。转让申请权或者品种权的，当事人应当订立书面合同，并向审批机关登记，由审批机关予以公告。"国家相关部门应推动建立种业科技成果公开交易平台和托管中心，制定交易管理办法，使得植物新品种权转让交易更加便利化。转让实施植物新品种权，推进植物新品种权顺畅地向种子企业流动，这既有利于科研工作者加强种业基础性研究，又有利于按照市场竞争法则，形成"育繁推一体化"的现代种子企业。

（4）植物新品种权质押融资。2020年1月《中共中央　国务院关于抓好"三农"领域重点工作确保如期实现全面小康的意见》指出，稳妥扩大农村普惠金融改革试点，鼓励地方政府开展县域农户、中小企业信用等级评价，加快构建线上线下相结合、"银保担"风险共担的普惠金融服务体系，推出更多免抵押、免担保、低利率、可持续的普惠金融产品。植物新品种权质押融资可以列入农村普惠金融改革试点，研究扩大知识产权质押物范围，积极探索植物新品种权作为知识产权质押物的可行性，进一步拓宽种子企业融资渠道。鼓励商业银行对种子企业的专利权、商标专用权、植物新品种权等相关无形资产进行打包组合融资，提升种子企业复合型价值，扩大融资额度。

（5）植物新品种权其他运用方式。可以通过对植物新品种权作价入股等方式，推进技术成果、科研人才等要素向种子企业流动。还可以探索植物新品种权保险、拍卖等方式扩大运用的范围。可以探索以植物新品种权与专利、商标等知识产权组合作为基础资产，实施知识产权证券化，以知识产权的未来预期收益为支撑，发行可以在市场上流通的证券进行融资。

通过对植物新品种的运用，让农业、林业科研人员依靠创新成果依法获得权利收益，持续激发育种创新活力，从而进一步推进和加速科技成果转化。

第三节　遗传资源、传统知识和民间文艺及其他

一、遗传资源

(一) 遗传资源概述

1. 遗传资源的概念

恰当地界定遗传资源的内涵与外延是分析和探讨遗传资源保护与利用等问题的前提。1992年《生物多样性公约》对"遗传资源"和"遗传材料"进行了界定。"遗传资源"是指具有实际或潜在价值的遗传材料，"遗传资料"则是指来自植物、动物、微生物或其他来源的任何含有遗传功能单位的材料。《专利法实施细则》（2010年修订）第26条借鉴了《生物多样性公约》中关于"遗传资源"的定义，将之表述为取自人体、动物、植物或者微生物等含有遗传功能单位并具有实际或者潜在价值的材料。根据上述定义，理解"遗传资源"的内涵，需要把握如下两个要素：含有遗传功能单位；具有实际或潜在价值。

（1）含有遗传功能单位。对于什么是"遗传功能单位"，是一个受科技约束的解释问题。带有可辨认特征的活的生命体和组织是在基因工程出现之前限定的"遗传功能单位"。在"基因工程"出现以后，范围则扩展到基因，因此，可以将遗传功能单位描述为任何能在生物间进行传递的遗传信息的载体。

（2）具有实际或潜在的价值。仅含有"遗传功能单位"并不能使"遗传资源"与"遗传资料"区别开来，只有"实际或潜在的价值"才能使"遗传资料"成为"遗传资源"。价值体现为客体的属性与主体的需求之间的效益关系，遗传资源的价值体现在其独特属性裨益于人类的生存和发展。遗传资源首先具有物质价值，其对于延续生物多样性的完整性和持续性具有重要意义，具有重要的生态价值；遗传资源提供了供养人类的丰富食物、医疗资源与工业原料，具有重要的经济价值。遗传资源还具有精神价值，由资源构成的生态系统，是人类借以娱乐、回归本身的"精神"家园。

2. 遗传资源的特征

有关遗传资源的特征，学者之间众说纷纭。总体而言，遗传资源的特征可以从以

下角度加以把握,即遗传资源具有复合性、分布不均衡性与不可再生性。

(1) 复合性。遗传资源的复合性是指,遗传资源是无形信息和有形载体的统一体。遗传资源的有形载体是指具有物理表现形式的物质材料,如动物、植物、微生物等;有形载体所承载的遗传信息体现为一种无形的信息。遗传资源的价值主要在于通过技术手段将遗传信息转化为特定产品而满足人类的特定需求,脱离有形载体的遗传信息可以与研究、开发、筛选等科研活动相结合而形成新产品。

(2) 分布不均衡性。遗传资源分布的不均衡表现在"时空"差异上,即遗传资源往往是在特定时期内存在于特定地域内。相对于时间上的差异性,遗传资源在空间上的差异性表现得更为明显,原因在于遗传资源的地理分布受到地理环境、气候条件等的制约,因此,在不同的地域内,遗传资源的分布往往呈现出较大的差异。

(3) 不可再生性。遗传资源是无形信息和有形载体的复合体,其所承载的无形信息是可以再复制的,但是无形信息依托的有形载体一旦灭绝,其所承载的无形信息也就随之灭失。在自然环境中,自然的或者人为的因素可能导致原本大量存在的生物物种成为濒危物种,使原本濒危的物种趋向灭绝。据统计,1800—1950 年地球上的鸟类和兽类物种灭绝了 78 种。

(二) 遗传资源保护与利用现状

1. 我国遗传资源的保护与利用

我国关于遗传资源的立法可以概括为以宪法为指导,以相关法律法规为主体,以国际条约为补充的分散式立法。我国关于遗传资源的相关法律法规见表 11-1。

表 11-1 我国关于遗传资源的相关法律法规

位阶	名称	条目	内容
宪法	《中华人民共和国宪法》	第9条、第26条	确立了保护自然资源的立法指引
法律	《中华人民共和国专利法》(2008 年修正)	第5条、第26条	对依赖遗传资源完成的发明创造作了规定
	《中华人民共和国野生动物保护法》(2018 年修正)	第17条	对野生动物遗传资源的利用和保护作了规定
	《中华人民共和国畜牧法》(2015 年修正)	第2章	对畜禽遗传资源的保护、管理和利用作了规定
	《中华人民共和国种子法》(2015 年修订)	第8条、第9条、第10条、第11条	对种质资源的保护、管理和利用作了规定
	《中华人民共和国渔业法》(2013 年修正)	第29条	对水产种质资源及其生存环境的保护作了规定

续表

位阶	名称	条目	内容
行政法规	《中华人民共和国人类遗传资源管理条例》	全文	对人类遗传资源的采集、保藏、利用与对外提供作了详细规定
	《中华人民共和国专利法实施细则》（2010年修订）	第26条、第109条	对遗传资源的定义、依赖遗传资源完成的发明创造的专利申请作了规定
	《中华人民共和国科学技术进步法》（2007年修订）	第28条	规定了珍贵、稀有、濒危的生物种质资源、遗传资源等科学技术资源出境管理制度
	《中华人民共和国野生植物保护条例》（2017年修订）	第3条、第5条、第9条、第10条、第15条、第16条、第17条、第21条	对野生动物资源的保护、发展和利用进行了规定
	《中华人民共和国植物新品种保护条例》（2014年修订）	全文	对植物新品种的保护进行了规定

梳理相关立法，可以看出，我国已经初步建立了遗传资源制度体系，但仍存在诸多问题。

（1）有关遗传资源的保护方面，现行的遗传资源保护制度存在诸多不足。首先，按照《生物多样性公约》的规定，遗传资源包括动物、植物与微生物遗传材料，但在我国有关遗传资源的法律框架中，对人类、禽畜、水产、农作物、野生动植物等遗传资源分别进行了立法规定，对这些课题的分类规定并不能穷尽所有的动物、植物，且这些立法规定并不涵盖微生物遗传资源的保护问题，因此不可避免地存在着立法空白。其次，我国对遗传资源的保护采取的是"分部门分级别的监督管理体制"，不同遗传资源的监督管理由不同的部门负责。例如，人类遗传资源主要由国务院科学技术行政部门以及省、自治区、直辖市人民政府科学技术行政部门负责，禽畜由国务院畜牧兽医行政主管部门以及省级人民政府畜牧兽医行政主管部门负责。最后，对人类遗传资源与农作物种质遗传资源收集、存储与利用进行了较为详细的规定。

（2）遗传资源的利用，即遗传资源的获取与惠益共享的问题。遗传资源的获取即在不占有的前提下获取遗传资源并用于研究和使用，遗传资源的获取可以分为原始获取与嗣后取得两种方式。遗传资源的惠益共享即不同主体之间公平合理、共同分享利用遗传资源所产生的货币性与非货币性回报。在遗传资源的获取上，《中华人民共和国人类遗传资源保护条例》对于人类遗传资源的原始获取（收集）进行了较为详尽的规定。在遗传资源的惠益共享问题上，《中华人民共和国人类遗传资源保护条例》明确提出,"利用我国人类遗传资源开展国际合作科学研究,合作双方应当按照平等互利、诚实信用、共同参与、共享成果的原则,依法签订合作协议";《中华人民共和国畜牧法》原则性地提到了"国家共享惠益的方案"。

2. 遗传资源的国际保护与利用

《生物多样性公约》与《粮食和农业植物遗传资源国际公约》是有关遗传资源的两个最重要的国际法律文件。

(1)《生物多样性公约》。《生物多样性公约》是联合国环境规划署主持下的保护多边环境的国际公约。我国于1992年加入该公约,随着第30个国家的批准,该公约于1993年正式生效。《生物多样性公约》旨在保护生物多样性、持久使用其组成部分以及公平合理分享由利用遗传资源而产生的惠益。《生物多样性公约》由序言、正文与三个附件构成。

该公约的第15条对遗传资源的取得(获取)从如下几个方面进行了规定:首先,确认遗传资源获取的主权原则,即可否取得遗传资源的决定权属于国家政府,并依照国家法律行使,即国家拥有对遗传资源进行立法的权力。其次,作为遗传资源提供者的缔约方应致力于创造条件,便利其他缔约方取得遗传资源用于无害环境的用途。再次,遗传资源的提供国与潜在利用者之间需要达成"共同商定的条件",即达成"获取协议(合同)",以便就遗传资源利用与保护中的潜在风险和利益回报进行合理的分担与共享。最后,与主权原则相呼应,该条约第15条第5款确立了遗传资源获取的事前知情同意原则,一般认为事前知情同意具有以下内涵:获得遗传资源提供者所在的缔约方明确同意;基于潜在的遗传资源利用者所提供的真实的并足以使提供者理解其含义的信息;在获取之前发生。按照其第15条各款顺序,遗传资源的提供者与利用者之间所达成的"共同商定的条件"应符合遗传资源取得的事前知情同意程序。

该公约确立了遗传资源惠益共享的基本原则与基本类型。其一,公平原则。遗传资源的提供国对于生物多样性的保护与遗传资源的提供做出了巨大贡献,开发者不能独占遗传资源的研究过程、研究成果及相关技术资料,遗传资源的提供国应能够充分参与遗传资源的研究开发并分享相关技术资料及因研究成果所产生的收益。公约的目标之一即是公平合理分享由利用遗传资源而产生的惠益。同时,公平原则在公约文本中反复出现。如该公约第15条第7款指出,每一缔约方应采取立法、行政或者政策性措施,以期与提供遗传资源的缔约方公平分享研究和开发此种资源的成果以及商业和其他方面利用此种资源所获的利益。其二,(发展中国家)优先原则。该公约第19条规定,每一缔约方应采取一切可行措施,以赞助和促进那些提供遗传资源的缔约方,特别是其中的发展中国家,在公平的基础上优先取得基于其提供资源的生物技术所产生成果和惠益。其三,共同商定原则。共同商定原则乃是基于遗传资源提供者与利用者之间的个案情形进行规定的,是对遗传资源提供者与利用者主权与意志的尊重,但是由于遗传资源的提供者以发展中国家居多,而利用者以发达国家居多,双方之间的地位不平等将会实质上破坏惠益分享公平原则，有损发展中国家的利益，因此，这些问题仍需要各国特别是发展中国家采取针对政策加以应对。公约所规定的遗传资源惠益的基本类型可以分为遗传资源研究过程、研究成果及其商业化利用与相关技术资料三种类型。该公约第 15 条第 6 款是有关在研究过程中充分参与的惠益共享；第 15 条第 7 款规定了"研究成果及其商业化利用"的惠益共享；第 16 条第 3 款与第 19 条第 3 款是有关"技术资料"的惠益共享。

（2）《粮食和农业植物遗传资源国际条约》。《粮食和农业植物遗传资源国际条约》是由联合国粮食和农业组织（FAO）制定并于 2001 年通过的关于粮食、农业植物遗传资源保护及可持续利用的国际公约。该条约认识到农民对供养全世界的多样性农作物作出的巨大贡献，旨在建立一个全球系统，为农民、植物育种者和科学家获取植物遗传资源材料，确保受助人相互分享他们从使用这些来自原产国的遗传资源材料的获益。该条约由正文 7 个部分共 35 条组成，另外还有两个附件。正文的 7 个部分分别为"引言""一般条款""农民的权利""获取和利益分享多边系统""支持成分""财务规定"与"机构条款"。根据联合国粮食及农业组织对该条约的介绍，该条约的主要条款包括"多边系统""获取和利益分享""农民权"与"可持续利用"。有关农民权的问题，早在《关于植物遗传资源的国际约定》中即基于"农民为遗传资源的保护和开发作出的巨大贡献的权利处于缺失状态的事实"而对农民权作了规定。

（三）遗传资源保护与利用模式

遗传资源保护与利用的立法规制，源自不同主体之间在遗传资源的客体上所产生的利益冲突，因而需要借助法律之力来定纷止争。民事法律实践与理论探讨中，遗传资源的保护与利用的模式主要有合同模式、知识产权模式与专门立法模式。

1. 合同模式

遗传资源的持有人与使用人可以就遗传资源的获取与惠益分享订立合同。合同模式虽然在名义上宣称尊重合同双方的意思自治，但实际上合同模式的弊端是显而易见的。

首先，合同模式回避了有关遗传资源的财产权化问题。《生物多样性公约》确认遗传资源获取的主权原则，即遗传资源的所有权归谁所有，由各国自行规定。在遗传资源归国家所有的情况下，私人之间并不能就遗传资源的获取与惠益共享进行处分，如印度《生物多样性法》即规定"任何人未经国家生物多样性总局事先批准，不准获取印度境内的任何生物资源，也不得就产生的任何发明在印度国内外申请知识产权"。在遗传资源归集体所有的情况下，集体行动的困境使得合同的谈判成本过高，且谈判成功的概率较小，有损遗传资源获取与利用的效率。在遗传资源归个人所有的情形下，寻求遗传资源权利主体本身也是一项耗时、耗力的问题。

其次，合同只具有相对性，虽然合同可以约束双方当事人，但无法约束当事人之外的第三人。遗传资源在不同的使用者之间进行流转，而第三人对于遗传资源中无形信息的利用又具有隐蔽性，这就导致了遗传资源的持有人难以禁止第三人的行为并向其提出惠益共享的主张。在合同模式下，遗传资源的持有人意图扩大其控制范围，只能与所有获取与利用遗传资源的所有者进行谈判、拟定契约，基于效率考量，遗传资源的持有人宁愿放任遗传资源的流失也不愿承担遗传资源管控的损失。

最后，以意思自治为前提的合同模式要在双方之间达成一个公平合理的协议，需要当事人之间的谈判能力接近或相当。在遗传资源的获取与利用中，发展中国家在生物资源的拥有量上占绝对优势，如巴西、厄瓜多尔、秘鲁等，而发达国家在资金、技术方面拥有绝对优势，发达国家可以利用自己的经济实力获取谈判过程中的话语权，使合同的约定朝着有利于自身利益的方向发展，名义上以意思自治为前提的合同模式实际上并不能在遗传资源的持有人与利用者之间达成一个相对公平合理的结果，并最终导致合同成为发达国家"剽窃"发展中国家遗传资源的"合法"工具。

2. 知识产权模式

莱昂内尔·本特利在其《现代知识产权法的演进》一书中提出，当一种新情况要把财产权的保护扩张至一个新对象时，一般是通过与先前保护模式的类比而做到的，探讨遗传资源的知识产权保护模式，首先要分析遗传资源与已经纳入知识产权体系的对象之间具有何种相似特征。

遗传资源是有形载体与无形信息的复合体，遗传资源所蕴含的可与有形载体相分离的无形信息具有实际或潜在的巨大价值，因此，在无形信息之上产生了设立财产权的需求。在无体物之上设立财产权与知识产权属于无体财产权的观念相契合导致很多学者主张可以知识产权模式对遗传资源加以保护。但是仅以无体性为由而将知识产权保护模式扩展到遗传资源，实际上忽略了遗传资源与其他类型化的知识产权对象之间的巨大差异，这种差异性表明，遗传资源获得知识产权保护尚需其他条件。

首先，知识产权保护针对的是"智力创造成果"，而遗传资源的有形载体与无形信息是在环境中自然存在着，并不涉及人类的体力劳动或者智力劳动，因此，无法将自然的天然产物与人类的智力创造相等同，这是遗传资源欲获得知识产权保护首先要跨越的障碍。

其次，从知识产权类型化的对象来看，获得著作权保护的客体需要满足独创性的要求，获得专利权保护的客体需要满足新颖性、实用性等的要求，获得商标权保护需要满足显著性的要求。显然，遗传资源与独创性、显著性之间的联系甚远，从其联系最为紧密的专利客体要求来说，也需要是利用遗传资源完成的发明创造，遗传资源本身不能获得专利权保护，新颖性、实用性等要求实际上将绝大部分的遗传资源排除在保护范围外了。

最后，植物新品种与遗传资源最为接近，但是遗传资源与植物新品种在内涵与外延上均存在差异。植物新品种虽从根本上来说也是遗传材料，但是，植物新品种是人工培育的遗传资源，具有"智力创造性"，区别于自然状态中的遗传资源。即便排除"智力创造"这一限制，植物新品种也不能涵盖所有类型的遗传资源，因为遗传资源不仅包括野生或驯化的植物品种，还包括基因遗传材料，这种不具有生命的基因遗传材料不在植物新品种的涵摄范围内。

以上分析表明，遗传资源与其他类型的知识产权客体之间存在较大差异。

3. 专门立法模式

目前，菲律宾是唯一对遗传资源采取专门立法的国家，其于1995年颁布了《为科学和商业及其他目的勘探生物与遗传资源及其副产品和衍生物而规定的指南和建立规范性框架》，于1996年颁布了《关于生物与遗传资源勘探的实施细则与条例》，为遗传资源的获取和惠益分享提供了全面的法律规则。

另一种类似于专门立法模式的是对包括遗传资源在内的生物多样性问题加以规制，采取类似于《生物多样性公约》的立法模式，如1998年哥斯达黎加颁布的《生物多样性法》、2002年印度颁布的《生物多样性法》、2005年澳大利亚颁布的《环境保护和生物多样性保护修订条例2005》。

专门立法模式的好处在于其可以针对本国遗传资源的现实状况与遗传资源产业发展需求进行针对性规定，如设立遗传资源的主管机关、明确规定共同商定条件、事先知情同意制度与惠益共享制度，但是专门立法一般集中于对于遗传资源的有效管控，而忽视了本国对于遗传资源的开发和利用。

4. 我国的遗传资源保护的立法选择

我国遗传资源目前形成了为以宪法为指导、以相关法律法规为主体、以国际条约为补充的立法体系。未来立法体系的创新与完善，宜立足我国遗传资源的实际情况，作出科学合理安排。

二、传统知识

（一）传统知识概述

1. 传统知识概念

在国际层面尚没有公认的传统知识的定义，各种法律文件与学术文章中所使用的"传统知识"的外延具有很大的差异性，因此清楚界定"传统知识"是一件非常困难的事。1992年《生物多样性公约》第8条（j）款将传统知识界定为"维持土著和地方社区体现传统生活方式而与生物多样性的保护和持久使用相关的知识、创新和做法"，《生物多样性公约》对传统知识的界定突出了以下三点：土著和地方社区，体现传统生活方式以及知识、创新和做法。不过，在《生物多样性公约》中，传统知识是在"与生物多样性的保护和持久使用相关"的前提下附带获得保护的。换言之，它并非该公约的主要、直接保护对象。世界知识产权组织关于传统知识的定义最初体现在

1998—1999年《传统知识持有者的知识产权需要和期望：WIPO知识产权和传统知识事实调查团报告》。该报告将传统知识界定为"基于传统的文学、艺术或科学作品；表演；发明；科学发现；外观设计；商标、商号及标记；未披露的信息；以及来自工业、科学、文学或艺术领域的智力活动产生的所有其他基于传统的创新和创造"。上述传统知识可以划分为民间文学艺术表达、传统科技知识和传统标记。其中，"基于传统"是指"通常是代代相传的；通常被视为与某一特定民族或其领土有关的，且随着环境的变化而不断演变"的知识体系，创造、创新和文化表现形式。世界知识产权组织最初关于传统知识的定义十分广泛，涵盖了几乎所有的知识产权客体。2000年，世界知识产权组织成立了"知识产权与传统知识、遗传资源、民间文艺政府间委员会（WIPO-IGC）"的专门机构。从该机构的名称可以看出，世界知识产权组织倾向于在狭义上使用"传统知识"一词，并将之与"遗传资源"和"民间文艺"相并列。2004年WIPO-IGC提交讨论的《保护传统知识产权：目标与原则》将传统知识界定为"传统背景下作为智力活动成果的知识的内容或实体，包括构成传统知识体系组成部分的技术诀窍、技能、革新、实践和学问，以及体现本土和当地传统生活方式的，或者包含在编纂成典、世代相传的知识体系中的知识。传统知识不限于任何特定的技术领域，可能包括农业、环境和医学知识，以及与遗传资源有关的知识"。WIPO-IGC对传统知识的定义限定在"民间文艺"之外的技术性知识。基于上述内容，传统知识可以界定为：广义上的传统知识几乎涵盖了所有的知识产权对象，但是需要加上"基于传统"的限制；狭义的传统知识一般仅指基于传统的技术类知识。

2. 相关概念区分

（1）传统知识与本土知识。按照世界知识产权组织在《传统知识持有者的知识产权需要和期望：WIPO知识产权和传统知识事实调查团报告》中对相关术语的界定，本土知识至少可以从两个方面加以理解，本土知识首先可以理解为"土著"社区、民族和国家掌握和使用的知识。相关研究将"土著社区、民族和国家"界定为"那些与在其领土上发展起来的'入侵前'和殖民前社会具有历史连续性，认为其自身区别于这些国家现在盛行的社会其他部分"，土著社区、民族和国家"构成社会的非支配部分，并决心根据其自身的文化模式、社会制度和法律制度，将其祖先领土及其族群身份作为其继续存在的基础，保存、发展和传播给后代"。首先，本土知识因此可以理解为土著社区、民族和国家的传统知识。据此，可以认为，传统知识可以来源于本土知识，本土知识可以作为传统知识的一部分。其次，本土知识也可以用来指本身是"土著"的知识，在这方面，本土知识与传统知识同义。当然，上述讨论是在广义上使用"传统知识"一词的。

（2）传统知识与非物质文化遗产。联合国教科文组织大会于2003年通过了《保护非物质文化遗产公约》。该公约第2条将非物质文化遗产界定为"被各社区、群体，有时是个人，视为其文化遗产组成部分的各种社会实践、观念表述、表现形式、知识、技能以及相关的工具、实物、手工艺品和文化场所"。《中华人民共和国非物质文化遗产法》第2条借鉴了上述定义,将非物质文化遗产界定为"各族人民世代相传并被视为其文化遗产组成部分的各种传统文化表现形式,以及与传统文化表现形式相关的实物和场所。"根据上述定义,首先,传统知识与非物质文化遗产在所涉对象上存在较大差异,非物质文化遗产主要涉及与传统文化相关的对象,而广义上的传统知识则包括文化类、技术类(狭义的传统知识)与标记类的对象。其次,传统知识所涉及的对象主要是抽象性的知识,而并不涵盖实体性的工具、实物、手工艺品和文化场所。因此,广义上的传统知识与非物质文化遗产可以说是交叉关系,而狭义的传统知识与非物质文化遗产可以被理解为并列关系。

(二)传统知识的保护与利用现状

1. 我国传统知识的保护与利用

2008年《国家知识产权战略纲要》指出,"建立健全传统知识保护制度""扶持传统知识的整理和传承,促进传统知识发展""完善传统医药知识产权管理、保护和利用协调机制,加强传统工艺的保护、开发和利用"。2016年国务院印发的《"十三五"国家知识产权保护和运用规划》指出"加强传统优势领域知识产权保护",具体包括如下方面:开展遗传资源、传统知识和民间文艺等知识产权资源调查;制定非物质文化遗产知识产权工作指南,加强对优秀传统知识资源的保护和运用;完善传统知识和民间文艺登记、注册机制,鼓励社会资本发起设立传统知识、民间文艺保护和发展基金;探索构建中医药知识产权综合保护体系,建立医药传统知识保护名录。上述文件明确提出了建立健全传统知识保护制度的要求。

现有关于传统知识的保护和利用的法律规定可以划分为两类:一类是有关传统知识的专门立法;另一类为传统知识的非专门立法。

就非专门立法而言,由于除"基于传统"这一限制条件外,广义上的传统知识与知识产权的对象基本吻合,故传统知识可以在既有的知识产权法律框架之下获得保护。由知识产权法律制度对传统知识加以保护需要满足知识产权部门法中所强调的客体的构成要件,如著作权法所要求的独创性,专利法对技术发明要求的新颖性、创造性和实用性,以及商标法对注册商标所要求的显著性。在满足知识产权法的客体要求的前提下,传统知识的持有人可以获得保护。但是,由于传统知识一般是某一社群在共同生产实践中发展与积累的,一般很难满足"独创性""新颖性"或"显著性"等要求。例如,技术类的传统知识(狭义的传统知识)就很难获得专利法保护,知识产权的民事权利性与传统知识的社会性也很难兼容。因此,借用知识产权法律框架对传统知识的保护与利用进行规制难免力所不逮。

就专门立法而言,如果从广义上对传统知识加以理解,则其不仅包括了技术类传统知识(狭义上的传统知识),还包括了遗传资源、民间文艺等方面的专门立法。本部分仅对狭义上的传统知识立法进行介绍。我国关于狭义的传统知识的立法主要有《中华人民共和国中医药法》。该法第43条规定："国家建立中医药传统知识保护数据库、保护名录和保护制度。中医药传统知识持有人对其持有的中医药传统知识享有传承使用的权利，对他人获取、利用其持有的中医药传统知识享有知情同意和利益分享等权利。国家对经依法认定属于国家秘密的传统中医药处方组成和生产工艺实行特殊保护。"

就对中医药的保护而言，《中华人民共和国中医药法》规定了建立中医药传统知识保护数据库与保护名录。数据库制度，即是对中医药传统知识进行系统的收集与编排。各国专利审查部门如能建立基于传统知识的现有技术数据库，则有利于针对专利申请涉及的实质性条件的审查，避免将可以自由利用的现有技术不适当地垄断。根据2017年《中医药法释义》的解释，国家中医药管理局不断加强中医药传统知识保护研究体系建设力度，开展中医药传统知识保护名录和名录数据库建设工作，目前已入库宋元之前方剂类古籍内容四万余首方剂。就中医药的利用而言，《中华人民共和国中医药法》对中医药传统知识的持有人及非持有人的权利进行了规定。对中医药传统知识的"持有"而言，其既可能是单一主体持有，也可能是集体主体持有，具体要看传统知识的存在状态。中医药传统知识的持有人享有传承使用的权利，对于他人获取、利用的，《中华人民共和国中医药法》与相关国际公约相衔接，规定了"知情同意"与"惠益共享"的利用制度。

2. 传统知识的国际保护与利用

（1）WIPO及IGC关于传统知识的保护与利用。世界知识产权组织（WIPO）是负责保护知识产权的联合国专门机构，也是目前对传统知识的保护与利用进行探索的最主要的国际组织。世界知识产权组织对传统知识的关注始于20世纪90年代。在20世纪90年代之前，尚没有国际组织通过系统的全球行动来记录和评估传统知识持有人与知识产权相关的需求。为方便讨论有关传统知识的保护问题，2000年世界知识产权组织成立了"知识产权与遗传资源、传统知识和民间文学艺术政府间委员会（IGC）"，专门负责传统知识、遗传资源与民间文艺等问题的讨论。IGC的目标是议定一部或多部国际法律文书的案文，以有效保护传统知识、传统文化表现形式和遗传资源。由于各国在传统知识等问题上的分歧，IGC至今没有形成一部统一的国际法律文书。但是，其也取得了一些重要成果，如《知识产权与遗传资源、传统知识和传统文化表现形式重要词语汇编》。

（2）联合国教育、科学及文化组织（UNESCO）有关传统知识的保护与利用。UNESCO成立于1945年，其致力于推动各国在教育、科学和文化领域开展国际合作。如果说WIPO及IGC在其职责与使命的指引下探索有关传统知识的知识产权问题的话，UNESCO则更多地关注与传统知识有关的人权问题，将传统知识视为土著居民与社区的一项基本权利，并在此前提下探索传统知识的保护问题。WIPO及IGC关注的范围要更为广泛一些，涉及遗传资源、传统知识与民间文艺多个方面，UNESCO 却是将其着眼点放在土著居民的民族文化方面。2003 年 UNESCO 在第 32 届大会上通过了《保护非物质文化遗产公约》。虽然该公约所保护的对象是"非物质文化遗产"，但是由于非物质文化遗产的外延与传统知识的范畴存在交叉，因此，该公约也可以说是有关传统知识保护的国际法律文件。2005 年 UNESCO 在第 33 届大会上通过了《保护和促进文化表现形式多样性公约》，该公约在序言部分指出，承认作为非物质和物质财富来源的传统知识的重要性，特别是原住民知识体系的重要性，其对可持续发展的积极贡献，及其得到充分保护和促进的需要。该条表明了 UNESCO 对原住民传统知识的重要性，特别是在促进人类可持续发展方面的重要价值。

(三) 传统知识保护与利用的平衡

与遗传资源是自然的产物不同，传统知识是原住民、部落或地方社区在与环境的互动过程形成的"经验知识"，并由原住民、部落与地方社区集体创作、传承与演绎的。按照洛克的财产权劳动理论，劳动者的劳动使劳动者获得了对劳动对象的所有权，原住民、部落或地方社区对传统知识的创作、传承与演绎行为使其对传统知识拥有了合理的利益诉求。因此，从洛克的财产权劳动理论来说，传统知识的持有者主张在传统知识保护与利用中享有一定权利具有哲学上的正当性。传统知识属于知识的范畴，从知识的经济属性而言，知识是具有非竞争性与非排他性的公共物品。非竞争性意味着特定知识即使被多个主体同时消费和使用，不会导致知识物理价值的贬损，也不会减损不同主体之间使用特定知识的效用；非排他性意味着知识的传播成本极低，而排除他人获取知识的成本很高。从社会福利最大化的角度而言，对于传统知识的控制应限制在一定范围内，以促进传统知识的传播与利用。因此，传统知识的利用者在传统知识上的利益诉求具有经济学上的合理性。

由于在传统知识之上承载着传统知识持有人与传统知识利用者等不同主体的利益诉求，传统知识保护作为一项整体性活动，需要在促进传统知识可持续利用的前提下，对各方的利益作出恰当的平衡。对传统知识的持有者而言，其利益诉求表现为精神层面——传统知识承载的持有人的尊严应获得尊重，与物质层面——持有人有权从传统知识的衍生利用中获取经济利益。对传统知识的利用者而言，其利益诉求主要表现为物质层面——能够自由接触与利用传统知识。传统知识持有者的诉求加以权利化，即要求对其精神权利——控制披露和使用的权利，获得公认和承认归属的权利以及防止贬损、侵犯和歪曲使用的权利与经济权利——商业获得的权利加以保护。相应地，传统知识的利用者的诉求反映在立法文件中即要求对持有人的权利加以限制，如原住民、部落或地方社区内部成员可以依传统习惯对传统知识接触和使用，又如非原住民、部落或地方社区内部成员在尊重持有人精神权利的前提下可以对传统知识进行非商业性利用，如保存性使用、科研性使用等。

三、民间文艺

(一) 民间文艺概述

1. 民间文艺的概念

民间文艺,即民间文学艺术,不同的国际组织、区域组织与国家界定的"民间文学艺术"的内涵与外延存在着较大的差异。

1976年世界知识产权组织与联合国教科文组织制定的《发展中国家突尼斯版权示范法》(以下简称《突尼斯版权示范法》)使用"folklore"一词指代"民间文学艺术",并将其界定为"在某一国家领土范围内可认定由该国国民或者种族群落创作的、代代相传并构成其传统文化遗产之基本组成部分的全部文学、艺术和科学作品"。根据《突尼斯版权示范法》的规定,民间文学艺术具有如下特征:构成民间文学艺术的客体是作品,包括文学、艺术和科学类作品;创作和传承民间文学艺术的主体是一国国民或者种族群落;民间文学艺术是传统文化遗产的组成部分,在范畴上比传统文化遗产窄。

1982年世界知识产权组织与联合国教科文组织共同颁布了《保护民间文学艺术表达免被滥用国内立法示范法》(以下简称《1982年示范法》),该示范法使用了"民间文学艺术表达(Expressions of Folklore)"一词,并将其界定为:"由一个国家的某社区或由反映社区传统艺术追求的个人发展并维持的具有传统艺术遗产典型要素的成果,特别是:(i)言语表现形式,如民间故事、民间诗歌和谜语;(ii)音乐表现形式,如民歌和器乐;(iii)动作表现形式,如民间舞蹈、戏剧、典礼的艺术形式;无论是否已成为某种物质形式;以及(iv)有形表现形式。"根据《1982年示范法》,"民间文学艺术表达"被限定为具有传统"艺术"遗产典型要素的成果,而没有扩展至科学技术领域,这就使得民间文学艺术表达与狭义上的传统知识区别开来。《1982年示范法》所规定的"民间文学艺术表达"将不具有物质载体的"言语表现形式""音乐表现形式"与"动作表现形式"都纳入了"民间文学艺术表达"的范畴中。

在世界知识产权组织中,"传统文化表现形式"和"民间文学艺术表现形式"是可以被互换的同义语,并简称为"传统文化表现形式(TCE)"。WIPO-IGC于2019年第40次会议达成的《保护传统文化表现形式:条款草案》将"传统文化表现形式"界定为"土著人民、当地社区和/或其他受益人在传统环境下或从传统环境中表现的传统文化做法和知识的任何形式的智力活动、经验或洞见的结果,可以是动态的、不断演变的,并且包括语音和文字形式、音乐形式、动作表现形式、物质或非物质表现形式,或者物质表现形式与非物质表现形式的组合"。与《1982年示范法》一致,该草案也将非物质形式的成果纳入保护范畴中,并强调传统文化表现形式的"时代变异性",即其可以是动态的、不断演变的。

我国法律文件中并没有关于民间文学艺术概念的具体界定。《著作权法》第6条授权国务院对民间文学艺术作品的著作权保护进行规定。2014年《民间文艺作品著作权保护条例（征求意见稿）》将民间文学艺术作品界定为"由特定的民族、族群或者社群内不特定成员集体创作和世代传承，并体现其传统观念和文化价值的文学艺术的表达"，并列举规定了如下类型：①民间故事、传说、诗歌、歌谣、谚语等以言语或者文字形式表达的作品；②民间歌曲、器乐等以音乐形式表达的作品；③民间舞蹈、歌舞、戏曲、曲艺等以动作、姿势、表情等形式表达的作品；④民间绘画、图案、雕塑、造型、建筑等以平面或者立体形式表达的作品。

2. 相关概念区分

（1）民间文艺与民间文学艺术作品。《突尼斯版权示范法》将民间文学艺术的保护限定为作品，即可以成为"民间文学艺术"，要求已形成作品。WIPO的相关文件使用的则是"民间文学艺术表达""传统文化表现形式"以及"民间文学艺术表现形式"等。WIPO意在将除构成作品并通过有形形式表现出来的部分外，将通过口述等不构成作品的部分涵盖进来。由此看来，民间文艺是民间文学艺术作品的上位概念，民间文学艺术作品为民间文艺所涵摄。我国《著作权法》第6条所保护的是"民间文学艺术作品"，而不是"民间文艺"。

（2）民间文艺与传统知识。按照前述对传统知识的介绍，广义的传统知识一般包括传统社会（包括土著和当地社区）的智力和非物质文化遗产、做法和知识体系，即广义上的传统知识包括民间文学艺术表达、传统科技知识与传统标记，因此民间文艺与广义上的传统知识是种属关系。狭义的传统知识是指因传统背景下的智力活动而产生的知识，其中包括诀窍、做法、技能和创新，狭义上的传统知识主要表现为：农业知识；科学知识；技术知识；生态知识；药学知识，含相关药品和疗法等。由此可见，狭义上的传统知识主要指技术类的传统知识，因此狭义上的传统知识与民间文艺是并列关系。

（二）民间文艺保护与利用现状

1. 我国民间文艺的保护与利用

我国目前没有关于民间文艺的统一立法，有关民间文艺保护与利用的规定散见于国家和地方的相关文件中。1982年出台的《中华人民共和国文物保护法》（以下简称《文物保护法》）对有形文化遗产的保护作了规定。1997年发布、2013年修订的《传统工艺美术保护条例》所保护的对象是"百年以上，历史悠久，技艺精湛，世代相传，有完整的工艺流程，采用天然原材料制作，具有鲜明的民族风格和地方特色，在国内外享有声誉的手工艺品种和技艺"。该条例所保护的"传统工艺美术"可以说是民间文学艺术的一部分，《传统工艺美术保护条例》并没有涵盖除传统工艺美术之外的其他民间文学艺术类型。《中华人民共和国非物质文化遗产法》（以下简称《非物质文化遗产法》）在对非物质文化遗产进行界定时使用了"传统文化表现形式"一词，"传统文化表现形式"实际上就是民间文艺。该法所保护的不仅包括各种传统文化表现形式，也包括与传统文化表现形式相关的实物和场所，《非物质文化遗产法》在某种程度上可以理解为民间文艺的专门法，只不过其客体将"相关的实物和场所"涵盖进来，其外延较民间文艺要宽泛一些。

《各地落实〈中华人民共和国非物质文化遗产法〉情况评估报告》显示，截至2016年8月31日，全国共颁布72部非物质文化遗产的地方性法规，包括河北省、陕西省在内的24个省份制定了省级非物质文化遗产的地方性法规。省级以下的文件，既有从宏观上针对民间文艺进行保护的法律文件，如莫力达瓦达斡尔族自治旗人大颁布的《莫力达瓦达斡尔族自治旗达斡尔民族民间传统文化保护条例》、鄂伦春自治旗人大颁布的《鄂伦春自治旗鄂伦春民族民间传统文化保护条例》等，也有针对特定民间文艺进行专门保护的法律文件，如重庆市政府办公厅出台的《关于支持重庆戏曲传承发展的若干政策》、重庆市宗教委出台的《关于加快少数民族特色村镇保护与发展的意见》、云南省楚雄彝族自治州人大出台的《云南省楚雄彝族自治州彝族服饰保护条例》和《云南省楚雄彝族自治州彝族十月太阳历文化保护条例》等。

从民事权利视角对民间文艺有所涉及的见于《著作权法》。如前所述，其第6条授权国务院对民间文学艺术作品进行规定，并形成了《民间文学艺术作品著作权保护条例（征求意见稿）》（以下简称征求意见稿）。

征求意见稿对民间文学艺术作品的定义、主管部门、权利归属、权利内容、保护期、授权机制、利益分配、限制与例外等进行了详细的规定。在权利归属上，征求意见稿规定，民间文学艺术作品的著作权属于特定的民族、族群或者社群；在权利内容上，民间文学艺术作品的著作权人享有"表明身份；禁止对民间文学艺术作品进行歪曲或者篡改；以复制、发行、表演、改变或者向公众传播等方式使用民间文学艺术作品"的权利；在保护期上，民间文学艺术作品的著作权不受期限限制；在授权机制上，使用民间文学艺术作品，应当取得著作权人的许可并支付合理报酬，或者向国家指定的机构取得许可并支付报酬。

2. 民间文艺的国际保护与利用

民间文艺的国际保护与利用问题最早由发展中国家提出。自20世纪50年代开始，非洲、南美洲等地的一些发展中国家首先提出了民间文学艺术的国际保护主张，其核心诉求还是防止出现发达国家无偿利用发展中国家的民间文艺，发展中国家却不能获得任何回报。发展中国家的主张引起了国际社会的关注，并初步达成了一些有关民间文艺保护的共识，但是有关民间文艺保护的统一的国际保护文件尚未形成。

（1）《伯尔尼公约》。《伯尔尼公约》于1886年制定于瑞士伯尔尼，后经多次修订并形成不同文本，我国于1992年加入该公约。《伯尔尼公约》中并没有出现"民间文艺"一词，也没有关于民间文艺保护的直接规定，而是在"匿名作品"的保护之下对民间文艺进行间接保护的。《伯尔尼公约》对民间文艺的间接保护并不始于公约制定之初，即 1886 年，而是在 1967 年召开斯德哥尔摩外交会议上确定的。在斯德哥尔摩外交会议上，发展中国家提议纳入民间文学艺术保护的规定。为回应发展中国家的诉求，《伯尔尼公约》最终在其第 15 条第 4 款规定："①对于作者的身份不明但有充分的理由假定该作者是本联盟某一成员方国民的未发表作品，该国法律有权指定主管当局代表该作者并据此维护和行使作者在本联盟各成员方内的权利。②根据本规定而指定主管当局的本联盟成员方应以书面声明将此事通知总干事，声明中应写明被指定当局的全部有关情况。总干事应将此声明立即通知本联盟其他所有成员方。"

（2）《突尼斯版权示范法》与《1982 年示范法》。1976 年，世界知识产权组织与联合国教科文组织为了帮助发展中国家建立保护民间艺术的专门法律制度，为这些国家立法或者修改提供样板与参照，制定了《突尼斯版权示范法》。《突尼斯版权示范法》的正文由 18 条构成，对民间文学艺术的规定见诸第 6 条与第 18 条。该法的第 6 条对"本国民间文学艺术作品（Works of National Folklore）"进行了规定。《突尼斯版权示范法》第 6 条的释义指出，本法第 6 条的目的在于防止人们对民间创作的文化遗产的不合理利用，并指出民间文学艺术作品不仅是一种经济扩张的潜力，也是一种与每个民族的特色密切相关的文化遗产，正是在此基础上才对民间文学艺术作品加以保护。《突尼斯版权示范法》对民间文学艺术作品之上经济权利（《突尼斯版权示范法》第 4 条）与精神权利（《突尼斯版权示范法》第 5 条）进行保护，并且对于权利的保护期限没有明确限制，这些权利由有权的国家主管当局进行保护。任何对于民间文学艺术作品的利用均需要获得国家主管当局的批准，除非这种使用是由公共组织使用，并且用于非商业性目的。《突尼斯版权示范法》为很多发展中国家的版权立法起到了示范作用，为发展中国家的立法提供了可资参考的法律文本，但对成员方没有强制力。

《1982 年示范法》采用了"民间文学艺术表达"的术语，并认为在民间文学艺术表达的保护上，各国有充分的自由来选择适合其本国实际情况的保护模式，包括版权保护模式、邻接权保护模式与特别法保护模式。《示范法》对成员方同样没有强制力。

（3）《保护传统文化表现形式：条款草案》。2000 年世界知识产权组织知识产权与遗传资源、传统知识和民间文学艺术政府间委员会成立后，一直致力于就民间文艺的保护形成统一的国际性法律文件。该委员会在 2010 年 7 月 19 日至 23 日编拟了一份《保护文化表现形式：条款草案》，并对其进行了多次修订。最新提交讨论的条款草案为 2019 年 3 月 18 日至 22 日修订的《保护传统文化表现形式：条款草案第二次修订稿》（以下简称《条款草案第二次修订稿》）。《条款草案第二次修订稿》对传统文化表现形式进行了专门规定，文本由原则与 15 条正文构成，其正文部分主要由以下内容构成：①传统文化表现形式的保护条件；②传统文化表现形式的主体——受益人，受益人主要是指土著人民、当地社会和/或其他受益人；③传统文化表现形式的保护范围，即就传统文化表现形式所享有的经济权利和精神权利；④传统文化表现形式相关权利或利益的行政管理；⑤传统文化表现形式权利的例外与限制；⑥，传统文化表现形式的保护期;⑦传统文化表现形式权利的形式及其被侵犯时对权利人的救济与对相对人的制裁。

(三) 民间文艺的保护与利用模式

1. 版权保护模式

《伯尔尼公约》与《突尼斯版权示范法》采用的是版权保护模式,但两者之间存在差别。《伯尔尼公约》并没有正面回应民间文艺的保护问题,而是将之置于"匿名作品"之下,在满足"作者身份不明;作品未发表;有充分理由可以假定作者系伯尔尼公约联盟成员方国民",因而被称之为"匿名作品版权保护模式"。该模式其实回避了有关民间文艺的保护问题,因此以"匿名作品"模式保护民间文艺必然存在保护不足的问题,例如民间文艺创作与传承的群体性与"作者身份不明"不可同日而语;"作品未发表"的限制导致已经流传很广的民间文艺无法获得保护;"作者身份"的限制使得非伯尔尼公约联盟成员方的民间文艺无法获得保护。

《突尼斯版权示范法》采取的是特殊类型作品的版权保护模式,即将民间文艺单独规定为一类版权客体。在"特殊作品版权保护模式"下,普通作品的作者享有的经济权利与精神权利在民间文艺作品上同样存在,但是民间文艺作品的权利主体并非"作者",而是相关的主管机构,民间文艺作品的权利不受期限限制。突尼斯等采用了"特殊作品版权保护模式"。此种模式的弊端在于,由于民间文艺的特殊性,对其采用的特别保护难免与普通作品的一般性保护相冲突。如从主体来看,民间文艺具有不特定性;从受保护的条件来看,民间文艺表达形式独创性有限;从保护期来看,与一般作品保护期有限也不同,其具有不受限制性。因此,受限于版权的普遍接受的理论基础与制度体系,版权保护模式不可能为民间文艺提供较为周全的保护,要对民间文艺提供针对性保护,就不得不对版权的理论基础与制度体系进行变革,但这又会有损版权法本身。

2. 特别权利模式

对民间文艺进行针对和周全的保护,较为妥当的路径似乎是在版权法之外为民间文艺构建一个特别权利模式。特别权利模式即将民间文艺与作品区分开来,立足于民间文艺的自身特点,在版权体系之外构建一个专门针对民间文艺的独立的法律保护体系。除《条款草案第二次修订稿》之外,其他地区和国家,如巴拿马2000年颁布了《关于保护和捍卫原住民的文化特性和传统知识的集体权利特别知识产权制度的法律及相关措施》、阿塞拜疆2003年颁布了《阿塞拜疆共和国民间文学艺术表达保护法》、我国台湾地区2007年颁布了《原住民族传统智慧创作保护条例》,以上国家和地区采取的也均是特别权利模式。特别权利模式的优势在于其能够更好地对民间文艺的自身特点加以保护。

3. 我国民间文艺法律保护模式

我国目前对民间文艺的法律保护采用的是综合性模式，有关民间文艺的保护分散在相关法律文件中，如《文物保护法》《传统工艺美术保护条例》《非物质文化遗产法》以及地方性法律文件和以民事权利保护为辅的《著作权法》。

四、商号与商号权

（一）商号

1. 商号的概念

根据《企业名称登记管理规定》第 7 条的规定，企业名称应当由以下部分依次组成：字号（商号）、行业或者经营特点、组织形式，因此商号是企业名称中的主要构成部分，并在企业的营业活动中用以区分市场上不同经营主体的标志。

理解商号的概念，需要把握商号的如下特征：

其一，商号是企业名称的重要组成部分，其与行业或者经营特点、组织形式共同构成企业名称。

其二，商号用于企业的经营活动中，并将不同企业的营业活动区别开来。

其三，商号具有识别性，是不同企业区别的主要标志。虽然商号与商标均具有识别性且大部分企业的商号也被用作商标，但是商号的识别性与商标的识别性侧重点不同，商号主要用来区别不同的经营主体和经营活动；而商标则用于将不同商品或服务区别开来。

2. 商号的构成

根据《企业名称登记管理规定》，申请登记的企业名称，其商号应由两个以上的文字组成，民族自治地方的商号可以采用其民族通用的民族文字。《企业名称登记管理规定》只是对企业名称的构成进行了规定，对商标构成的规定还需要参照《浙江省企业商号管理和保护规定》。

《浙江省企业商号管理和保护规定》规定了绝对禁止登记的商号，第 7 条规定，申请登记的企业名称，其商号应当由两个以上的文字组成，并不得含有下列内容和文字：①含有迷信、淫秽、暴力或者民族、宗教歧视等损害国家利益、社会公共利益和违反社会公德内容的；②外国国家（地区）名称、国际组织名称；③政党名称、党政军机关名称、群众组织名称、社会团体名称及部队番号；④县级以上行政区划名称，但县级以上行政区划名称具有其他含义的除外；⑤可能使公众产生误认、误解的；⑥国家禁止使用的其他文字。《浙江省企业商号管理和保护规定》第 8~11 条规定了相对禁止登记的商号，这类商号主要指与同行业已经核准或者登记的商号、知名商号、驰名商标或者著名商标相同或近似，但是当事人另有约定的除外。

(二) 商号权

1. 商号权的性质

商号权是商事主体根据法定程序取得的在一定范围内享有的专有性使用其商号的权利。商号权具有如下特征：

其一，无形性，商标权的客体——商号具有无形性，本质上是用以区别不同企业主体及其经营活动的信息，商号权因此可以归入无体财产权的范畴。

其二，专有性，即商号权人在登记机关的辖区与同行业内享有专有使用的权利，除法律规定或者当事人约定，任何其他主体不得再在相同地域相同行业使用商号权人的商号。

其三，地域性，即虽然商号权具有专有性，但其专有性受到地域和行业的限制，在登记机关的辖区范围之外，其他商事主体可以使用相同或近似的商号；在不同行业内，不同的商事主体可以使用相同或近似的商号。

我国并没有关于商号权的规定，但《民法总则》第110条对企业名称权进行了规定，依据该规定，企业名称权属于人格权，不可转让。关于商号权性质的认识存在着人身权说、财产权说、兼具人身权与财产权说三种观念，较为普遍的观点是认为商号权兼具人身与财产属性，即其是商事主体法律人格的体现，与商事主体密不可分，另外，商号权能为商事主体带来经济利益，具有财产属性。

2. 商号权的内容

依学者共识，商号权的内容涵盖了商号设定权、商号变更权、商号使用权与商号禁止权。

（1）商号设定权，即经营者享有决定其商号的权利。经营者的商号设定权需依法行使，即其不得使用含有"有损国家、社会公共利益的；可能对公众造成欺骗或误解的"等内容和文字的商号。

（2）商号变更权，即经营者有权变更其使用的商号的权利。经营者虽享有商号变更权，但是需要依法向登记主管机关申请。《企业名称登记管理实施办法》第26条规定，"企业变更名称，应当向其登记机关申请变更登记"，经营者擅自改变企业名称的，由登记主管机关予以警告或罚款。

（3）商号使用权，即经营者对依法登记的商号享有专有使用的权利，包括自己使用与转让使用该商号的权利。在特定地域范围内，经营者对其商号享有专有使用的权利；经营者可以随企业或者企业的一部分一并转让包含商号在内的企业名称，经营者与受让方应当签订书面合同或者协议，报原登记主管机关核准，且经营者不能再使用已经转让的包括商号在内的企业名称。

（4）商号禁止权，即商号一经登记，权利人享有禁止他人使用与自己相同或是近似的商号。

(三) 侵犯商号权及其法律责任

侵犯商号权的行为主要表现为"混淆行为",我国《反不正当竞争法》第 6 条第 2 款规定,经营者擅自使用他人有一定影响的企业名称(包括简称、字号等)、社会组织名称(包括简称等)、姓名(包括笔名、艺名、译名等),引人误认为是他人商品或者与他人存在特定联系,构成不正当竞争行为。经营者违反《反不正当竞争法》规定的,根据不同情况,应当承担民事责任、行政责任乃至刑事责任。

参考文献

[1] 贺化. 中国知识产权区域布局理论与政策机制［M］. 北京：知识产权出版社，2017.

[2] 陈燕，等. 专利信息采集与分析［M］. 2版. 北京：清华大学出版社，2014.

[3] 贺化. 专利导航产业和区域经济发展实务［M］. 北京：知识产权出版社，2013.

[4] 贺化. 科学开展专利导航 有效服务产业转型升级［EB/OL］.［2013-10-23］. http://www.sipo.gov.cn/ztzl/zgzlz_x/xgbd_x/1060540.htm.

[5] 陈燕，孙全亮，孙玮. 新时代专利导航的理论构建与实践路径［J］. 知识产权，2020（4）：16-31.

[6] 孙全亮，陈燕，孙玮. 专利对创新主体制胜市场竞争的支撑研究［J］. 科技促进发展，2017，13（7）：577-582.

[7] 陈燕，孙玮，孙全亮. 知识产权促进产业创新发展的机理浅析［J］. 科技促进发展，2017，13（10）：787-791.

[8] 郑成思. 版权法（修订本）［M］. 北京：中国人民大学出版社，2009.

[9] 沈仁干，钟颖科. 著作权法概论（修订本）［M］. 北京：商务印书馆，2003.

[10] 吴汉东. 知识产权法学［M］. 6版. 北京：北京大学出版社，2014.

[11] 刘春田. 知识产权法［M］. 5版. 北京：中国人民大学出版社，2014.

[12] 冯晓青. 著作权法［M］. 北京：法律出版社，2010.

[13] 王迁. 著作权法［M］. 北京：中国人民大学出版社，2015.

[14] 崔国斌. 著作权法：原理与案例［M］. 北京：北京大学出版社，2014.

[15] 何怀文. 中国著作权法：判例综述与规范解释［M］. 北京：北京大学出版社，2016.

[16] 李扬. 著作权法基本原理［M］. 北京：知识产权出版社，2019.

[17] 吴汉东. 著作权合理使用制度研究［M］. 3版. 北京：中国人民大学出版社，2013.

[18] 张今. 著作权法［M］. 2版. 北京：北京大学出版社，2018.

[19] 曲三强. 现代著作权法［M］. 北京：北京大学出版社，2011.

[20] 沈仁干. 郑成思版权文集［M］. 北京：中国人民大学出版社，2008.

[21] 吴汉东. 知识产权制度变革与发展研究［M］. 北京：经济科学出版社，2013.

[22] 吴汉东. 知识产权国际保护制度研究［M］. 北京：知识产权出版社，2007.

[23] 孔祥俊. 网络著作权保护法律理念与裁判方法［M］. 北京：中国法制出版社，2015.

[24] 王迁. 网络环境中的著作权保护研究［M］. 北京：法律出版社，2011.

[25] 王迁. 版权法对技术措施的保护与规制研究［M］. 北京：中国人民大学出版

社，2018.

[26] 许逸民. 古籍整理释例（增订本）[M]. 北京：中华书局有限公司，2014.
[27] 李明德. 知识产权法 [M]. 2版. 北京：法律出版社，2014.
[28] 李明德，闫文军，黄晖，等. 欧盟知识产权法 [M]. 北京：法律出版社，2010.
[29] 邓建鹏. 宋代的版权问题——兼评郑成思与安守廉之争 [J]. 环球法律评论，2005（1）.
[30] 吴汉东. "著作权""版权"用语探疑 [J]. 现代法学，1989（6）：33-35.
[31] 王兰萍. 中国古代著作权法律文化之源 [J]. 华东政法学院学报，2005（2）：65-71.
[32] 易继明，李辉凤. 财产权及其哲学基础 [J]. 政法论坛，2000（3）：11-22.
[33] 易扬，刘绍兴. 版权金融产品模式探索与创新 [J]. 出版发行研究，2018（5）：34-38.
[34] 李陶. 垄断性著作权集体管理组织的价值基础与监督完善 [J]. 知识产权，2016（6）：39-46.
[35] 向波. 著作权集体管理组织：市场功能、角色安排与定价问题 [J]. 知识产权，2018（7）：68-76.
[36] 张广良. "不计琐细原则"在侵犯著作权案件中的适用研究 [J]. 法学家，2008（4）：87-89.
[37] 李扬. 中国需要什么样的知识产权行为保全规则 [J]. 知识产权，2019（5）：3-15.
[38] 曹志勋. 停止侵害判决及其强制执行——以规制重复侵权的解释论为核心 [J]. 中外法学，2018，30（4）：1070-1100.
[39] 何培育，涂萌. 知识产权行政管理体制变迁及其走向 [J]. 改革，2018（3）：62-73.
[40] 熊琦，朱若含. 论著作权法中的"行政介入"条款 [J]. 山东大学学报（哲学社会科学版），2020（1）：113-122.
[41] 易继明. 构建集中统一的知识产权行政管理体制 [J]. 清华法学，2015，9（6）：137-155.
[42] 沈仁干. 新形势下的著作权行政管理工作 [J]. 中国出版，1993（2）：42-44.
[43] 姚休，李积兵，卓莉，等. 广播电视节目版权保护及对策研究——浙江广播电视集团版权管理的实践与探索 [J]. 视听纵横，2019（3）：20-22.
[44] 易继明，初萌. 后TRIPS时代知识产权国际保护的新发展及我国的应对 [J]. 知识产权，2020（2）：3-16.
[45] 易继明. 改革开放40年中美互动与中国知识产权制度演进 [J]. 江西社会科学，2019（6）：158-170.
[46] 胡开忠. 入世后中国版权国际化的战略调整 [J]. 法商研究，2004（4）：10-16.
[47] 邹广文. 警惕过度市场化剥夺大众的人文诉求 [N]. 光明日报，2014-04-02.
[48] 张小勇. 遗传资源的获取和惠益分享与知识产权 [M]. 北京：知识产权出版

社，2007.

[49] 官小星. 遗传资源法律保护问题研究［D］. 贵阳：贵州大学，2010.

[50] 马铮. 我国遗传资源法律保护问题研究［J］. 安康学院学报，2012（2）：43.

[51] 章静. 可持续发展理念下遗传资源中的传统知识保护［J］. 企业导报，2011（4）：166-167.

[52] 刘银良. 传统知识保护的法律问题研究［C］//郑成思. 知识产权文丛：第13卷. 北京：中国方正出版社，2006：230.

[53] 曾炜，曲佳文. 论传统知识法律保护的不足及革新［J］. 南昌大学学报（人文社会科学版），2015（1）：108.

[54] 张耕. 民间文学艺术的知识产权保护研究［D］. 重庆：西南政法大学，2007.

[55] 施爱东. "非物质文化遗产保护"与"民间文艺作品著作权保护"的内在矛盾［J］. 中国人民大学学报，2018（1）：1-11.

[56] 刘磊. 专利法视野下的遗传资源保护问题研究［D］. 北京：中国政法大学，2010.

[57] 周赛群. 我国农作物新品种保护制度的经济影响研究［D］. 长沙：湖南农业大学，2010.

[58] 李墨丝. 非物质文化遗产保护法制研究［D］. 上海：华东政法大学，2009.

[59] 成功，王程，薛达元. 国际政府间组织对传统知识议题的态度以及中国的对策建议［J］. 生物多样性，2012（4）：505-511.

[60] 陈杨. 论传统知识的国际法律保护［D］. 长沙：湖南师范大学，2017.

[61] 罗敏. 浅谈民间文学艺术作品的法律保护［J］. 甘肃农业，2005（12）：185-186.

[62] 何平. 论遗传资源的财产属性和权利构造［J］. 法学评论，2019（2）：113.

[63] 何平. 成本视角下的遗传资源财产权保护制度设计研究［J］. 法学杂志，2019（10）：92.

[64] 冯晓青. 知识产权法哲学［M］. 北京：中国人民公安大学出版社，2003.

[65] 冯晓青. 知识产权法利益平衡理论［M］. 北京：中国政法大学出版社，2006.

[66] 冯晓青. 企业知识产权战略［M］. 4版. 北京：知识产权出版社，2015.

[67] 冯晓青. 技术创新与企业知识产权战略［M］. 4版. 北京：知识产权出版社，2015.

[68] 董玉荣. 利益视域下遗传资源权利保护的路径研究［J］. 知识产权，2018（4）：78.

[69] 邓社民. 民间文学艺术法律保护基本问题研究［M］. 北京：中国社会科学出版社，2015：177-181.

[70] 丁丽瑛. 传统知识保护的权利设计与制度构建——以知识产权为中心［M］. 北京：法律出版社，2009：125.

[71] 丘志乔. 中国知识产权质押融资实证分析与研究［M］. 北京：知识产权出版社，2018.

[72] 董涛. 知识产权证券化制度研究［M］. 北京：清华大学出版社，2009.

[73] 邵文猛. 知识产权信托制度研究［D］. 郑州：郑州大学，2011.

[74] 中国资产评估协会. 知识产权资产评估指南[Z]. 2017.

[75] 周正柱, 朱可超. 知识产权价值评估研究最新进展与述评[J]. 现代情报, 2015, 35(10): 174-177.

[76] 中国认证认可协会. 知识产权管理体系认证审核员培训教程[M]. 北京: 高等教育出版社, 2020.

[77] 国家工商行政管理总局. 商标注册与管理[M]. 北京: 中国工商出版社, 2012.

[78] 国家工商行政管理总局. 商标法理解与适用[M]. 北京: 中国工商出版社, 2015.

[79] 刘春田. 知识产权法[M]. 5版. 北京: 高等教育出版社, 2015.

[80] 吴汉东. 知识产权法学[M]. 7版. 北京: 北京大学出版社, 2019.

[81] 王迁. 知识产权法教程[M]. 6版. 北京: 中国人民大学出版社, 2019.

[82] 黄晖. 商标法[M]. 2版. 北京: 法律出版社, 2016.

[83] 周正. 实施商标品牌战略 引领品牌经济发展——解读《关于深入实施商标品牌战略 推进中国品牌建设的意见》[J]. 中华商标, 2017 (6).

[84] 余明阳, 朱纪达, 肖俊崧. 品牌传播学[M]. 上海: 上海交通大学出版社, 2005.

[85] 林升梁, 陈培爱. 整合品牌传播学[M]. 厦门: 厦门大学出版社, 2008.

[86] 刘春茂. 中国民法学·知识产权[M]. 北京: 中国人民公安大学出版社, 1997.

[87] 刘春田. 知识产权法教程[M]. 北京: 中国人民大学出版社, 1995.

[88] 吴汉东, 闵锋. 知识产权法概论[M]. 北京: 中国政法大学出版社, 1987.

[89] 吴汉东. 知识产权法[M]. 北京: 中国政法大学出版社, 1999.

[90] 郑成思. 版权法[M]. 北京: 中国人民大学出版社, 1990.

[91] 吉藤幸朔. 专利法概论[M]. 宋永林, 魏启学, 译. 北京: 专利文献出版社, 1990.

[92] 王泽鉴. 民法学说与判例研究: 第2册[M]. 北京: 中国政法大学出版社, 1997.

[93] 郑成思. 知识产权法教程[M]. 北京: 法律出版社, 1993.

[94] 曾世雄. 民法总则之现在与未来[M]. 台北: 台湾三民书局, 1983.

[95] 尹田. 法国物权法[M]. 北京: 法律出版社, 1998.

[96] 小岛庸和. 无形财产权[M]. 东京: 日本创成社, 1998.

[97] 钱明星. 物权法原理[M]. 北京: 北京大学出版社, 1994.

[98] 靳宝兰, 等. 民事法律制度比较研究[M]. 北京: 中国人民大学出版社, 2001.

[99] 世界知识产权组织. 知识产权纵横谈[M]. 张寅虎, 等译. 北京: 世界知识出版社, 1992.

[100] 王泽鉴. 民法学说与判例研究: 第5册[M]. 北京: 中国政法大学出版社, 1998.

[101] 杨立新. 人身权法论[M]. 北京: 中国检察出版社, 1996.

[102] 郑成思. 侵害知识产权的无过错责任[J]. 中国法学, 1998 (1): 81-90.

[103] 刘家瑞, 等. 知识产权地域性冲突法评述[J]. 中央政法管理干部学院学报, 1998 (6): 9-11.

[104] 吴汉东. 知识产权保护论[J]. 法学研究, 2000 (1): 68-79.

［105］董天平，等. 著作权侵权损害赔偿问题的研讨会综述［J］. 知识产权，2000（6）：35-42.

［106］蒋志培. TRIPS 肯定的知识产权侵权赔偿的归责原则和赔偿原则［J］. 法律适用，2000（10）.

［107］农业农村部种业管理司. 中国农业植物新品种保护事业蓬勃发展［EB/OL］.［2019-09-12］. http://www.moa.gov.cn/ztzl/70zncj/201909/t20190912_6327826.htm.